U0790298

番禺年鉴

PANYU YEARBOOK

2024

广州市番禺区地方志编纂委员会办公室 编

（总第30卷）

方志出版社
Publishing House of Local Records

图书在版编目（CIP）数据

番禺年鉴.2024/广州市番禺区地方志编纂委员会办公室编.--北京：方志出版社，2024.12.--ISBN 978-7-5144-6536-5

Ⅰ.Z526.54

中国国家版本馆CIP数据核字第2024G16Q64号

责任编辑：何明忠
责任校对：张玉霞
责任印制：梅中英
出 版 者：方志出版社
地　　址：北京市朝阳区潘家园东里9号（国家方志馆4层）
邮　　编：100021
网　　址：http://www.zgfzcb.cn
发　　行：方志出版社图书营销中心（010-67110500）
印　　刷：广州永祥印务有限公司
开　　本：787毫米×1092毫米　1/16
印　　张：20
字　　数：510千字
版　　次：2024年12月第1版
印　　次：2024年12月第1次印刷
定　　价：200.00元

·版权所有　侵权必究·

（如有印装质量问题，请与我社图书营销中心联系）

《番禺年鉴》编辑部

主　编：陆宇翔

副主编：郭展耀　金齐楚

编　辑：廖海滨　黄思雅　郭锦华　马　庆

撰稿人员名单

马欣欣	王　军	王凯伦	王淑华	牛草蓁	从芷毓
方浩萍	孔斯敏	邓美欣	邓博文	甘英伟	卢泽超
叶丽琴	叶泳怡	叶家升	冯贵森	冯惠萍	冯楚媚
朱栩栩	向梦媛	刘　畅	刘南荣	刘　铱	刘嘉文
许碧琴	孙莹静	麦　凯	杜舒婷	李卫民	李仲娟
李芷琪	李美仪	李　洋	李晓旋	李敏玲	李颖琦
李　儒	杨　汇	杨旭冰	杨　忠	杨佩珊	杨盛杰
杨婷雅	吴海波	何卓茵	何俊鹏	何晓晴	何敏儿
何翠婷	佘馨雨	汪若瑜	沈　铭	张宇婷	张海琪
张淑英	张雅列	张德诚	陈　华	陈丽仪	陈泳欣
陈美坚	陈恺麟	陈铂圆	陈　楠	陈靖韵	陈　静
陈嘉韵	范江波	罗文豪	周　吉	周志伟	周祥贵
周惠淇	周　翔	郑镇坤	屈明燕	孟　曦	侯　珏
姚景怡	秦　海	徐　挺	高郁虹	郭　丰	郭东宏
郭昊坤	郭思敏	郭润芳	唐建国	黄宇婵	黄连高
黄　欣	黄铭思	黄思雅	符小丽	康苗苗	梁敏珊
梁斯雅	彭裕惠	韩君颖	韩思棋	曾凤迁	曾晓丹
曾瑞平	温斯淇	谢艺诗	谢战儒	蓝剑文	詹海燕
谭　颖	戴雅静				

番禺区区位图

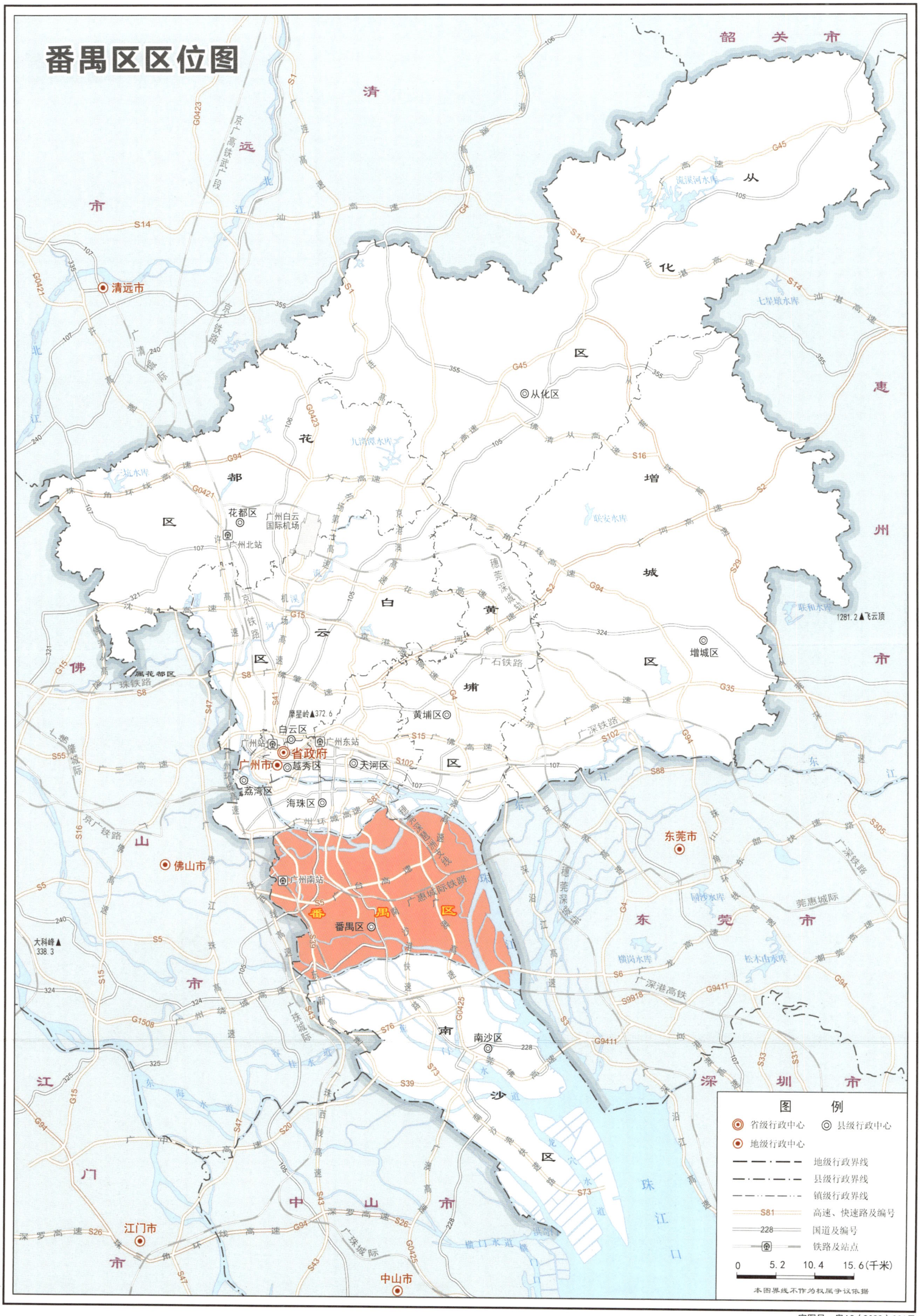

审图号：粤AS（2023）001号

番禺区地图

行政区划版

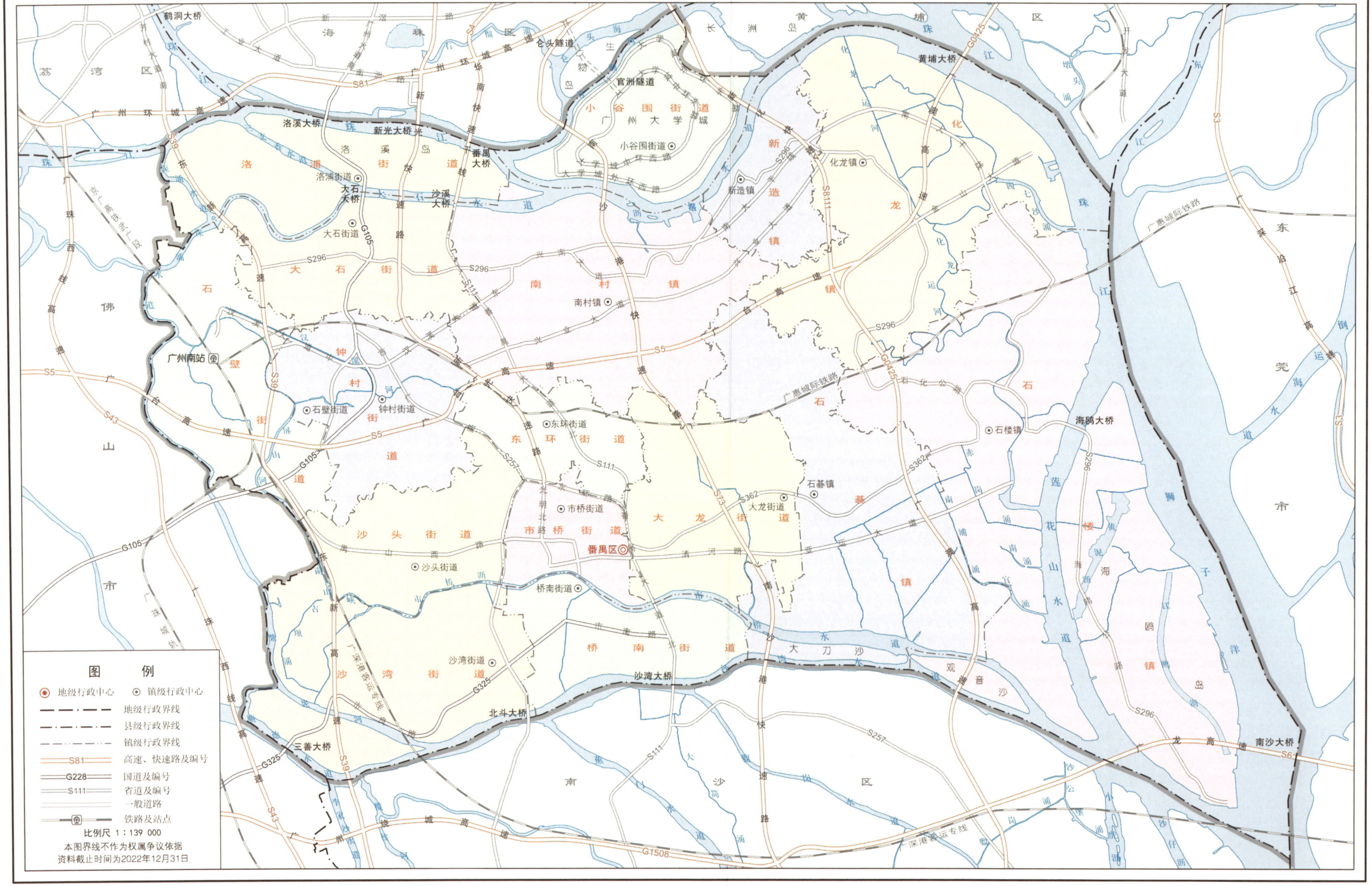

审图号：粤AS（2023）006号

监　制：广州市规划和自然资源局

编辑说明

1.《番禺年鉴》是由中共广州市番禺区委员会、广州市番禺区人民政府主持，番禺区地方志编纂委员会办公室组织区属各有关单位共同编纂，系统记述番禺区行政区域自然、政治、经济、文化、社会等方面情况的年度资料性文献。首卷于1995年出版，每年出版一卷，以出版年号为卷次名称。2024年卷主要记载番禺区2023年1月1日—12月31日经济社会发展的基本资料。

2.《番禺年鉴》以马克思列宁主义、毛泽东思想、邓小平理论、“三个代表”重要思想、科学发展观、习近平新时代中国特色社会主义思想为指导，坚持辩证唯物主义和历史唯物主义的立场、观点和方法。

3.《番禺年鉴（2024）》采取分类编辑法，设类目、分目、条目三个层次，个别分目设次分目层次。设20个类目：(1) 年度关注，(2) 大事记，(3) 番禺概貌，(4) 区领导机关，(5) 民主党派·工商联，(6) 群众团体，(7) 法治，(8) 军事，(9) 经济管理，(10) 财税·金融，(11) 外贸·口岸管理，(12) 产业经济，(13) 城乡建设管理，(14) 应急管理，(15) 教科文卫体，(16) 社会民生，(17) 镇（街道），(18) 人物·荣誉，(19) 经济社会统计资料，(20) 文献选录。

4. 由于数据的统计来源、口径、方式、时间的不同，前后文的个别数据可能有差异，请以番禺区统计局提供的统计资料为准。

5. 为使本书行文简洁，凡书中未注明之“区”均指番禺区，未注明之“省”“市”均指广东省和广州市，未注明之时间均为“2023年”。

6. 数字用法、标点符号用法分别采用国家标准《出版物上数字用法》(GB/T15835—2011)、《标点符号用法》(GB/T15834—2011)，计量单位采用国家技术监督局1993年12月发布的《量和单位》系列国家标准。

7. 本卷年鉴配备双重检索系统：前有目录，后设索引。索引采用主题分析法，款目按数字、汉语拼音排序，索引范围涉及条目、表格和随文图片。

番禺数字

（2023 年）

· 总面积：529.94 平方千米

· 年平均气温：24° C

· 年降水量：2005.6 毫米

· 年空气质量达到优、良的天数：318 天

· 镇、街道：16 个

· 村：177 个

· 社区：100 个

· 常住人口：282.29 万人

· 户籍人口：120.52 万人

· 地区生产总值：2866.95 亿元

· 规模以上工业总产值：2962.87 亿元

· 农业总产值：67.86 亿元

· 固定资产投资：811.69 亿元

· 外贸进出口总值：1163.9 亿元

· 一般公共预算收入：118.4 亿元

· 税收总额（不含海关代征）：415.95 亿元

· 城镇常住居民人均可支配收入：7.67 万元

· 农村常住居民人均可支配收入：5.16 万元

· 旅游接待总人次：5435.84 万人次

· 旅游总收入：521.13 亿元

· 社会消费品零售总额：1317.91 亿元

· 公路通车里程：474.82 千米

· 高速公路：100.79 千米

· 一级公路：171.87 千米

· 二级公路：74.03 千米

· 三级公路：90.17 千米

· 四级公路：37.95 千米

· 已建成地铁线：7 条（广州 2 号、3 号、4 号、7 号、18 号线首通段、22 号线首通段，佛山 2 号线）

· AAAAA 级旅游景区：1 个（长隆旅游度假区）

· AAAA 级旅游景区：6 个（莲花山旅游区、宝墨园、广东科学中心、岭南印象园、沙湾古镇、余荫山房）

· 中小学校：225 所

· 幼儿园：362 所

· 职业高中：3 所

· 医疗卫生机构：883 家

· 医疗卫生病床：7453 张

番禺荣誉

（2023年）

· 国家完善普惠性学前教育保障机制实验区（番禺区）

· 全国文明渔港（番禺区莲花山中心渔港）

· 国家级中小企业特色产业集群（番禺区灯光音响产业集群）

· 国家一级图书馆（番禺区图书馆）

· 全国工人先锋号（有米科技双创示范基地）

· 第二批国家级文明旅游示范单位（广东科学中心）

· 2022—2023年度全国“五好”县级工商联（番禺区工商业联合会）

· 广东省五一劳动奖状（广州日立电梯有限公司）

· 第二十五届广东青年五四奖章（番禺区正阳社会工作服务中心）

实体经济

2023年，番禺区实现地区生产总值2866.95亿元，获得“全省工业稳增长评估优秀区”称号。番禺经济技术开发区完成扩区，南大干线经济带加速成型，亚运大道经济带三大组团建设全面提速，国家级沿海渔港经济区建设稳步推进。长隆万博商务区被评为“广州软件名园”称号。推进广州人工智能与数字经济试验区（大学城片区）、广州南站TOD、中铁建华南区域总部等项目建设，国家未来产业科技园落地运营，广汽埃安入选全球新能源汽车灯塔工厂，灯光音响产业集群入选国家级中小企业特色产业集群。全年新增上市企业4家、新增国家级专精特新企业12家、高新技术企业737家。广汽埃安、希音、小鹏汇天、探迹科技入选全球独角兽企业榜单。

2023年2月26日，第六届广州大学城（小谷围）国际产业人才大会暨U30中国创业先锋大会在长隆国际会展中心举行。图为国家未来产业科技园启动仪式

（区委组织部 供图）

2023年3月28日，番禺区千亿投资项目推进高质量发展誓师大会在番禺汽车城举行

（区发改局 供图）

2023年1月10日，番禺区召开2023年政企共商发展座谈会
（区工商联 供图）

2023年2月26日，番禺高质量发展人才生态30条颁奖大会（广州大学城会场）举行广州大学城校友经济创新创业集聚园区授牌仪式
（区委组织部 供图）

2023年4月26日，中航光电华南产业基地项目（一期）竣工投产活动在番禺广汽智联新能源汽车产业园举行
（区企业建设服务中心 供图）

2023 年 2 月，小鹏汇天获得国家高新技术企业认定。图为小鹏汇天飞行汽车
（区科工商信局 供图）

2023 年 7 月 3 日，广汽埃安第 2000 万辆新能源汽车下线 （李俊君 摄）

2023 年 8 月 14 日，诗尼曼家居总部及智能制造基地开工仪式在化龙镇举行

（李俊君 摄）

2023 年 10 月 17 日，万居隆广州总部及生产基地项目竣工投产

（区企业建设服务中心 供图）

城乡融合

2023 年，番禺区实现南大干线全线通车，地铁 7 号线二期开通运营。新（改）建非机动车道 48 千米，海珠湾隧道征拆完成，广明高速公路辅道完成扩建。完成 23 个交通拥堵点治理，优化调整公交线路 34 条次。“百千万工程”开局起步，推进“一镇一业”建设和典型镇村培育，新增区级以上农业龙头企业 14 家。沙湾“古韵叠境”新乡村示范带基本建成，169 个村达到省定美丽宜居村标准。石楼镇被评为省级乡村治理示范镇，15 个村被评为省级乡村治理示范村。农村居民人均可支配收入连续 5 年全省第一。推进里仁洞村、罗边村、南浦村等城中村改造项目，市桥街道西城社区等 5 个老旧小区改造项目完工，钟村街道怡乐园等 5 个老旧小区改造项目动工。

2023 年，沙头街道配建回购人才公寓（区住建局 供图）

草河湿地公园（郭锦华 摄）

2023 年 2 月，沙湾街道古坝东村被确定为广州市美丽乡村创建村。图为古坝东村龙湾碧道

（杨国豪 摄）

2023 年 2 月，大龙街道大龙村被确定为广州市美丽乡村创建村。图为大龙村大龙公园

（杨国豪 摄）

2023 年 9 月 9 日，南大干线开放全线交通，图为南大干线与番禺大道交汇处的塘西跨线桥

（郭锦华 摄）

民主法治

2023 年，番禺区全面加强党的领导和党的建设，推进法治政府建设。推动人大代表联络站软硬件建设，探索发展全过程人民民主的番禺实践。区政府被评为广州市政协提案先进承办单位。聚焦高质量发展和民生领域，拓宽政协委员履职平台和渠道。落实党和国家监督体系部署，推动纪检监察监督与人大监督、民主监督、行政监督、司法监督、舆论监督等统筹衔接、形成合力。常态化开展扫黑除恶专项斗争，严厉打击电信网络诈骗犯罪。成立“禺城解纷队”“邻里检察工作组”“区大调解中心”，健全法官、检察官派入驻综治中心机制，合力化解疑难纠纷，提升诉源治理效果。

2023 年 8 月 1 日，中国共产党广州市番禺区第十四届委员会第五次全体会议在区会议中心召开 （区委办 供图）

2023 年 2 月 9 日，广州市番禺区第十八届人民代表大会第三次会议在区行政会议中心开幕 （区人大办 供图）

2023 年 2 月 8—9 日，中国人民政治协商会议第十五届广州市番禺区委员会第三次会议在区会议中心召开
（区政协办 供图）

2023 年 3 月 17 日，番禺区纪检监察系统高质量发展大会暨创建全区模范政治机关动员会召开
（区纪委监委 供图）

2023 年 1 月 10 日，番禺区公安分局举行升旗仪式庆祝第三个中国人民警察节

（区公安分局 供图）

2023 年 7 月 27 日，番禺区检察院在海鸥岛召开红树林湿地公园保护现场听证会

（崔杰锋 摄）

2023 年 12 月 6 日，最高人民法院举办第五届“羊城杯”司法体制综合配套改革研讨会，番禺法院院长龚德家围绕“案件阅核制在基层法院的实践与制度构想”作主题发言

（区法院 供图）

2023 年 11 月 14 日，番禺区大调解中心揭牌成立

（区法院 供图）

2023 年 12 月 4 日，番禺区司法局在东沙小学开展“12 · 4”国家宪法日法治嘉年华游园活动

（区司法局 供图）

岭南文化

2023 年，番禺区位列全国市辖区旅游综合实力第 11 名。余荫山房创建为国家 AAAA 级旅游景区并入选广州市第一批历史名园。广东科学中心被评为第二批国家级文明旅游示范单位、首批广东省文化和科技融合示范基地。长隆国际大马戏魔幻传奇Ⅱ入选全国旅游演艺精品名录。莲花山、宝墨园、紫泥堂被授予“国际展示厅入境游合作示范点”。注册首个国家地理标志证明商标“沙湾墨兰”。打造非遗手绘地图网络服务平台，提供广东醒狮、潘高寿中药文化、沙湾鳌鱼舞等 47 个番禺非遗项目文旅指南。举办非遗潮墟、水色旅游文化节、凌边七夕节乞巧巡游，展示番禺非遗工艺。区图书馆新馆全年入馆 163 万人次。举办大型文化惠民活动 224 场次。

2023 年 1 月 27 日，2023 年新时代文明实践“我们的节日·春节”主题活动在沙湾留耕堂举办

（区委宣传部 供图）

2023 年中秋国庆期间，沙湾古镇景区上演“戏·乐”嘉年华系列活动

（区文广旅体局 供图）

2023年国庆期间，沙湾古镇举办鱼灯展活动　　（区文广旅体局 供图）

2023年9月29日，第六届番禺水色旅游文化节在宝墨园举行　　（番发集团 供图）

2023 年 2 月 10 日，沙头街道汀根村举行 2023 年汀根村“华光诞”巡游活动　　（黄国宏 摄）

2023 年 10 月 3 日，番禺区历史文化大讲堂专题讲座在大龙街道旧水坑榕树头公园举办

（区委宣传部 供图）

2023 年 3 月 24 日，“学习新思想 唱响新时代”广州番禺首届大湾区粤曲擂台赛汇报展演暨颁奖典礼举行 （区文联 供图）

2023 年 9 月 24 日，民进党番禺区基层委员会员在市委会主题教育活动上表演粤语歌曲《广绣神韵》节目 （民进党番禺区基层委 供图）

社会民生

2023 年，番禺区新开办公办中小学 2 所、公办幼儿园 8 所，改扩建公办中小学 110 所，新增公办学位 1.6 万个。新增国家级胸痛中心 2 家、总数 11 家。家庭医生重点人群签约率超 80%。区中医院入选广州市“西学中”培训基地。发放就业补助资金 2.29 亿元，开展就业技能培训 166 场次 1.7 万人次。建成家庭养老床位 2012 张，实现颐康服务站村居全覆盖。落实退役军人服务、未成年人关爱保护、特殊群体救助福利发放，扩大养老金、医保、低保、最低工资等民生保障覆盖面，失业、工伤等阶段性降费减负 3.4 亿元，发放各项社保待遇 47.42 亿元、各类救助资金 3930.74 万元、残疾人补贴 3275.23 万元。新增筹集保障性租赁住房 1.98 万套，完成旧楼加装电梯 161 台。

2023 年 1 月 18 日，番禺图书馆新馆落成并向公众开放（区文广旅体局 供图）

2023 年 9 月 20 日，广东省妇幼保健院番禺院区儿科楼建设项目启动仪式举行（南村镇 供图）

2023 年 5 月 28 日，番禺区教育局、妇联举办六一儿童节系列活动。图为区领导与新一届“小区长”见面会 （区妇联 供图）

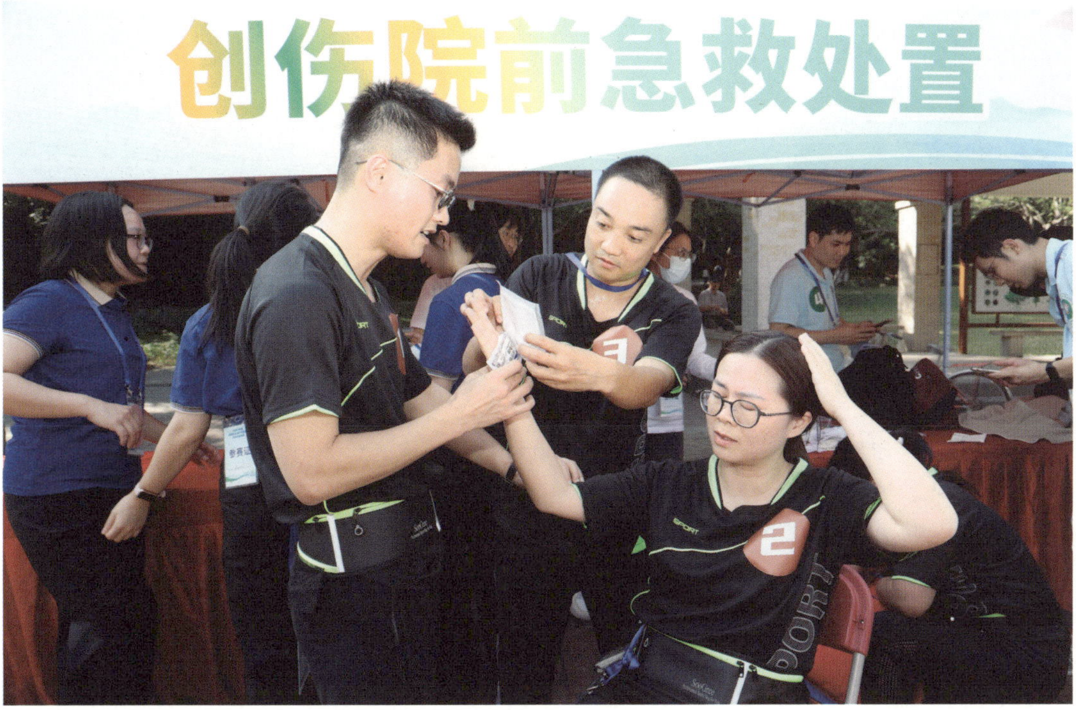

2023 年 11 月 28 日，番禺区总工会举办大夫山森林公园卫健系统紧急医学救援野外技能竞赛活动 （区总工会 供图）

2023 年，番禺区教育系统开展“非遗在校园”活动，图为幼儿园开展醒狮文化活动
（区教育局 供图）

2023 年 11 月 11 日，大石街道举办“情浓大石三十七载”暨大石灯草文化协会成立十一周年乡亲联谊活动庆典
（大石街道 供图）

2023 年 2 月 11—25 日，2023 年番禺区“中国体彩 · 乡村振兴杯”男子篮球联赛在亚运城综合体育馆举办　（区文广旅体局 供图）

2023 年 3 月 7 日，洛浦街道太极展演在广碧小区举行　（叶安琪 摄）

绿美番禺

2023 年，番禺区全面落实林长制，新增城市绿地 66.87 公顷、口袋公园 5 个，新种树木 9.3 万株，新建、提升绿道 30 千米，石楼镇被评为“广东省森林城镇”。完成治水攻坚投资 38.05 亿元，203 项水利工程竣工验收。新建公共管网 166 千米、村（居）管网 699 千米，治理内涝风险点 37 个，建设海绵城市 14.68 平方千米。桥南、中部、创新城、广州南站 4 座净水厂项目开工。3 个国考断面水质全面达标。建成广州市垃圾分类样板村 14 个、星级生活垃圾分类投放点 56 个、“两网融合”点 70 个。

2023 年 3 月 7 日，番禺区在广州大学城开展义务植树活动　　（黄国宏 摄）

2023 年 6 月 11 日，作为首届珠水家畔渔港文化嘉年华系列活动之一，2023 年水生生物增殖放流活动在石楼镇海鸥岛举行

（黄国宏 摄）

2023 年 3 月 9 日，番禺区联合福建省上杭县在广汽埃安汽车产业园东南侧公园开展“同植友谊林 共结合作情”义务植树活动　　（黄国宏 摄）

2023 年，石桥公园一隅　　（黄国宏 摄）

2023 年，石碁镇凌边村养护 718 年树龄的一级古树樟树　　（区城管局 供图）

2023 年 7 月 2 日，第 35 届广州番禺莲花文化旅游节在莲花山旅游区开幕
（黄国宏 摄）

2023 年 7 月，大夫山森林公园内紫薇花开 （黄国宏 摄）

目 录

年度关注

大事记

番禺概貌

·基本情况·

·"五位一体"建设·

区领导机关

·中国共产党广州市番禺区委员会·

综述

组织工作

宣传工作

统一战线工作

编制工作

精神文明建设

区直机关党建

老干部工作

党校工作

党史研究

·广州市番禺区人民代表大会·

·广州市番禺区人民政府·

综述

信访工作

“数字政府”建设

· 检察 ·

· 法院 ·

· 司法行政 ·

军事

· 人民武装 ·

· 国防动员 ·

· 退役军人事务 ·

经济管理

· 发展与改革 ·

· 国有资产监督管理 ·

· 市场监督管理 ·

· 审计 ·

· 统计 ·

财税 · 金融

· 财政 ·

产业经济

·农业农村·

综述

农技推广

·工业·

综述

智造产业

时尚产业

番禺区厂商会

·商贸业·

综述

供销商业

应急管理

·应急工作·

·安全生产监督管理·

·防灾减灾救灾管理·

教科文卫体

·教育·

·科技·

综述

气象建设

·文化·

综述

档案工作

文献选录

索引

番禺区位列投资竞争力百强区（2023）第18位

2023年12月6日，赛迪顾问发布《赛迪投资竞争力百强区（2023）》。本次评价构建政务服务、对外开放、基础环境、产业活力、人才吸引、要素保障6个一级指标及20个二级指标的评价体系，对全国除直辖市和港澳台地区外的900余个市辖区展开综合评价。其中，番禺区上榜，位列第18位。

番禺区有高铁客运枢纽广州南站，借助以“六纵六横”为骨干的高、快速公路和地铁、城轨组成的综合立体化交通网络，实现到达广州中心城区的通贯性。布局广州南站商务区、长隆万博商务区、广州国际科技创新城、广州大学城、番禺汽车城等多个发展平台，集聚人才、技术、资本、市场优势。市场主体超40万户，连续3年企业迁移户数保持顺差。2023年新增2栋甲级、1栋甲级（预）写字楼，新增数量、面积居全市第一。有驰名商标22件、集体商标11件。对标国际一流标准，成立番禺区全面优化营商环境领导小组，专门成立区企业建设服务中心，为落地企业项目提供开工、建设、投产、达效的全生命周期服务。政务服务获国家和省、市表彰，被评为“全国政务服务创新先进单位”“全国最具创新力政务服务大厅”和广东省政务服务标准化试点创建单位。

番禺区全力推动“百千万工程”开好局起好步

2023年，番禺区实施广东省“百县千镇万村高质量发展工程”，贯彻广东省委“1310”具体部署和广州市委“1312”思路举措，立足产业基础，构建牵引经济高质量发展“千亿矩阵”；在全市率先建成“百千万工程”指挥调度信息平台，以数据赋能城乡基层治理；深挖特色文化资源，把握城脉、文脉、商脉传承融合，打造“珠水金声 粤韵乐乡”广东文化品牌，推动“百千万工程”取得良好开局。

立足产业基础，强化制造业当家。发布《番禺区汽车产业高质量发展布局规划》，番禺经济技术开发区从9.1平方千米扩展至213平方千米，汽车产业企业比2021年增加18家达到54家，实现汽车年产量超80万辆。立足服装、珠宝等产业基础，打造千亿时尚产业。区内的国家级农业龙头企业以1047亿元营收列中国民营企业500强第87位，在全市民营企业中位列第一。新增国家级专精特新“小巨人”12家。

强化智慧赋能，建成信息平台。建成“番禺区百县千镇万村高质量发展工程指挥调度信息平台”，通过大数据、融合通信、人工智能等技术，整合数据、视频、物联设备等资源，汇聚全区26个部门71个系统100个村超过1.33亿条数据，构建“党建、人、屋、车、场、网、企、事、安全管控”九个一张图专题，形成动态底册，助力基层巡查、治理精细化。

强化示范引领，开展典型培育。在11月公布的广东省“百县千镇万村高质量发展工程”首批典型县镇村名单中，番禺区有1个镇（石楼镇）、5个村（石楼镇大岭村、石碁镇桥山村、大龙街道旧水坑村和新水坑村、沙湾街道沙湾北村）入选。为抓好典型镇村培育，番禺区邀请省规划设计院、集美集团等知名机构团队参与规划设计，挖掘番禺历史文化、人文景观、古村落古建筑等特色资源，凸显岭南古邑特色，提升乡村品质。

强化培根铸魂，培育和美乡风。举办“同气连枝 弦歌不绝”沙湾粤乐交流分享会、广东音乐地铁行、广东音乐大讲堂等20多项活动，联合港澳打造乡音、乡貌、乡贤、乡祠、乡亲“五乡文化”，吸引港澳青年回到番禺开办广东音乐传承湾区工作室，擦亮“广东音乐发源地”招牌，让和美乡村更具乡愁韵味。

番禺区深化粤港澳对接合作各项措施

2023年，番禺区贯彻落实中共中央、国务院决策部署和省、市工作要求，以打造成为粤港澳全面合作的重要阵地目标，落实各项措施推动大湾区高质量发展。实施《广州大学城粤港澳大湾区创新创业集聚区建设总体方案》，落实“苗床扩建计划”、“00后启航计划”、提升创新孵化体系、推动产学研深度融合等措施，推动粤港澳青年创业孵化器、粤澳青创国际产业加速器等港澳创新创业平台建设，启动“侨智联盟”创新创业实践基地项目，挂牌粤港澳高端服务咨询运营中心，为港澳台同胞提供全方位创新创业服务，助力粤港澳台青年融入湾区发展。2个港澳创新创业平台进驻企业460家，其中港澳台及外资企业91家。

争取大湾区优质生活圈建设纳入国家粤港澳大湾区建设重点工作计划，在祈福新邨挂牌港澳同胞服务中心，提供一站式咨询链接、管理和服务。成立社区港澳政务中心，支持设立一站式线上、线下融合综合政务服务平台，试点实行穗港澳三地政务数据共享，实现港澳居民凭居住证、回乡证在穗无障碍网上办理各类事项，优化港澳人士在穗参保、购房办理流程。创建湾区青年乐游联盟、内地港澳青年学生之家，举办“大湾区十大杰出港生评选”，定期开展“国情教育研学营”、粤澳青年创业技能等活动，加强穗港澳文化对接和合作交流。

番禺区深度融入对接《南沙方案》

2023年，番禺区认真学习贯彻落实《广州南沙深化面向世界的粤港澳全面合作总体方案》（简称《南沙方案》），主动对接南沙建设面向世界的粤港澳全面合作重大战略平台，力争将番禺打造成为粤港澳全面合作的重要阵地。

2023年12月20日，粤港澳青创智库共话科技创新——广州巾帼科技先锋系列活动番禺专场在粤港澳青年创业孵化器举办　　（区妇联 供图）

推动平台对接。番禺区支持南沙枢纽片区、庆盛枢纽片区、南沙湾片区、南沙科学城、南沙粤港深度合作园与番禺南大干线经济带沿线的广州南站地区、长隆万博片区、广州大学城——广州国际科技创新城、东部莲花湾片区等重点合作平台串联发展。深化汽车及零配件、智能网联和新能源汽车、数字经济、现代物流、生物医药等科创领域合作，打造大湾区现代产业集聚区。

完善交通网络。强化两地发改、交通、规划等部门合作协调，提速跨区轨道、城市路网、桥梁等交通基础设施对接建设，推动广州地铁22号线南延段、26号线纳入市轨道交通第四期建设规划。推进广州至珠海（澳门）高铁、广州南站至南沙站联络线、东部干线、沙湾大桥拓宽改造工程项目，共同打造大湾区综合交通枢纽。

携手创新创业。推动广州大学城·中关村青创汇、粤澳青创国际产业加速器、粤港澳青年创业孵化器与南沙粤港澳（国际）青年创新工场、“创汇谷”粤港澳青年文创社区等载体互动交流，加强粤港澳科研机构与大学城12所高校特色学科合作共建，携手南沙创建港澳青年创业就业合作平台，促进高校科技成果转化。

番禺区汽车产业布局“一基地一带两园”规划

2023年2月15日，番禺区在广汽研究院举行以“自主自强 高质高速”为主题的汽车产业高质量发展推进会，发布《广州市番禺区“一基地一带两园”汽车产业高质量发展布局规划》(简称《规划》)。番禺区以实体经济为本，坚持制造业当家，提出汽车产业“翻番”计划，力争到“十四五”期末，实现汽车年产量、销量、产值比2021年翻一番。

“一基地”为国家新型工业产业示范基地(智能网联与新能源汽车)，是番禺区打造智能网联与新能源汽车自主品牌创新高地的核心区域。总体规划面积55平方千米，位于番禺区东北部。“一带”为番禺大道汽车消费体验带，是番禺区打造的汽车营销与贸易、汽车产业文化传播、品牌形象展示和发布聚集区，位于番禺区中部，贯穿洛浦、大石、南村、东环、市桥、桥南等镇(街道)。“两园”分别为番禺智造创新园和番禺智造创新园二期，是番禺区打造的整车制造、汽车产业关键零部件、汽车电子智能制造及相关高端生产性服务业集聚区。番禺智造创新园位于番禺南部，紧接广州绕城高速和南沙港快速出口，总规划面积657公顷，构建新能源汽车全供应链。番禺智造创新园二期位于番禺区东部，产业发展方向为整车制造、汽车产业关键零部件、汽车研发、检测认证、软件评测、孵化加速、汽车金融等。

番禺区灯光音响产业入选国家级中小企业特色产业集群

2023年10月，番禺区灯光音响产业集群入选由工信部公布的2023年度全国中小企业特色产业集群名单，成为广州市上榜国家级中小企业特色产业集群的四大特色产业集群之一。

番禺灯光音响产业有核心企业600多家，从业人员12万人，占全国近一半市场份额。成立灯光音响产业链工作组，构建“区级链长+区级副链长+链主+副链长+成员单位+工作专班”工作推进体系。依托国家、省、市支持制造业发展产业政策和科技创新政策，引导灯光音响制造企业加大技术改造投资力度，引进先进生产、检测设备，推动生产制造向数字化、智能化转变。聚焦细分领域，培育出1家国家级制造业单项冠军示范企业和2家国家级专精特新“小巨人”、1家省级制造业单项冠军示范企业和14家省级“专精特新”中小企业、3家省级企业技术中心、4家省级工业设计中心、69家高新技术企业，以及一大批掌握核心技术的中小企业群体。完成对标达标灯光企业13家、音响企业18家，完成主导演艺灯光行业标准11项、专业音响行业标准21项。制定《舞台灯具跌落试验规范》《LED舞台灯性能及测试方法》，填补行业标准体系的技术规范空白。推动骨干企业与高校共建产学研平台，开设特色专业，联合培育灯光音响行业研发人才、应用人才。加强对集群的财政、金融、产业、创新、土地、人才等政策支持，培育打造具有较强核心竞争力的中小企业产业集群。

番禺区创建国家生态文明建设示范区

2023年，番禺区以《广州市番禺区生态文明建设规划(2021—2035)》《广州市番禺区创建国家生态文明建设示范区工作方案》为引领，从深入推进生态文明建设六大领域重点任务、深挖特色亮点和动态管理建设指标入手，争创国家生态文明建设示范区。

2023年11月6日，番禺区石碁镇桥山村入选广东省“百县千镇万村高质量发展工程”首批选树培育典型村
(石碁镇 供图)

番禺区委、区政府高度重视创建国家生态文明建设示范区工作，将其作为番禺区第十四次党代会及番禺区政府重点工作事项。2023 年 3—4 月，番禺区通过开展网络问卷调查的方式完成公众对 2022 年度生态文明建设满意度和参与度的调查。随着大湾区优质生活圈示范区、百千米碧道、美丽乡村与绿色学校的加快建设，海鸥岛红树林海岸生态修复、百座村级工业园区整治工作的开展和国家全域旅游示范区的成功创建，番禺区宜居宜业宜游优质生活圈逐步形成。

坚持规划引领，编制完成《广州市番禺区 2023 年生态文明建设规划实施方案》，深入推进生态空间、生态制度、生态安全、生态经济、生态生活和生态文化六大领域重点任务和工作措施，提升生态文明建设水平。对照要求完成创建指标佐证材料收集整理，把创建国家生态文明建设示范区作为推进生态文明建设高质量发展、促进人与自然和谐共生的重要平台和抓手，在服务经济高质量发展中实现生态环境高水平保护。

南大干线全线通车

2023 年 9 月 9 日零时，位于番禺辖区的南大干线东新高速至省妇幼医院段、钟三路至东新高速段主线开放交通。至此，备受瞩目和社会关注，西起广州南站片区钟三路、东接莲花大道、全长 30 千米的南大干线实现全线贯通，番禺区北部增加一条东西向贯通的快速通道，成为粤港澳大湾区横向交通的重要动脉。

南大干线为广州市、番禺区共建的重点项目，采用城市快速路设计标准。项目位于番禺区北部，西起钟三路，东至莲花大道，全长 30 千米，主线设计速度 60—80 千米 / 小时，设计速度较原道路提高一倍。全线设立交 23 处，包含互通式立交 5 座、下穿隧道 8 座、跨线桥 10 座。南大干线全线通车后，大石片区南大路西侧从双向 2 车道，扩至东西向主线双向 6 至 8 车道，加上辅道，通行能力提高两倍。

南大干线贯通不仅疏导交通压力，也承载服务片区经济发展功能。它串联起区内重要的产业平台、服务片区和居住区块，前后连接起广州南站地区、长隆万博片区、大石先进制造和科技创新园区、广州国际科技创新城、广州大学城、番禺汽车城、东部莲花湾等分散的重大平台空间，加速重大平台间联系与协作，有助强化广州在大湾区协同发展中的核心引擎功能。

番禺区图书馆被评为国家一级图书馆

2023 年 12 月 18 日，文化和旅游部公布第七次全国县级以上公共图书馆评估定级上等级馆名单。番禺区图书馆被评为国家一级图书馆，这是番禺区图书馆自 1994 年以来连续 7 次获此称号。

2023 年 1 月 18 日，番禺图书馆新馆启动部分试运行。新馆总占地面积 1.2 万平方米，总建筑面积 4.5 万平方米，馆舍 6 层，地上 4 层，地下 2 层。设计藏书量 160 万册，有智能书架 1054 组，可提供阅览座位 1500 个。针对不同对象阅读需求，设置普通区、青少年区、视障区、报刊区、自学区等区域。以读者为中心丰富文化惠民服务，开展活动 986 场次，涵盖音乐晚会、诗词写作培训讲座、手工课堂、艺术作品展览、科普知识讲座、亲子阅读、安全知识游园、诗歌朗诵会、志愿者项目等内容。

（番禺区融媒体中心）

大事记

1月

3日 番禺区企业广东好太太科技集团股份有限公司、广州市浩洋电子股份有限公司获2022年市长质量奖。

5日 中共广州市番禺区第十四届委员会第四次全体会议召开。

9日 番禺区入选广东省基础教育高质量发展示范区。

10日 番禺区召开2023年政企共商发展座谈会。

11日 2023年“家在湾区”番禺春节联欢晚会在区融媒体中心演播厅举行，270万人次线上观看番禺春晚。

12日 何贤纪念医院旧建筑改造工程医技楼落成启用。

16日 上杭县·番禺区对口合作工作座谈会在福建省龙岩市上杭县召开。

18日 南大干线举行部分路段预通车仪式，阶段性开通10.9千米。

19日 番禺区委召开经济工作会议。

29日 番禺区高质量发展大会在区会议中心召开。

30日 小鹏汇天旗下旅航者X2获中国民用航空中南地区管理局颁发特许飞行证，成为国内首款提出申请并获批的有人驾驶eVTOL（电动垂直起降）产品。

2月

2日 中共广州市番禺区第十四届纪律检查委员会第三次全体会议召开。

6日 番禺区委、区政府颁布实施广州市首个区级青年发展规划类文件——《番禺区中长期青年发展“规划”（2021—2025年）》。

8—9日 中国人民政治协商会议第十五届广州市番禺区委员会第三次会议在区会议中心召开。

9—10日 广州市番禺区第十八届人民代表大会第三次会议在区会议中心大会堂召开。

10日 曾本五金工业有限公司举行国家科技型中小企业揭牌仪式。

13日 番禺区文广旅体局发布《番禺区第五批非物质文化遗产代表性项目代表性传承人的通知》，石碁镇的孔祥弘、陈国贤、曾杰伟入选番禺区第五批非遗代表性传承人。

△由广州市人力资源和社会保障局、番禺区人民政府主办的广州市“招工服务月”暨“赢在广州”高质量发展新春大型招工见面会在广州南站东广场举行。

15日 番禺区在广汽研究院发布《广州市番禺区“一基地一带两园”汽车产业高质量发展布局规划》。

16日 番禺区建设干净整洁平安有序城市环境秩序工作交流现场会议在南村镇江南村召开。

20日 全国高新技术企业认定管理工作领导小组办公室公布2022年“高新技术企业”名单，小鹏汇天获“国家高新技术企业”称号。

21日 番禺区“2023年春风行动暨就业援助月”促进异地务工人员就业系列专场招聘会在广州南站西广场举行。

△番禺区“味在番禺”十大名菜、名点及服务团体标准发布会在番禺宾馆举办。

22日 第二届国际珠宝首饰流行趋势发布会在长隆万博商

务区四海城举行。

△ 广州市文旅装备行业协会成立大会暨第一届理事会（监事会）就职典礼在番禺区举行。

23 日 番禺区民政局婚姻登记处举行首个户外结婚颁证点揭牌仪式暨集体领证活动。

26 日 第六届广州大学城（小谷围）国际产业人才大会暨U30 中国创业先锋大会在长隆国际会展中心举办，启动大湾区首个国家未来产业科技园。

28 日 番禺区委农村工作会议暨全区落实“百县千镇万村高质量发展工程”动员部署大会召开。

3 月

2 日 番禺区纪念“三八”国际妇女节 113 周年大会在区会议中心举行。

5 日 2023 年宝墨园“汉风古韵樱花节”暨“樱花摄影大赛”开幕。

8 日《广州市建设国际消费中心城市发展规划（2022—2025 年）》印发实施，番禺区规划建设时尚经济引领型国际消费城区。

9 日 埃安“大型科普场馆展示协同创新与示范应用”项目获广东省科学技术奖“科技进步二等奖”。

10 日 番禺区饮食行业商会主办的“推动餐饮行业高质量发展，擦亮‘味在番禺’城市名片”区饮食行业商会 15 周年庆在雍苑百乐金宴（荔园新天地店）举行，发布 2022 年番禺区十大名菜名点。

16 日 番禺区召开两新党组织高质量发展大会，灯光音响、珠宝首饰产业链党委揭牌。

17 日 番禺区召开传达贯彻习近平总书记重要讲话精神暨全国两会精神干部大会。

△“英雄花开英雄城”——陈永锵木棉作品展在番禺区图书馆新馆负一层展厅开幕。

18 日 南大干线南沙港快速路互通立交建成通车。

23 日 敏捷集团连续 7 年被评为“中国房地产开发企业综合实力 100 强”。

24 日 番禺区在香港举办 2023 年新春香港招商春茗大会。

△ 广州市余荫山房被评为国家 AAAA 级旅游景区。

27 日 番禺区文联第十次代表大会在区会议中心召开，选举产生新一届主席团成员。

28 日 番禺区千亿投资项目推进高质量发展誓师大会在番禺汽车城智汇区一期举行。

△ 番禺区创新科技企业协会召开第五届会员大会第一次会议。

29 日 粤港澳大湾区先艺电子科创园项目动工仪式在番禺专精特新企业集聚区举行。

△ 广州市番禺区人工智能与数字经济行业协会成立大会暨人工智能与数字经济产业链主题论坛在节能科技园举行，选举产生协会第一届会员。

30 日 番禺区在澳门举办 2023 年新春澳门招商春茗活动。

4 月

3 日 番禺区·南海区广佛全域同城化工作座谈会在番禺区召开。

12 日 习近平总书记在广汽埃安新能源汽车股份有限公司考察。

14 日 2023 年番禺区汽车消费节暨第三届直播电商节（中国·广州）番禺分会场启动。

17 日 广州首家国际化街区金融服务中心——祈福新邨国际化街区金融服务中心揭牌。

18 日“智造创新城 魅力新番禺”广州市番禺区 2023 年全球招商大会在万博商务区举行。

19 日 番禺区传达学习贯彻习近平总书记视察广东重要讲话重要指示精神干部大会召开。

△ 广州市质量强市办公室公布 2022 年度质量工作考核结果，番禺区连续 6 年被评为 A 级第一名。

20 日 2023 年中国时尚饰品产业高质量发展大会暨广东省时尚首饰及配饰协会 2023 年会员大会在广州举行，番禺区珠宝产业发展联合会、番禺区珠宝厂商会参加大会。

21 日 广州市西坊大院文化

2023年4月18日，广州市番禺区2023年全球招商大会在万博商务区举行
（黄国宏 摄）

旅游区被评为国家AAA级旅游景区。

22日 番禺区民俗文化活动“弘扬传统文化·传承非遗经典”2023年沙湾街道文化传承活动开幕。

25日 番禺区服装产品质量基础设施“一站式”服务工作站挂牌成立。

26日 中航光电华南产业基地项目（一期）竣工投产活动在广汽智联新能源汽车产业园举行。

27日“长隆万博新势能奋进智造创新城——2023年长隆万博商务区高质量发展大会暨百亿楼宇授牌”在番禺德舜大厦举行，宣布长隆万博商务区扩区。

△ 位于番禺区的有米科技双创示范基地团队被中华全国总工会授予2023年度“全国工人先锋号”称号。

5月

1日 12时起，南海进入伏季休渔期，番禺区所有休渔渔船全部回港停泊。

4日 番禺区召开2023年一季度全区经济运行分析会暨防范化解经济领域重大风险分析研判会。

8日 番禺珠江钢管集团属下珠海有限公司与东非原油管道公司签订EACOP项目直缝埋弧钢管采购合同。该项目全长1500千米，是世界上最长的加热原油管道项目。

10日 番禺区“政务服务事项标准化及其应用试点”项目被广东省市场监督管理局评为省级优秀试点项目。

△番禺区标准化助力演艺设备产业高质量发展暨2022年度广东省音频设备与系统标准化技术委员会工作会议在保利世贸博览馆举行。

11日 肇庆市政府代表团到番禺区开展番禺区·封开县对口产业协作交流工作。

△ 广州举行庆祝“5·12”国际护士节暨广州百名好护士颁奖典礼，番禺区5人获“广州好护士”称号。

12日 2023年第八届广州番禺大罗塘珠宝节开幕式在沙头街道前后仓国际珠宝基地举行。

15日 国务院国资委网站公布科改示范企业名单，埃安是唯一入选新能源汽车品牌。

△ 番禺区黎艳芬家庭被全国妇联评为2023年全国“最美家庭”。

17日 番禺区·五华县对口帮扶协作党政联席会议在番禺区召开。

18日 2023年番禺区“国际博物馆日”暨“中国旅游日”主题活动在西坊大院文化旅游区启动。

△ 广东省第五次全国经济普查综合试点（广州片区）启动仪式在番禺区举行。

23日“慈善之区 幸福番禺”2022年度番禺慈善榜样致谢大会暨番禺区发展缓慢村、困难家庭“一心两牵手”结对帮扶活动启动仪式在番禺图书馆新馆举行。

△ 番禺区举行驻企党建指导员工作交流会暨区驻企党建指导员大党委成立仪式。

25日 第二届（2023年）中国国际培育钻石产业发展与

创新大会在番禺区举行。

29 日 第三届“同一蓝天 共同幸福”——百名老区孩子看番禺主题活动开营仪式在广州长隆野生动物世界举行。

是月 2023 年（第八届）全国广播电视媒体融合影响力指数发布，番禺区融媒体中心陈琨获“2022—2023 年度融合创新贡献人物”，番禺区融媒体中心获“2022—2023 年度头部县级融媒体中心新媒体影响力 10 强”，“番禺台”微信视频号获“2022—2023 年度县级融媒体中心微信（视频号）传播力 10 佳”，2023 年“家在湾区”番禺春节联欢晚会获“2022—2023 年度融合创新十大品牌影响力区县融媒大型（直播）活动”。

6 月

6 日 声博士声学产业基地暨全球首座 -21dB 声学实验室项目动工活动在番禺“专精特新”企业集聚区举行。

8 日 中共广州市委书记林克庆到番禺区广汽埃安新能源汽车有限公司、广东海大畜牧水产研究中心、比音勒芬服饰股份有限公司等企业调研。

△ 番禺区政协委员云工作室揭牌。

11 日“珠水金声向海兴城”首届珠水家畔渔港文化嘉年华在番禺国家级沿海渔港经济区启动。

12 日 国家珠宝玉石首饰检验检测中心化学分析实验室（广州）揭牌仪式暨自然资源部珠宝玉石首饰检验评价技术创新中心产学研协同创新基地（番禺）合作伙伴签约仪式在沙湾珠宝产业园举行。

13 日 番禺区鲜活水产品广州锐沣渔业发展有限公司的笋壳鱼首次出口新加坡。

15 日 2023 年广州·番禺“赋能产业 设计薪火”设计师大会在番禺区举办。

△ 番禺区委统战部、区侨联联合主办的“礼赞二十大 翰墨写侨心——番禺海内外书画作品展暨麦华三书法作品展”在区图书新馆开幕。

20 日 番禺图书馆·广州番禺人才会客厅揭牌，番禺区高层次人才代表交流座谈会召开。

21 日 番禺区文广旅体局主办的“赛龙夺锦 向上向善”街坊剧场音乐晚会暨“百家经典百姓诵”系列活动在区图书新馆启动。

22 日 2023 年番禺区房地产博览会在万博商务区德舜大厦东广场开幕。

26 日 番禺区·赫章县东西部协作党政联席会议在番禺召开。

26—27 日 2023 年广州南站商务区暨番禺国家级沿海渔港经济区香港招商联谊活动在香港举行。

27 日 广州市番禺区检验检测产业促进会揭牌。

28 日 广州市政府发布 2022 年落实有关重大政策措施真抓实干成效明显单位予以督查激励的通报，番禺区被评为推进质量工作成效突出的区，并获优先推荐申报 2023 年国务院督查激励。

29 日 番禺区·金沙县东西部协作党政联席会议在贵州省毕节市金沙县召开。

△ 番禺区委两新工委党校揭牌暨首期培训班开班仪式在东环街道产业园区党群企综合服务中心举行。

30 日“唱支山歌给党听”番禺区庆祝中国共产党成立 102 周年主题音乐会在郭兰英剧院举行。

△ 番禺区批出全市首宗已出让住宅用地增设空中连廊及地下连接体项目。

△ 番禺区和贵州省毕节市赫章县、威宁彝族回族苗族自治县召开东西部协作党政联席会议。

7 月

1 日 广州地铁三号线东延段海傍站主体结构施工顶管段右线贯通，标志地铁三号线东延段全线隧道贯通。

△ 大岭红色文化核雕馆开馆仪式暨“番禺区统一战线爱国主义教育基地”“大岭村党建文化教育基地”挂牌仪式在石

2023 年 7 月 12 日，广州大学城管委会联合广州金控集团、12 所高校合作成立广州市高质量发展科技成果转化金谷联盟，图为揭牌仪式

（小谷围街道 供图）

楼镇大岭村举行，为全国首家红色主题非遗核雕馆。

3 日 广汽埃安第一智造中心举行中国新能源汽车第 2000 万辆下线活动。

5 日 番禺区政协委员云工作室（南村）在南村镇政协委员工作室揭牌。

11 日 海大集团位列 2023 年《财富》中国上市公司 500 强榜单第 130 位。

12 日 广州市首个高质量发展科技成果转化“金谷联盟”在广州大学城成立。

17 日 海大集团自主研发的罗非鱼“百容 1 号”入选 2023 年国家水产新品种。

19 日 番禺区 5 家企业获第二十四届中国专利优秀奖，1 家企业获中国外观设计银奖。

22 日 番禺区融媒体中心入选《中国新闻年鉴》县级媒体融合创新案例名单。

26 日 番禺区召开 2023 年上半年全区经济运行分析会暨防范化解经济领域重大风险分析研判会和安全生产工作会议。

31 日 中国共产党广州市番禺区第十四届委员会第五次全体会议召开。

8 月

1 日 番禺籍运动员罗悠扬与队友在第 31 届世界大学生夏季运动会女子 4×100 米自由泳接力决赛中获得金牌，并打破赛会纪录。

2 日 番禺区·五华县对口帮扶协作党政联席会议在梅州市五华县召开。

3 日 番禺区·蕉岭县对口帮扶协作党政联席会议在梅州市蕉岭县召开。

△ 番禺区·上杭县对口合作党政联席会议在福建省龙岩市上杭县召开。

8 日 番禺区印发《关于高质量推进生态文明建设促进人与自然和谐共生现代化建设的实施方案》。

9 日 广州市首个海洋公益诉讼观察站在番禺区海洋综合执法大队莲花山中队挂牌。

10 日 番禺区·封开县对口产业协作党政联席会议在肇庆市封开县召开。

16 日 12 时，南海伏季休渔结束，莲花山中心渔港 120 艘渔船开渔。

18 日 番禺区金融支持“百千万工程”专场对接会活动在中国银行番禺支行举办。

19 日“我们的节日·七夕”——广东省文联文艺工作者“走进基层 服务群众”赴番禺惠民演出在石碁镇文化中心举行。

21 日 广汽埃安首批 100 辆 AION Y Plus 出口车随船发运泰国林查班港，是广汽埃安首次向海外市场发运整车。

22 日 研究机构赛迪顾问发布“2023 镇域经济 500 强暨西部 50 强”榜单，番禺区 4 个建制镇入围，其中南村镇位列榜单第 43 位，是广州排名最靠前的建制镇。

25 日 首批广州市儿童友好系列试点名单公布，番禺区 8 个单位入选，分别是东环街道、桥南街道番奥社区、东环街道甘棠村、番禺区人民检察院、沙湾京兆小学、沙湾中心小学、市桥沙墟二小学、市桥中心小学。

31 日 广州市政协王謇能委

员工作室在番禺授牌成立。

△ 为期 62 天的铁路暑运工作结束。暑运期间，广州南站到发旅客 4030.2 万人次，日均到发旅客超 65 万人次。

9 月

5 日 番禺区青年志愿者协会第十一届会员代表大会召开，选举产生协会新一届班子。

9 日 位于番禺辖区的南大干线东新高速至省妇幼医院段、钟三路至东新高速段主线开放交通，全长 30 千米的南大干线实现全线贯通。

11 日 番禺区召开庆祝第 39 个教师节大会，表彰 2023 年番禺区优秀教师（教育工作者）、“感动广州的最美教师”代表、番禺区十佳青年教师。

12 日 全国工商联发布 2023 中国民营企业 500 强榜单，海大集团位列第 87 位，在广州民营企业中位列第一。

19 日 番禺区召开学习贯彻习近平新时代中国特色社会主义思想主题教育动员部署会。

△ 番禺区服装服饰行业协会会员大会暨理事会就职典礼在番禺宾馆举行。

△ 第十二届中国创新创业大赛（广东·广州赛区）暨 2023 年广州科技创新创业大赛常规赛新能源及新能源汽车行业决赛启动仪式在番禺节能科技园举行。

24 日 位于番禺的长隆集团以“世界珍稀野生动物活体资源库创建关键技术与应用”项目被评为 2022 年度广东省科技进步奖特等奖。

26 日 广州企业上市“领头羊”行动计划“番禺行动”启动仪式在番禺节能科技园交流中心举行。

27 日 番禺区政务服务数据管理局在中国政务服务博览会上获 2023 年度“营商环境高质量发展优秀单位”称号。

28 日 番禺区组织 16 个镇（街道）统一开展 2023 年全区最小应急单元大操练活动。

△ 番禺区首个区级少年儿童图书馆——番禺区图书馆少儿馆开馆。

30 日 番禺区在植地庄抗日战斗烈士纪念碑前举行公祭烈士活动。

10 月

1 日 番禺区南村镇员岗村在南村壹号健康产业园广场举行弘扬中华传统文化飘色展演活动。

9 日 番禺区大龙街道原印染总厂地块出让，是番禺区公开出让的首宗新型产业用地。

△ 广汽埃安旗下品牌昊铂在超跑生产线上举行昊铂品牌之夜暨昊铂 SSR 上市交付典礼。

11 日 第三届粤港澳大湾区文化艺术节系列活动暨广州歌剧学会成立 20 周年音乐盛典——“花开好时代”优秀新作品演唱音乐会在广东文艺职业学院举行。

△ 番禺区灯光音响产业集群入选 2023 年度中小企业特色产业集群名单，成为广州市上榜国家级中小企业特色产业集群的四大特色产业集群之一。

13 日 在广州市庆祝第 54 届“世界标准日”暨推进民营企业标准化活动上，番禺区市场监管局牵头指导制定的广州市地方标准《网络订餐外卖配送服务规范》发布实施。

22 日“赛龙夺锦勇争先——第十四届广东音乐邀请赛启动仪式音乐会”在沙湾文化中心举行。

30 日 广州大学城“创二代”工程暨粤港澳大湾区创新创业集聚区建设启动大会在广州大学城举办。

11 月

1 日 番禺区政务服务数据管理局构建“四模联动”新型智慧政务服务体系创新案例入围 2023 世界智慧城市大奖·中国“宜居和包容大奖”。

2 日 在第一届全国学生（青年）运动会（公开组）田径男子 100 米项目决赛中，番禺区运动员吴昊霖夺冠，并打破全国少年纪录。

9日 第六届粤港澳大湾区楼宇经济发展峰会举行，长隆万博商务区内的番禺粤海广场、保利大都汇A3写字楼被评为甲级写字楼，万达广场B1栋被评为甲级（预）写字楼。

10日 广州市人民政府、中国烹饪协会主办的2023年广州国际美食节在主会场番禺区长隆万博商务区万博中心启动。

14日 番禺区大调解中心在番禺区法院揭牌。

△ 番禺区召开“高质量党建引领高质量发展”政治机关建设现场会。

17日 西坊大院·广州番禺人才会客厅揭牌暨高层次人才交流活动举行。

18日 番禺区文联主办的“珠水金声·粤韵乐乡”系列活动——“香港青年艺术创作人才工作室”挂牌仪式在沙湾古镇汉园举行。

△ 番禺区青年夜校揭牌并开展公益培训第一课。

29日 番禺区侨联与区图书馆、区慈善会举办番禺区“侨胞之家”揭牌暨“广州市番禺区慈善会侨爱慈善基金”设立仪式。

12月

1—7日 番禺区人大常委会开展主题为“大力弘扬宪法精神，建设社会主义法治文化”的“宪法宣传周”活动。

6日 全国完善普惠性学前教育保障机制实验区和幼儿园保育教育质量提升实验区遴选结果公布，番禺区入选完善普惠性学前教育保障机制实验区，为广东省唯一入选该项目的区。

6—8日 番禺区以“番禺区国家文化出口基地”为载体，组织区内企业参展2023年粤港澳大湾区服务贸易大会，展出“珠宝首饰、灯光音响、动漫游艺”三类文化产品。

7日 番禺区位列2023年“中国工业百强区”榜单第23位。

8日 广东省高端装备制造战略性集群知识产权协同运营中心落成暨专利导航报告发布会在番禺区巨大创意园举行。

12日 广汽埃安旗下因湃电池智能生态工厂在番禺汽车城竣工投产。

15日 2023年广州市查扣“三无”船舶联合销毁活动在番禺区石楼镇莲花山中心渔港举行。

16日 中国国际商会广州市番禺区商会、法国番禺富善社联合主办的“连通中法 迈向全球”法国海归青年与番禺企业家交流论坛活动在番禺举办。

18日 广州大学城第九届粤港澳大学生创新创业大赛在广州大学城启动。

19日 广东海大集团助力“百千万工程”暨农牧渔业“红链兴农”共同体成立会议在番禺区召开。

28日 番禺区图书馆在第七次全国县级以上公共图书馆评估定级工作中被评为国家一级图书馆。

29日 “百榕之园 观自然 共话生物多样性”活动暨西双版纳榕树专家专题研讨活动在大夫山榕树公园举行。

（番鉴）

番禺概貌

基本情况

【建置沿革】番禺为秦置古县。秦以前，番禺一带泛称百越之地。秦始皇三十三年（前214年），秦统一岭南，并在该地设立桂林、南海、象郡3个郡。其中，南海郡跨粤东、粤中及粤北大部，下设番禺、博罗、四会、龙川4个县，番禺为南海郡郡治所在地，番禺建县自此始。建县之初，番禺境域广阔，古今地方志记载：番禺县境域范围大致为北至中宿（清远），东与博罗相接，西与四会相连，南至包括现香港、澳门之滨海之地。至2023年，番禺设县有2237年历史，境域多次变动，先后析出增城、东官（东莞）、南海、从化、花县等，并由这些县再析出龙门、香山（中山）、新安（宝安）、顺德、三水、珠海、斗门等县市以及香港、澳门地区。

1921年，广州正式建市，捕属（广州市东半部）及河南街区划为市区。1930年9月起，现广州市天河、黄埔、越秀、海珠区等原属番禺县域陆续划入广州市区。1949年中华人民共和国成立后，分数次将禺北、禺东一带划入广州市区。1950年，禺北的北兴乡划归花县；南海县的上恩洲乡划入番禺；禺东十五屯乡划归东莞县；禺南九如乡的沙亭、南涌、乌洲划归顺德县；禺北嘉禾乡的江夏、陈田和佛岭乡的萧岗、黄田及新市划归广州市。1953年，禺东的茅岗、员村、新塘、观音约、珠村、石宦龙、车陂、棠下、长湴、沙浦、双岗、文冲、横沙、萝岗、东圃、鱼珠等村及禺南彬社乡的长洲岛划归广州。1958年1月，禺北和禺东的南岗、萝岗、黄陂、石井、江村、嘉禾、神山、岗楼、鸦湖、蚌湖、同文、太和、龙归、良田、竹料、钟落潭、九佛17乡划归广州。1958年12月15日，番禺、顺德合并为番顺县。1959年6月10日，番顺县重新分为番禺、顺德两县。1959年7月，原属中山县的大岗镇、大岗公社（后析出黄阁公社）、万顷沙公社（后析出南沙公社）和珠江农场划归番禺。1975年1月，番禺县新造公社的深井大队划归广州市黄埔区。1991年，番禺县辖22个镇、305个村民委员会、81个居民委员会，总面积1313.8平方千米。

1992年5月，撤销番禺县，设立番禺市。2000年5月，撤销番禺市，改为广州市番禺区。2005年4月28日，番禺区的南沙街道和万顷沙镇、横沥镇、黄阁镇，灵山镇的庙南村、七一村和庙青村的部分区域以及东涌镇的庆盛村、沙公堡村、石牌村的各一部分区域划出，设立广州市南沙区。2012年12月，番禺区东涌、大岗、榄核3个镇划归南沙区管辖。

【地理位置】番禺地处北纬22°51′～23°5′、东经113°14′～113°35′。位于广州市南部，东有狮子洋，西有陈村水道，南有沙湾水道，北是珠江后航道。

【区划面积】番禺区总面积529.94平方千米，下辖11个街道、5个镇（市桥街道、桥南街道、东环街道、沙头街道、洛浦街道、小谷围街道、钟村街道、石壁街道、大石街道、大龙街道、沙湾街道、石碁镇、南村镇、石楼镇、新造镇、化龙镇），有177个村和100个社区。

【地形地貌】番禺地处珠江三角洲西、北江下游滨海地区，四面环水，境内市桥水道以北是市桥台地（俗称“大箍围”），以低丘岗地为主，坡地平缓，

表 1　　2023 年番禺区辖镇（街道）、村（社区）一览表

镇（街道）	村	村数（个）	社区	社区数（个）
市桥街道	西郊、北郊、沙圩一、沙圩二、黄编、云星、丹山、东郊	8	东兴、德兴、桥福、沙园、社学、德安、东丽、西涌、三堂、晒布、西城、禺山、华侨城、侨联、怡乐、康裕、禺秀、富都、丹桂、康乐、侨基、先锋、田心、桥东、石街、万丰、大市、瑞和园	28
沙头街道	沙头、榄山、小平、大平、小罗、大罗、汀根、横江、南双玉	9	沙头、骏兴	2
东环街道	甘棠、蔡边一、蔡边二、蔡边三、龙美、东沙、榄塘、左边	8	东环、江南、富豪、金山谷	4
桥南街道	南郊、陈涌、蚬涌、草河	4	绣品、华荟、福景、陇枕、华景、御院、新世纪、番奥、昊龙、可逸阳光	10
小谷围街道	穗石、北亭、南亭、贝岗	4	星汇	1
大石街道	北联、山西、大兴、大维、官坑、会江、猛涌、诜村、大山、东联、礼村、植村、河村、涌口	14	星河湾、富丽、大石、富庭、银湾、丽景	6
洛浦街道	洛溪、上漖、厦滘、沙溪、西一、西二、西三、东乡、桔树	9	洛城、丽江、珠江、广奥、洛湖、洛涛南、广州碧桂园、锦绣半岛、和悦	9
钟村街道	钟村一、钟村二、钟村三、钟村四、胜石、谢村、诜敦、汉溪	8	钟村、祈福新邨、锦绣花园、南国奥林匹克花园、骏新、缤纷汇	6
石壁街道	石壁一、石壁二、石壁三、石壁四、韦涌、大洲、屏山一、屏山二、都那	9	南站	1
大龙街道	大龙、沙涌、新桥、傍江东、傍江西、石岗东、石岗西、罗家、竹山、茶东、新水坑、旧水坑	12	美心、金海岸、城市花园、东怡、金龙、富怡	6

续表 1

镇（街道）	村	村数（个）	社区	社区数（个）
沙湾街道	龙岐、福涌、沙湾东、西村、沙湾南、沙湾北、沙坑、大涌口、古坝东、古坝西、紫坭、三善、龙湾、新洲	14	沙湾、东区、渡头、紫坭、金沙湾、青萝	6
石碁镇	前锋、大刀沙、海傍、低涌、长坦、雁洲、石碁、官涌、南浦、永善、莲塘、塱边、小龙、凌边、金山、桥山、文边	17	岐山、大龙	2
新造镇	崇德、秀发、南约、北约、东西庄、农场、练溪、郭塱、思贤、曾边	10	新造	1
南村镇	陈边、南村、罗边、市头、坑头、梅山、板桥、南草堂、新基、员岗、官堂、塘步东、塘步西、里仁洞、江南、樟边	16	南村、华南碧桂园、华南新城、雅居乐花园、锦绣香江、广地花园、永大、星河湾东区、广州雅居乐北苑、兴南、海怡半岛花园、兴业	12
化龙镇	沙亭、柏堂、莘汀、东南、塘头、水门、眉山、草堂、复甦、明经、潭山、西山、山门	13	化龙、盛龙	2
石楼镇	沙北、江鸥、沙南、清流、南派、海心、裕丰、茭塘东、茭塘西、胜洲、大岭、岳溪、赤岗、赤山东、石楼一、石楼二、官桥、联围、群星、明星、卫星、东星	22	石楼、莲花山、亚运城、江畔	4

较高的山岗有大乌岗（海拔226.6米）、青萝嶂（海拔198.2米）、浮莲岗（海拔116.6米）、莲花山（海拔105米）；市莲路以南是番禺冲缺三角洲地形。

【人口】至2023年年末，番禺区常住人口282.29万人，其中户籍人口120.52万人，登记在册来穗人员189.04万人，实际管理服务人口超400万人。

【方言】番禺境内不同地方语音差异明显。主要分为三大片话音系，一是市桥片：含市桥、大石、南村、新造、化龙、石楼、石碁等镇（街道）的民田地区，该片靠近广州城区，语音也与广州话接近；二是沙湾片：位于辖区西部一带，含沙湾、沙头、钟村等地，该片靠近顺德东侧，语音与顺德话接近；三是沙田片：包括沿着珠江及沙湾水道旁边的沙田地带，如洛浦街道的南浦东、南浦西，化龙镇的复甦、明经、水门，石楼镇的茭塘、南派、清流、沙南、沙北、裕丰、联围，石碁镇的海傍、大刀沙、前锋、长坦、雁洲，桥南街道的陈涌、蚬涌、草河等地，语音与疍家话接近。

（番鉴）

【民族】2023年，番禺区有少数民族人口约11.15万人，包含55个少数民族，其中占比最多的是壮族、瑶族、土家族、苗族、侗族。番禺区少数民族流动人口最多的5个镇（街道）分别是南村镇、大石街道、大龙街道、沙头街道、石碁镇，少数民族流动人口最多的5个社区分别是星汇社区、祈福新邨社区、缤纷汇社区、石楼社区、沙头社区。

【宗教】2023年，番禺区正式合法登记开放的宗教活动场所和聚会点有9处。其中，有佛教场所1处，为莲花禅寺；天主教场所1处，为大石天主教活动点；基督教场所7处，分别为基督教市桥堂及其下属大石、新造、石楼、祈福、丽江和大南路6个聚会点。筹备设立规划建设场所为佛教的海云寺、道教的赤松宫。全区宗教教职人员约40人。

（卢泽超）

【气候】番禺区属南亚热带海洋性季风气候区，夏季较长，冬无严寒，日照充足，雨量充沛，四季宜耕。

2023年，番禺区天气气候的总特征：旱涝急转开汛早，降水极端性强；气温偏高，高温过程强，影响台风多。

全年平均气温24.0℃，较近10年同期偏高0.4℃，为历史第三高。其中极端最高气温38.9℃，极端最低气温4.7℃。高温日数41天，7月8—16日出现历史第三强的高温过程。

全年降水量2005.6毫米，较近10年偏多7%，录得35天局地暴雨及以上量级降水。年初温高雨少，2月20日达到轻度气象干旱，3月18日进入特旱。随后旱涝急转，3月24—26日出现首场强对流天气，3月27日入汛，较常年偏早15天。

是年，有4个台风影响番禺区，台风“海葵”带来强暴雨，6小时、12小时、24小时累积雨量均打破番禺区历史纪录。12月16日寒潮来袭，番禺区48小时日平均气温降幅17.0℃，为1988年以来最大降幅，排历史第二位。12月17日番禺区入冬，为1976年以来“最早冬天”。

（李芷琪）

【环境质量】2023年，番禺区生态环境质量持续改善。环境空气质量综合指数3.36，同比改善1.5%，在全市11个行政区中排名第5。空气质量达标318天，同比增加20天，达标比例87.1%。参照《环境空气质量标准》（GB3095—2012）二级标准，环境空气6项污染指标臭氧第90百分位浓度超标，二氧化硫、二氧化氮、PM_{10}、$PM_{2.5}$、一氧化碳浓度均达标；$PM_{2.5}$连续6年达到国家标准。二氧化硫平均浓度6立方米，同比下降14.3%；二氧化氮平均浓度30微克/立方米，同比下降3.2%；PM_{10}平均浓度42立方米，同比上升10.5%；$PM_{2.5}$平均浓度22微克/立方米，同比上升4.8%；臭氧第90百分位浓度169微克/立方米，超标0.06倍，同比下降8.2%；一氧化碳第95百分位浓度0.9微克/立方米，同比持平。

全年降水pH值范围5.69～6.77，pH平均值6.12，同比减少0.05个pH值，未出现酸雨。

地表水环境水质指数 3.96。市桥水道为Ⅲ类水质，水质良好；沙湾水道为Ⅱ类水质，水质优；莲花山水道为Ⅲ类水质，水质良好；三个水道水质均达到或优于水质目标要求。城市集中式饮用水水源地水质均为Ⅱ类水质，全达标。墩头基、莲花山、大龙涌口三个国考断面水质分别为Ⅲ、Ⅲ、Ⅱ类标准，均达到考核要求。

全年城市区域环境噪声昼间等效声级平均值 55.0dB(A)、夜间等效声级平均值 46.3dB(A)，总体水平划分分别达到二级“较好”和三级“一般”水平。道路交通噪声昼间等效声级路长加权平均值 69.6dB(A)，夜间等效声级路长加权平均值 59.3dB(A)，强度等级划分均达到二级“较好”水平。

（李晓旋）

【文化民俗】番禺具有深厚的历史文化底蕴，素有“岭南画派发祥地”“广东音乐之乡”“飘色之乡”的美誉。有多项地方特色民间艺术，沙坑醒狮、沙涌鳌鱼舞、沙湾飘色、番禺水色、潭山飘色、员岗飘色、砖雕、广绣、广彩、广东音乐等享誉海内外。其中，广东醒狮、广彩、潘高寿传统中药文化被列入国家级非物质文化遗产保护名录；广东醒狮、广彩、潘高寿中药文化、砖雕、鳌鱼舞、沙湾飘色、番禺水色、广东音乐被列入省级非物质文化遗产保护名录。1997—2023 年，沙湾街道（飘色、广东音乐、鱼灯）、大龙街道沙涌村（鳌鱼舞）、沙湾街道沙坑村（龙狮）、化龙镇潭山村（飘色）、钟村街道（龙狮）、石楼镇（龙舟）、南村镇（岭南文化）先后被评为中国民间艺术之乡。18 个单位被评为省级民间艺术之乡和民间文化传承基地。沙湾镇（2005 年）和石楼镇大岭村（2007 年）被建设部、国家文物局先后命名为中国历史文化名镇和中国历史文化名村，南村镇、石楼镇大岭村先后被中央精神文明建设指导委员会认定为“全国文明镇”“全国文明村”，化龙镇潭山村被广东省住房和城乡建设厅、广东省文化厅认定为广东省历史文化名村。

（侯珏）

【土特产品】番禺农业种养历史悠久，农副产品各具特色。土特产品主要有大石慈姑、大石马蹄、大石灯芯草、新造大番薯、沙湾水牛奶、海鸥岛胭脂红番石榴、番禺麻虾、番禺禾虫等。大石慈姑有 300 年种植历史，呈卵形，有光泽，营养丰富，适合长期贮存，曾被称为“救荒本草”，在古代有“多子多孙”寓意。大石马蹄个体大，肉质洁白，口感清甜，可磨成“马蹄粉”，制成各色甜品糕点，大石脆皮马蹄糕是番禺十大名点之一。大石灯芯草历史可追溯到唐代，曾被誉为“禾秆里的珍珠”，其性微寒，味甘，具有清热利尿、安神镇惊的功效，常用作“去湿粥”原料。新造大番薯生吃清香甜爽，熟吃香浓甘甜，深受民众喜爱。沙湾水牛奶也叫“珠状奶”，奶味浓郁，可制成姜埋奶、窝蛋奶、蛋奶糊等。海鸥岛胭脂红番石榴本地称鸡屎果，是岭南水果之一，果肉和果囊呈粉红色，果实内外三层各有风味，口感细嫩清脆。番禺麻虾产于狮子洋海鸥岛水域，得益于常年在 2‰～ 15‰咸淡水环境及干净清洁的泥沙底栖息环境，虾壳薄肉嫩，味道鲜甜，成为本地最有特色的水产品之一。番禺禾虫喜居于稻田中，番禺区采用“水稻 + 禾虫”绿色高效种养模式，不使用化肥、农药，提升禾虫、稻米品质，实现“一田双收”。

（杨忠）

【交通枢纽】番禺境内交通发达。截至 2023 年年末，全区机动车拥有量 30.74 万辆，公路通车里程 474.82 千米。其中，高速公路 100.79 千米，一、二、三、四级公路分别为 171.87 千米、74.03 千米、90.17 千米、37.95 千米。年末公路桥梁 355 座，其中大型及以上桥梁 32 座。全年全区货运量 1726 万吨，增长 25.1%；货运周转量 19.29 亿吨千米，增长 18.0%；客运量 1.26 亿人次，增长 1.2%，客运周转量 12.07 亿人千米，增长 9.9%。港口货物吞吐量 1708 万吨，增长 15.0%。

（冯贵森）

【历史名人】番禺历史悠久，人文郁盛，代有精英，著名人物众多。南宋李昴英，在文化上有岭南“词坛射雕手”之称，为官清正，屡斗权奸。明代著名诗人黎遂球，被誉为“牡丹状元”，临危受命，率军抗击南下清兵，阵亡于赣州。明末清初著名学者、诗人屈大均，与陈恭尹、梁佩兰并称“岭南三大家”，有“广东徐霞客”的美称。清咸丰年间，陈显良、林洸滗等响应广东天地会起义，参加并领导红巾起义。新民主主义革命时期有黎炎孟、陈复等为革命壮烈牺牲。有粤乐名家何博众、何柳堂、何少霞、何与年，教育家何剑吴、张瑞权，名画家高剑父、陈树人、高奇峰、关良，方志学家邬庆时，摄影家石少华，话剧名家黄佐临，版画名家李桦，名诗人张采庵，书法名家李天马、麦华三，粤剧名家文觉非，高分子化学家何炳林，名医张竹君、黄省三，武术家黄啸侠。港澳同胞有名商何贤、霍英东等。

（番鉴）

“五位一体”建设

【经济建设】2023年，番禺区全年实现地区生产总值2866.95亿元，增长4.6%，总量全市第四。规模以上工业总产值2937.4亿元，增长12%。规模以上工业增加值623.55亿元，增长11.7%。限上商业额3016.97亿元，增长9.2%。社会消费品零售总额1317.91亿元，增长4.3%。固定资产投资811.69亿元，增长10.1%，其中工业投资128.92亿元，增长32.4%。地方一般公共预算收入118.4亿元，增长13.56%。编制全域产业规划，促进产业结构调整和优化升级，推动经济高质量发展。推进智能网联与新能源汽车产业创新基地建设，依托番禺汽车城，以广汽乘用车、广汽埃安等整车制造企业为龙头，以广汽研究院为创新中心，配套多家产业链零部件企业，建成汽车整车产能规模80万辆/年，其中智能网联与新能源汽车产能规模40万辆/年，建立“三电”齐全的智能网联与新能源汽车产业链，全年实现汽车产量82.26万台，增长55%，完成汽车工业产值1315.37亿元，增长33.3%。因湃电池、锐湃电驱、中航光电（一期）、青蓝半导体等项目建成投产，广汽埃安入选全球新能源汽车灯塔工厂。建设长隆万博世界级地标商圈和广州南站枢纽型国际商圈，打造时尚经济引领型国际消费示范区，2023年广州国际美食节主会场活动于11月10—15日在番禺万博中心举办。落实《番禺区存量国有普通工业用地提高容积率工作指引》，支持制造业企业提高用地利用效率。推动服装、珠宝、装备制造等13条重点产业链集聚发展，灯光音响产业集群入选国家级中小企业特色产业集群。推进村镇工业集聚区升级改造，选定大龙街道旧水坑村工业园、石碁镇桥山村草岗工业园作为改造试点园区。深化营商环境改革，对高频涉企许可事项实施“一照通行”改革，企业通过“一照通行”集成门户申请联办营业执照和许可事项。全区实有市场主体40.24万户、增长12.07%，新登记市场主体7.22万户、增长41.16%，企业迁移户数顺差全市第一。全年新增上市企业4家、国家级专精特新企业12家、高新技术企业737家，总量均居全市前三。新注册外资项目484个，增长44.05%，合同利用外资额45.97亿元。深化市场退出制度改革，简易注销登记公示由45天压缩为20天。开展便民办税春风行动，优化“非接触式”税费服务，建设税费服务集约处理中心。打造都市现代渔业产业链，建立“链长制”工作推进体系，引导银行机构支持现代乡村产业体系建设，举办金融服务百千万工程等产融对接活动31场。建设沙湾瑰宝特色小镇、化龙汽车特色小镇。

【政治建设】2023年，番禺区坚持党建引领高质量发展，推进学习贯彻习近平新时代中国特色社会主义思想主题教育，全区98个单位、633名处级班子成员、2983个基层党组织参加主题教育。召开全区“高质量党建引领高质量发展”政治机关建设现场会。探索人才跨体系交流，印发《关于面向广州市内高校择优选调领导干部的通知》，重点从高校引入综合协调类、社会治理类、经济发展类和科技创新类四类专业人才，充实到区内党政机关、事业单位、区属国企重要岗位。加强番禺特色党建引领基层治理，规范网格党支部书记选配、班子建设、教育管理、作用发挥，区内党员回居住地报到率100%，接收区内外报到党员逾9.4万人。实施非公有制企业红联共建“红链计划”，建立珠宝首饰产业链党委和灯光音响产业链党委。探索发展全过程人民民主的番禺实践，推动人大代表联络站软硬件建设，把番禺区的省、市、区、镇人大代表编入相应联络站，建立群众意见建议办理情况通报制度，制定区人大代表建议办理工作绩效考核评分规定，建立健全代表建议办理的工作评议机制，推选出本年度代表建议优秀案例和办理工作先进单位。深化行政管理体制改革，推进国防动员、疾病预防控制、林业等领域改革，在区发改局加挂区国防动员办公室（区人民防空办公室）牌子，在区卫健局加挂区疾病预防控制局牌子、各社区卫生服务中心加挂镇（街道）疾病预防控制中心牌子，推动林业管理职责和森林防火职责划转至规划和自然资源部门。在区企业建设服务中心挂牌设立长隆万博商务区发展服务中心，推进番禺区中小学校党组织领导的校长负责制。将区农科所、区星海青少年宫调整为公益一类事业单位。推进政务服务，印发《番禺区行政许可事项清单》，将依法设定的261项（按大项计）行政许可事项纳入清单管理，推进“审管执信”一体化管理改革。拓宽政协委员履职平台和渠道，区政协聚焦高质量发展和民生领域，提出提案115件，立案86件，其中集体提案65件。收到“百姓提案”55件，立案22件，所有提案均办复。落实党和国家监督体系部署，在党内监督主导下贯通各类监督力量，推动纪检监察监督与人大监督、民主监督、行政监督、司法监督、舆论监督等统筹衔接、形成合力。建立司法、审计、巡察机构等问题线索提前研判机制，与区司法局（区法制办）、区应急管理局和区审计局建立问题移送监督机制。坚持“三个区分开来”，为干事创业营造良好环境。

【文化建设】2023年，番禺区筑牢意识形态主阵地，加强新时代乡村精神文明建设，推进文化事业和文化产业高质量发展。创新理论宣讲形式，组织录制一批讲述广州历史、番禺故事的音频作品。搭建新时代文明实践中心项目供需对接平台，实行“百姓点单、中心派单、志愿者接单、群众评单”网上服务模式。上线“百场公共文明教育进基层”“红色故事百场巡回宣讲”“文明实践直播间”项目。打造非遗手绘地图网络服务平台，将广东醒狮、潘高寿中药文化、沙湾鳌鱼舞等47个番禺非遗项目配以文字简介、制作视频及地图导航，为群众提供非遗传承文旅指南。举办非遗潮墟、水色旅游文化节、凌边七夕节乞巧巡游，展示番禺非遗工艺。推进数字平台建设，在小谷围街道北亭村，钟村街道钟四村，沙湾街道沙湾北村、三善村、龙湾村、紫坭村落地运行，通过“乡村记忆”平台向游客推介乡村历史、宗族、名人、风俗、非遗、古景等信息，全景标注景点和公共场所。拓展“新闻+政务+服务”功能，在“掌上番禺”App、番禺融媒矩阵微信公众号开设“学技能 找工作”专栏，发布企事业单位招聘、招考信息和企业用工需求。加强现代公共文化服务体系建设，建成占地面积4.5万平方米的区级现代化图书馆，16个镇（街道）建设图书分馆，全区建设农家书屋、打造特色图书馆、设置校园图书阅览室。举办“禺城学堂”公益讲座，邀请社会名流、专家学者分享时政、法律、社会、艺术等内容。组织长隆集团、浩洋电子公司进行国家文化产业示范基地复核，推荐锐丰音响科技公司、华立科技公司以及沙湾街道、西坊大院、紫泥堂参加省、市文化产业示范基地和优秀案例申报，有10家企业获批2023年广州市文化和旅游产业发展专项资金“数字文化产业项目”285万元，推动文旅体企业高质量发展。

【社会建设】2023年，番禺区培育“综合网格管理机制创新”“党建引领番禺区高质量发展基层综合治理信息系统”“番禺区党建引领‘五社联动’社区治理模式”等2023年度市域社会治理创新项目，打造具有湾区特色的社会治理经验。形成《善治番禺：“枫桥经验”的番禺实践》专题调研报告。完成16个镇（街道）综治中心和100个城中村综治中心提档升级任务，构建“综治中心+综合网格+最小应急单元+智能化”工作格局。成立“禺城解纷队”“邻里检察工作组”“区大调解中心”，健全法官、检察官入驻综治中心机制，合力化解疑难纠纷。全区16个镇（街道）、177个行政村和100个社区完成议事厅建设，搭建城乡社区协商议事平台，各村均落实重大事项决策“四议两公开”。全区275个村（社区）议事4871次，形成的决议事项6720件均得到执行落实，落实决议涉及资金55亿元，解决一批如集体资产处置、小广场管理、宠物管理等民生实事。强化应急管理信息化建设，推进“禺智管”番禺区应急管理局应急综合指挥调度平台项目。区交警大队依法对电动自行车（闯红灯、逆行、不靠右行驶）交通违法行为进行整治，提醒学生家长注意交通安全。规范居住小区电动自行车停放充电行为，新建595个集中充电点，9126个充电端口。整治电动自行车违规充电问题，督促物业加强小区电动自行车停放充电管理。推进区国土空间总体规划编制，推进《番禺区国土空间总体规划（2021—2035年）》成果编制及报批，上报成果融入广州市城市空间结构和发展策略。完成《番禺区城市更新专项规划大纲》修编，制定城市更新项目计划，按年度计划分批推进石碁镇大龙、岐山社区项目。钟村街道创建垃圾分类回收工作样板，规范试点范围内交通秩序，祈福新邨建成投入使用一至三期护老中心。市桥街道建设先锋社区休闲广场，开展防范电信网络诈骗宣传。新开办公办中小学2所、公办幼儿园8所，改扩建公办中小学110所，新增公办学位1.6万个。新增国家级胸痛中心2家，总数11家。家庭医生重点人群签约率超80%，区中医院入选广州市“西学中”培训基地。发放就业补助资金2.29亿元，开展就业技能培训166场次，培训超1.7万人次。建成家庭养老床位2012张，实现颐康服务站村居全覆盖。

【生态文明建设】2023年，番禺区全面落实《番禺区生态环境保护“十四五”规划》《广州市番禺区生态文明建设规划（2021—2035）》《广州市番禺区2023年生态文明建设规划实施方案》，持续改善环境质量。印发实施《番禺区关于贯彻落实省市深入推进绿美广东生态建设的实施方案》，全面落实林长制，新增城市绿地66.87公顷（1003亩）、口袋公园5个，新种树木9.3万株，新建、提升绿道30千米。开展古树名木保护修复，完成新增古树挂牌和新造镇思贤涌古树环境治理，推进东环街道古樟树公园建设。推动大夫山森林公园作为华南国家植物园迁地保护示范区选址。推进大夫山榕树公园建设，新引进榕属植物62种1200余株，园内榕树植物有84种11200余株。巩固城市水环境治理成效，开展番禺区排水管网基础数据完善及厂网河一体化信息系统建设项目，实现全域联调联控。国考、省考断面流域91条重要一级支流未出现劣Ⅴ类河涌。印发实施《番禺区“无废城市”建设试点实施方案》《2023年度番禺区“无废细胞”建设实施方案》《番禺区再生资源回收利用行业综合整治工作方案》。根据广东省有关规定，对符合相应条件的建设项目环评文件实行容缺受理、告知承诺制审批、打捆审批，由建设单位自行选择审批模式。制定区碳达峰碳中和相关工作方案，推进能源消费强度与总量“双控”，印发番禺区2023年能耗“双控”工作要点。健全生态环境领导责任体系，完善生态环境三级执法监管机制，开展镇（街道）环保员队伍工作考核。强化部门联动执法，协同查处生态环境违法行为。压实污染防治主体责任，强化排污许可证后管理，推动79家企业投资3700万元升级改造环保治理设施，促进企业绿色转型。推进生态文明理念传播，践行绿色发展理念。

（郭东宏）

区领导机关

中国共产党广州市番禺区委员会

综述

【概况】2023 年，中共广州市番禺区委员会团结带领全区全面学习贯彻党的二十大精神，开展主题教育，学习宣传贯彻习近平总书记视察广东重要讲话、重要指示精神，聚焦高质量发展首要任务，推动经济社会各项事业取得新进步。全区构建起牵引经济高质量发展的产业“千亿矩阵”，改革开放活力迸发，“百千万工程”打响头炮，城市能级不断提高，文化综合实力持续彰显，绿美番禺建设成效显著，全过程人民民主深入人心，民生社会事业日益完善，党的全面领导和党的建设不断加强。十四届区委召开全会 2 次，召开常委会 45 次。

【中共广州市番禺区第十四届委员会第四次全体会议】于 2023 年 1 月 5 日召开。会议审议区委常委会 2022 年传达学习贯彻落实习近平总书记重要讲话和重要指示批示精神情况和抓党建工作情况的书面报告，审议通过《中国共产党广州市番禺区第十四届委员会第四次全体会议决议》。

会议强调，要对标对表，推动党的二十大作出的决策部署具体化、实践化、行动化，以自身发展的确定性应对外部环境的不确定性。要坚持用好改革开放关键一招，打造粤港澳大湾区高质量增长极，高标准对接《广州南沙深化面向世界的粤港澳全面合作总体方案》落地落实，深化重点领域改革攻坚，提高对外开放水平，高质量共建国际一流湾区和世界级城市群。要坚持实体经济为本、制造业当家，以新能源汽车集群式突破力推产业链现代化，推动产业平台提质增效，以产业基础高级化催生更多专精特新企业集聚，营造近悦远来良好营商环境，推动经济高质量发展。要坚持塑造发展新动能新优势，建设人民满意的教育强区，构建全过程创新生态链，提升现代化建设人才支撑力度，高质量强化教育、科技、人才基础性战略性支撑。要坚持城乡区域协调发展，围绕番禺智造创新城定位优化城市功能布局，继续强化城市基础设施建设，全面改善提升城市面貌，推进城乡融合发展，高质量提升城市能级和核心竞争力。要坚持走中国特色社会主义政治发展道路，高质量发展全过程人民民主。要坚持全面依法治区，高质量建设法治番禺。要坚持文化自信自强，推动岭南文化特色区建设，高质量增

2023 年 1 月 5 日，中国共产党广州市番禺区第十四届委员会第四次全体会议在区会议中心召开
（区委办 供图）

强城市文化综合实力。要牢固树立正确政绩观，破解民生难题，健全多层次社会保障体系，提高健康番禺建设水平，高质量促进共同富裕。要坚持绿水青山就是金山银山，协同推进降碳、减污、扩绿、增长，统筹治理水环境、水资源、水生态，高质量建设人与自然和谐共生的绿美番禺。要坚持以新安全格局保障新发展格局，高质量统筹发展和安全两件大事。

会议强调，要坚定不移加强党的全面领导和党的建设，旗帜鲜明讲政治抓政治，全面压实管党治党政治责任，建设堪当民族复兴重任的高素质干部队伍，增强党组织政治功能和组织功能，坚持以严的基调强化正风肃纪，坚决打赢反腐败斗争攻坚战持久战，为推进党的二十大精神落地见效提供坚强政治保证。

【中共广州市番禺区第十四届委员会第五次全体会议】于2023年7月31日召开。会议审议通过《中共广州市番禺区委关于深入学习贯彻习近平总书记重要讲话重要指示精神高质量推动智造创新城建设为广州继续在高质量发展方面发挥领头羊和火车头作用奋力在推进中国式现代化建设中走在前列作出番禺新贡献的实施意见》《关于区第十四次党代会代表资格变动情况的决定》和《中国共产党广州市番禺区第十四届委员会第五次全体会议决议》。

会议指出，全区上下要深入学习贯彻习近平总书记视察广东重要讲话、重要指示精神，坚持“两个确立”、做到“两个维护”，深刻领会习近平总书记、党中央赋予广东、广州新的使命任务，锚定“排头兵、领头羊、火车头”标高追求，燃起“二次创业”的奋斗激情，以“归零”“重启”心态拼出发展实绩，奋发有为开创番禺高质量发展新局面，为广州在全省“走在前列、当好示范”扛起番禺担当、作出番禺贡献。

会议强调，要围绕高质量发展首要任务和构建新发展格局战略任务，推动十二个领域走在前列、争当示范。推进粤港澳大湾区建设，在更高起点上全面深化改革、扩大高水平对外开放。坚持实体经济为本、制造业当家，推动传统产业、新兴产业、未来产业并进，主攻智能网联与新能源汽车产业，建设具有更强竞争力的现代化产业体系。推进高水平科技自立自强，强化教育优先发展，构建全过程创新生态链，强化高质量发展的人才支撑，形成推进高质量发展倍增效应。深入实施“百县千镇万村高质量发展工程”，着力强区促镇带村，力争打造1～2个过1000亿元级别的工业产值大镇，全面推进乡村振兴，做好对口帮扶协作，推进城乡区域协调发展。加强城市规划建设治理，优化城市发展战略空间格局，加快编制广州活力创新轴（番禺段）及石化公路制造业创新走廊等相关规划，推进城中村改造，提升城市精细化、品质化、智能化治理水平，率先转变超大城市发展方式。持续强化交通枢纽功能，优化轨道交通体系，打造内联外畅交通网络，助力广州发挥中心城市门户枢纽功能。紧跟广州建设海洋创新发展之都部署，全力建设亲海智城，推进海洋产业提质增效，以千亿级头部企业为牵引深耕海上牧场，加快国家级沿海渔港经济区建设，传承弘扬深厚海洋文化，持续开展海洋治理保护修复，做到向海而生、向海而兴、向海而强。全面增强城市文化软实力，涵养向上向善、刚健朴实的文化，打造“书香番禺365”文化品牌、“珠水金声、粤韵乐乡”广东音乐发源地品牌和乡音、乡祠、乡貌、乡业、乡亲“五乡”文化，推动文化事业和文化产业繁荣发展。推进绿美番禺生态建设，高品质建设森林城区，深化以大夫山榕树公园为核心的华南国家植物园南部迁地保护示范区建设。落实“民生十大工程”五年行动计划，推动实现共同富裕。高水平统筹发展和安全，创新发展新时代“枫桥经验”“浦江经验”，将群众工作做到“村头、地头、前头”，推动矛盾纠纷有效化解，建设更高水平的法治番禺、平安番禺。加强党的全面领导和党的建设，深入推进全面从严治党，巩固发展风清气正的政治生态，把全区各级党组织锻造得更加坚强有力，为探索中国式现代化的番禺实践提供坚强政治保证。

会议印发《番禺区政治机关建设实施方案》《番禺区汽车产业高质量发展布局规划》《番禺区关于推进文化高质量发展促进物质文明和精神文明相协调的现代化建设实施方案》《番禺区关于推进人民群众工作和社会建设高质量发展提升社会治理能力现代化水平的实施方案》《番禺区关于高质量推进生态文明建设促进人与自然和谐共生现代化建设的实施方案》5份文件，形成落实“五位一体”总体布局的具体实施方案。会议强调，要将总书记的殷殷嘱托和贯彻习近平新时代中国特色社会主义思想深化、内化和转化，围绕省、市、区部署，做好战略谋划、空间规划、产业规划、项目计划，聚焦建设粤港澳大湾区优质生活圈、产业优化升级、科技自立自强、实施“百千万工程”、推进城市更新、岭南文化双创工程、打造亲海智城、推进绿美番禺生态建设等工作。

【中共广州市番禺区委常委会会议】2023年，中共广州市番禺区委常委会召开会议45次。

【党委信息工作】2023年，中共广州市番禺区委办公室（简称番禺区委办）编发《番禺信息》249期、《番禺信息情况反映专刊》50期、《番禺工作》9期，向省、市报送信息稿件2359篇，被中办采用4篇、省委采用23篇、市委采用207篇，得到各级领导批示128次（省领导批示2次，市领导批示5次，区领导批示121次）。番禺区党委信息工作在全省各区县排名第九，在全市各区排名第四。

【督办区委重点工作】2023年，番禺区委督查工作对高质量发展大会、区委全会重点部署列项形成“22+N”项清单定期督促落实。推进区委主要领导批示办理和立项督办事项的闭环反馈工作，跟进办理领导批示反馈473件，督办事项35项，全流程服务区委书记专题会议26次、区委常委会会议45次，编发《区委常委会议纪要》42份、《区委办公会议纪要》27份、《督查专报》23份。围绕区委中心工作开展专项重点督办，对番禺大道、南沙港快速、南大干线、广澳高速、广明高速、广州南站、经开区等高快速路和片区督查环境整治工作；跟进督办水环境治理、违法建设、经济工作、赌博机整治等工作；督查政治要件闭环落实反馈工作，实地抽查职能部门、镇（街道），督促基层党组织传达学习贯彻习近平总书记重要讲话和重要指示精神，开展政治要件台账实地督办6次，交办并落实事项48项。

【全面深化改革】2023年，番禺区全面深化改革工作提出经济高质量发展千亿矩阵等24项区领导牵头的全区重点改革创新项目。制定出台2023年改革工作要点，谋划12个领域126项具体改革措施和16个基层改革创新项目。印发《关于在全区深入开展调查研究的实施方案》，紧扣经济发展等13个调研方向，形成《番禺区对标对表全国经济实力标兵区县的对比分析》等调研报告99份，部分成果吸收到区委全会报告、区委“1+5”方案等多份重要文件中指导实践。坚持清单化推进改革落实，将改革督察和区委、区政府重点工作督查督办深度联结、并行推进，纳入区委、区政府绩效考核体系，推动完成12个专项小组、16个镇（街道）“一把手”抓改革述职，提升改革效能。聚焦中央媒体、省级刊物、市级刊物等权威宣传渠道，宣传改革亮点事项，医务人员“区管院聘”等改革经验在全市复制推广。

【网友留言办理】2023年，番禺区委办牵头办理网友留言人民网“领导留言板”之“省委书记”中涉及番禺区事项，全年办理回复网友留言87条，召开协调会9次，其中网友表示满意的56条，未表达意见的31条，有效留言交办率100%。

（孙莹静）

【保密工作】2023年，番禺区保密工作贯彻总体国家安全观，推动全面落实保密党课教育，开展4轮联合检查、全覆盖督查，现场检查45个单位，发出整改意见240条。指导镇（街道）形成工作秘密管理、定密管理、涉密人员管理等4个方面64项标准流程机制。开展“团结奋

表 2　**2023 年中共广州市番禺区委常委会部分会议情况一览表**

会议时间	届次	议题内容
1 月 4 日	十四届第 59 次	深入学习习近平总书记关于共青团和少先队工作重要论述精神，审议《中共广州市番禺区委 广州市番禺区人民政府关于印发〈番禺区中长期青年发展规划（2021—2025 年）〉的通知》《中共广州市番禺区委十四届四次全会工作方案》、中共广州市番禺区委十四届四次全会有关材料，研究有关人事任免
1 月 5 日	十四届第 60 次	听取区委办汇报区委十四届四次全会分组会议对黄彪同志代表区委常委会作的报告、全会《决议（草案）》等文件的讨论情况和修改意见建议的汇总情况，审定拟提请全会表决的全会《决议（草案）》
1 月 12 日	十四届第 61 次	深入学习贯彻习近平总书记重要讲话和重要指示精神，传达学习省委常委会（扩大）会议、市委常委会（扩大）会议精神，听取番禺区 24 个基层党（工）委书记抓基层党建工作述职并进行评议，研究部署下一步工作，审议《中共广州市番禺区委组织部关于调整个别区人大常委会委员和区人大代表的请示》，研究有关人事处分和人事任免
1 月 19 日	十四届第 62 次	深入学习习近平总书记在中央经济工作会议上的重要讲话精神和中央经济工作会议精神以及省委常委会会议、市委常委会会议精神，传达学习番禺区赴福建省龙岩市上杭县对接推动对口合作工作精神，审议《广州市番禺区交通运输局关于报送金新大道—大学城过江隧道建设方案的请示》、《广州市规划和自然资源局番禺区分局关于审议〈番禺区亚运大道南侧汽车产业链项目地块概念规划方案〉的请示》、《番禺智造创新园概念规划》、《广州市番禺区水务发展“十四五”规划》（报区委审议稿）、《中共广州市番禺区委办公室广州市番禺区人民政府办公室关于印发广州市番禺区农村“两委”干部报酬待遇指导意见的通知》（报区委审议稿）、《广州市番禺区财政局关于审定〈关于广州市番禺区 2022 年第三次预算调整方案的报告（代拟稿）〉的请示》、《番禺区属一级国有企业领导干部管理规定（送审稿）》、《中共广州市番禺区委组织部关于调整政协第十五届广州市番禺区委员会委员和常委人选建议名单的请示》，听取番禺区安全生产、春运期间交通组织等工作情况汇报并研究部署下一步工作，研究有关人事任免
1 月 30 日	十四届第 63 次	传达学习贯彻习近平总书记在二十届中央纪委二次全会上的重要讲话精神和中央纪委全会精神、省纪委全会精神、市纪委全会精神，以及市委主要领导对番禺工作的有关批示精神，审议《关于召开中共广州市番禺区第十四届纪律检查委员会第三次全体会议的请示》《关于召开区十八届人大三次会议有关事项的请示》《关于召开区政协十五届三次会议的请示》《广州市番禺区财政局关于审批〈广州市番禺区 2022 年预算执行情况和 2023 年预算草案的报告（代拟稿）〉的请示》《2023 年番禺区十件民生实事候选项目》《2023 年番禺区十件民生实事候选项目细化表》《区政府工作报告》《番禺区发展和改革局关于审定广州市番禺区 2022 年国民经济和社会发展计划执行情况与 2023 年计划草案报告、广州市番禺区 2023 年国民经济和社会发展计划草案的请示》等文件，研究有关人事任免

续表 2

会议时间	届次	议题内容
2月24日	十四届第65次	传达学习贯彻习近平总书记关于建设强大稳固边海空防的重要论述精神，习近平总书记在中央政治局常务委员会会议上的重要讲话精神及省委常委会、市委常委会有关会议精神，传达学习《广东省贯彻落实〈中共中央关于加强对“一把手”和领导班子监督的意见〉两个责任清单的通知》和《广东省贯彻落实中央八项规定精神实施办法的通知》等文件精神，听取番禺区2022年海防工作情况和2023年海防工作方向汇报，审议《广州市番禺区关于进一步加强农村高质量发展干部队伍管理的实施意见》《番禺区农业科学研究所（区良种繁殖场）改革工作方案（报区委审议稿）》《番禺区水务局关于提请审议〈番禺区排水工程规划修编〉（雨水部分）的请示》《番禺区城市管理和综合执法局关于审议〈番禺区2022—2023年持续提升人居环境质量方案——城乡植树绿化〉的请示》《关于推进区管企业纪检监察体制改革的实施方案》《中共广州市番禺区委机构编制委员会办公室关于调整广东仲元中学校级领导职数的请示》等文件
3月7日	十四届第66次	深入学习习近平总书记对政法工作的重要指示精神和中央、省委、市委政法工作会议精神以及全国、全省、全市组织部长及编办主任、老干部局长会议精神，审议《广州市番禺区农业农村局关于审定〈番禺区农田建设规划（2021—2030）年〉（送审稿）的请示》《广州市番禺区交通运输局关于审定广州市番禺区“十四五”时期综合交通体系建设规划的请示》、番禺区“十四五”时期交通体系建设规划示意图（7张图）、《番禺区公众移动通信5G基站站址布局专项规划（2021—2023年）》《番禺区信息基础设施规划建设工作指引》《区政务服务数据管理局关于审定广州市番禺区大数据及数字政府建设“十四五”规划的请示》《番禺区卫生健康局关于审定印发〈广州市番禺区卫生健康事业发展“十四五”规划〉（代拟稿）的请示》，听取番禺区公安工作情况、番禺区农村乱占耕地建房（非住宅类）整治试点工作推进情况及2022年国家卫片执法新增违法用地占用耕地情况汇报，研究有关人事任免
3月13日	十四届第67次	传达学习十四届全国人大一次会议第三次全体会议有关精神，坚决拥护习近平总书记全票当选为中华人民共和国主席、中华人民共和国中央军事委员会主席，传达学习贯彻习近平总书记在中央政治局会议上的重要讲话和党的二十届二中全会精神及省委常委会会议和市委常委会会议精神，审议《广州市番禺区司法局关于审议2023年政府重大行政决策事项目录的请示》《中共广州市番禺区委机构编制委员会办公室关于调整区企业建设服务中心机构编制事项的请示》等文件，研究有关人事处分和人事任免
3月17日	十四届第68次	传达学习习近平总书记在全国两会上的重要讲话精神和全国两会精神，研究番禺区贯彻落实意见。区二级巡视员林伟长、区政协主席覃海深分别传达了十四届全国人大一次会议和全国政协十四届一次会议精神，并提出番禺区贯彻落实意见

续表 2

会议时间	届次	议题内容
3 月 22 日	十四届第 69 次	传达学习习近平总书记在中央农村工作会议上的重要讲话精神和中央农村工作会议精神，省委常委会会议和市委常委会会议精神，审议《区委编办关于提请审定番禺区 2022 年度绩效考核结果的请示》
3 月 29 日	十四届第 70 次	传达学习习近平总书记在党外人士座谈会上的重要讲话精神，以及全国、全省、全市统战部长会议、市委常委会会议精神，研究有关人事任免
4 月 11 日	十四届第 71 次	传达学习贯彻习近平总书记同法国总统马克龙在人民大会堂会谈和在广州非正式会晤时的重要讲话精神，习近平总书记在学习贯彻习近平新时代中国特色社会主义思想主题教育工作会议上的重要讲话精神和中央、省、市学习贯彻习近平新时代中国特色社会主义思想主题教育工作会议精神
4 月 15 日	十四届第 72 次	套开区委理论学习中心组集体学习会。传达学习习近平总书记视察广东重要讲话、重要指示精神以及省委常委会会议、市委常委会会议精神，研究番禺区贯彻落实意见
4 月 19 日	十四届第 73 次	深入学习习近平总书记在中央党校建校九十周年庆祝大会暨二〇二三年春季学期开学典礼上的重要讲话精神和对内蒙古阿拉善左旗新井煤业有限公司露天煤矿坍塌事故作出的重要指示精神以及省委常委会会议、市委常委会会议、全市整改工作推进会议精神，研究部署番禺区贯彻落实措施，审议《番禺区整治赌博机违法犯罪专项行动工作方案》《区整改工作领导小组办公室关于番禺区办结市整改工作任务（非长期）的请示》《番禺区关于推动实施“百县千镇万村高质量发展工程”促进城乡区域协调发展的工作方案（送审稿）》《番禺区贯彻落实省、市关于实施“百县千镇万村高质量发展工程”促进城乡区域协调发展的实施方案（送审稿）》《番禺区推进县域共青团基层组织改革工作方案》《区土地开发中心关于报送番禺区东部莲花湾展贸城片区历史遗留问题化解工作方案的请示》《广州番禺经济技术开发区管委会关于审定〈广州番禺经济技术开发区扩区方案（送审稿）〉的请示》《区国资局转呈广州市番禺信息技术投资发展有限公司关于成立广州市番信创投资有限公司（暂定名）的请示》《政协广州市番禺区委员会 2023 年度协商监督议题》，研究有关人事任免
5 月 26 日	十四届第 76 次	传达学习习近平总书记在中央政治局会议和二十届中央财经委员会第一次会议上的重要讲话精神以及省委常委会会议和市委常委会会议精神、《广东省信访工作联席会议关于立即启动全力推进中央交办第三批信访积案类案化解攻坚工作的紧急通知》《市信联办关于治理重复信访专项工作交办第三批信访事项的通知》等文件精神、公安部治安局在番禺检查指导意见精神，审议《番禺区集中开展第三批中央交办重复信访专项件区领导包案化解工作方案》《2023 年番禺区干部教育培训工作方案》《中共广州市番禺区委组织部关于停止有关人员执行区党代表职务的请示》《中共广州市番禺区委组织部关于个别区人大代表辞职的请示》，听取“龙舟水”防御、“百县千镇万村高质量发展工程”、打击整治赌博游戏机、2022 年度党风廉政建设责任制考核等工作情况汇报，研究部署下一步工作，研究有关人事任免

续表 2

会议时间	届次	议题内容
6 月 2 日	十四届第 77 次	传达学习贯彻习近平总书记关于全面从严治党重要论述精神、习近平总书记关于统计工作的重要批示精神以及国家、省、市有关会议精神，听取区管党组织“一把手”述责述廉并进行评议，听取区委政法委关于番禺区“全国市域社会治理现代化试点验收”有关迎检工作情况的报告，审议《区基建办关于开展番禺区广州市番禺总部经济集聚区基础设施及周边配套建设项目、广州番禺智能制造产业园基础设施及周边配套建设项目专项债申报工作的请示》《区国资局转呈广州市番禺交通建设投资有限公司关于对广州永裕房地产投资有限公司增资 7.5 亿元的请示》《广州市番禺区安全生产委员会办公室关于审议番禺区 2022 年度安全生产责任制和消防工作考评情况的请示》
6 月 12 日	十四届第 78 次	传达学习习近平总书记在中央政治局第三十九次集体学习和在文化传承发展座谈会上的重要讲话精神以及省委主要领导到大夫山森林公园实地调研时的指示精神，审议《关于在全区深入开展调查研究的实施方案》，听取绿美番禺生态建设工作情况汇报，研究部署下一步工作
6 月 16 日	十四届第 79 次	深入学习贯彻习近平法治思想，传达学习贯彻习近平总书记在二十届中央审计委员会第一次会议上的重要讲话精神、习近平总书记关于领导干部个人有关事项报告工作的重要指示批示精神，以及上级有关会议精神和《领导干部报告个人有关事项规定》等文件精神，听取区委审计办关于重大事项请示报告工作执行落实情况和 2022 年全区审计工作情况的报告、区水务局关于水环境治理攻坚工作进展情况的报告、区委组织部关于市管领导班子和领导干部 2022 年度考核结果的报告等，审议《中共广州市番禺区委全面依法治区委员会 2023 年工作要点》《广州市番禺区审计局关于 2022 年第三季度重大政策跟踪审计整改情况的报告》《中共广州市番禺区委组织部关于中共广州市番禺区邮政局委员会召开党员大会的请示》《中共广州市番禺区委组织部关于审定 2022 年度区管党政领导班子及领导干部年度考核等次的请示》等文件，研究有关人事处分和人事任免
6 月 27 日	十四届第 80 次	深入学习贯彻习近平总书记视察广东重要讲话重要指示精神，传达学习习近平总书记对宁夏银川市兴庆区富洋烧烤店燃气爆炸事故作出的重要指示精神、全国安全防范工作紧急视频会议精神、中央保密委全体会议精神、全国保密工作会议精神、省委十三届三次全会精神、省委保密委全体会议暨全省保密工作会议和省委主要领导在广州市领导干部会议上的讲话要求以及省委常委会会议精神、市委常委会会议精神，审议《区基建中心关于番禺区德兴北路(园北路至莲花大道)工程建设的请示》《区委政法委关于审定 2022 年度平安番禺建设考评成绩的报告》《中共广州市番禺区委组织部关于设立中国共产党广州番禺经济技术开发区管委会党组的请示》，听取安全防范、保密等工作情况汇报，研究部署下一步工作

续表 2

会议时间	届次	议题内容
7 月 7 日	十四届第 81 次	传达学习《中共中央关于学习〈习近平著作选读〉第一卷、第二卷的通知》精神和省委有关会议及文件精神、市委常委会会议精神，习近平总书记关于社会主义精神文明建设的重要论述和中央、省、市文明委全体会议精神，通报全国文明城市复牌工作情况、区委书记 2022 年度抓基层党建工作述职评议考核结果，听取番禺区卫生健康局关于番禺区迎接广州市巩固国家卫生城市检查工作情况的报告、区纪委监委关于番禺区纪检监察队伍教育整顿阶段性工作报告、区委组织部关于番禺区 2022 年度选人用人“一报告两评议”民主评议结果的报告等，审议《番禺区各基层党（工）委书记2022年度抓基层党建工作述职评议考核结果》《广州市番禺区住房和城乡建设局关于审定番禺区 2022 年城市体检报告的请示》及番府十八届第 75 次常务会议所议定意见，研究有关人事处分和人事任免
7 月 26 日	十四届第 82 次	深入学习贯彻习近平总书记重要讲话、重要指示精神，习近平总书记关于开展学习贯彻习近平新时代中国特色社会主义思想主题教育的重要讲话精神，传达学习省主要领导同志在广州调研时讲话要求和省委常委会会议精神、市委常委会会议精神，传达学习市委十二届六次全会精神，省、市禁毒工作会议精神，听取番禺区禁毒工作情况的报告、石化大道沿线建筑景观整饰工作情况的报告，审议《广州市番禺区交通运输局关于审定南大干线沿线建筑景观整饰方案的请示》《广州市番禺区农业农村局关于审定〈广州市番禺区关于做好 2023 年全面推进乡村振兴重点工作的实施方案〉（送审稿）的请示》《区国资局转呈广州市番禺信息技术投资发展有限公司关于注册发行非公开发行公司债券的请示》，《中共广州市番禺区委组织部关于审议中国共产党广州市番禺区邮政局委员会委员候选人预备人选的请示》
7 月 28 日	十四届第 83 次	传达学习习近平总书记给上海市虹口区嘉兴路街道垃圾分类志愿者的回信精神以及全国城市生活垃圾分类工作现场会和省委常委会会议、市委常委会会议精神，审议《中共广州市番禺区委十四届五次全会工作方案》《中共广州市番禺区委关于深入学习贯彻习近平总书记重要讲话重要指示精神高质量推动智造创新城建设为广州继续在高质量发展方面发挥领头羊和火车头作用奋力在推进中国式现代化建设中走在前列作出番禺新贡献的实施意见》《番禺区关于推进人民群众工作和社会建设高质量发展提升社会治理能力现代化水平的实施方案》《番禺区汽车产业高质量发展布局规划》《番禺区关于推进文化高质量发展促进物质文明和精神文明相协调的现代化建设实施方案》《番禺区关于高质量推进生态文明建设促进人与自然和谐共生现代化的实施方案》
7 月 31 日	十四届第 84 次	听取区委办汇报分组会议讨论情况和对全会报告、《中共广州市番禺区委关于深入学习贯彻习近平总书记重要讲话重要指示精神高质量推动智造创新城建设 为广州继续在高质量发展方面发挥领头羊和火车头作用奋力在推进中国式现代化建设中走在前列作出番禺新贡献的实施意见（稿）》《关于区第十四次党代会代表资格变动情况的决定（草案）》、全会《决议（草案）》修改意见建议汇总情况，审议拟提请全会表决的《实施意见》《决定（草案）》以及全会《决议（草案）》

续表 2

会议时间	届次	议题内容
8 月 11 日	十四届第 85 次	传达学习贯彻习近平总书记关于国家安全工作的重要讲话精神，习近平总书记同团中央新一届领导班子成员集体谈话时的重要讲话精神以及共青团第十九次全国代表大会、省委常委会会议、市委常委会会议精神，传达学习贯彻省、市打击治理电信网络新型违法犯罪工作会议精神，听取番禺区共青团基层组织改革、电诈工作等情况的报告，审议区委国安委 2022 年工作总结、2023 年工作要点以及《广州市番禺区交通运输局关于审定新光隧道改造前期研究方案的请示》《广州市番禺区农业农村局关于审议广州市番禺区 2023 年东西部协作工作要点（送审稿）的请示》《广州市生态环境局番禺分局关于审定番禺区 2023 年环境保护目标任务的请示》《中共广州市番禺区委组织部关于调整个别区人大常委会委员和区人大代表的请示》等文件，研究有关人事处分和人事任免
8 月 14 日	十四届第 86 次	传达学习贯彻习近平总书记对党的建设和组织工作的重要指示精神以及全国组织工作会议和省委常委会会议、市委常委会会议精神，研究有关人事任免事项
9 月 5 日	十四届第 91 次	传达学习贯彻习近平总书记在全国生态环境保护大会上的重要讲话精神，以及省委常委会会议、市委常委会会议精神，听取番禺区生态环境保护、推进林长制等工作情况的报告，审议《番禺区国土空间总体规划（2021—2035 年）（修改稿）》《广州市番禺区财政局关于审定〈关于广州市番禺区 2023 年上半年预算执行情况和 2023 年第一次预算调整方案的报告（送审稿）〉的请示》《广州市番禺区财政局关于审定〈关于广州市番禺区 2022 年区级财政决算（草案）的报告（送审稿）〉的请示》《广州市番禺区人民政府国有资产监督管理局关于将创新城公司委托给番禺信投公司监管的请示》等文件，研究有关人事任免事项
9 月 27 日	十四届第 93 次	传达学习贯彻习近平外交思想和习近平总书记关于中医药工作的重要论述精神，传达中央外办有关通报和省、市外事工作会议精神和市委主要领导关于创建全国禁毒示范城市的批示要求，审议《广州市番禺区人力资源和社会保障局关于支持番禺人才发展有限公司与广州人才集团南方人力资源评价中心有限公司股权合作实现高质量发展的请示》，听取番禺区推进中医药创新传承发展工作、安全生产、维稳、五经普、禁毒等工作情况汇报，研究部署下一步工作和有关人事任免
10 月 9 日	十四届第 94 次	深入学习贯彻习近平总书记关于主题教育系列重要讲话和重要指示精神，传达学习上级有关要求，听取番禺区主题教育工作、第五次全国经济普查工作进展情况的报告，研究部署下一步工作
10 月 12 日	十四届第 95 次	传达学习贯彻习近平总书记在四川和陕西汉中考察时的重要讲话、重要指示精神，中共中央办公厅《规范地方党委政策性文件制定工作规定》精神及省委常委会会议、市委常委会会议有关精神，传达学习省委常委、组织部长程福波同志到番禺开展主题教育专题调研有关精神，审议《中共广州市番禺区委组织部关于补选个别区十八届人大代表的请示》《中共广州市番禺区委组织部关于调整政协第十五届广州市番禺区委员会委员和常委人选建议名单的请示》等文件，研究有关人事任免

续表 2

会议时间	届次	议题内容
10 月 27 日	十四届第 96 次	传达学习贯彻习近平总书记关于生态文明建设的重要讲话、重要指示精神，习近平总书记对新时代办公厅工作作出的重要指示精神，习近平总书记对网络安全和信息化工作作出的重要指示精神以及中央网信办会议、全国党委和政府秘书长会议和省市有关会议精神，传达市委“一把手”监督提醒谈话精神，听取番禺区治水治污、《番禺区关于高质量推进生态文明建设促进人与自然和谐共生现代化的实施方案》最新进展、绿美番禺（绿化保育存活）、网信等工作情况的报告，审议《关于落实市委“一把手”监督提醒谈话反馈问题整改工作方案》，研究有关人事任免
11 月 10 日	十四届第 98 次	传达学习贯彻习近平总书记在中央政治局会议上的重要讲话、重要指示精神，习近平总书记对妇女儿童工作作出的重要指示精神以及省委常委会会议，省委书记专题会议，省委第四、第十三巡视组向市委反馈巡视情况会议，全省推进“百县千镇万村高质量发展工程”促进城乡区域协调发展现场会，市委常委会会议，市平安建设专项工作会议等有关会议精神，听取番禺区妇女儿童工作情况的汇报、番禺区已出让工业用地情况分析的报告，审议区委编办提交的有关机构编制调整 6 份请示文件
11 月 21 日	十四届第 99 次	传达学习贯彻习近平总书记关于保障国家粮食安全的重要论述精神，习近平总书记关于“四下基层”的重要批示精神和《关于认真学习贯彻习近平总书记重要批示精神把学习推广“四下基层”作为第二批主题教育重要抓手的通知》文件精神，听取番禺区粮食安全工作情况的报告，审议《番禺区住房和城乡建设局关于审定〈番禺区“百县千镇万村高质量发展工程”城镇建设工作方案〉的请示》《番禺区工商业联合会关于审议〈番禺区促进镇（街）商会高质量发展实施方案〉的请示》《中共广州市番禺区委组织部关于个别区人大代表补选的请示》等文件，研究有关人事任免
12 月 5 日	十四届第 100 次	传达学习贯彻习近平总书记关于巡视工作的重要论述精神，习近平总书记对宣传思想文化工作作出的重要指示精神，习近平总书记在同中华全国总工会新一届领导班子成员集体谈话时的重要讲话精神以及全国宣传思想文化工作会议、中国工会第十八次全国代表大会、全市落实省委巡视反馈意见整改工作动员部署会会议等上级有关会议精神，听取《番禺区关于推进文化高质量发展 促进物质文明和精神文明相协调的现代化建设的实施方案》实施进展情况的报告、2023 年度番禺区扫黑除恶斗争工作情况的报告，审议《中共广州市番禺区委关于省委巡视广州市反馈意见的整改落实方案》《番禺区人民政府征用土地办公室关于审定〈番禺区莲花湾展贸城片区项目征收补偿安置方案〉的请示》《区基建中心关于开展广州番禺经济技术开发区上市企业工业扩产产业园配套设施工程（二期）、广州番禺经济技术开发区广汽基地园区配套设施工程（二期）专项债申报工作的请示》《番禺区水务局关于申报番禺区排水防涝能力提升工程和番禺区排水移动装置项目等 2 个国家重大建设项目的请示》《番禺区水务局关于番禺备用水源及配套供水水网设施改造一体化工程专项债申报工作的请示》等文件，研究有关人事任免

续表 2

会议时间	届次	议题内容
12 月 15 日	十四届第 101 次	传达学习贯彻习近平总书记对“11 · 16”山西吕梁市永聚煤矿办公楼火灾事故作出的重要指示精神，习近平总书记在二十届中央审计委员会第一次会议上的重要讲话精神，传达学习蔡奇在中央主题教育领导小组第 7 次会议上的讲话精神，《国务院办公厅超大特大城市积极稳步推进城中村改造的指导意见》精神以及上级有关会议精神，通报市主题教育办《对番禺区开展主题教育中期评估的意见》《番禺区领导干部谈话反映的问题及意见建议》，听取番禺区冬春火灾防控、岁末年初安全生产、城中村改造以及 2023 年全区审计工作情况、2022 年度区级预算执行和其他财政收支审计查出问题整改、2018 年以来上级审计发现问题整改等工作情况的报告，审议《广州市番禺区审计局关于审议 2024 年审计项目计划（草案）的请示》《广州市番禺区人民政府国有资产监督管理局转呈广州市番禺交通建设投资有限公司关于增加产投公司注册资本金至 10 亿元的请示》《番禺区石楼镇人民政府关于调整上下涌避风锚地工程配套项目（番禺国家级沿海渔港经济区安置房建设项目）建设地块的请示》《中共广州市番禺区委组织部关于审定高质量发展工作及时奖励的请示》及机构编制调整有关请示文件 1 份，研究有关人事处分和人事任免
12 月 22 日	十四届第 102 次	传达学习贯彻习近平总书记在中央经济工作会议、中央金融工作会议上的重要讲话精神，习近平总书记在第十个国家宪法日之际作出的重要指示精神等，听取《番禺区政治机关建设实施方案》推进情况、信访工作法治化和重点信访工作情况报告，审议《广州市番禺区民政局关于终止石碁镇、桥南街行政界线变更工作的请示》《广州市番禺区民政局关于终止南村镇、洛浦街行政界线变更工作的请示》《番禺区发展和改革局关于审定番禺区产业规划（2022—2035 年）的请示》《广州市番禺区财政局关于审批〈广州市番禺区 2023 年第二次预算调整方案的报告〉的请示》等文件
12 月 26 日	十四届第 103 次	传达学习贯彻习近平总书记在内蒙古调研边境管控和边防部队建设情况以及视察武警海警总队东海海区指挥部时的重要讲话精神，习近平总书记致 2023 年“读懂中国”国际会议（广州）和致“2023 从都国际论坛”的贺信精神，习近平总书记在听取黑龙江、浙江两省省委和省政府工作汇报以及在北京、河北考察灾后恢复重建工作时的重要讲话精神，听取番禺区 2023 年海防工作总结和明年工作计划情况报告、《番禺区汽车产业高质量发展布局规划》进展情况报告等，审议区委主题教育办提交的区四套班子问题清单、专项整治方案（3 项）、反面典型案例调研报告，以及《番禺区发展和改革局关于审定〈广州市番禺区国民经济和社会发展第十四个五年规划和 2035 年远景目标纲要〉实施情况中期评估报告的请示》等文件材料，研究有关人事任免

斗新征程 保守秘密靠大家”番禺区保密宣传教育进社区活动和“人人话保密”微视频征集评选活动，市桥小平小学作品《童声童谣话保密》获国家级评选优秀奖、省级评选特等奖。在全区组织开展12场次密销活动，强化保密科技支撑，部署保密监管系统200余套。5月22日，番禺区保密宣传教育进社区主题活动在沙湾街道法治公园举办，活动被国家保密局《保密工作》杂志刊载。11月，番禺区领导班子和各单位保密工作人员240余人赴广东省保密教育实训平台进行学习培训。

（黄欣）

【行政接待】2023年，番禺区行政办（区接待办）完成各级领导视察调研督导、各地党政考察团以及区内招商引资、重大活动的接待保障任务。建成区行政办公中心应急广播系统和东门、西门、北门电动自行车停车棚等便民设施。完成防暴恐升降柱系统建设和排水改造工程，举办区行政办公中心消防应急演练。举办“中秋文化节·中国农民丰收节·国庆节盛典”三节联动“消费帮扶进机关、齐心合力助增收”活动。获省、市卫健委颁发“广东省健康促进机关”牌匾。

（王军）

组织工作

【概况】2023年，中共广州市番禺区委组织部（简称番禺区委组织部）贯彻新时代党的建设总要求和新时代党的组织路线，深化主题教育，强化政治建设，细化党员教育，优化干部培训；树立鲜明选人用人导向，探索交流试点工作，加强干部队伍规划建设，提升干部监督管理水平，加强和改进公务员工作；完善党管人才体制机制，提升人才服务保障水平，发挥聚才用才阵地效应，擦亮特色人才活动品牌；提升党建引领基层治理水平，推动新兴领域党建质量跃升，加强党组织和党员队伍建设，为番禺经济社会高质量发展提供坚强组织保证。至2023年年底，番禺区有基层党组织3016个，其中党委203个、党总支部165个、党支部2648个。有党员62303名，平均年龄48.4岁，其中女性党员26175名、少数民族党员585名。公务员总数6049人，大学以上学历5387人。区管干部705人（不含公安系统）。各类人才（大专以上）总量72万人，有国家、省特殊津贴专家160余人，区内专业技术职称人员11.6万人。设有院士专家工作站6个、院士工作站1个、博士后工作站6个及工作分站12个、博士后创新实践基地5个。

【主题教育】2023年，番禺区坚持把开展学习贯彻习近平新时代中国特色社会主义思想主题教育作为重要政治任务，成立以区委主要领导任组长的领导小组，领导小组办公室设立综合协调、文稿材料等6个工作组，抽调60余名党员干部全脱产参与。制定109项重点任务，在全市各区率先制定分类指引，被省主题教育简报刊载。配强联络指导力量，通过示范讲学、集中答疑、现场走访等方式，对全区2648个党支部全覆盖指导。以基层党建督导为抓手，每月定期调度全区“三会一课”、主题党日完成情况，推动党支部严格落实学习计划。全区98个单位、2983个基层党组织主题教育成效获各级指导组、督导组肯定，番禺区作为广州市代表在广东省第二批主题教育工作推进会上发言。

【干部选育管用】2023年，番禺区委组织部突出政治导向、廉洁导向、基层导向、实干导向，选优配强各级领导班子。区委研究干部26批793人次，研究人事任免事项26批次、任免调配干部793人次，其中提拔正处实职23名、副处实职37名，进一步使用17名，晋升一至四级调研员84名。完善干部工作深调研机制，全面掌握干部的政治表现、能力素质、责任担当、工作实绩、群众口碑，在“嵌入式”考察工作中推荐发现优秀区管干部120余名、非区管干部150余名。将深入学习贯彻习近平新时代中国特色社会主义思想作为主题主线，把政治训练贯穿干部成长全周期。在上杭县挂牌干部教育基地，携手探索“1个交流班、两地学员、两地培训”的“122”培训模式。印发《关于开展区管干部学习贯彻党的二十大精神专题轮训的通知》，线上线下组织开展党的二十大精神专题培训。举办科级公务员任职培训班、番禺——上杭中青年干部培训班、新录用公务员初任培训班等中长期班次，举办公务员专题培训班，全年举办公务员专题培训班 18 期，2.75 万人次参训。探索建立公务员、国企、事业单位人才跨体系交流工作机制，推进面向高校定向选调以及跨体系任职、交流锻炼。实施选调生定苗、育苗、护苗“三苗”工作法，推动选调生党支部建设，选调生撰写调研报告近 50 篇，开展实践活动逾 60 场次。选派优秀有潜力干部参加中心工作、重点项目、对口帮扶、信访维稳、专项整治等急难险重任务，选派 17 名优秀干部到省内外参加对口协作帮扶工作、20 名新提拔区直机关年轻干部到信访维稳一线锻炼。

2023 年，番禺区委组织部强化干部监督管理，落实领导干部个人有关事项报告四级审核机制，查核一致率为 98.92%，对 2 名查核结果不一致的领导干部进行组织处理。落实干部选拔任用工作有关事项报告制度，开展任职回避规定执行自查及“带病提拔”集中倒查专项整治。开展信访举报事项受理、分办及核查，适时调整因私出国（境）管理要求，强化干部监督效力。

2023 年 6 月 29 日，番禺区委两新工委党校揭牌（钟竞瑶 摄）

【公务员管理】 2023 年，番禺区公务员管理工作通过考录、调任、转任和培训方式，破解专业公务员紧缺困境，有关项目被评为广州市党的建设制度改革“红棉擂台”年度十佳项目。动态调整番禺区急需紧缺专业公务员目录清单，分为 6 大领域 140 个专业，通过 2023 年广东省“四级联考”、选调生考试共招录 120 人。调整《番禺区实行公开调任科级领导职务公务员实施办法（试行）》相关条款，首次把“广州大学城 12 所高校、区属国有企业”纳入公开调任范围。制定《番禺区关于面向市内高校择优选调领导干部工作方案》，首次公开面向广州市内高校选调领导干部到党政机关和区属国有企业、事业单位任职。召开番禺区科级干部高质量发展大会，全面落实公务员考核和奖励相关规定，2023 年奖励年度考核优秀公务员 1315 名。制定高质量发展工作及时奖励工作方案，做到有功即奖、因功施奖，对 106 名公务员进行“嘉奖”。选树先进典型，广州市公安局番禺区分局李江平被评为第六届广东省人民满意的公务员。

【党建工作】 2023 年，番禺区委组织部落实组织生活会和民主评议党员相关规定，严抓党组织书记抓基层党建述职评议考核，明确重点任务督导清单和负面清单，开展线下督导 35 次，线上督导 8 轮。组织党员学习党的二十大精神和习近平总书记视察广东重要讲话、重要指示精神，举办学习培训 3286 场次，31.8 万名党员参训。石碁镇入选“全省百个镇街党校示范点”，3 部电教片在全市评比中获一、二、三等奖，《最后的签名》入选广东省“百部党员教育优秀电视片”，李铭被评为“百名南粤党员教育优秀讲师”。完成 2022 年度党支部和党员评星定级工作，组织开展上半年的党员评星定级工作，完成 182 个不规范设置党组织及未按期换届党组织整改。落实“红棉赓续”工程，聚焦城中村和农村发展党员指标，为基层提供清晰准确的操作指引。制定城中村发展党员“亮诺亮绩亮牌”工作机制，开展督导调研6次、提醒谈话17人次。组织开展“七一”系列活动，为286名老党员颁发“光荣在党50年”纪念章。组织尖刀班队员开展赌博机制售清查专项整治，拍摄完成《党旗所指尖刀所向》电教片。完成689个微项目、10622个微心愿，帮助群众16.1万人次。组织140名党代表参加履职能力提升培训班。开展党代表履职连心行动，为基层群众解决问题685个，开展宣讲222场次。

【党建引领基层治理】2023年，番禺区优化设置网格党支部1820个、网格党小组7242个、党员责任区41707个，常态化运转“番禺家园护卫队”，全年开展党群服务活动1万余场次、11.5万余人次参与。开展村级班子届中调研，形成“一村一报告”“一镇街一台账”。承办广州市委党建引领城中村治理现场会。召开番禺区抓党建促乡村振兴动员会，创建抓党建促乡村振兴示范区、示范镇街、示范村。经排查新确定2个软弱涣散村党组织，落实“一村一策”整顿措施。出台农村工作3份文件和社区工作者队伍建设15条措施，举办村、社区书记培训班，发动87名“两委”干部、优秀党员报读“羊城村官上大学”。落实“两委”干部人选资格审查、党组织书记区级备案制度，开展备案5人、联审142人，严把“两委”干部入口关。完善“大党委”机制，落实共建轮值制，成立广州大学城“大党委”和100个城中村“大党委”，在番禺莲花山、区中心医院等公共空间打造党群服务驿站，推动277个村（社区）与机关单位结对。召开农村推动高质量发展动员大会，指导277个村（社区）找准难点堵点，集中办理群众反映强烈的5件民生实事，提高村（社区）党组织领导发展、服务群众能力水平。

【“两新”党建】2023年，番禺区召开“两新”党组织高质量发展大会，成立灯光音响、珠宝首饰产业链党委，成立番禺区委“两新”工委党校。开展“百名党员进百企”行动，成立番禺区驻企党建指导员大党委，下设4个片区党支部，举行区驻企党建指导员工作交流会，帮助企业解决困难650余个，节约成本2000万元，经验做法被《广东每日汇报》《广州信息》刊载。举办广东海大集团助力“百千万工程”会议，采取“党建引领+研发联动+人才联育+发展联促”的“一引三联”党建工作模式，搭建农牧渔业产业链“红链兴农”共同体。

【产业人才暨创业先锋大会】2023年2月26日，第六届广州大学城（小谷围）国际产业人才大会暨U30中国创业先锋大会在长隆万博片区主会场和番禺经济技术开发区（番禺汽车城）、广州南站商务区、广州大学城等分会场同步举行。大会举行高质量发展人才生态30条颁奖仪式，向164位人才（团队）发放奖金4680万元；启动国家未来产业科技园、广州大学城校友经济创新创业集聚园区等项目，签约胡润U30全球基地以及豪特、邦普、智华、派勒、纳诺、戴得、九通、广绅等战略性新兴产业项目；发布《番禺区智能网联与新能源汽车产业人才调研报告》；公布6位番禺青年企业家入选U30中国创业先锋榜单。大会吸引1300余名嘉宾参加，超50万人次通过网络直播“云参会”。大会公益广告投放在广州塔、广州地铁和公交主要站点，大会被《人民日报》《南方日报》等数十家主流媒体报道。

【设计师大会】2023年6月15日，2023广州·番禺“赋能产业设计薪火”设计师大会在番禺宾馆举办，大会旨在推动番禺人才链创新链产业链深度融合，推动粤港澳大湾区的设计人才交流、设计产业合作。大会有番禺区服装、珠宝等设计新品展演，有“设计赋能产业发展研讨会”“设计之旅·广汽研究院”设计交流。会上，举行光华龙腾奖·中国设计业十大杰出青年（广东前十强）颁奖、首批广东工业设计工程师高级职称获得者颁证活动。番禺区政府与广东省工业设计协会签订《关于共同促进番禺区设计产业人才融合发展》合作备忘录，番禺区人社局、清美工业设计策略与原型创新研究所、广东省工业设计协会、广州美术学院视觉艺术设计学院、番禺区厂商会、区重点企业等代表签订《关于共建番禺设计产业人才联盟》合作备忘录。举行番禺工业设计高级工程师人才工作站揭牌仪式。

【“创二代”工程暨创新创业集聚区】2023 年 10 月 30 日，广州大学城“创二代”工程暨粤港澳大湾区创新创业集聚区建设启动大会在广州大学城举行。广州大学城“创二代”工程聚焦青年创业者，实施“建立一个人才库、授牌一批青年创业家、实施一组扶持计划、打造一支党员先锋队、树立一批创二代典范”的“五个一”思路举措，打造传承创业奋斗精神平台、政产学研用金融和发展平台、近悦远来人才双创服务平台。广州大学城“创二代”工程评选出首批传承之星、领航之星、精益之星、新苗之星 235 名。会上，广州大学城“大党委”揭牌成立。

【人才会客厅建设】2023 年，番禺区委组织部建设番禺图书馆、西坊大院等广州番禺人才会客厅，面向 1.1 万名高层次人才推出展览参观、古籍借阅、路演场地、政策服务、团队孵化、洽谈交流、文化服务等人才服务。

（康苗苗）

宣传工作

【概况】2023 年，番禺区贯彻党的二十大精神和习近平文化思想，制定《番禺区关于推进文化高质量发展促进物质文明和精神文明相协调的现代化建设的实施方案》，组织动员全区宣传思想文化战线履行举旗帜、聚民心、育新人、兴文化、展形象的使命任务，围绕中心工作加强主题宣传和精准传播，为番禺高质量发展提供坚强思想保障和强大精神力量。

【思想理论学习宣讲】2023 年，番禺区围绕学习宣传贯彻党的二十大精神这条主线，区委理论学习中心组开展专题学习 28 场，各级党组织召开专题中心组学习会 850 多场。汇编《中心组学习参考》15 期，推进中心组学习列席旁听工作，推动党委理论中心组学习制度化、规范化。举办“新时代 我来讲”番禺区优秀宣讲员大赛，制作宣讲微视频，举办主题示范宣讲会，开展“AI 大喇叭”宣讲，全年开展宣讲近 2000 场，推动习近平新时代中国特色社会主义思想在番禺走深走实。番禺宣讲团连续两年被评为“全省基层理论宣讲先进集体”，6 名宣讲员被评为“广州市新时代百姓宣讲员”，《巾帼须眉皆英雄红色大岭写忠诚》等 3 个宣讲微视频获全省宣讲微视频大赛奖项。在区宣传思想战线实施大调研项目 21 个，收集优秀调研文章，编写《党委中心组学习成果汇编》，为区委科学决策服务。向“学习强国”学习平台供稿 1248 篇，采用 547 篇。

【社会宣传和舆论引导】2023 年，中共广州市番禺区委宣传部（简称番禺区委宣传部）围绕“智造创新城”、“百千万工程”、渔港经济、岭南文化等方面开展主题宣传，讲述中国式现代化的番禺实践，中央、省、市以

2023 年 6 月 30 日，“新时代 我来讲”番禺区优秀宣讲员大赛在番禺区图书馆举办（区委宣传部 供图）

及港澳媒体刊载涉番禺新闻报道17400余篇次。开展“百场公益课进基层”“百场公共文明教育进基层”等实践项目230个，宣扬社会主义核心价值观，推动群众性精神文明创建工作。在全区181幅户外宣传栏、958块电子屏刊播公益宣传海报和视频。在节庆期间升挂国旗，悬挂灯笼和中国结，设置景观小品，增添欢乐喜庆、平安祥和氛围。建立24小时应急信息发布机制，及时发布气象动态、停工停学政策、应急避险指引等信息，引导公众科学防范，有效避灾避险。“广州番禺发布”传播矩阵粉丝量突破120万。番禺区融媒体中心获“2022—2023年度头部县级融媒体中心·新媒体影响力10强”等全国性奖项5个。

【公共文化事业】2023年，番禺区出台文化体制改革年度工作要点，举办沙湾北帝诞飘色巡游、沙涌关帝诞鳌鱼巡游、凌边七夕节乞巧巡游等主题民俗文化活动。番禺图书馆新馆建成开放，全年165万人次入馆，镇（街道）图书分馆覆盖率为100%。传承粤剧粤曲、广东音乐、岭南画派沙湾飘色、汀根醒狮、上漖龙舟等岭南文化和民俗，认定一批以历史名人纪念建筑为主的区级文物保护单位，新增江炳良等7名市级非遗代表性传承人。打造“珠水金声 粤韵乐乡”广东音乐文化品牌，举办“同气连枝弦歌不绝”沙湾粤乐交流分享会，成立香港青年艺术创作人才工作室、番禺文艺志愿服务沙湾古镇基地。推进乡音、乡祠、乡貌、乡业、乡亲“五乡”文化建设，提升改造“市桥渔帆”历史文化街区，打造番禺“老城市新活力”样板区。

【文化产业】2023年，番禺区落实中央补助地方国家电影事业发展专项资金划拨，区内27家影院分配补助46.1万元。番禺区以国家文化出口基地建设为基础，巩固文化旅游、灯光音响、动漫游艺、珠宝首饰、智能网联、服装设计等重点文化产业优势地位，虎牙信息科技、卓远虚拟现实科技、巨大创意产业园等12家企业和产业园区获市级荣誉。番禺区规模以上文化体育娱乐业营业收入同比增长169.1%。接待游客5435.84万人次，旅游总收入521.13亿元，分别同比增长92.1%、121.5%。

【新闻出版管理】2023年，番禺区加强文化市场检查，清理互联网有害信息250万条，查处涉网重要举报线索105条，查缴非法出版物8.1万余册。番禺区新闻出版局优化出版发行营商环境，实现办事“零跑动”，群众办事满意率为100%。广州华立科技股份有限公司被评为2022年广东省版权兴业示范单位。推进番禺区农村数字电影放映工作，全年放映公益电影2124场。

（徐挺）

统一战线工作

【概况】2023年，番禺区贯彻落实《中国共产党统一战线工作条例》，召开区统战工作会议，举行番禺区统一战线纪念中共三大召开100周年座谈会，举办番禺区2023年香港澳门招商春茗系列活动，在全市宗教工作会议上作宗教专项工作专题汇报，印发《关于进一步加强我区党外干部培养选拔工作的意见》《番禺区促进镇街商会高质量发展实施方案》。中共广州市番禺区委统战部（简称番禺区委统战部）获广东省、广州市统战工作实践创新成果奖以及广州市统战理论政策研究创新成果一等奖；番禺区工商联被评为全国、广东省“五好”县级工商联，南村总商会等3家商会被评为广东省工商联系统“四好”商会；番禺区侨联被评为“第二十三届世界华人学生作文大赛优秀组织单位”，获中国侨商大会（广东）广州优秀组织奖。

【政党协商工作】2023年，番禺区委统战部支持各民主党派开展“凝心铸魂强根基、团结奋进新征程”主题教育活动，各民主党派开展理论学习43次，1100人次参与学习；开展调查研究17次，200人次参与学习；开展助力发展活动50余次，捐赠16万余元。强化党外人士组织队伍建设，印发《关于进一步加强我区党外干部培养选拔工作的意见》，从各机关、企事业单位、各镇（街道）、区知联会、区新联会、欧美同学会番禺分会、区社联会等，推荐94名无党派人士。开展非公经济人士综合评价10批次10人次。中共番禺区委印发《番禺区贯彻落实省、市关于实施“百县千镇万村高质量发展工程”促进城乡区域协调发展的实施方案》，区各民主党派在社会服务、参政议政等方面参与“百县千镇万村高质量发展工程”。推进区社会主义学院建设。区知联会与粤港澳青年创业孵化器签署合作协议，打造番禺区党外知识分子创新创业实践基地。番禺区新联会第二届第一次会员代表大会召开，打造YY直播作为广州市、番禺区共建的网络人士统战工作创新实践基地。

【民族宗教工作】2023年，番禺区委统战部指导召开广州市番禺区民族团结进步协会第四届会员大会，组织少数民族代表人士座谈并参观调研广汽埃安新能源汽车股份有限公司，指导番禺区羊之道餐厅创建铸牢中华民族共同体意识教育实践基地，推进禺山高级中学建设“石榴籽工作室”，与广州市民族团结进步协会开展座谈，推进铸牢中华民族共同体意识示范城市创建工作。定期走访少数民族企业，慰问少数民族困难户13户。加强少数民族群众服务，妥善处置2件涉民族因素事件，办理公民变更民族成分事项17件。维护宗教领域和谐稳定，召开海云寺建设协调会4次、赤松宫建设协调会3次，加强基督教番禺堂建设工地安全检查，落实宗教活动场所常态化检查巡查以及重大节假日安全保障。开展民间信仰活动场所数字档案馆系统建设普查，对全区符合条件的24处民间信仰活动场所登记编号。

【香港澳交流】2023年3月，中共番禺区委书记黄彪带队，分赴中国香港、中国澳门举办招商春茗系列活动，香港特别行政区行政长官李家超出席番禺区2023年香港招商春茗大会担任主礼嘉宾并致辞，全国政协副主席何厚铧为番禺区2023年澳门招商春茗大会致贺函。番禺区政府在中国香港举办“湾区枢纽向海兴城”——2023年广州南站商务区暨番禺国家级沿海渔港经济区香港招商联谊活动。番禺区主要领导与番禺区港澳政协委员交流座谈。接待李家超率来访团、香港妇联“广州南沙交流团”、香港中联办警联部“大湾区考察团”到番禺区走访参观。组织275名香港番禺乡亲联合会成员及义工骨干回乡举办2023年同心同行同力义工团动员会。在中国澳门举办“学党史 爱国家 促发展”——番澳同心共建辉煌交流座谈会。全年接待港澳来访1700人次，办理67个因公临时赴港澳团组和1个因公派驻团组申请，协助186人次办理手续。助力港澳青年融入大湾区生活，联合“一国两制”青年论坛、内地港澳青年学生之家举办“湾区港生勇逐梦 青春之花齐绽放”——大湾区十大杰出港生评选，举办“何贤杯”香港澳台四地青年足球邀请赛暨澳门何族崇义堂联谊会90周年庆祝活动，联合香港澳同心联谊会和港澳青年创新创业基地举办端午节民俗体验交流、“湾区科创名企行”活动。

【台商台胞工作】2023年，番禺区委统战部开展惠台暖企行动，走访调研广州海鸥住宅工业股份有限公司等30余家在番台

2023年3月24日，中共番禺区委书记黄彪（前排左五）率招商春茗团组赴香港举办广州市番禺区2023年招商春茗活动 （区委统战部 供图）

2023年11月4日，“侨智联盟”成员美国美东番禺同乡会、广东外语外贸大学纽约校友会到番禺开展交流活动 （区委统战部 供图）

资企业，举办番禺台商大讲堂解读《关于进一步深化穗台经济社会文化交流合作的若干措施》，支持台胞台企参与粤港澳大湾区建设和番禺“智造创新城”建设。接待中国台湾评论家黎建南和中国台湾团组18批522人次，宣传“广州60条惠及台胞措施”、惠台暖企“新10条”措施。组织区内台胞台属开展“潮平两岸阔 扬帆向未来”座谈，增进爱国之情。台资企业曾本五金工业有限公司接受星坊99台湾青年创新产业孵化基地协助实现科创转型，于2月10日挂牌国家科技型中小型企业。台湾农业交流团到番禺区农业合作社参观交流。番禺区委统战部获首届广州台湾青年岭南文化讲解员大赛优秀组织奖。番禺台协举行成立31周年庆典。番禺台商代表到广州市花都区、江西省上饶市考察。

【侨务及海外统战工作】2023年，番禺区委统战部探索海外统战工作，通过“侨智联盟”推进番禺联系五大洲41个国家306个侨团和海外校友会超43.3万名侨胞和留学人员，举行2023年春节广州市荣誉市民、侨界代表人士座谈会，接待葡中经济文化促进协会、美国南加州中华高校校友会联盟、中国加拿大商会等22个海外侨团和校友会。推进广东省“南粤侨创基地”共建，协助番禺区贸促会（区国际商会）赴法国、捷克招商，举办中国广州番禺·马来西亚沙巴州友好交流暨商务推介会，推荐番禺数字科创港、沙湾金寺围二期商住小区、东方瑰宝电商平台、珠宝时尚京东科技产业创新中心等项目入选中国侨商大会（广东）投资项目目录。“礼赞二十大 翰墨写侨心——番禺海内外书画作品展暨麦华三书法作品展”展出书画作品150余幅。番禺区3万名中学生参加“第二十三届世界华人学生作文大赛”，番禺区侨联获大赛优秀组织单位奖。“2023年海外华媒看广东高质量发展”27家华文媒体代表到访番禺广汽埃安。来自美国、加拿大、英国、法国、挪威、澳大利亚、新西兰、斐济、泰国等国家的多个侨团侨领到访番禺。在祈福新邨国际化街区打造金融服务中心，举办2023年番禺区统战侨务干部培训班，受理华侨回国定居审批件9件，出具侨眷身份证明5份，办理入粤安葬申请3件，推动涉侨服务“一网通办”“指尖通办”，专区报到侨胞20余人，收到侨胞诉求2个，办结1个，加强侨捐项目管理。

【非公有制经济领域统战工作】2023年，番禺区委统战部推动基层商（协）会标准化建设，出台《番禺区促进镇街商会高质量发展实施方案》，吸纳广州市文旅装备行业协会加入团体会员，指导成立番禺区服装服饰行业协会，协助市桥街商会、大罗塘珠宝首饰商会、区服装服饰行业协会等6个商会完成换届，有广州市AAAAA级社会组织5个、AAAA级2个、AAA级13个，南村总商会被评为广州市标杆商会。协助番禺区“两新”工委成立驻企党建指导员大党委，成立番禺区灯光音响和珠宝首饰产业链党委，在广东红八方集团、浩洋电子等11家企业成立番禺区非公有制经济党组织理想信念教育基地。承办广东省民营经济人士理想信念教育基地大交流大学习（广州番禺）专场活动，开展非公有制企业党组织“我为番禺高质量发展添光彩”演讲比赛。番禺区非公有制经济人士代表、商会秘书赴福建省上杭县开展理想信念教育培训。举办番禺区政企共商发展座谈会，以及第十三届主席（会长）轮值暨优化营商环境座谈会4次。设立番禺区政企沟通服务中心。番禺区金融协会举办“笃定同行十年路 赋能高质量发展——番禺区金融服务日暨十周年成果展”，金融机构现场向16个项目签约授信59.142亿元。开展“新时代禺商培养工程”，推动番禺区民营企业投诉中心为企业纾困解难，全年收到诉求232件，处理解决208件。办理涉案企业合规案件10件，对12家涉案企业启动合规考察。组织召开2023年“粤企入黔”助力贵州乡村振兴行动会议、番禺·赫章东西部协作产业招商推介会，赴贵州省毕节市的威宁、赫章、金沙三县开展对口帮扶和营商环境考察，开展2023年“6·30”助力乡村振兴暨“羊城慈善为民”行动，筹集善款1724.74万元，引导民营企业反哺社会。

（卢泽超）

编制工作

【概况】2023年，中共广州市番禺区委机构编制委员会办公室（简称番禺区委编办）聚焦高质量发展任务，统筹推进完善机构职能体系，深化重点领域机构改革，推进编外人员规范管理，强化机构编制法治建设，落实机构编制刚性约束，完成年度绩效考核工作，优化事业单位登记管理服务。

【重点领域体制改革】2023年，番禺区委编办完善国防动员体制改革，完成“百县千镇万村高质量发展工程”机构编制配备，落实疾病预防控制改革任务，完成林业职责调整，分步骤推动区直部门产业职能强化，加强对城管等相关部门机构编制文件执行情况的跟踪评估，巩固深化大规模迁移砍伐城市树木问题整改成效，完善党政机构职能体系。将区级议事协调机构由番禺区委办、区政府办分头管理调整为由番禺区委编办统一管理，制定《广州市番禺区区级议事协调机构规范管理办法》。推进事业单位改革管理，完成事业单位监察职责整改，促进番禺区公益事业平衡发展。

【基层治理体系建设】2023年，番禺区委编办联合区司法局、区政务数据局调研综合行政执法实际运行情况，从机构编制、执法程序、执法电子化等方面查找问题。《基层反映乡镇（街道）综合行政执法改革存在问题亟待重视解决》信息被广州市委《广州信息·上报件》采用。以镇、街道反映“推行综合执法改革后区直部门与镇（街道）职责边界不够清晰”的问题为导向，赴先进地区学习权责清单做法，将调研成果转化运用。印发部门、镇（街道）职责争议事项清单，确定首批列入清单事项52项，涵盖城市管理、自然资源等13个领域。构建以清单为核心，以区政府办、编办、司法局、政务数据局等部门为成员的联席会议制度，包含争议事项审定、清单事项动态调整、上下联动、双向考评、依单监管5个机制的“一单一会五机制”体系，推动职责争议事项定责、调整、分工协调“流程再造”，推进治理重心向基层下移，推动为基层明责减负增能。

【事业单位改革】2023年，番禺区单独设置区委直属事业单位区社会主义学院。调整仲元中学等165所中小学校、区第二人民医院等7家医院党组织书记领导职数配置，增强事业单位党组织的政治功能和组织功能。配强公共服务中心“12345”热线工作力量，在区地方公路总站增加临时泊位管理职责，将区农科所、区星海青少年宫调整为公益一类事业单位，区体校调整为区教育局下属事业单位，完成事业单位监察职责整改。区企业建设服务中心挂牌设立长隆万博商务区发展服务中心。

【绩效考核管理】2023年，番禺区出台年度绩效考核方案，新增“高质量发展重点工作”“部门年度高质量发展工作”等专项指标，细化绩效考核降低等次和不得评优认定标准。34个数据采集单位根据全区高质量发展任务优化制定负面清单544项。印发《燃起二次创业激情 助推高质量发展 深化多维度绩效考核的实施方案》。

【医务人员“区管院聘”管理改革】2023年2月，《番禺区关于推进医务人员“区管院聘”管理改革的实施意见》出台，在全区公立医疗卫生机构编制总量内，分类统筹，盘活存量，解决编制供需不平衡问题；以同类编制总量为基数，分类核定岗位总量；赋予卫健部门更大用编用人自主权，推动编制资源向基层和薄弱领域倾斜。该项改革被列入广州市“一区两品牌”改革创新项目，并作为2023年度改革创新典型经验被推广。

（韩君颖）

精神文明建设

【概况】2023年，番禺区深化群众性精神文明创建和全域文明创建，贯彻落实《广东省文明行为促进条例》《广州市文明行为促进条例》，统筹推动文明培育、文明实践、文明创建，推进城乡精神文明建设工作高质量发展。推动爱国主义教育基地调研成果转化，实施市级爱国主义教育基地番禺莲花山爱国主义教育陈列厅提升计划。开展“英雄花开英雄城”广州传承弘扬红色文化系列活动，组织“岭南春色”树人故乡红棉写生行活动，营造赏英雄花、游英雄城、传英雄志、弘英雄气的氛围。

【文明城市创建】2023年，番禺区完成中央文明办对广州开展恢复全国文明城市资格检查和2022年度全国文明城市测评，沙头街道汀根村接受中央文明办测评组检查获得好评。对标中央、省、市文明城市创建要求，开展专项整治行动和区领导挂点巡查督导，出动3600人次进行文明创建巡查督导。发动群众通过微信小程序“文明番禺”之“文明监督员”平台随手拍摄和提交不文明线索，交办各类问题5300个，整改完成率为98%。各镇（街道）出动1万余人次开展周末环境卫生整治行动，清理垃圾900多吨。对合益围涌、南亭大社涌等10条河段开展河长制巡查，发现问题全部完成交办处理。在广东省文明村沙头街道汀根村发动市民群众参加文明实践活动。

【文明单位创建】2023年，番禺区开展文明村镇、文明单位、文明家庭、文明校园创建，在共建共享中提升群众思想素质和道德水平。创建文明村镇，围绕“百千万工程”、乡村文化振兴工作，打造市桥街道丹山村、沙头街道槎山村、大龙街道大龙村为区级文明示范村，石楼镇莲花山社区为区级文明示范社区。创建文明单位，评选区级文明单位15个。创建文明家庭，联合番禺区妇联评选区级文明家庭15户，被评为全国最美家庭1户、广东十大最美家庭1户、广州市书香家庭1户、广州市最美家庭1户。联合番禺区妇联、区教育局打造“家教有方”家庭教育广播空中学堂，全年播出78次。创建文明校园，深化未成年人思想道德建设，评选区级文明校园15所，2人分别被评为广东省、广州市“新时代好少年”。番禺区“童谣征集传唱”3个原创作品获广州市一、二、三等奖，番禺区教育局被评为优秀组织单位。开展“扣好人生第一粒扣子”主题教育实践，举办首届“多彩番禺”青少年儿童文创作品设计大赛。开展“快乐大篷车”流动少年宫送教活动3场，番禺区星海青少年宫被评为全国流动少年宫示范单位。

【新时代文明实践】2023年，番禺区推进新时代文明实践中心（所、站）建设，培育石碁镇、桥山村、大岭村、汀根村等新时代文明实践示范所（站），建设屈氏大宗祠、番禺海关、番禺区气象局新时代文明实践特色站点。组建华南师范大学讲师团、百姓宣讲团，上线番禺区新时代文明实践供需对接系统并开展理论宣讲105场次，覆盖16个镇（街道）301个实践所（站）。运用新时代文明实践阵地开展“我们的节日·精神的家园”主题活动、广州番禺首届大湾区粤曲擂台赛、“七一”主题音乐会、番禺区优秀宣讲员大赛、乡村文化集市、新年音乐诗会等文化惠民活动。全年开展新时代文明实践活动1600场，16.3万人次参与；开展直播活动6场，42.63万人次观看。推进区新时代文明实践中心与番禺海关结对共建，16个新时代文明实践所与22个文明单位结对共建，打造番禺海关新时代文明实践特色基地、番禺区气象局新时代文明实践点，开展理论政策宣讲、科学普及、文艺会演等结对共建活动20余场。

【道德模范宣传】2023年，番禺区评选出2022年度“番禺好人”26人，启动2023年度“番禺好人”推荐工作。推荐参评省、市“道德模范”“诚信榜样”“诚信之星”，评选出“广东好人”1人、“广州好人”13人、第八届广东省道德模范1人、第九届广州市道德模范2人。组织区道德模范和身边好人代表到广汽埃安新能源汽车有限公司、广州市浩洋电子股份有限公司开展互动活动。召开2023年道德模范、身边好人新春座谈会。以何淑娟典型事迹为蓝本，创编情景故事剧和诗歌朗诵节目，多元化展现番禺道德模范风采。

【志愿服务】2023年，番禺区在东兴路与盛泰路等4个主要交通路口、广州南站地区公交站及大夫山森林公园设置公共文明引导志愿服务岗位22个，常态化开展文明交通、环境卫生、平安联防文明引导志愿服务，全年有1.7万名志愿者参与。番禺区文明办联合团区委、广州大学城管委会开展“全城迎新”新时代文明实践志愿服务，2335人次志愿者为3.2万名来穗新生提供暖心保障服务。开展学雷锋志愿服务先进典型选树宣传，评选出广州市最美志愿者2名、最佳志愿服务组织1个、最美志愿服务项目1个，通过番禺文明网、“文明番禺”微信小程序、番禺融媒、广州番禺发布、《番禺日报》等新媒体平台宣传先进典型。

（徐挺）

区直机关党建

【概况】截至2023年12月31日，中共广州市番禺区直属机关工作委员会（简称番禺区直机关工委）下辖51个区直单位的党组织，其中党委18个、党总支13个、党支部248个，有党员5213人。是年，番禺区直机关工委贯彻“第一议题”制度，推动学习贯彻习近平新时代中国特色社会主义思想主题教育，强化理论武装和培训实效；聚焦常态化、规范化、项目化、标准化，举办“高质量发展我争先”庆“七一”活动，夯实创新基层党建工作；推进纪检监察干部队伍教育整顿，开展党风廉政建设，推进全面从严治党，狠抓作风建设；依托“双百工程”，赋能城中村治理，深化党建带群建业务融合。

【基层党建述职评议】2023年2月20日，区直机关工委召开2022年度党组织书记抓基层党建工作述职评议考核暨基层评议机关经验交流会，听取区信访局、区民政局、区人社局、区文广旅体局、区应急管理局、区城管局、区城市更新局、团区委、区国家档案馆、国家统计局、番禺调查队等10位区直机关单位党组织书记述职。与会人员对述职情况进行评议考核。2022年度基层评议机关排名第一的单位在会上作经验介绍，讲述在完善服务基层和服务群众工作机制、建设让人民群众满意的模范机关等方面的经验做法。会议强调，各单位党组织要坚持党建工作和番禺高质量发展中心工作一起谋划部署、一起督促落实，在抓实机关党建过程中切实增强群众组织力、社会号召力。

【政治机关建设】2023年11月14日，番禺区召开“高质量党建引领高质量发展”政治机关建设现场会。区领导班子、有关市管干部、区法院院长、区检察院检察长及区纪委副书记、区有关单位相关负责人等参加。区行政办介绍区行政办公中心公共区域政治机关氛围营造工作，区发改局、区企业建设服务中心介绍政治机关建设情况。会议强调，要抓好干部队伍建设，全面深入推进从严治党，推进解决一批发展所需、改革所急、基层所盼、民心所向的问题。12月7日，番禺区召开第二场“高质量党建引领高质量发展”政治机关建设现场会，区市场监管局、区土地开发中

2023年6月29日，番禺区直机关工委在番禺区图书馆新馆举行高质量发展我争先“光荣在党50年”纪念章颁发活动 （区直机关工委 供图）

心介绍开展主题教育和政治机关建设情况。

【机关党务培训】2023年3月22—24日，番禺区直机关工委举办2023年度区直机关工委党员发展对象培训班，区直机关党委、党总支部2023年在册的发展对象以及部分在册的入党积极分子75人参加培训。4月26日，番禺区直机关工委和南沙区直机关工委联合举办区直机关纪检监察干部专题学习教育活动。9月13—15日，番禺区直机关工委举办2023年党务工作专题培训班，广州市委党校副教授康达华作“加快构建新发展格局着力推动高质量发展”专题宣讲，广州市委党校教授何良苏作“感悟思想伟力凝聚奋进力量——深入学习《习近平著作选读》第一卷、第二卷”专题宣讲，番禺区直机关工委副书记、纪工委书记王小燕作党务党建融合专题授课，区民政局、区水务局、区农业农村局等单位开展党建与业务融合、“双百工程”结对共建经验分享；赴广东省反腐倡廉教育基地进行纪律教育学习，赴大龙街道新水坑村开展实践教学。11月1日，番禺区直机关工委举办党组织书记培训班，广州市委党校副教授康达华作“深入学习贯彻广东‘1310’战略部署和广州‘1312’思路举措”专题讲座。

【区直机关职工运动会】2023年5—7月，番禺区直机关第九届职工运动会举行，运动会由番禺区直机关工会主办，区行政办、区委党校、区委老干部局协办，区工人文化宫承办。区直机关各基层工会43支代表队1264人参加扑克拖拉机、篮球、双人踢毽、个人跳绳、网球、乒乓球、羽毛球7大项27小项比赛。

（许碧琴）

老干部工作

【概况】2023年，番禺区委老干部局贯彻落实中共中央办公厅《关于加强新时代离退休干部党的建设工作的意见》，强化离退休干部党支部标准化规范化示范化建设。区纪委监委机关老干部党支部被评为广州市第二批“银映红棉—示范党支部”。成立广州老年大学番禺分校，在区社会福利院设立区老年干部大学公益授课点。举办“银映红棉出新彩——‘千年古邑 粤韵番禺’”老干部文艺展演。组织“五老”讲师团开展中共二十大精神主题宣讲进校园、进企业活动，举办第六届“笔尖下的童真”少儿书画赛。截至2023年12月31日，番禺区有离退休干部8011人。其中，副处级以上退休干部1251人，离休干部33人。

【老干部思想政治工作】2023年，番禺区委老干部局举办老干部形势报告会、离退休干部党支部书记学习交流活动和离退休干部党员轮训活动，深入学习贯彻习近平新时代中国特色社会主义思想，培训离退休干部990余人次，发动收看收听各级老干部辅导报告会，为124名离退休干部订阅学习资料。强化党支部标准化规范化示范化建设，番禺区委老干部局联合大石街道摄制的《“禺”见武工队》获得“禺山红镜头”党员教育电视片二等奖。开展“话传统、谈复兴、聚力量”专

2023 年 4 月 14 日，番禺区委老干部局举办 2023 年上半年番禺区老干部形势报告会，向离退休干部党支部党员代表赠书

（区委老干部局 供图）

题调研，广大老干部传承红色基因、弘扬传统文化、讲好广州故事、凝聚银发力量。

【老干部发挥优势作用】2023 年，番禺区委老干部局组织原区领导到区图书馆新馆、仲元中学第二校区和结对帮扶的梅州市五华县参观，围绕高质量发展、乡村振兴、推进中国式现代化等进行调研。组织“五老”讲师团开展“中华魂”、红色故事、红色音乐、中共二十大精神、传统文化等主题宣讲进校园、进企业活动 16 场，开展禁毒宣传进校园活动 6 场。实施“五老”关爱下一代工程，连续 15 年慰问禺山高级中学新疆班师生及困境学生。番禺区老干部志愿服务队出动 821 人次老干部开展“以老慰老”志愿服务 67 场次。向“广州银发科技人才和专家库”推荐番禺区老干部。

【离退休干部服务】2023 年，番禺区委老干部局结合“面对面、心连心”大走访大调研大服务离休干部活动，走访慰问老干部和企业离休干部遗属 299 人次，发放慰问金及慰问品 16.11 万元。发放已故离休干部配偶医疗困难补助款 51 人次 12.76 万元。落实离休干部“一人一策”，赴梅州市蕉岭县慰问易地安置百岁高龄离休干部。举办“呼吸道感染及慢性阻塞性肺病”“优秀传统文化与中医养生”健康大讲堂暨义诊活动。成立广州老年大学番禺分校，开设 30 门线下课程，与广州市老年干部大学签订老年教育合作办学协议，在区社会福利院设立区老干大学公益授课点，联合广州老年开放大学番禺学院举办老年教育教学成果展演。开放番禺区老干部活动中心 17 个活动组，在重阳等节日进行敬老慰问演出，组队参加广州市老干部乒乓球赛。

【老干部非遗研学】2023 年，番禺区委老干部局下属单位番禺区老干部活动中心（区老年干部大学）联合番禺区文化馆（区非物质文化遗产保护中心）开设“非遗沉浸式研学”系列课程，选取潘高寿传统中药文化（国家级名录）、石碁镇广式硬木家具制作技艺（省级名录）、石碁镇凌边乞巧、南村镇余荫山房广州灰塑（市级名录）、沙湾民俗文化、番禺广式腊味制作技艺（区级名录）6 个非遗项目作为非遗研学内容，采取“课堂＋实践”“文化＋养老”教学模式，组织老干部学员参观研学。5 月 18 日，由广州市委老干部局、番禺区委组织部主办，番禺区委老干部局、南村镇承办，番禺区老干部活动中心、番禺区文化馆（非物质文化遗产保护中心）、番禺区南村镇社会事务综合服务中心协办的“银映红棉出新彩——‘千年古邑 粤韵番禺’”老干部文艺展演在番禺区南村镇党群服务中心举办，非遗展厅设摊展示南村员岗飘色、龙船头尾雕刻、广绣、余荫山房灰塑、南村咸水歌等非遗项目，非遗传承人现场展示制作工艺，番禺区文化馆非遗中心办公室主任、副研究馆员朱光文，鳌鱼舞省级非遗传承人、沙涌村原党支部书记江炳贤分享非物质文化遗产保护传承经历。

（向梦媛）

党校工作

【概况】2023年，番禺区委党校学习贯彻习近平总书记在中央党校建校90周年庆祝大会上的重要讲话精神，建立党校工作联席会议制度，科学规划年度培训任务，优化教学管理措施，强化科研咨政能力，加强基层党校业务指导，推动党校事业发展。全年举办各级各类培训班62期，培训党员干部34399人次，优选上级党校和周边高校高质量课程50余门，涉及专题超40个，组织本校教师开发课程20门，内容涵盖中共二十大精神、中国式现代化、高质量发展等热点领域。

【干部教育培训】2023年，番禺区委党校坚持以习近平新时代中国特色社会主义思想为干部培训中心内容，以主体班次为重点任务，以党的理论教育、党性教育和履职能力培训为主攻方向，优化“八个一”专题课程和党性教育馆教学，全年入馆开展党性锻炼学员52批1686人次。依托党支部标准化实训中心开展模拟教学和行动学习8期，培训基层党务工作者284人次。启动建设“共享课堂”信息化平台，完善1个区委党校加23个基层党校及多个分教点的“1+23+N”培训共享模式，依托线上教育培训课程库，实现“7×24”全时教育，录制课程10门，15万余人次学习。推进“互联网+”与培训管理后勤服务融合，依托“番禺区委党校融媒”公众号开发“智慧培训”模块，提供需求调研、课程查询、成果共享功能。

【教研咨政】2023年，番禺区委党校赴其他区党校和11所镇（街道）党校调研，考察现场教学点近30个，组织召开教师、学员座谈会和教学剖析会15场。强化课题研究，组织领导、专家、业务骨干“三结合”的调研队伍，聚焦番禺历史文化特色和地方产业特点收集第一手材料，全年组织教师完成《完善养老托育服务多元供给体系研究——以广州市为例》1门市厅级课题及《文化赋能番禺区城中村治理》《组织振兴与番禺城中村改造治理》《攻坚村级工业园改造，推动经济高质量发展》3门区级课题，3篇论文被《西部学刊》等刊物收录。通过党委信息系统报送决策咨询类党委信息140余篇，其中问题与对策类10篇、调研类3篇。教师与上级党校、兄弟党校组建科研团队开展课题调研，与省委党校教师合作的阶段性课题研究成果《以数字化转型助推善治为民》在《南方日报》刊登。完善成果转化机制，修订《番禺区委党校教师调研管理办法》，明确在职教师每人每年到基层调研不少于12次，每人独立或牵头选定至少1个调研课题，把调研咨政成果纳入年度考核。建立“党校+学员”教学相长机制，利用学员尤其是主体班次学员资源，推动参与区委、区政府决策咨询。

【党校阵地建设】2023年，番禺区委党校发挥22个现场教学点、15个红色教育基地作用，完善中共二十大精神、乡村振兴、“百千万工程”高质量发展等专题宣讲课程，开展宣讲117场，覆盖学员1万余人。形成“党校教师+高校教师+党政领导+

2023年6月25日至7月24日，番禺区委党校举办番禺区—上杭县中青年干部培训班，图为学员在上杭县才溪镇异地教学期间参加与群众“同吃、同住、同劳动、同调研”活动
（梁贤伟 摄）

部门业务骨干”的师资体系，依托番禺区老城市新活力、“四个出新出彩”理论研究与实践教学基地，优化“领导干部讲堂”机制，发挥“头雁授课”效应，全年有 10 名区领导和 13 名部门主要负责人走上党校讲台。

【党校对口合作】2023 年，番禺区委党校与福建省龙岩市上杭县委党校签署对口合作框架协议，明确干部教育、理论研究、人才交流、合作办学等合作方向，互设 2 个培训基地，共享两地干部培训资源，两校首创“122”模式（1 个培训班、双方学员、两地培训）合办中青班，培训效果得到两地领导和学员肯定。

（温斯淇）

党史研究

【概况】2023 年，广州市番禺区国家档案馆（中共广州市番禺区委党史研究室）推进番禺党史第三卷编写工作，形成《中国共产党番禺历史（1979—2012)》第一章至第三章初稿。赴石碁镇松露小学旧址（中共番禺县工委旧址）、容庵梁公祠（粤赣湘边纵队番禺独立团团部旧址）等地，了解党史教育基地的情况和发扬红色文化精神的做法，加强全区 15 处党史教育基地保护利用。

【党史教育基地】2023 年，番禺区国家档案馆加强党史教育基地建设，申报“二支队禺南武工队成立地旧址”“何小静、何虹烈士故居”“粤赣湘边纵队番禺独立团团部旧址”入选第四批广州市中共党史教育基地，新增的 3 处广州市中共党史教育基地于 11 月 30 日在广州市地方志馆报告厅获得授牌，全区的市级党史教育基地由 5 处增至 8 处。

【革命传统教育】2023 年，番禺区国家档案馆协助南村镇委举办“信仰的力量——中国共产党人的家国情怀”主题档案展，开展讲解培训工作，巩固党史学习教育成果。贯彻英烈褒扬工作部署，组织 2 位新民主主义革命时期老战士参加番禺区“9·30”烈士公祭日活动，向植地庄抗日战斗烈士纪念碑敬献花篮。

（黄思雅）

广州市番禺区人民代表大会

【概况】2023 年，广州市番禺区人民代表大会常务委员会（简称番禺区人大常委会）机关下设区人大常委会办公室和区人大常委会监察和司法工作委员会、区人大常委会财政经济工作委员会、区人大常委会教育科学文化卫生工作委员会、区人大常委会城乡建设环境与资源保护工作委员会、区人大常委会农村农业工作委员会、区人大常委会社会建设工作委员会（华侨外事民族宗教工作委员会）、区人大常委会选举联络人事任免工作委员会 7 个工委。是年，番禺区人大常委会向中共番禺区委请示报告 11 次，印发落实区委人大工作会议的重点任务分工方案并提出 39 项具体措施，召开党组会议 23 次、主任会议 13 次、常委会会议 10 次，听取审议专项工作报告 24 项，开展代表视察 10 项、满意度测评 11 项，依法作出决议决定 18 项，推动 2023 年十件民生实事项目完成。

【番禺区十八届人大三次会议】于 2023 年 2 月 9—10 日召开。会议听取和审议广州市番禺区人民政府工作报告；审查广州市番禺区 2022 年国民经济和社会发展计划执行情况与 2023 年计划草案的报告，审查 2023 年计划草案；审查广州市番禺区 2022 年预算执行情况和 2023 年预算草案的报告，审查 2023 年区级预算草案；听取和审议广州市番禺区人民代表大会常务委员会工作报告；听取和审议广州市番禺区人民法院工作报告；听取和审议广州市番禺区人民检察院工作报告；表决广州市番禺区 2023 年十件民生实事项目；补选部分区人大常委会委员。

【审议重大事项】2023 年，番禺区人大常委会听取审议番禺区“十四五”规划纲要实施中期情况报告，审查和批准主要指标与重大项目调整方案，听取审议区国有资产管理、区级预算执行和其他财政收支审计查出问

表 3

番禺区十八届人大三次会议代表建议一览表

建议编号	代表团	代表姓名	建议题目	主办单位
1	石碁	周茂林	关于在番禺区企业中建立中小学课外实践教育基地的建议	区教育局
2	石碁	辛福民	关于整治莲运路—横路路段长期乱停乱放问题的建议	区公安分局
3	新造	朱小雄	关于利用闲置公共资源解决新造城区停车难问题的建议	区国资局
4	新造	黄灿成	关于优化提升征地拆迁安置区谷围新邨日常管理的建议	新造镇
5	新造	郭小霞	关于全区形成合力解决新造镇思贤村旧村改造项目各关键节点突出重点难点问题加快落地见效的建议	区城市更新局
6	南村	陈炳华	关于增加里仁洞立交桥和塘西立交桥增设测速设备和限速标志的建议	区公安分局
7	南村	唐新乔	关于成立番禺区心理健康协会的建议	区教育局
8	南村	曹海燕	打造番禺夜间亮化精品工程，带动夜间文旅产业和夜间消费经济的建议	区科工商信局
9	化龙	曾湛强	关于进一步完善我区非机动车道建设的建议	区交通运输局
10	化龙	吴建聪	关于改善兴学路上人行道道路不平和狭窄的建议	东环街道
11	化龙	李佳茵	关于改善垃圾分类站建设的建议	区城市管理和综合执法局
12	化龙	吴建聪	关于对接对口帮扶地区进行阶段性劳务输出的建议	区人力资源和社会保障局
13	化龙	吴建聪	关于进一步优化外来务工人员子女入学政策的建议	区教育局
14	化龙	刘晓琨	关于打造番禺区东北片旅游风景区的建议	区文广旅体局
15	化龙	吴建聪	关于改善石化公路草堂车站站台位置的建议	区交通运输局
16	化龙	郭军勉	关于加快村经济发展留用地选址落地工作的建议	市规划和自然资源局番禺区分局

续表 3

建议编号	代表团	代表姓名	建议题目	主办单位
17	化龙	黄浩霖	关于加快村级工业园升级改造进程的建议	区科工商信局
18	化龙	黄浩霖	关于建设化龙南路的建议	区交通运输局
19	化龙	刘晓琨	关于解决村干部购买社会保险问题的建议	区农业农村局
20	化龙	郭军勉	关于健全农村危房整治措施的建议	区住房和城乡建设局
21	化龙	梁杰文	关于恢复化龙大道与金山大道交界处道路通行的建议	区公安分局
22	石楼	罗笑涓	关于加快推进国家级沿海渔港经济区—上下涌避风锚地工程实施的建议	区农业农村局
23	石楼	陈耀洪	关于加快推进海鸥公路扩建工程的建议	区交通运输局
24	市桥	许东雨	关于市桥街西园公园开展升级改造的建议	市桥街道
25	市桥	曾海宏	关于加强对市政路人行道汽车违规停放执法的建议	区公安分局
26	市桥	陈泽濂	关于进一步加强对电动自行车管理的建议	区公安分局
27	市桥	李欢伟	关于加快番禺广场地下空间一体化开发的建议	市规划和自然资源局番禺区分局
28	市桥	林伟坚	关于解决市桥街北片区停车难问题的建议	区交通运输局
29	市桥	蔡宇廷	关于在番禺区市桥医院建设血液透析中心的建议	区卫生健康局
30	沙头	冯福贤	关于加快发展居民住宅小区新能源汽车充电桩建设的建议	区科工商信局
31	沙头	邓锦新	关于加快推进沙头街农村水改工作的建议	区水务局
32	沙头	黄诗漫	关于增加番禺区公厕女性卫生用品售卖机的建议	区城市管理和综合执法局
33	东环	苏惠康	关于加强古树名木管理保护的建议	区城市管理和综合执法局

续表 3

建议编号	代表团	代表姓名	建议题目	主办单位
34	东环	蔡维臻	关于加强共享电动自行车管理的建议	区交通运输局
35	东环	郭文伟	关于加强居民小区电动汽车充电设施建设管理的建议	区科工商信局
36	东环	陈俊燕	关于增加经绕东环路德胜创意园段公交路线的建议	区交通运输局
37	东环	马赫	关于积极化解基层劳资纠纷的建议	区人力资源和社会保障局
38	东环	梁玉兰	关于市广路左边村段设置交通信号灯保障群众安全出行的建议	区公安分局
39	桥南	陈丽珍	关于在福愉西路建天桥以解决番中、番中附属学校和番中附幼三所学校师生交通安全隐患的建议	区交通运输局
40	桥南	陈伟锋	关于打造“草河—大刀沙—观龙岛”美丽乡村游的建议	区文广旅体局
41	桥南	陈忠文	关于广泛开展爱国卫生运动加强对“随地吐痰”人员处罚的建议	区卫生健康局
42	桥南	陈忠文	关于加快桥南净水厂建设进度的建议	区水务局
43	桥南	陈忠文	关于加快统筹解决桥南片区无法出资住宅小区（散区）排水单元达标改造的建议	区水务局
44	桥南	冯秋文	关于加快桥南名都项目建设的建议	市规划和自然资源局番禺区分局
45	桥南	冯秋文	关于解决桥景园安置房电梯安全隐患的建议	区市场监管局
46	桥南	冯秋文	关于提高基层干部三资业务管理水平的建议	区农业农村局
47	桥南	黄锡均	关于加快河涌整治，解决“污水倒灌入厂”的建议	区水务局
48	桥南	黄锡均	关于加快推进桥南街农村供水改造工作的建议	区水务局
49	桥南	李道明	关于提速加快桥南城中村更新改造、高水平推进番禺现代化建设的建议	区城市更新局
50	桥南	梁浩明	关于加快市桥南新小学选址重建的建议	区教育局

续表 3

建议编号	代表团	代表姓名	建议题目	主办单位
51	桥南	廖慧贤	关于将桥南哈街商业街改造为休闲舒适现代特色步行街的建议	桥南街道
52	桥南	卢翠兰	关于加快龙岐路（花样年华段）移交的建议	区交通运输局
53	桥南	麦志均	关于农村停车管理及收费的建议	区交通运输局
54	桥南	麦志均	关于盘活桥南街陈涌村中荣工业园南侧闲置地块建设生态公园的建议	市规划和自然资源局番禺区分局
55	桥南	苏晓青	关于整治桥南街“断头路”严重违规停车的建议	区公安分局
56	桥南	苏晓青	关于整治南城路（可逸江畔、城南源著段）交通安全隐患改造的建议	区基建中心
57	桥南	王棣华	关于加快治理华景新城门口、海伦堡御院、南郊村“逢雨水浸”及污水倒灌的建议	区水务局
58	桥南	吴桂香	关于加快地铁 18 号线陇枕停车场草河安置区建设进度的建议	区土地开发中心
59	桥南	吴卫华	关于明确桥南街聚宝路邮电小区旁大树权属及实施修剪的建议	区城市管理和综合执法局
60	桥南	吴卫华	关于升级改造南郊市场的建议	区市场监管局
61	桥南	元幸诗	关于加快桥南街桥景滨水公园对外开放的建议	区城市管理和综合执法局
62	桥南	张在勇	关于建立番禺区内共享健康医疗大数据平台的建议	区卫生健康局
63	桥南	张志勤	关于打造番禺大道桥南段“汽车销售小镇”的建议	区科工商信局
64	桥南	吴桂香	关于加快启动房屋征地拆迁工作，还村民整洁河涌的建议	区水务局
65	桥南	冯毅	关于加快完善番禺大道桥南段道路交通设施的建议	区交通运输局
66	小谷围	王沥沥	关于对大学城雕塑公园的雕塑进行美学整改和提升的建议	广州大学城管委会
67	小谷围	王兆玉	关于成立广州大学城粤港澳高校创新创业教育培训联盟的建议	广州大学城管委会

续表 3

建议编号	代表团	代表姓名	建议题目	主办单位
68	小谷围	王兆玉	关于城市文明养犬的建议	区公安分局
69	小谷围	王兆玉	关于全面加强四类药品和防疫物资价格监管与保障供应的建议	区市场监管局
70	小谷围	徐健	关于在大学城官洲隧道增加非机动车道的建议	区交通运输局
71	小谷围	陈伟	关于区国有物业助力广州大学城企业高质量发展的若干建议	区国资局
72	小谷围	王兆玉	关于促进非遗教育更好发挥文化育人作用的建议	区教育局
73	小谷围	王兆玉	关于通过数字化赋能零售药店提升药品服务质量与药事管理水平的建议	区市场监管局
74	小谷围	王兆玉	关于城市电动自行车停放与充电安全治理的建议	区应急管理局
75	小谷围	黄健珊	关于小谷围街原六村的置换地（104 亩）开发工作设立工作专班的建议	区土地开发中心
76	大石	徐高岭	关于开发番禺区中小学生研学实践资源平台的建议	区教育局
77	大石	林敬裕	关于完善南大干线配套设施的建议	区交通运输局
78	洛浦	李广杭	关于进一步优化洛浦街交通体系的建议	区交通运输局
79	洛浦	李窝松	关于住房困难人员农村自建房改建的建议	区农业农村局
80	洛浦	谢军	关于番禺区部分老旧社区自来水管网改造的建议	区水务局
81	洛浦	江小霞	关于尽快打通洛浦街环岛南路断头路（南浦大桥至裕景西区段）的建议	洛浦街道
82	石壁	麦沛莲	关于陈村水道河堤（韦涌大洲段）安装路灯的建议	区城市管理和综合执法局

续表 3

建议编号	代表团	代表姓名	建议题目	主办单位
83	石壁	雷耀眉	关于进一步提升番禺区韦大小学整体环境的建议	区教育局
84	石壁	何肖芬	关于加快石壁二村预留用地开发的建议	石壁街道
85	石壁	罗方道	关于解决南站配套学校移交手续及校舍安全隐患等问题的建议	区教育局
86	石壁	曾云珊	关于推行番禺区二次报销慈善医疗救助保险的建议	区民政局
87	石壁	赵铭华	关于碧桂园东苑小区外修建停车场的建议	区交通运输局
88	钟村	林伟劲	关于增设公办幼儿园的建议	区教育局
89	钟村	向继云	关于接纳社会办医疗机构及其临床医务工作者加入番禺区医学会的建议	区卫生健康局
90	钟村	李凌云	关于加强城市感知与安全传输能力建设，提升城市数智化治理水平的建议	区政务服务数据管理局
91	大龙	简惠贞	关于对莲花大道（大龙街新水坑段）排水设施进行改造的建议	区基建中心
92	大龙	简惠贞	关于改善市新路（新水坑牌坊至莲花大道段）交通拥堵现象的建议	区公安分局
93	大龙	黄晓新	关于加快亚运大道经济带清河综合市场片区开展片区策划方案的建议	市规划和自然资源局番禺区分局
94	大龙	郑卫东	关于解决老旧厂房升级改造问题的建议	区城市更新局
95	大龙	吴卫灵	关于加强番禺区停车场及住宅小区停车管理的建议	区住房和城乡建设局
96	沙湾	吴锦堂	关于加大对历史建筑、传统风貌建筑抢救力度的建议	市规划和自然资源局番禺区分局
97	沙湾	简业华	关于进一步明晰 2022 年承租区属国有企业权属土地的承租方能否减免疫情期间相应租金问题的建议	区国资局

续表 3

建议编号	代表团	代表姓名	建议题目	主办单位
98	沙湾	黄桂枝	关于修建一条连接古坝东村与武广基务段北门的道路建议	区农业农村局
99	沙湾	冯锦标	关于增设区内重要场所至沙湾街旅游景点旅游公交专线的建议	区交通运输局
100	沙湾	黎艳芬	关于助力中小企业数字化转型发展的建议	区科工商信局
101	沙头	黄绮玲	关于加快推进何贤纪念医院里仁洞新院区建设的建议	区卫生健康局
102	南村	邓碧珊	关于解决南大干线建设带来的民生问题的建议	区交通运输局
103	大龙	招信业	关于修复富怡路罗家村口（罗家桥虹小学围墙边人行道）的建议	区水务局
104	钟村	黎晓敏	关于加强对儿童青少年心理健康干预的建议	区教育局
105	南村	马超	关于缓解农村停车难的建议	区交通运输局
106	石碁	周燕华	关于加快金龙路与育龙中学交叉路口改造工程的建议	区交通运输局
107	南村	马超	关于解决工业用地因控规原因无法提高容积率的建议	市规划和自然资源局番禺区分局
108	新造	黎雅婷	关于完善南大干线谷围新村段南侧人行道建设的建议	区交通运输局
109	南村	邓雯雯	关于南大干线剑桥郡路段加装全封闭隔音屏的建议	番禺交投公司
110	南村	何冠聪	关于在万博商务区地下环路加强导航卫星信号及完善交通标志的建议	番禺信投公司
111	南村	蒋英华	关于优化南大干线市头村路段人行天桥配套设施的建议	区交通运输局
112	南村	李玉斌	关于调整南村镇南村社区车站位置的建议	区交通运输局

续表 3

建议编号	代表团	代表姓名	建议题目	主办单位
113	市桥	谭敏仪	关于优化何贤医院与相邻居民区环境改造的建议	区卫生健康局
114	市桥	蓝友香	关于开展既有房屋安全隐患排查整治的建议	区住房和城乡建设局
115	沙头	冯福贤	关于完善莲湖生态公园配套设施的建议	沙头街道
116	东环	梁玉兰	关于为我区中小学教室安装空调的建议	区教育局
117	桥南	陈忠文	关于出台清理住宅小区僵尸摩托车工作指引的建议	区公安分局
118	石壁	姚加恩	关于为碧桂园东苑外围道路安装路灯的建议	石壁街道
119	沙湾	周信波	关于沙湾龙湾涌湿地增设路灯的建议	沙湾街道
120	大石	王冠	关于支持和服务我区本土中小企业做优做强的建议	区科工商信局
121	石楼	欧敏儿	关于番禺区莲花山通道工程采用隧道建设方案的建议	区交通运输局
122	大石	罗建雄	关于加强车辆违法乱停乱放整治的建议	区公安分局

题的整改情况报告。提前介入预算编制，对5个部门、1个重点项目和1个重点政策领域开展专题审查，反馈224条建议。推动预算联网系统增设国有资产、审计整改、政府债务等板块，完善线上发现问题、线下处理问题机制。把优化营商环境作为年度“必监督”项目，番禺区人大常委会党组成员走访联系企业66家，协调解决问题22个。开展“百家民企调研”，五级人大代表调研民企109家，反馈建议67条。推动服装、珠宝产业“双链合一”，助力省服装服饰行业协会、省服装设计师协会落户番禺。听取审议《番禺区国土空间总体规划（2021—2035年）》报告，推动番禺区以新一轮规划引领高质量发展。

【选举和任免工作】2023年，番禺区人大常委会坚持党管干部与人大依法任免相统一，修订常委会人事任免办法，落实代表辞职和补选工作机制，任免地方国家工作人员71人次，组织宪法宣誓44人次，依法补选代表15人次，接受代表辞职14人次。

番禺区人大常委会党组结合广州市人大全过程人民民主行动方案，制定重点任务分工方案，细化落实32项任务。

【人大专题调研】2023年，番禺区人大常委会组成人员视察调研新乡村示范带规划建设情况，组织人大代表调研典型镇、典型村创建情况，推动提高人居环境质量。广州市、番禺区人大常委会联动对番禺国家级沿海渔港经济区开展调研，围绕石楼镇4个旧渔村改造和重点工程建设，推动番禺区渔业特色产业高质量发展。调研南大干线、金光东隧道、东晓南—广州南连接线、海鸥公路等重点项目。开展“高质量实现老城市新活力、‘四个出新出彩’，深化‘文商旅’融合发展”调研，对多个典型案例实行民主决策、民主管理、民主监督等贯彻全过程人民民主的方式整理形成调研报告，获广东省、广州市人大常委会肯定。赴贵州省毕节市金沙县、赫章县、威宁彝族回族苗族自治县及广东省梅州市五华县、蕉岭县专题调研，衔接巩固拓展脱贫攻坚成果和贯彻实施乡村振兴战略。

【民生项目人大监督】2023年，番禺区人大常委会就电动自行车管理联动镇（街道）人大召开约见座谈会，开展“关注身边交通堵点”代表行动。广州市、番禺区人大代表聚焦城市更新项目，专项督办草河安置区建设，跟踪里仁洞村首期复建安置区建设，区、镇人大代表专题调研村镇工业集聚区更新改造试点，跟进盛龙二期安置区项目。围绕社会热点，发挥各专业代表小组专业优势，跟进重点建议《关于织牢公共卫生网底，守护番禺人民健康的建议》《关于建立番禺区内共享健康医疗大数据平台的建议》办理情况，协调解决多院多地看病难等问题。开展“关爱健康，政医企同行”调研，推动番禺区第二人民医院二期、何贤纪念医院里仁洞新院区建设。

【城乡协调发展监督】2023年，番禺区人大常委会紧盯违法占用永久基本农田种植草皮问题，将监督工作从“个案”发现拓展到“类案”整治，依法推动“草皮地”回归“粮食田”，守护耕地安全。聚焦管网建设、污水收集和终端处理等治水重点项目，对中央环保督察问题整改情况、农村雨污分流工程及桥南净水厂、中部净水厂、中部二期（大龙）净水厂建设情况开展“四不两直”调研，联动镇（街道）人大每月开展“问计划、问进度、问成效”，推动水环境治理攻坚。聚焦绿美番禺生态建设，听取审议2022年环境状况和环境保护目标完成情况报告，结合调研市桥国控点、镇（街道）空气自动监测站点和3个国考断面点，加强重点领域监管。专题调研农村自来水提质增效工程和生活污水治理、河涌边“四小园”建设，明察暗访垃圾分类、厕所改造等情况。

【人大法治工作】2023年，番禺区人大常委会听取审议番禺区法治政府建设、诉源治理、涉案企业合规改革情况报告。打造桥南街道基层立法联络站示范点，建立“立法小屋”“立法联络站信息公布廊”，配合上级在石楼镇、小谷围街道增设基层立法联络站，就19部法律法规立法工作征求意见，收集反映意见建议219条。落实备案审查“七个一”工作要求，落实向常委会年度报告制度，指导镇人大探索将镇政府规范性文件纳入备案审查范围，围绕燃放烟花爆竹事项向群众专题征求意见，推动区政府在全市率先重新划定燃放烟花爆竹时间和区域。全年开展规范性文件备案审查31件，对乡村振兴促进法等5部法律法规开展执法检查。调研赤松宫、基督教番禺堂、海云寺宗教项目建设，依法依规监督宗教事务管理。加强矛盾纠纷化解机制，组建优秀人民调解员队伍，让人大代表参与调解工作，开展宪法宣传周活动，联动镇（街道）人大开展普法宣传25场次。

【人大代表履职】2023年，番禺区60个人大代表联络站实现全覆盖检查验收，833名人大代表接待选民群众697场次2723人次，收集意见建议1026件，推动解决问题910个。在南村镇人大、人大桥南街道工委、市桥街道黄编村村委增设3个基层立法联络站。在人流密集的地方设置“人大代表民意直通意见箱”，组建人大制度宣讲团，健全夜间和节假日接访、代表主动走访群众机制。人大桥南街道工委建立全市首个“人大全过程人民民主”实践基地。各代表小组开展视察活动153次，参加代表1749人次，形成调研报告29篇。开展“更好发挥人大代表作用”主题活动，立足“区＋镇（街道）人大、省代表＋市代表＋区代表＋镇代表”六个维度，采取“小集中＋大交叉”方式，828名四级人大代表收集群众意见205条，推动解决109件群众“急难愁盼”问题。制定区人大代表建议办理工作绩效考核评分规定，设置考核“负面清单”，全年督办代表建议133项，评选出本年度代表建议优秀案例21项、办理工作先进单位5个。

（郭丰）

广州市番禺区人民政府

综述

【概况】2023年，广州市番禺区人民政府（简称番禺区政府）锚定番禺“智造创新城”定位，经济社会发展取得新成效，主要经济指标实现稳步增长，重点功能片区扩面提质，现代化产业体系加快形成，产业空间拓展成效显著，营商环境持续优化，城乡功能品质不断提升，社会民生保障更加有力，绿美番禺生态建设成效初显，城市安全韧性不断增强，政府自身建设持续加强，较好完成番禺区十八届人大三次会议确定的目标任务。

【区政府重要会议】2023年4月21日，番禺区政府全体（扩大）会议召开，会议内容有学法讲座、区政府系统建议提案交办工作、区政府廉政工作。5月4日，番禺区一季度经济运行分析会暨防范化解经济领域重大风险分析研判会以视频形式召开。7月26日，番禺区召开“燃起二次创业激情奋力走在高质量发展前列”政企对接研讨会，套开上半年全区经济运行分析会暨防范化解经济领域重大风险分析研判会和安全生产工作会议。11月3日，番禺区召开前三季度全区经济运行分析会暨防范化解经济领域重大风险分析研判会议和安全生产工作会议。

【区政府常务会议】2023年，番禺区政府组织常务会议40次，讨论事项424项。

【督查政府重点工作】2023年，番禺区政府办公室制定年度重点项目和重大事项推进表，分解5大项24点63个事项落实季度、月度督办。每季度督办2023年区政府重点工作181项，每月督办区政府会议决定事项1536项，专题督办年度十件民生实事、智造创新城建设、做大做强汽车产业、土地卫片图斑整改等事项，促进区政府各项决策部署落细落实。成立专班开展现场督查81次，形成专题报告65份，其中44份得到区政府主要领导批示。统筹区政府系统各承办单位办理382件各级人大建议和政协提案，番禺区政府被评为2023年度广州市政协提案办理先进承办单位，番禺区政府办被评为2023年度番禺区政协提案办理优秀组织单位。

【政务调研】2023年，番禺区政府办公室组织到区内相关部门、镇（街道）、企业调研经济社会发展，形成《关于番禺区生物医药和医疗健康产业调研报告》《关于政务信息工作的调研报告》等调研报告6份，赴广州市海珠区开展专题调研并形成《关于海珠区经济运行协调工作专班督办经验做法的报告》，为区政府领导决策提供参考。

【政务公开】2023年，番禺区政府门户网站发布各类信息3.7万条，发布政策解读21份，公布“热点回应”事项28个，开展调查征集45次，举办互动访谈活动12次。番禺区政府办公室上报政务信息1050条，被采用167条，其中22条综合信息被国务院办公厅采用。番禺区政府被评为2023年度广州市政府系统政务信息工作积极单位、2023年度广州市政府系统新闻工作积极单位、2023年度广州市政府网站与政务新媒体考评优秀单位。

【公务用车管理】2023年，番禺区政府办公室强化公务用车管理，全年审核全区各单位购置各型公务用车54辆（含环卫特种车），其中购置新能源车辆39辆，一般公务用车新能源购置率100%。加强租车管理，办理全区短期租车备案2212件，缓解基层单位用车难问题。推广使用“广州公务出行”应用程序。监督公务用车使用，办理辖内公务用车投诉和举报案件6起。

【城市运行协调】2023年，番禺

表 4 2023 年广州市番禺区人民政府常务会议情况一览表

会议时间	届次	议题内容
1 月 20 日	十八届第 58 次	审议区财政局提交的《广州市番禺区财政局关于审批〈广州市番禺区 2022 年预算执行情况和 2023 年预算草案的报告（代拟稿）〉的请示》等请示；审议区发展改革局和区人力资源和社会保障局共同提交的《番禺区发展和改革局番禺区人力资源和社会保障局关于 2022 年引进紧缺急需人才工作的请示》等请示
1 月 30 日	十八届第 59 次	审议区政府办提交的《政府工作报告（送审稿）》、区水务局提交的《番禺区水务局关于提请审议〈番禺区排水工程规划修编〉（雨水部分）的请示》等请示；审议区发展改革局提交的《番禺区发展和改革局关于审定广州市番禺区 2022 年国民经济和社会发展计划执行情况与 2023 年计划草案报告、广州市番禺区 2023 年国民经济和社会发展计划草案的请示》等请示
2 月 6 日	十八届第 60 次	传达学习习近平总书记关于高质量发展的系列重要论述精神和省、市、区高质量发展大会精神；听取区消防救援大队汇报 2022 年区消防安全形势并分析近期发生的几起火灾情况、区征兵办传达 2023 年广州市春季征兵工作情况；审议区农业农村局提交的《广州市番禺区农业农村局关于审定〈番禺区农田建设规划（2021—2030 年）〉（送审稿）的请示》、区财政局提交的《广州市番禺区财政局关于审定 2023 年预算编制工作思路和建议的请示》等请示
2 月 17 日	十八届第 61 次	审议区土地开发中心提交的《区土地开发中心关于〈广州市番禺区政府关于番禺区汉溪大道北侧 BA0902011 地块、BA0902125 地块、BA0902010 地块以及 BA0902116、BA0902118、BA0902121 地块四宗用地出让情况的报告〉的请示》等请示
2 月 27 日	十八届第 62 次	审议区财政局提交的《广州市番禺区财政局关于审定〈广州市番禺区综合治税工作管理规定〉的请示》、区政府办提交的《关于 2023 年区政府重点工作和重大事项责任分工的请示》、市规划和自然资源局番禺区分局提交的《广州市规划和自然资源局番禺区分局关于审定我区 2023 年土地利用计划的请示》等请示；审议区司法局提交的《广州市番禺区司法局关于审议 2023 年政府重大行政决策事项目录的请示》等请示
3 月 6 日	十八届第 63 次	听取区信访局传达全国信访局长会议、全国两会信访安全保障工作部署会议、2023 年省信联会议第一次全体（扩大）会议和市全国“两会”信访维稳安保工作电视电话会议精神，区委宣传部、区卫生健康局汇报 2023 年全国文明城市创建工作情况和存在问题、区爱国卫生工作和迎接国家卫生城市复审工作情况，市规划和自然资源局番禺区分局汇报番禺区农村乱占耕地建房（非住宅类）整治试点工作推进及 2022 年国家卫片执法新增违法用地占用耕地情况、区水务局汇报水环境治理攻坚工作进展情况；审议区城市管理和综合执法局提交的《广州市番禺区城市管理和综合执法局关于审议〈广州市番禺城市管理有限公司负责人经营业绩考核和薪酬管理暂行规定（修改稿）〉的请示》等请示

续表 4

会议时间	届次	议题内容
3 月 14 日	十八届第 64 次	审议区土地开发中心提交的《区土地开发中心关于审定〈广州市番禺区政府储备地用地报批工作指南〉的请示》、区住房城乡建设局提交的《番禺区住房和城乡建设局关于组建区定标委员会的请示》、市规划和自然资源局番禺区分局提交的《广州市规划和自然资源局番禺区分局关于调整番禺区"双证房"产权合并适用范围的请示》等请示；听取市规划和自然资源局番禺区分局汇报番禺区占用耕地建房（非住宅类）拆除情况及 2022 年新增违法占耕图斑整改情况
3 月 17 日	十八届第 65 次	审议区委编办提交的《关于提请审议番禺区 2022 年度绩效考核结果的请示》
3 月 21 日	十八届第 66 次	听取市规划和自然资源局番禺区分局汇报番禺区占用耕地建房（非住宅类）拆除情况及 2022 年新增违法占耕图斑整改情况；审议区政务服务数据管理局提交的《区政务服务数据管理局关于审定〈广州市番禺区行政许可事项清单〉的请示》、区农业农村局提交的《广州市番禺区农业农村局关于审定广州市番禺区人民政府与中国城市和小城镇改革发展中心战略合作框架协议的请示》等请示
3 月 29 日	十八届第 67 次	听取区应急管理局、区消防救援大队分别汇报区安全生产和消防安全工作，市规划和自然资源局番禺区分局汇报番禺区占用耕地建房（非住宅类）拆除情况及 2022 年新增违法占耕图斑整改情况；审议区气象局和区应急管理局共同提交的《广州市番禺区气象局 广州市番禺区应急管理局关于提请区政府审议广州市番禺区气象灾害应急预案的请示》等请示；审议番禺经济技术开发区管委会提交的《广州番禺经济技术开发区管委会关于审定〈广州番禺经济技术开发区扩区方案（送审稿）〉的请示》等请示
4 月 11 日	十八届第 68 次	听取市规划和自然资源局番禺区分局汇报番禺区农村乱占耕地建房（非住宅类）整治试点工作及 2022 年国家卫片执法新增违法占耕图斑整改情况，区农业农村局汇报番禺区农村乱占耕地建房（非住宅类）整治设施农业备案情况；研究《广州面向 2049 的城市发展战略规划番禺区调研报告（初步成果）》
4 月 21 日	十八届第 69 次	邀请华南师范大学法学院教授、博士生导师、中国法学会行政法学研究会副会长、广东省法学会学术委员会主任薛刚凌专题讲授"学习贯彻习近平法治思想，全面推进法治政府建设"；听取区政府办通报 2022 年建议提案办理情况和 2023 年办理建议提案情况；传达学习全国、省、市廉政工作会议精神
4 月 23 日	十八届第 70 次	审议区安委办提交的《广州市番禺区安全生产委员会办公室关于审议番禺区 2022 年度安全生产责任制和消防工作考评情况的请示》、市规划和自然资源局番禺区分局提交的《广州市规划和自然资源局番禺区分局关于审定〈番禺区关于加强农村住宅建设管理的工作方案〉的请示》等请示；听取市规划和自然资源局番禺区分局汇报番禺区农村占用耕地建房（非住宅类）拆除情况，区农业农村局汇报番禺区农村占用耕地建房（非住宅类）图斑整治设施农用地备案情况

续表 4

会议时间	届次	议题内容
4 月 27 日	十八届第 71 次	审议区教育局提交的《广州市番禺区教育局关于华南理工大学广州国际校区配建小学合作办学事项的请示》和《广州市番禺区教育局关于广州番禺客运站 TOD 项目配套小学合作办学事项的请示》
5 月 9 日	十八届第 72 次	学习贯彻习近平总书记关于治水工作的重要论述精神，传达学习 5 月 6 日广州市全面推行河长制工作领导小组会议精神，听取区水务局关于区水环境治理攻坚工作进展情况的汇报；传达学习广东省委书记黄坤明对当前绿美广东生态建设工作的批示精神和 4 月 28 日市政府常务会议精神；审议区民政局提交的《广州市番禺区民政局关于审定〈番禺区开展发展缓慢村、困难家庭“一心两牵手”结对帮扶工作方案〉的请示》、市规划和自然资源局番禺区分局提交的《广州市规划和自然资源局番禺区分局关于上报广州市番禺区 2023 年度土地征收成片开发方案（第一批）的请示》、区土地开发中心提交的《区土地开发中心关于审定〈番禺区政府存量土地管理办法（试行）〉的请示》《区土地开发中心关于审定〈关于加快产业用地供应工作方案〉的请示》等请示；听取区信访局汇报进京访治理挂牌督办整治工作推进情况、区党廉办通报番禺区 2022 年度落实党风廉政建设责任制考核情况、市规划和自然资源局番禺区分局汇报番禺区 2023 年度批而未供和闲置土地处置任务工作情况和番禺区农村乱占耕地建房（非住宅类）整治试点进展情况及 2022 年国家土地卫片执法违法用地整改情况、区发展改革局汇报全区专项债券项目进展情况
5 月 15 日	十八届第 73 次	传达学习习近平总书记关于安全生产和消防安全的相关重要论述精神，以及省、市重大事故隐患专项排查整治 2023 行动动员部署专题会议精神和海珠区“5.14”火灾相关会议精神；听取区安委办关于区隐患排查工作和事故隐患专项排查整治2023年行动推进情况的汇报、区政府办关于番禺区 2022 年政务公开工作情况的汇报；审议市生态环境局番禺分局提交的《广州市生态环境局番禺分局关于审定番禺区 2023 年水污染防治工作计划的请示》、区住房城乡建设局提交的《番禺区住房和城乡建设局关于审定建制镇分类意见的请示》等请示
5 月 24 日	十八届第 74 次	传达学习习近平总书记关于中医药工作的重要论述精神，以及《中华人民共和国中医药法》《中共中央国务院关于促进中医药传承创新发展的意见》，听取区卫生健康局关于区创建全国基层中医药工作示范区工作进展情况的汇报；传达学习习近平总书记对禁毒工作的重要指示精神和 4 月 10 日市政府常务会议精神，听取区禁毒办关于区禁毒工作推进情况的汇报；听取市规划和自然资源局番禺区分局关于区农村乱占耕地建房非住宅类整治试点进展情况及 2022 年国家土地卫片执法违法用地整改情况的汇报；审议市规划和自然资源局番禺区分局提交的《广州市规划和自然资源局番禺区分局关于审定〈广州市番禺区耕地整治恢复工作方案〉的请示》等请示；听取市规划和自然资源局番禺区分局、区司法局汇报超一年未办结违法事件情况，市规划和自然资源局番禺区分局汇报 2023 年度闲置土地处置任务工作情况

续表 4

会议时间	届次	议题内容
5 月 31 日	十八届第 75 次	传达学习广州市 2023 年高考准备工作会议精神；听取区城市管理和综合执法局关于区第一季度违法建筑整治工作情况的报告、区政府办关于番禺区 2022 年第四季度、2023 年第一季度承办 12345 热线工作情况的报告、区卫生健康局关于“五好”镇（街）公共卫生委员会全面建设工作的汇报、市规划和自然资源局番禺区分局关于区农村乱占耕地建房非住宅类整治试点进展情况及国家土地卫片执法违法用地整改情况的汇报；审议区住房城乡建设局提交的《广州市番禺区住房和城乡建设局关于审定番禺区 2022 年城市体检报告的请示》等请示
6 月 19 日	十八届第 76 次	传达学习广州市第五次全国经济普查领导小组第一次会议精神，听取区统计局关于区开展第五次全国经济普查（以下简称“五经普”）工作情况的汇报；听取区水务局关于区 1—5 月水环境治理攻坚工作进展情况的报告、市规划和自然资源局番禺区分局关于区违法用地整改工作情况及占用耕地建房非住宅类整治试点工作情况的汇报，通报《清远市人民政府关于飞霞龙田项目违法违规用地的检讨报告》；审议市规划和自然资源局番禺区分局提交的《广州市规划和自然资源局番禺区分局关于审定番禺区农村乱占耕地建房非住宅类试点工作责任追究办法的请示》等请示；审议区国资局提交的《广州市番禺区人民政府国有资产监督管理局关于审定〈关于 2022 年度区属国有企业国有资产管理情况的专项报告〉的请示》等请示
6 月 25 日	十八届第 77 次	传达学习习近平总书记对宁夏银川市兴庆区富阳烧烤店燃气爆炸事故作出重要指示精神，以及国家、省、市有关会议精神；听取市生态环境局番禺分局关于 2023 年 1—5 月环境保护目标考核有关指标达标情况的报告、区政府办关于 6 月 16 日赴京参加国务院“走好网上群众路线，更好收集和转办政府网网民留言”调研座谈会及 2023 年 3-5 月番禺区承办 12345 热线工作相关情况的报告；审议区农业农村局提交的《广州市番禺区农业农村局关于审定〈广州市番禺区关于做好 2023 年全面推进乡村振兴重点工作的实施方案（送审稿）〉的请示》、区住房城乡建设局提交的《番禺区住房和城乡建设局关于审定我区 2023 年市级美丽乡村建设项目计划的请示》等请示
7 月 10 日	十八届第 78 次	传达学习习近平总书记关于保障国家粮食安全的重要论述精神，以及全国粮食和物资储备工作会议、广东省粮食和物资储备工作会议精神，听取区发展改革局关于番禺区上半年粮食工作情况的汇报；传达学习习近平总书记对防汛救灾工作的重要指示精神，听取区三防办关于番禺区上半年三防工作情况的汇报；听取区保障性租赁住房工作领导小组办公室关于区保障性租赁住房工作推进情况的报告、区市场监管局关于区 2023 年上半年食品安全工作情况的汇报、区卫生健康局关于迎接广州市巩固国家卫生城市检查工作情况的报告；审议区司法局提交的《广州市番禺区司法局关于印发 2022 年番禺区行政复议、行政应诉工作情况分析报告的请示》、市生态环境局番禺分局提交的《广州市生态环境局番禺分局关于审定番禺区 2023 年环境保护目标任务的请示》等请示

续表 4

会议时间	届次	议题内容
7 月 17 日	十八届第 79 次	听取区城市更新局关于沙溪村更新改造项目相关工作情况的汇报、区水务局关于番禺区 1—6 月水环境治理攻坚工作进展情况的汇报、区公安分局关于番禺区上半年道路交通秩序大整治工作情况的汇报、区城市管理和综合执法局关于番禺区上半年违法建设治理工作的汇报、市规划和自然资源局番禺区分局关于番禺区违法用地整改工作情况及占用耕地建房非住宅类整治试点工作情况的汇报、区住房城乡建设局关于广州泰裕投资有限公司申请建设保障性租赁住房项目相关情况的报告；审议区发展改革局提交的《番禺区发展和改革局关于审定亚运大道经济带前期研究的报告的请示》等请示
7 月 27 日	十八届第 80 次	听取区武装部关于番禺区 2023 年秋季征兵工作情况的汇报、市生态环境局番禺分局关于区 6 月环境保护工作进展情况的汇报、区公安分局关于调整区燃放烟花爆竹区域调研情况的汇报；审议市生态环境局番禺分局提交的《广州市生态环境局番禺分局关于审定番禺区关于高质量推进生态文明建设促进人与自然和谐共生现代化的实施方案（2023—2025 年）的请示》等请示
8 月 2 日	十八届第 81 次	审议并同意区委宣传部提交的《情况通报》
8 月 11 日	十八届第 82 次	审议区财政局提交的《广州市番禺区财政局关于审定 2022 年度区本级财政支出绩效情况报告的请示》等请示
8 月 29 日	十八届第 83 次	审议区发展改革局提交的《番禺区发展和改革局关于审定番禺区 2023 年上半年国民经济和社会发展计划执行情况报告的请示》、区财政局提交的《广州市番禺区财政局关于审定〈关于广州市番禺区 2023 年上半年预算执行情况和 2023 年第一次预算调整方案的报告（送审稿）〉的请示》、区住房城乡建设局提交的《番禺区住房和城乡建设局关于审定〈番禺区“百县千镇万村高质量发展工程”城镇建设工作方案〉的请示》、市规划和自然资源局番禺区分局提交的《广州市规划和自然资源局番禺区分局关于审定番禺区国土空间总体规划（2021—2035 年）的请示》等请示；听取市生态环境局番禺分局关于区 7 月环境保护工作进展情况的汇报
9 月 6 日	十八届第 84 次	审议区科工商信局提交的《区科工商信局关于审核认定番禺区工业物业产权分割受让主体资格企业的请示》、区城市管理和综合执法局提交的《番禺区城市管理和综合执法局关于审议广州市番禺城市管理有限公司负责人 2022 年度及 2022—2024 年任期经营业绩考核目标值的请示》等请示；听取区政府办关于区发展改革局要求修改区政府党组会议纪要和区政府常务会议纪要情况的汇报、区政府办关于国务院办公厅开展推动经济持续回升向好督查调研工作落实情况的汇报、区市场监管局关于区质量强区工作情况报告和建设国家知识产权强县建设试点县工作情况报告，听取区审计局传达全国审计工作会议、全省审计工作电视电话会议和全市审计工作会议精神，以及 2022 年全区审计工作情况的汇报

续表 4

会议时间	届次	议题内容
9 月 13 日	十八届第 85 次	听取区水务局关于区 7—8 月水环境治理攻坚工作进展情况的汇报；审议市规划和自然资源局番禺区分局提交的《广州市规划和自然资源局番禺区分局关于报送 2023 年增减挂钩节余指标跨省域调入需求的请示》、区教育局提交的《广州市番禺区教育局关于新建公办幼儿园项目建设资金的请示》等请示；审议区交通运输局提交的《广州市番禺区交通运输局关于审定〈番禺区公交行业 2022 年至 2024 年政策性财政补贴方案〉的请示》
9 月 20 日	十八届第 86 次	审议区委组织部提交的《中共广州市番禺区委组织部关于审定 2022 年公务员年度考核奖励的请示》、区财政局提交的《广州市番禺区财政局关于提请审定〈广州市番禺区财政投资评审监督管理办法〉的请示》等请示；听取区卫生健康局传达学习广东省关于深化医药卫生体制改革近期重点工作任务精神，以及区深化医药卫生体制改革工作情况的汇报
9 月 28 日	十八届第 87 次	听取区应急管理局、区消防救援大队关于安全生产和消防安全工作情况的汇报，听取区市场监管局关于区第三季度食品安全工作的汇报、市生态环境局番禺分局关于区 8 月环境保护工作进展情况的汇报；审议区河长办提交的《番禺区河长办关于转呈石楼镇调整陆上海砂淡化场选址的请示》等请示
10 月 13 日	十八届第 88 次	审议区司法局提交的《广州市番禺区司法局关于履行市政府行政复议决定的再请示》等请示；听取区发展改革局关于区第三季度粮食安全工作的报告、区城市管理和综合执法局关于区第三季度违法建设整治工作的报告
10 月 18 日	十八届第 89 次	审议区农业农村局提交的《广州市番禺区农业农村局关于审定〈番禺区乡村振兴促进工作情况报告〉的请示》等请示；听取区水务局关于区 9 月水环境治理攻坚工作进展情况的汇报、区委政法委关于区第三季度社会安全稳定工作情况的汇报，听取区卫生健康局传达 10 月 17 日广州市登革热防控工作会议精神，汇报区防控工作情况
11 月 1 日	十八届第 90 次	审议区政府办提交的《广州市番禺区人民政府办公室关于审定番禺区 12345 热线办理工作质量检视提升专项行动方案的请示》等请示；听取区市场监管局传达市公平竞争审查工作联席会议精神，汇报区公平竞争审查工作情况，听取市生态环境局番禺分局关于区 9 月环境保护工作进展情况的汇报、区三防办关于区三防工作情况的汇报、区政府办关于番禺区 2023 年第三季度承办 12345 热线工作情况的汇报、区统计局关于区第五次全国经济普查工作推进情况的汇报
11 月 8 日	十八届第 91 次	听取区水务局关于 9 月 8 日、15 日红色暴雨导致内涝的复盘分析汇报；审议区住房城乡建设局提交的《番禺区住房和城乡建设局关于审定〈番禺区大力发展装配式建筑加快推进建筑产业现代化工作方案(代拟稿)〉的请示》、市规划和自然资源局番禺区分局提交的《广州市规划和自然资源局番禺区分局关于审定 2024 年番禺区重点项目规划编制计划的请示》等请示

续表 4

会议时间	届次	议题内容
11 月 15 日	十八届第 92 次	传达 1—10 月全市经济运行专题会议和广州市第五次全国经济普查推进会精神，听取区统计局关于区“五经普”工作情况的汇报，听取市规划和自然资源局番禺区分局关于番禺区水田指标相关情况的汇报；审议市规划和自然资源局番禺区分局提交的《广州市规划和自然资源局番禺区分局广州市番禺区财政局关于审定〈番禺区没收违法用地上建筑物移交处置工作方案(送审稿)〉的请示》、区交通运输局提交的《广州市番禺区交通运输局关于审定〈番禺区 2023 年交通投资项目及重点建设项目计划表〉的请示》等请示
11 月 22 日	十八届第 93 次	听取区大整治办关于区第三季度道路交通秩序大整治工作情况的汇报、区水务局关于区 10 月水环境治理攻坚工作进展情况的汇报；审议区大湾区办提交的《广州市番禺区推进粤港澳大湾区建设领导小组办公室关于审定广州（沙湾）粤港澳珠宝文商旅融合发展先导区建设总体方案的请示》、区财政局提交的《广州市番禺区财政局关于审定〈番禺区行政事业单位国有资产处置管理办法〉的请示》等请示
11 月 29 日	十八届第 94 次	听取市生态环境局番禺分局关于区 10 月环境保护工作进展情况的汇报、区住房城乡建设局提交的《关于学习〈国务院关于规划建设保障性住房的指导意见〉的报告》；审议《广州市番禺区人民政府关于我区 2023 年 10 月新增专项债券整改情况的报告》、区气象局提交的《广州市番禺区气象局关于审议番禺气象综合监测网络优化建设规划(2023—2025 年)的请示》、区财政局提交的《广州市番禺区财政局关于调整 2023 年地方政府新增专项债券资金用途的请示》等请示；传达《广州市政府性债务管理领导小组办公室关于 2023 年 10 月新增专项债券支出进度的通报》
12 月 6 日	十八届第 95 次	邀请广州市司法局党委委员、副局长刘庆国专题讲授《中华人民共和国行政复议法》的相关知识；审议区司法局提交的《广州市番禺区司法局关于呈报 2023 年法治政府建设年度报告的请示》、市规划和自然资源局番禺区分局提交的《广州市规划和自然资源局番禺区分局关于审定绿美番禺五年行动计划（2023—2027 年）的请示》、区审计局提交的《番禺区审计局关于审定番禺区 2022 年度区级预算执行和其他财政收支审计查出问题的整改情况报告的请示》等请示
12 月 15 日	十八届第 96 次	听取区司法局汇报《区司法局关于番禺区 2023 年度行政规范性文件合法性审核工作情况的报告》；审议区司法局提交的《广州市番禺区司法局关于审定〈番禺区行政规范性文件管理办法〉的请示》、区交通运输局提交的《广州市番禺区交通运输局关于审议番禺区城市道路临时泊位设置规划（2023—2025）的请示》等请示；审议区发展改革局提交的《番禺区发展和改革局关于审定番禺区产业规划（2022—2035）的请示》；听取市规划和自然资源局番禺区分局关于区农村乱占耕地建房非住宅类整治试点工作情况的汇报
12 月 21 日	十八届第 97 次	听取区应急管理局和区消防救援大队关于区安全生产和消防安全工作情况的汇报；听取区水务局关于区 2023 年 11 月水环境治理攻坚工作进展情况的汇报；审议区发展改革局提交的《番禺区发展和改革局关于审定〈广州市番禺区国民经济和社会发展第十四个五年规划和 2035 年远景目标纲要〉实施情况中期评估报告的请示》等请示

区政府印发《番禺区12345热线办理工作质量检视提升专项行动方案》，推动69个经办单位建立热线工作制度、工作方案及三级责任人机制，受理“12345”热线转办工单36.03万件，按时办结率100%，满意率位居全市各区前列。办理人民网网民留言1278件、“地方领导留言板”之“省长留言”20件和广东省政府门户网留言8件，连续3年被评为“人民网网上群众工作民心汇聚单位”。优化值班工作机制，汇编《番禺区值班工作手册》，全年协调处置突发事件998件，向区领导报送值班信息342条，番禺区政府被评为2023年度广州市政府系统重要紧急信息报告工作通报表扬单位。强化海防宣传教育，建设海防视频监控前端，全区涉走私警情同比下降88.57%。

【外事工作】2023年，番禺区政府优化因公出国签证审核、报批，保障5个团组19人次因公出国开展经贸交流。加强与友好关系城市德国耶拿市的交流。推进祈福新邨全市国际化街区试点建设，印发实施《番禺区钟村街祈福新邨国际化街区建设方案（2022—2025年）》，推动成立全市首家国际化街区金融服务中心，创新设置华侨、外国籍居民首站服务专窗，试点工作取得成效。

（谢艺诗）

信访工作

【概况】2023年，番禺区办理各类群众信访事项17049批次，其中网上投诉建议13572批次、来信2004批次、领导信箱311批次、来访1160批次2047人次。办理信访事项复查复核93件，其中区复查78件，配合市复核15件。满意度纳入评价16960件，满意率98.88%，参评率93%，综合效能96.92%，得分14.54，全市排名第七。求决类初件13102件，办结12996件，化解率98.56%，全市排名第五。“国求初”信访事项1588件，同比下降25.16%。办理中央交办第三批重复信访专项件271件，办结率100%。7月国家重点交办案件157件，办结率100%。指导督促各事权单位化解一批重点难点案件，化解率和化解质量排全市各区前列。

【信访工作机制】2023年，番禺区开展信访法治化工作，健全信访工作联席会议调度工作机制，区领导接访群众61批197人次，区信访局接待来访群众1132批次2199人次，其中受理转办344件659人次，复查复核57批96人次，引导731批1444人次，快速处置化解多批到区政府集访和滞留的来访群体和个人。面对面听取群众诉求，针对诉求合理的，落实相关部门负责调查处理，限期解决；诉求不合理的，耐心做好政策解释和思想教育工作，防止矛盾激化。中共番禺区委书记黄彪、区长叶珊瑚专题研究重点信访工作。制定番禺区信访复查复核律师工作室工作制度，从信访复查复核的登记、受理、调查、调解、复查、督查、听证、答复、送达、归档等方面，引入律师深度参与合法性审查全过程。

【重复信访积案化解】2023年，番禺区实施信访工作“双向落实，三级督办”机制，就第三批中央交办重复信访专项件，区委、区政府主要领导先后10次对重复信访工作作出批示，包案区领导召开专题督办调度会40余次，推动重复信访积案

2023年12月1日，番禺区领导接访群众（区信访局 供图）

实体化解68件。建立三级领导包案、38件涉法涉诉案件“一案一律师”及个案专案督查员制度，就第三批重复信访积案向14个镇（街道）和23个职能单位发出督办函6份、工作建议函1份、追责建议函1份。广州市信访督查专员及专员助理2批和番禺区信访督查员4批次共20人督查督办中央交办第三批重复信访积案271件，其他立案交办重点信访案件40多件，并形成经验材料和专题调研报告。

（麦凯欣）

“数字政府”建设

【概况】2023年，番禺区贯彻网络强国、数字中国、智慧社会、制造强国、质量强国等国家政策要求，聚焦“智造创新城”定位，以数字设施和基础平台集约建设为支撑点，以数据要素流通应用为关键点，以城市智能化运行和市民便捷化生活为落脚点，以数实融合高质量发展为突破点，深化“数字政府2.0”建设赋能服务“百千万工程”，推进政务服务“一网通办”、区域治理“一网统管”、数据资源“一网共享”取得成效。

【信息基础设施建设】2023年，番禺区加强5G信号深度覆盖，优化通信网络质量，新建5G基站2041座，任务完成率113.7%。累计建成13693座，全市排名第二。处理重点企业、重要区域信号盲区233个。消除农村“三线”隐患655处。加强政务网络运维和安全管理，推进支持IPV4和IPV6双栈网络运行的“一网多平面”SRv6网络建设，提升区政务外网网络带宽。推进政务云平台扩容建设，建成信创云服务平台，有45个单位使用云计算中心资源，部署业务系统150多个。强化网络、机房、云中心和托管网站管理运维，在广州市2023年网络安全攻防演练中被评为优秀防守单位。

【数据治理能力提升】2023年，番禺区落实首席数据官制度，印发数据汇聚共享制度规范，推进大数据治理平台升级建设。全区60个单位开展数据资源盘点、编目和职能数据清单编制，落实数据共享，区数据门户发布数据资源主题2667个，共享交换数据1.09亿条。深化数据共享应用推广，为禺智管、区城中村治理、人才大数据平台等系统建设提供数据支撑，11个部门18个应用场景获得403个数据主题超10.46亿条数据。

【“百千万工程”信息平台】2023年，“番禺区百县千镇万村高质量发展工程指挥调度信息平台”建设取得成效，平台运行管理办法首次征求意见，完善平台使用、运行管理规则。成立番禺区“百千万工程”指挥部办公室信息化建设专班，与省、市“百千万工程”综合信息平台对接，推进信息化建设考核指标落地。完成与“粤治慧”系统对接，推进数字家庭建设。提升数据汇聚与应用能力。在汇聚城中村治理3.57亿条大数据基础上，实现“党建、一室五库、人、屋、车、场、网、企、事、安全”十大板块一张图，推动数据共享、基层免填报。全年区平台258个业务数据指标有147个实现基层免填报。开展党建专题数据质量监测，梳理稽查指标分类、指标项和对应数据源，提出数据质量优化建议。

【“禺智管”平台】2023年，番禺区“禺智管”城市运行管理中枢平台推行能感知、会思考、可进化、有温度的一网统管新模式，打造发现中心、调度中心、处置中心和分析中心，形成一网统管业务闭环。完成部署融合通信、视频云、物联网、人工智能平台建设，融合通信平台具备视频会议、视频监控、短信、闪信等通信能力，可对接16个镇（街道）、30个部门视频会议，短信融合实现信息通知能力，闪信融合支持在预警、紧急通知状态下短信霸屏。视频云平台实现全区各类视频资源的互联互通、资源共享和统一调度，具备向各部门提供视频监控多样化视频检索、及时查看等能力。物联网平台完成数据统计分析模块UI设计及系统设计，并接入4类279台物联感知设备。人工智能平台部署机动车违停、垃圾落地检测、消防通道占用等多种视频算法。无人机平台完成低空遥感网服务平台建设部署，接入省“百千万工程”信息综合平台，完成全区16套无人机机巢部署。“禺智管”平台页面完成“党建引领、区情概览、智慧政务、智慧城管、行政执法、‘百千万工程’”等专题布局。

【“禺好办”小程序】2023年，番禺区实现政务服务“指尖”办理，“禺好办”小程序上线智能预约、智能导办、数字保险箱、数字人、政务晓屋、周末延时服务、企业开办、场地核验、企业档案查询、秒批秒办、办事大厅、新闻资讯、咨询诉求等25个主题应用，通过优惠政策专区提供精准企业服务超2000家，开出全区首张“零次跑”排水许可，注册用户8.72万户。将企业、个人的电子证照、材料存储到专属数字保险箱，群众办事时可根据需要生成送件码，窗口人员扫描送件码可将证照和申请材料瞬间送达业务系统，解决群众办事证照反复复印、信息反复填报问题。通过审批要件标准化，依托数字签名、电子印章等技术，运用智能审核替代人工审核，实现区城管局临时户外广告审批、区水务局排水许可“秒批”、区气象局气象证明等业务“秒办”。

【“数字政府”资金管理】2023年，番禺区政务服务数据管理局强化《番禺区“数字政府”信息化项目管理办法》执行，联合第三方评审公司参与区信息化项目评审，审核全区信息化建设项目91个，核减4129万元。加强“数字政府”建设专项资金管理，完成2023年“数字政府”建设专项资金4653万元预算安排，其中信息化运维服务1164.43万元、信息化建设开发3488.57万元。完成“数字政府”建设专项资金请款61批次446.04万元。加强项目绩效管理，完成2023年“数字政府”建设专项资金年初预算评审、2022年支出绩效评审，落实每季度绩效运行监控。“广州市番禺区新型智慧城市基础设施建设项目”成功申报2023年第二批专项债，总投资9.74亿元，申请地方政府专项债资金4亿元，2023年资金需求2.19亿元，当年完成专项债资金支付。项目包括：公共“数字底座”建设、智慧公共服务、智慧安全服务、智慧停车服务、城市管理服务、智慧医疗服务、智慧教育服务等七大方面，子项目包括：番禺区智慧停车收费管理平台项目、番禺人工智能高位视频道路秩序综合治理项目、综合应急管理及救援服务项目、“禺智管”城市运行管理中枢平台一期建设及配套硬件项目等36个子项目，涉及13个部门，其中已立项9个涉及投资金额1.08亿元，新建27个涉及投资金额3.79亿元。截至2023年年底，涉及12个单位需通过番禺区政务服务数据管理局统一申请立项的27个专项债项目全部通过专家评审，并经区政府立项通过。

【政府网站管理】2023年，番禺区政府门户网站加强稿件上载、转载、涉密审查和留言回复的监管，强化图文信息巡检，确保网站正常访问，实现“番禺区政府网站群”实体安全、运行安全和数据安全。完成政策文件库和政府信息公开平台数据融合，确保政府网站对外发布的政策内容权威、准确、一致，实现政策资源同源共享，提升政府文件数据公开管理水平，完善区政府网站公众参与的渠道，规范包括区属部门、镇（街道）等42个单位的机构专页公开联系方式。新增“网络信访渠道、通信地址、咨询投诉电话、信访接待时间和地点、查询信访事项处理进展以及结果的方式”等相关事项。镇（街道）机构专页新增“科室/村居”联系方式栏目，联系方式细化到每个社区居委会和科室，提升区政府信息公开的便民程度。番禺区政府网站在广州市2023年度政府网站与政务新媒体考评中被评为优秀等次。

（陈静、佘馨雨）

政务服务

【概况】2023年，番禺区政务服务受理业务157.83万件，收到主动评价286.71万次，群众评价满意率100%。好评率、大厅推广度月均100%，好评综合评分在全市同级区域排名第一。通过走访座谈、线下服务窗口现场收集、自评自查、对标先进等方式，梳理出六大类26项企业群众办事创业难点堵点问题，逐一研究并完成疏解。深化区级下放镇（街道）行政审批事权实施情况评估，收集整理镇（街道）承接区级下放事权中堵点难点问题13个，除1个与法律法规有冲突暂时无法解决外，其余问题基本解决。番禺区“政务服务事项标准化及其应用试点”项目通过终期验收，被评为省级优秀试点项目；“云政务服务晓屋建设与运行”国家标准化试点项目通过中期评估；牵头制定省级地方标准《24小时智慧政务大厅建设规范》，完成2轮意见征求修改后呈省政务服务数据管理局审；番禺区政务服务数据管理局被评为2023年度中国政博会营商环境高质量发展优秀单位，创新经验入选2022广东省政务服务创新案例，入围2023世界智慧城市大奖·中国“宜居和包容大奖”、第四届（2023）政务服务软实力“小切口”改革案例征集活动模式创新提升优秀案例。

【行政审批和“审管执信”改革】 2023年，番禺区做好行政审批事权下放承接，将261大项行政许可事项纳入清单管理，其中区实施中央层面设定的事项244项、省级15项、市级2项。组织具有行政许可事项的部门、各镇（街）开展行政许可实施和监督管理评价。根据《广东省人民政府关于调整一批省级行政职权事项的决定》（粤府〔2023〕68号）文件精神，完成下放事项的承接认领和发布实施。建立番禺区部门、镇（街道）职责争议事项清单工作机制，制定完善审管衔接机制构建审管执信一体化管理改革工作方案，建立全区审批、监管、执法、信用信息共享机制。开展专题调研，启动“审管执信”一体化管理改革试点，组织各部门按业务链条梳理1437个“审批—监管—执法”事项的关联关系，理顺审批、监管、执法信息流向。

【智慧政务服务】 2023年，番禺区政务服务数据管理局打造以移动办理为主、自助办理为辅、人工办理为补、政务晓屋线上线下融合的“四模联动”新型智慧政务体系。重点建设“禺好办”移动平台，统一各渠道政务服务预约入口，完成区政务服务中心、万博分中心、16个镇（街道）便民服务中心4469个事项的智能预约，通过数字化VR智能导办系统集成全区各级政务场所办事信息。建成13个24小时智慧政务大厅，按功能区域分类设置公安、税务、政务综合等自助终端设备，涵盖27个部门1600余个事项实现24小时自助办理。建成“1+2+16+275”四级政务服务体系，以一站式、集成式的政务服务实现群众线下进“一扇门”办“所有事”。通过“智能预约+政务地图”实现各级政务场所一图尽览、一键导航。布设政务晓屋104台，配置云坐席账号481个，可办本地服务事项4604项。在全市首推“云政务服务大厅”周末延时服务，提供市监、人社、医保等事项办理服务，解决群众“工作时间无暇办”难题。

【惠企政策集成服务】 2023年，番禺区落实政策兑现事项集成服务，完善事项动态更新机制并实施“标签化”管理，梳理区政策兑现事项140项，涵盖科技创新、企业扶持、人才补贴以及农业补贴等领域。依托“禺好办”小程序、区政策兑现服务平台、微信公众号、5G短

2023年1月4日，番禺智慧政务大厅经济技术开发区服务厅启用
（区政务数据局 供图）

信等渠道，推送惠企政策申报信息至企业。140 项政策兑现事项统一录入市事项系统，通过“粤财扶助”平台发布 68 项惠企利民财政补贴政策，企业和群众可一键查阅、申报。实现全流程网办 18 项，进驻区政务服务中心政策兑现专窗集成办理 79 项，延伸镇（街道）、村（居）办理 43 项。全年受理各类政策兑现业务 106.67 万件，申报金额超 4.5 亿元。

【政务服务监督考核】2023 年，番禺区政务服务数据管理局深化政务服务监督考评机制，落实整改，查弱项补短板强基础，坚持具体指标牵引和长远目标导向相结合。依托广州市政务服务效能指数评价体系，每月进行政务服务效能指数通报。制定年度第三方行政效能综合评价调查方案，对各部门各镇（街道）进行政务服务年度考评。深化政务服务“好差评”工作，打造受理、审批、办结全流程的评价追溯。将有条件的镇（街道）纳入政务服务“窗口服务之星”评选范围，逐步实现区、镇（街道）考评一体化，推动村（居）自行开展考评。番禺区作为区级试点、化龙镇作为县级试点配合推动广州市政务服务监督管理系统平台搭建及上线，配合系统验收。建设“禺智管”城市运行管理中枢政务服务板块，加入政务晓屋、智慧政务大厅、镇（街道）便民服务中心等板块。

【政务服务规范化】2023 年，番禺区政务服务数据管理局推进政务服务标准化规范化便利化，应用政务服务二次统筹规则事项 1391 项，完成率 100%。开展办事指南自查并完成 300 项 415 个问题整改。规范政务服务事项办理标准，确保同一通办事项在全区范围内统一，实现全区 1948 项事项线上线下通办。规范网上中介服务，区内 96 家项目业主入驻省网上中介服务超市，选取采购项目 177 项。各级政务服务场所统一使用“粤”字新标识，根据《广州市公共场所外语标识管理规定》，规范更新各级政务服务场所内的中英文标识。镇（街道）级政务服务场所名称由“镇（街道）政务服务中心”统一改名为“镇（街道）便民服务中心”，村级政务服务场所名称由“村（社区）公共服务站”统一改名为“村（社区）便民服务站”。重点推进“排水许可一件事”“扶残助残一件事”“既有住宅加装电梯一件事”等主题套餐和“社保＋税务”联办服务。依托广东政务服务网发布 106 个一件事联办套餐和 50 个一件事导办服务。693 项事项实行告知承诺制审批，505 项事项 800 余份材料可实施容缺容错受理。

（陈静、余馨雨）

投资促进

【概况】2023 年，番禺区以实体经济为本，坚持制造业当家，坚持市委、市政府赋予番禺“智造创新城”战略定位，推进制造强区建设。开展全球招商，借助多场香港澳活动、国际化展会延伸各类产业资源，获得客商资源。提升产业链等高端智造水平，形成传统能源汽车、新能源汽车两大产业带，初步建立“三电”齐全的智能网联与新能源汽车产业链、高端智造产业链。

【全球招商】2023 年，番禺区举办 2023 年番禺香港全球招商大会、2023 年番禺澳门全球招商大会、“智造创新城 魅力新番禺”——广州市番禺区 2023 年全球招商大会，3 场招商活动聘任 26 名招商顾问推介番禺营商环境。番禺区投资促进中心赴香港参加南站商务区暨番禺国家级沿海渔港经济区香港招商联谊、香港工商总会五十周年暨第十八届会董会就职典礼，接洽香港商务代表团投资考察。

【展会招商】2023 年，番禺区投资促进中心组建招商小分队，立足大中型展会机遇，挖掘优质企业资源，分赴第 133 届和 134 届广交会、《财富》世界 500 强峰会（广州）、广州汽车产业国际化高质量发展中外供需对接交流活动、广汽传祺 2023 年供应链合作伙伴大会、2023 年第九届中国（大湾区）车联网大会等展会活动 20 多场，开展招商推介、“扫馆”式走访以及“扫码”对接，派发招商宣传材料 2000 多份，对接国内外企业 1000 多家，重点接洽企业300多家。梳理企业名录，涵盖商贸、食品加工、汽车零部件、医疗器械、汽车电气系统、航空科技、电子信息、生物工程、智能交通、能源储存、清洁能源、新型材料、农牧渔业等产业。邀请企业到番禺考察洽谈，挖潜企业投资意向，择优对接拜访，开辟招商引资渠道。

【项目落地】2023年，番禺区储备汽车产业等高端智造项目用地近666.67公顷（10000亩），向广州市申请用地指标133.33公顷（2000亩），联动广汽研究院、广汽传祺、广汽埃安开展延链，推动广汽自主电池、广汽自研电驱、广州纳诺以及3家上市企业美国依工、武汉光庭、惠州硕贝德15个汽车高端智造项目摘牌、动工，总用地面积94.8公顷（1422亩），预计总投资188亿元、总年产值355亿元。是年，番禺区落地工业用地和商业用地产业项目30个，总用地面积81.87公顷（1228亩），预计总投资约422亿元、总年产值约280亿元。

（陈铂圆）

企业建设服务

【概况】番禺区企业建设服务中心于2022年7月12日成立，是区属公益一类正处级事业单位，主要职责是为番禺区社会投资产业项目提供从挂牌拿地到建成投产全生命周期筹建服务。2023年3月14日，加挂长隆万博商务区发展服务中心牌子。2023年，番禺区企业建设服务中心聚焦“智造创新城”战略定位，锚定“三快”（加快压减产业投资项目工程建设总体时间100天，加快项目固定资产投资形成实物工作量，加快项目完成验收转入投产实现纳税入统）年度工作目标，落实企业招引组建达产全生命周期服务运营闭环机制，发布《高质量发展番禺区企业建设服务指引》，把企业需要办理的内部筹建事项和外部报批流程融合到一张“线路图”，明晰可前置、并联和承诺办理事项，指引企业筹建“最快线路”，促成11个项目动工建设、22个项目封顶、9个项目竣工投产，超额完成年度工作目标。

【重大项目建设】2023年3月29日，国家级专精特新小巨人企业——广州先艺电子科技有限公司生产基地项目在番禺专精特新企业集聚区提前动工，项目计划总投资2.3亿元。4月26日，中航光电高速连接器华南产业基地（一期）项目全面竣工投产活动在番禺广汽智联新能源汽车产业园举行，为番禺区做强电子信息、高端装备、新能源汽车产业链，建设国家新型工业示范基地，打造千亿级智能网联与新能源汽车产业集群注入新的动力。7月30日，芯讯通5G智能模组生产基地项目提前封顶。8月14日，诗尼曼家居总部及智能制造基地项目在金湖工业区动工，项目总投资2亿元。10月17日，万居隆生产基地项目较监管协议要求提前245天竣工投产，项目总投资1.4亿元。12月12日，比音勒芬湾区时尚产业总部基地在化龙镇动工，项目总投资20亿元。

【重点产业片区建设】2023年，番禺区贯彻广州市“产业第一、制造业立市”战略，服务重点产业片区。番禺专精特新企业集聚区一、二期进驻落地企业21家，动工建设7家。智造创新园（三期，草堂）进驻落地企业13家，动工建设5家。番禺工业经济总部园区、番禺上市企业工业扩产（石碁）产业园29个项目全线动工，项目封顶率超80%，10个项目竣工投产。石化公路片区制造业项目建设提速。金湖工业园科徕尼进入竣工验收阶段，诗尼曼家居总部及智能制造基地动工建设。

【长隆万博商务区发展】2023年，长隆万博商务区成长为千亿级产业平台，被评为全市首个“广州软件名园”。长隆万博商务区在甲级、甲（预）写字楼年度评选中数量全市第一，粤海广场、保利大都汇A3写字楼被评为甲级写字楼，万达广场B1栋被评为甲级（预）写字楼。2023年长隆万博商务区“四上”企业各项经济指标总量1022.76亿元，同比增长近40%，税收增长430.7%；商务区内市场主体超2.7万家，“四上”企业442家，同比增加26.65%。推进华润长隆文商旅项目，商办组团示范区建成开放。新世界——广州地铁汉溪发展项目全面封顶，万博地下环路主环部分通车，地下商业空间项目重启建设，中国铁建华南总部等项目加快建设，里仁洞板块旧村改造项目首期复建安置房地块（白地坑）开展施工，村民签约率81.37%。低空经济直升机商务航线开通，长隆万博商务区高质量发展联盟成立。承办广州国际购物节、广州国际美食节、国际珠宝首饰流行趋势发布会、广州时尚消费节、首届长隆万博时尚消费嘉年华等活动。

【建设要素保障】2023年，番禺区实行土地规划、产业规划、招商规划、基础设施规划“四规合一”和项目建设工期“一张表”全过程管理，推进水、电、气、路配套设施建设，番禺专精特新企业集聚区一期、二期以及智造创新园三期等产业片区“四通一平”和基础设施配套建设全面提速。与番禺供电局党总支、番电集团党总支联建成立党员突击队，保障用电用能，明经变电站投入使用，化龙科创变电站、石碁潮田变电站提前启动建设。推进番禺专精特新企业集聚区一期规划道路、番禺工业经济总部园区规划道路、南村丰邦智创产业园区周边市政配套道路建设。长隆万博商务区海顺路、万博二路南段及番禺大道隧道工程完成总进度62%。万惠二路西延段10月1日通车。万博消防站投入使用。环绕万博核心区超10万平方米公共绿地项目建成开放。

【企业建设服务协同招商工作】2023年，番禺区企业建设服务协同招商工作，赴上海、深圳、重庆、武汉、苏州、邢台等地服务安仕、原子高科、光庭等22家重点招商、筹建企业，问需企业筹建要求，探索项目筹建个案化服务，促成世界500强企业美国依工中国华南基地落户。开展上门访企、提前问需、专业诊断、个性辅导，结合企业特殊生产工艺等筹建需求指引筹建方案，梳理筹建要素需求清单并提前落实，力促“招引即筹建、交地即开工”。

【企业建设服务改革创新】2023年，番禺区企业建设服务中心完成市委改革办“一区两品牌”改革创新项目——“探索建立产业投资项目建设全生命周期服务机制”。落实营商环境改革创新任务，结合区企业建设服务工作小组工作机制调整，试行“筹建项目设计方案预审机制”，推动依工中国华南基地等重点项目“交地即开工”。修订《高质量发展番禺区企业建设服务指引》，把企业内部筹建事项和外部报批流程融合成“线路图”，压减产业投资项目工程建设总体时间约100天。推广“三阶段建设方案”、联合开挖基坑、临电租赁等建设模式，提升产业项目建设时效和土地空间利用率。对91个筹建、新建、续建产业投资项目以及22个获区政府批复的存量国有普通工业用地提容项目，实行一项目、一专员、一档案管理，强化节点控制，解决土地平整、施工便道、临电输送、临水排水、消防验收等问题281项。开展企业筹建业务集中培训7场次，覆盖企业110余家次。

（杨佩珊）

对口协作

【概况】2023年，番禺区与梅州市五华县、蕉岭县，肇庆市封开县联合制定印发《番禺区对口帮扶协作、产业协作工作总体方案（2023—2025年）》，建立党政联席会议及工作协调机制，签订协作协议书。出台《番禺区对口帮扶（产业）协作项目资金使用管理办法》。拓展消费帮扶，联合番禺区总工会、区供销联社、各消费帮扶馆举办对口帮扶地区农特产品推介会，组织各被帮扶县企业参加第31届广州博览会、番禺区2023年农民丰收节庆祝活动。

【东西部协作】2023年，番禺区出台《番禺区2023年东西部协作工作要点》，安排东西部协作帮扶财政资金（镇村）9500万元，动员社会资金投入3100多万元（含捐物折现），累计帮助贵州省毕节市威宁彝族回族苗族自治县、赫章县、金沙县引进企业32家（存量企业），消费帮扶总金额11.58亿元，帮助培训农村劳动力5753人次，转移就业25197人，选派84名专业技术人才到各县开展技术帮扶，接收105名专业技术人才到番禺跟岗学习，安排65所学校、6所医院与当地学校医院结对帮扶，安排区内47个单位与有关县镇村结对帮扶。

【帮扶镇村】2023年，番禺区落实防返贫监测机制和帮扶措施，各被帮扶镇全年无返贫个案。帮助建成七目嶂仿野生灵芝种植基地、茶叶综合提升示范基地、南薯种植基地、山苍子基地、夏威夷坚果基地、食用菌加工厂、精品蔬菜种植加工基地等一批产业项目。帮助建成22座光伏发电站。促成番禺——五华两地学校结对子12对，30名教师分两批到梅州市五华县支教。促成番禺6家医院与五华县6家医院（卫生院）结成共建关系，有8批次（每次7人以上）医护人员到五华开展义诊、讲座。各工作队全年引进帮扶项目80个，资金总额1500万元。

（陈楠）

2023年10月31日至11月2日，番禺区政协、五华县政协常委会组成人员履职能力培训班在五华县举行，两地政协常委视察百岁山（梅州）饮料有限公司矿泉水生产项目（区政协办 供图）

中国人民政治协商会议广州市番禺区委员会

【概况】2023年，中国人民政治协商会议广州市番禺区委员会（简称番禺区政协）机关设1个办公室、6个专门委员会，分别是提案委员会、经济和城建资源环境委员会、社会法制和农业农村委员会、教科文卫体委员会、港澳台侨外事和民族宗教委员会、联络工作委员会，另设13个委员小组、16个政协镇街工作室。

是年，番禺区政协召开区政协全体会议1次、常委会议4次、党组会议14次、主席会议10次，开展重点协商活动34次，86件交办提案全部办结。开展“四下基层”活动，围绕建设一流营商环境、激发农村产业潜能、推进国家级渔港经济区建设等15个课题调研，提出建议190条，推动解决一批发展和民生难题。

【番禺区政协十五届三次会议】于2023年2月7—9日召开。会议听取和审议政协第十五届广州市番禺区委员会常务委员会工作报告；听取和审议政协第十五届广州市番禺区委员会常务委员会关于十五届二次会议以来提案工作情况的报告；委员们列席广州市番禺区第十八届人民代表大会第三次会议，听取和讨论区政府工作报告和其他报告；表扬政协第十五届广州市番禺区委员会第二次会议以来优秀提案和先进承办单位；增补政协第十五届广州市番禺区委员会常委会组成人员；审议政协第十五届广州市番禺区委员会第三次会议提案审查情况的报告；审议通过政协第十五届广州市番禺区委员会第三次会议决议。

【番禺区政协常委会会议】2023年，番禺区政协召开常委会会议4次。

十五届六次常委会会议于1月31日下午召开。会议传达学习广东省委十三届二次全会、广州市委十二届五次全会、番禺区委十四届四次全会精神，广东省政协十三届一次会议、广州市政协十四届二次会议精神，以及全省、全市、全区高质量发展大会精神，听取和协商区“一府两院”及区党风廉政建设工作情况通报，审议通过有关人事安排，审议召开政

表 5

2023 年番禺区政协立案提案情况一览表

编号	提案者	提案名称
1	民革番禺区基层委员会	关于推动区域水产养殖业高质量发展的建议
2	民革番禺区基层委员会	我区政府储备地用地报批工作存在问题及对策建议
3	民盟番禺区委员会	关于加快推进广州南站片区产业高质量发展的建议
4	民建番禺区基层委员会	关于培育专精特新企业的建议
5	民建番禺区基层委员会	关于进一步助推企业走出困境，走上高质量发展的建议
6	民建番禺区基层委员会、致公党番禺区基层委员会	关于加快推进番禺预制菜产业高质量发展的建议
7	民建番禺区基层委员会、科技组、洛浦街工作室	关于聚焦特色产业补链强链，推动先进制造业高质量发展的建议
8	民进番禺区基层委员会、区新的社会阶层人士联谊会、东环街工作室、陈耿豪、殷艺敏、谢晓昉、高妍	关于培育隐形冠军企业，助推番禺加快构建若干百亿级产业集群的建议
9	致公党番禺区基层委员会、市桥街工作室、李世华	关于重视东盟贸易机会 助推番禺经济高质量发展的建议
10	新联会、文体组、南村镇工作室	关于加强番禺区跨境电商自主品牌培育的建议
11	工商组、南村镇委员个人工作室	关于提振信心 解决突出短板 促进我区民营经济高质量发展的建议
12	香港组、澳门组、钟村街工作室	关于进一步推动粤港澳大湾区融合发展，加速建设番禺粤港澳优质生活圈示范区的建议
13	澳门组、小谷围街工作室	关于发挥粤港澳大湾区独特优势 打造国际美妆产业集聚地标的建议
14	沙头街工作室	关于推动番禺区沙头街珠宝首饰产业高质量发展的建议
15	沙头街工作室	关于推动村级工业园高质量发展的建议
16	蒋伟楷	关于加快我区制造业高质量发展的建议
17	缪莉	关于新形势下番禺招商工作的建议

续表 5

编号	提案者	提案名称
18	彭木胜	关于增强企业发展韧性，支持中小微企业发展的建议
19	民建番禺区基层委员会、澳门组、小谷围街工作室	关于打造高水平环大学城科技成果转化生态圈的建议
20	民建番禺区基层委员会、洛浦街工作室	关于加快发展智能机器人产业的建议
21	民建番禺区基层委员会	关于加速科技成果转化 推进实体经济和制造业发展的建议
22	经济和城建资源环境委	关于扶持番禺智联新能源汽车高质量发展的建议
23	民革番禺区基层委员会、东环街工作室	关于推进“露营”产业发展，打造番禺新的经济增长点的建议
24	民革番禺区基层委员会	关于推进番禺区数字乡村建设，助力乡村全面振兴的建议
25	民盟番禺区委员会	关于“三脉合一”重塑珠江沿岸番禺段整体形象的建议
26	农工党番禺区委员会	关于助力番禺乡土老品牌发展新动力的建议
27	致公党番禺区基层委员会	关于多主体协同有效推动本土文化消费的建议
28	九三学社番禺委员会	关于高质量发展推动番禺乡村振兴的建议
29	洛浦街工作室	关于打造“生态文化健身走廊”，以“文化＋体育＋生态”融合带动乡村振兴的建议
30	刘红军	关于加快建设乡村振兴元宇宙应用平台的建议
31	民革番禺区基层委员会、洛浦街工作室	关于进一步优化番禺北部交通体系，助推洛浦街高质量发展的建议
32	九三学社番禺委员会	关于缓解番禺大道北交通压力的建议
33	香港组	关于规范区内电动自行车管理的建议
34	东环街工作室	关于加强共享电动自行车管理的建议
35	沙湾街工作室	关于解决交通短板问题 提升番禺全域旅游品质的建议
36	化龙镇工作室	关于完善垃圾分类站建设的建议

续表 5

编号	提案者	提案名称
37	何中元	关于居民小区电动汽车充电设施建设的建议
38	民建番禺区基层委员会	关于发挥岭南文化资源优势 促进我区文商旅体融合发展的建议
39	民进番禺区基层委员会	关于加强城乡建设中历史文化保护传承的建议
40	致公党番禺区基层委员会	关于共建“粤剧人文湾区”的建议
41	致公党番禺区基层委员会	关于推动番禺成为粤港澳大湾区旅游业人才宜居融合中心的建议
42	洛浦街工作室	关于打造番禺文商旅商圈的建议
43	大龙街工作室	关于支持打造上河坊文商旅融合示范区的建议
44	林育梅	关于进一步助力番禺文旅体产业复苏 促进我区全域旅游高质量发展的建议
45	李世荣	关于加强番禺与香港足球交流以增强香港青年发展的建议
46	霍启中	关于加强文化城市建设 丰富文旅产业的建议
47	民盟番禺区委员会	关于全力构建番禺特色职业教育体系 为高质量发展提供人才支撑的建议
48	民进番禺区基层委员会	关于“双减”背景下，我区高质量建设教师队伍的建议
49	九三学社番禺委员会	关于数字化赋能教育高质量发展的建议
50	文体组	关于在番禺区中小学加强粤剧文化普及工作的建议
51	工青妇组、团区委、区妇联、农工党番禺区委员会	关于加强中学生职业生涯规划教育的建议
52	市桥街工作室	关于强化中小企业人才引、培、留，为番禺高质量发展打call的建议
53	杨贯东	关于加强大湾区青年思想建设的建议

续表 5

编号	提案者	提案名称
54	彭颖茹	关于进一步加强和优化人才强区工作的建议
55	民革番禺区基层委员会	关于助力经济社会高质量发展，稳步提升精神障碍社区康复服务水平的建议
56	民建番禺区基层委员会、洛浦街工作室	关于关注自闭症儿童，提早发现提早介入的建议
57	民进番禺区基层委员会、石碁镇工作室、教育组	关于把急救技能课程纳入教师全员必修课的建议
58	农工党番禺区委员会	关于推进我区体卫融合提高全民健康水平的建议
59	农工党番禺区委员会	关于构建“学校—医院”联动青少年学生心理健康促进平台的建议
60	农工党番禺区委员会	关于加快建立健全智慧健康番禺的建议
61	九三学社番禺委员会	关于建立番禺区内共享健康医疗大数据平台的建议
62	医卫组	关于加大医疗资源投入，提高洛浦医院服务能力的建议
63	医卫组	关于加快推进易地新建区第五人民医院，提高广州南站区域医疗保障能力的建议
64	桥南街委员个人工作室	关于加强院前急救体系建设，提升 120 服务水平的建议
65	何雪强	关于加强番禺区卫生在线监督监测系统建设的建议
66	徐乐	关于加快推进何贤纪念医院里仁洞新院区建设的建议
67	民革番禺区基层委员会、民盟番禺区委员会、九三学社番禺委员会、洛浦街工作室、孙炜、何中元	关于科学推进城中村治理 助力百县千镇万村高质量发展的几点建议
68	致公党番禺区基层委员会	关于科学规划市政基础设施与小区建设衔接缓解邻避、促进我区城市建设高质量发展的建议
69	致公党番禺区基层委员会	关于加强 E-mail 安全防范的建议

续表 5

编号	提案者	提案名称
70	九三学社番禺委员会	关于缓解大学城停车难问题的建议
71	政法组	关于推进发展精神卫生社会工作 促进全区社会治理高质量发展的建议
72	东环街工作室	关于积极化解基层劳资纠纷的建议
73	洛浦街工作室	关于发挥律师队伍职能优势参与法治政府建设的建议
74	沙湾街工作室	关于加大公共实训基地建设力度的建议
75	蒋万银、王锦荣、邓红兵、徐鸣、刘美雨、曾意容、喻方、张俊武、李永华、杨香楠	关于发挥我区社会组织作用，助力经济社会高质量发展的建议
76	王敏玲、钟焕心、陈毓菁、黄小红	关于番禺区创建儿童友好城市的建议
77	李世荣	关于番禺香港共建湾区安老典范的建议
78	何伟杰、钟桂源、陈健	关于在区政府领导下成立社会性质的审计学会的建议
79	李永华	关于完善我区涉案未成年人服务体系 预防涉案未成年人重复犯罪的建议
80	李永华、邓红兵	关于完善番禺区特殊计生家庭服务的建议
81	叶广彬	关于加快推进解决赤松宫二期用地手续办理及周边道路交通配套问题的建议
82	东环街工作室	关于困境儿童权利保护的建议
83	王锦荣	关于支持民办幼儿园适应新发展形势，创造良好办学环境的建议
84	孟辉	关于打造番禺新基建“零碳”示范综合体的建议
85	大石街工作室	关于民营企业如何在恢复经济的同时高质量发展的建议
86	大石街工作室	关于加强万博、长隆、汉溪互促联动，建设湾区文商旅融合发展典范的建议

协第十五届广州市番禺区委员会第三次会议的有关事项，听取部分区政协常委述职、区政协各专委会2022年工作情况报告、委员履职考核情况报告。

十五届七次常委会会议于2月9日上午（区政协十五届三次会议期间）召开。会议听取各界别委员小组对政协常委会工作报告、提案工作报告和会议决议以及有关人事安排的协商意见，审议通过有关人事文件、政协第十五届广州市番禺区委员会第三次会议提案审查情况报告（草案）、政协第十五届广州市番禺区委员会第三次会议决议(草案)。

十五届八次常委会会议于10月19日下午召开。会议传达学习上级有关重要会议和文件精神，围绕“建设一流营商环境，推动我区高质量发展”开展专题议政，审议通过有关人事安排。

十五届九次常委会会议于12月27日下午召开。会议传达学习上级有关重要会议和文件精神，围绕“落实‘百县千镇万村高质量发展工程’进一步激发农村产业潜能”开展专题协商，听取区政协常委代表述职，书面通报2023年度区政协委员履职考核评价情况。

【政协学习调研】2023年，番禺区政协举办全体委员履职能力培训班，组织到华为总部和香港科技大学（广州）校区学习考察。会同梅州市五华县政协开展常委专题学习培训，联合调研乡村振兴和对口帮扶。组织政协委员和机关干部参加省、市政协“国是学堂”学习培训，举办政协讲堂，组织企业界委员参加“中流型企业的高维战略”分享会，培训委员及机关干部2100人次。5—11月，开展建设一流营商环境重点调研，成立政务、市场、人文、法治环境4个调研组，深入区内28家企业、16个部门开展45次调研，到上海、浙江等省市学习考察，收集“我为优化营商环境献一策”金点子152份。开展政协常委会议专题议政，提出优化政务服务、发展特色产业、拓展产业空间等12个方面32条建议，得到区委、区政府主要领导肯定。相关职能部门按照区委、区政府主要领导批示要求研究采纳意见建议，推动区营商环境进一步优化。

【政协视察协商】2023年，番禺区政协聚焦水环境治理开展视察协商，从建设“智慧水务”、多部门协作等方面提出建议，助力绿美番禺建设。着眼改善交通出行环境，视察南大干线（番禺大道节点）工程，调研天安节能科技园交通拥堵和水浸问题，对区交通局承办的提案进行协商，协调解决交通出行难题。关注学前教育，提出支持鼓励幼儿园延伸托育服务等建议。开展番禺中医药强区建设专题协商，提出打造区域制剂中心、中医药文商旅融合等建议。协助广州市政协录制“有事好商量——提升广州市乡村风貌修复维育水平”节目，邀请广州市政协领导就番禺国家级沿海渔港经济区建设、打造湾区珠宝时尚产业生产性服务业聚集区等联合调研、联动协商。

【政协助力“百千万工程”】2023年，番禺区政协围绕激发农村产业潜能，组织委员到区内企业、部门走访座谈，赴兄弟县区考察学习，开展区政协常委会议协商，提出加强农村产业规划、盘活农村土地资源、实施农产品品牌战略、打造乡村特色文商旅空间等建议。发动政协委员、党派团体和社会各界投身“百千万工程”，组织委员赴梅州市五华县、贵州省毕节市开展消费帮扶、劳动技能培训、医疗义诊、支持民生项目建设等，捐赠现金和物资价值300多万元。

【“禺快协商”平台】2023年，番禺区政协聚力打造融合政协“云工作室”、镇街工作室、委员工作室于一体的“禺快协商”平台，支持、服务“四级政协委员”履职，在南村商会成立全市首个市、区政协委员联合工作室。16个镇街工作室履职取得成效，沙头街工作室开展“逢四议事”协商会，钟村街工作室每周定期接待群众，新造镇工作室以“公证＋调解”模式打造“法律前沿”协商品牌。122名委员参与29个委员工作室建设，打造九三学社、厂商会和医卫组、政法组等精品委员工作室。加强“智慧政协”建设，设立委员“云工作室”，线上收集百姓“金点子”。“禺快协商”平台全年接待398名群众来访，协商解决民生问题182件，为群众办好事实事164件。“禺快协商”助解群众急难愁盼问题经验做法在《人民政协报》刊载。

【提案督办】2023年，番禺区政协提出提案115件，经审查立案86件，其中集体提案65件，占75.6%。完善提案督办机制，开展提案办理协调与督促，区委书记督办《关于培育隐形冠军企业，助推番禺加快构建若干百亿级产业集群的建议》，区长督办《关于加快我区制造业高质量发展的建议》，区政协主席会议督办《关于提振信心 解决突出短板 促进我区民营经济高质量发展的建议》等重点提案。其他提案由各专委会分工督办，实现督办全覆盖。立案提案全部办复，其中采纳53件，占61%；基本采纳16件，占19%；作为参考17件，占20%。收到“百姓提案”55件，立案22件，转为社情民意和调研报告13件，转为市政协“百姓提案”2件。联合省、市政协督办《建设番禺粤港澳大湾区优质生活圈示范区》提案，推动祈福医院列入粤港澳大湾区“港澳药械通”指定医疗机构名单，促进大湾区医疗互通。《关于加快打造湾区珠宝时尚产业生产性服务业聚集区的提案》《关于番禺国家级沿海渔港经济区与南沙国家新区协同发展的提案》获广州市政协优秀提案，番禺区政府获广州市政协提案办理先进单位。

【团结联谊】2023年，农工党番禺区委员会、医卫组委员助力梅州市五华县对口帮扶，民盟番禺区委员会、致公党番禺区基层委员会、九三学社番禺委员会、区工商联、区新联会参与区政协重点调研、重点协商监督。走访爱国爱港爱澳社团，组织港澳委员视察番禺区重点项目，助力港澳青年回乡创新创业，协办番港澳台四地青年足球邀请赛，助推番港澳经贸文化体育交流与合作。接待各级政协考察调研61批次。

【政协宣传】2023年，番禺区政协运用“报、台、网、微”展现番禺政协履职实效，获《人民政协报》、人民网、“南方+”“广州政协”微信号宣传报道，在区政协门户网站、微信公众号发布信息263篇。建成15个政协主题公园、5个政协宣传阵地，传播协商文化。组织文史专家编著《番禺文史·番禺屈氏聚居村落历史记忆、行吟诗人屈大均》，启动李昴英的番禺印迹史料征集。

（张海琪）

中共广州市番禺区纪律检查委员会 广州市番禺区监察委员会

【概况】2023年，番禺区纪检监察系统抓学习贯彻习近平新时代中国特色社会主义思想主题教育和纪检监察干部队伍教育整顿，协助区委纠治区政治生态建设历史欠账问题，落实十四届区纪委三次全会部署要求，纪检监察工作发展取得成效。落实区委“两个维护”制度机制和番禺区政治机关建设实施方案，创建模范政治机关

2023年4月12日，番禺区委常委、区纪委书记、区监委主任张恩铭（前排左二）带队到南村镇罗边村调研旧村改造工作（区纪委 供图）

并履行监督职责，有关做法获市纪委、区委主要领导批示肯定5次。牵头主题教育整改整治工作，推动全区查摆问题895个，开展专项整治118个，查摆问题实现100%整改销号。对76个区属单位开展第二轮政治生态分析研判，选取问题较为突出的9个单位重点研判。对16个党组织开展三轮常规巡察，延伸巡察包括村（社区）、医院、教育指导中心等50个基层党组织，深化“四项监督”贯通融合工作机制品牌创建，发现问题387个、移送线索51件。开展大规模迁移砍伐城市树木问题整改“回头看”，一体推进省委巡视广州、市委提级巡察反馈意见以及区委巡察集中整改落实情况监督，把巡视巡察整改落实纳入党风廉政建设责任制考核、“一把手”监督提醒谈话重要内容。番禺区纪委监委领导班子成员现场指导28个单位主题教育专题民主生活会、4个单位以案促改专题民主生活会。全年查处违反政治纪律案件5起7人。

【政治监督】2023年，番禺区纪检监察系统加强对“一把手”和领导班子监督，协助区委主要领导完成对8名市管干部、43名区管“一把手”监督提醒谈话，指出问题141个，示范带动全区开展提醒谈话2238人次、警诫谈话89人次。组织76名区管党组织“一把手”述责述廉，并安排20人向区委常委会会议报告。对76名新任职区管干部开展集体廉政谈话，要求始终以“试用期心态”履职尽责。向全体区管一、二级领导班子成员发放应知应会“明白卡”，开展履行管党治党责任清单考核评价。出台强化对村干部特别是“一肩挑”人员监督管理制度，制定5个重点领域履职负面清单，建立村（社区）干部廉政档案2280份，规范农村基层小微权力运行。审慎回复党风廉政意见2156人次，对34人次提出暂缓或不宜使用意见，严把选人用人政治关、廉洁关。

【监督重要领域】2023年，番禺区纪检监察系统聚焦粤港澳大湾区建设等重大政治任务强化政治监督，推动《番禺区关于支持广州南沙深化面向世界的粤港澳全面合作的行动方案》全面实施。聚焦城乡区域协调发展，围绕重点项目、急难任务开展“四不两直”监督检查501次，协助推动1个典型镇、5个典型村发挥典型示范作用。聚焦生态环境，跟进监督绿美广州生态建设、水环境治理专项行动，健全联合监督与执纪问责协同机制，纠治问题618个，处理9人。聚焦营商环境，以整治涉中小微企业吃拿卡要、公职人员“逃逸式辞职”和违规拥有非上市公司股份等问题为切口，排查处置问题线索70件，处理23人。聚焦基层治理，靶向开展“农占耕”、农村“三资”违规合同问题专项整治，推动整改“农占耕”问题7652个、违规合同506份，立案39人，为村集体挽回损失超11亿元；开展城市更新领域调研监督，督进度督质量、防风险堵漏洞，排查纠治问题20个。聚焦协作帮扶，赴贵州省毕节市威宁彝族回族苗族自治县、赫章县开展东西部协作专项监督，对14名帮扶干部、专技人员进行集体廉政谈话，反馈整改问题8个。聚焦民生领域，重点深化涉粮食、医药购销腐败专项整治和安全生产监督，排查处置问题线索57条，处理处分30人。

【反腐执纪】2023年，番禺区纪检监察系统接收信访举报1134件，处置问题线索984件，谈话函询215件；立案456件，处分360人，挽回经济损失1.62亿元，发出纪检监察建议44份；处理主动投案5人，留置12人，移送司法机关7人；清理久立未结案件62件、久处未结线索139件。以净化政治生态为鲜明导向，盯住“关键少数”带动管好“绝大多数”，立案区管干部44人，严肃查处原区水务局党组书记、局长黎校，原区委政法委二级调研员徐林发等一批典型案件。落实行贿受贿一起查，立案行贿人员12人，异地抓获潜逃涉案人员7人，其中潜逃时间最长的近1年。严肃追责问责钟村街道雄峰城G2栋楼顶私建游泳池、大龙街道沙涌村非法填埋事件等失职失责问题29人。运用“四种形态”帮助教育和处理804人次，其中第一、二种形态占比 88.2%。建立健全容错纠错备案沟通指导、联席会商研判两项机制，为 8 个风险事项予以备案；为 3 名被诬告错告的党员干部澄清正名，严肃查处诬告陷害举报行为 2 起 2 人；坚决为担当者担当、为负责者负责，开展案后回访 154 人 194 次，25 名影响期满、表现优秀的区管干部得到提拔晋升。

【纪律作风建设】2023 年，番禺区纪检监察系统把党性党风党纪教育融入“惩、治、防”全过程。在重要节日节点开展监督检查 1354 次，全年查处违反中央八项规定精神问题 38 个 91 人，督促整改违规公务用车问题 15 个，通报“四风”、酒驾醉驾典型案例 21 个。制发《致全区“四上企业”的一封信 2.0》，专题通报损害营商环境典型案例 4 个。运用“群众有诉求、纪委快出手”机制查办信访件 13 件、处理 25 人次、开展集体谈话 1 次，排查“12345”热线异常工单近千件，持续纠治业务问题背后的作风问题。对党员干部被查处、被问责较多的 2 个区直单位细致分析，既撑腰鼓劲，又落实严管体系。强化正反双向教育，廉洁短视频《画卷中的家风》点击量逾 1.3 万人次，党员干部撰写“我的廉洁家风”“晒晒我的传家宝”征文故事 326 篇。选取区 6 个影响较大的失职失责案例编印《番禺区反面典型警示案例汇编》，围绕水务工程领域腐败案件拍摄专题警示教育片《浊流之害》，组织公职人员观看《镜鉴录》超万人次，持续强化知敬畏、存戒惧、守底线意识。邀请3389 名管理服务对象对镇(街道)、区直单位作风情况进行问卷测评，发动群众参与监督，提升党风廉政建设责任制考核公信力。

【纪检监察队伍建设】2023 年，番禺区纪检监察系统在主题教育和教育整顿中一体落实学思想、强党性、重实践、建新功和纯洁思想、纯洁组织重大任务。将理论学习贯穿始终，区纪委常委会带头开展“第一议题”、读书班、理论学习中心组学习 25 次，131 人次作研讨交流，带动全系统开展集中学习 9632 人次、“禺山清风学堂”学习交流 5 期 1180 人次。将检视整改贯穿始终，开展“四问四讲清”谈心谈话 480 人次、四轮自查自纠检视整治问题 3852 个，运用“第一种形态”处理 11 人，立案 2 人，完善内部工作制度 14 份，聘任特约监察员 15 名，建立纪检监察干部家属微信群，强化对纪检监察干部监督。将调查研究贯穿始终，聚焦全面从严治党历史欠账、推动高质量发展等重大问题，形成调研报告 51 份，推动成果转化 131 项。将创先争优贯穿始终，开展“三亮四比争当四表率”活动，提前完成向市纪委监委“三亮”目标，主要指标优化提升明显；制定纪检监察干部队伍建设三年规划，提拔晋升处级、科级干部 42 名；首次确定 134 名监察官，选配村（社区）纪检监察联络站站长 178 名。

（谭颖）

民主党派·工商联

中国国民党革命委员会番禺区基层委员会

【概况】2023年，中国国民党革命委员会番禺区基层委员会（简称民革番禺区基层委）发展新党员2名，在册民革党员126人。番禺区基层委组织学习交流，传达市委会“凝心铸魂强根基团结奋进新征程”主题教育部署会议精神，各支部组织分别组织赴中共三大旧址、黄埔军校、吕田黄沙坑革命旧址纪念馆、广汽埃安等地参观学习。

【参政议政】2023年，民革番禺区基层委提交8件集体提案、1件个人提案、3件联名提案，立案9件。提交社情民意信息11篇，其中民革省委会采用3篇。孔肇贤撰写的《关于加强诉讼财产保存审查的建议》被民革中央单篇采用。吴秉宾获民革广东省委会表彰年度参政议政工作先进个人二等奖。张国标、吴秉宾联名的《提升广州市储能电站产业的集群效应》、孔肇贤的《打造“花城节”，让广州旅游业更上一层楼》作为民革广州市委会2023年度重点调研课题。

【公益服务】2023年，民革番禺区基层委委员兼四支部主委徐鸣到大龙中学进行融合教育通识培训讲座，内容为关注自闭症儿童身心健康，大龙中学初中部教师、石碁片区专职心理教师和中小学校负责随班就读工作教师参与听讲。孔肇贤在区房屋租赁和中介协会房屋安全综合服务保险项目启动会上，作房屋租赁与使用过程中的法律责任分析演讲。苏土龙到湛江市第二十中学、陈雄青到梅州市五华县浦江学校分别开展为期一年的支教。

（李洋）

中国民主同盟番禺区委员会

【概况】2023年，中国民主同盟番禺区委员会（简称民盟番禺区委）有盟员335人，其中，民盟省委专委会成员3人，民盟市委专委会成员27人，市专委会副主任4人，市理论研究会副会长1人，市人大代表1人；区人大代表3人，区政协委员20人（含常务委员4人）。民盟区委副主委、秘书长曾瑞平被评为民盟广东省思想政治建设和宣传工作先进个人，民盟番禺区委被评为民盟广州市社会服务工作先进集体，获参政议政工作先进集体三等奖、反映社情民意信息工作先进集体优秀奖。

【参政议政】2023年，民盟番禺区委在区两会期间提交人大议案1件、政协提案5件（其中集体提案4件）、社情民意14条。盟员刘炜主笔的集体提案《以党的二十大精神为指引全力构建番禺特色职业教育体系》入选政协大会发言材料。

【公益服务】2023年，民盟番禺区委在番禺区新英才学校开展教育服务，为师生捐赠教学学习参考资料，惠及石碁、沙湾、西片等片区民办学校师生千余人次。为培智学校和化龙片教育指导中心捐赠价值4.25万元卫生消毒用品，用于培智学校和化龙片区30多所学校、幼儿园的日常消毒。盟员参加义诊5人次，惠及大龙街道竹山村、罗家村、东怡社区群众千余人次。

（曾瑞平）

中国民主建国会番禺区基层委员会

【概况】2023年，中国民主建国

会番禺区基层委员会（简称民建番禺区基层委)有会员115人，有省人大代表1名、区政协委员9名（其中常委2人）、区人大代表2名。蒋伟楷、吴卫灵、崔旭明、徐九洋被评为民建广东省委会2022年度社会服务工作优秀个人。蒋伟楷、王立被评为民建市委会2022年度参政议政工作优秀个人。民建番禺区基层委获2022年度民建广州市委员会宣传信息工作先进集体三等奖。

【参政议政】2023年，在政协第十五届三次会议上，民建番禺区基层委提交提案9件，主委蒋伟楷撰写的《关于加快我区制造业高质量发展的建议》等8份提案获立案。区政协委员、民建番禺基层委委员刘悦敏作《贯彻高质量发展要求，打造高水平环大学城科技成果转化生态圈》大会发言，民建番禺区基层委与政协洛浦街道工作室共同提交的《关于打造番禺文商旅商圈的建言》提案作为大会发言材料。

【公益服务】2023年，民建番禺区基层委连续8年组织开展“中华思源工程·扬帆计划”活动，发动民建会员和企业员工在每年教师节捐资助教，累计捐赠物资近20万元，帮助培养山区优秀教师。定期开展敬老、关爱孤儿、“爱心万里行暖心行动”走访困难户等慰问活动。10月28日，民建番禺区基层委在广州市番禺区中心医院承办“紫色郁金香公益计划”科普讲座和义诊活动。组织开展广东扶贫济困日筹款活动，捐款1.33万元。8月29日，民建番禺区基层委组织赴汕尾市陆河县东坑中学开展“爱心助学圆梦”活动，向东坑中学捐赠4.8万元及文具一批。12月10日，民建番禺三支部到石楼颐养院开展敬老慰问活动。

【调研活动】2023年7月13日，民建广州市委员会专职副主委兼秘书长徐晓雯带队到民建番禺区基层委会员企业广州市装点家具有限公司开展《广州市企业外迁成因及对策》课题调研。12月23日，民建广东省委会综合第十支部到广州市浩洋电子股份有限公司调研。

（王凯伦）

中国民主促进会番禺区基层委员会

【概况】2023年，中国民主促进会番禺区基层委员会（简称民进番禺区基层委）在册会员97人，下设6个支部。民进番禺区基层委被授予“民进广州市委会2022年度展组工作先进集体”“民进广州市委会先进集体”称号，三支部获民进广州市委会2022年度活力支部建设“五星支部”称号。

【参政议政】2023年，民进番禺区基层委提交集体提案5件，立案4件。其中，《以大力培育隐形冠军企业为抓手，助推番禺加快构建若干百亿级产业集群》作为番禺区政协第十五届三次会议大会发言材料，并成为中共番禺区委书记督办提案。副主委李洁莹参与的提案《健全机制 高质量推进新时代中小学劳动教育》获市重点督办，被评为广州市政协十四届一次会议以来集体优秀提案。吴隽就《健全中小学科技教育机制

2023年4月7日至8日，民建番禺区基层委组织会员赴惠州市开展“矢志不渝跟党走，团结奋进新征程”活动 （民建番禺区基层委 供图）

2023年9月13日，民进番禺区基层委走进培智学校开展“关爱特殊群体，传递温暖与关爱”公益捐赠活动（民进番禺区基层委 供图）

为广州建设科技创新强市培养后备人才》在市政协十四届二次大会上作大会发言，该提案获民进广州市委员会2022年度优秀议政调研成果一等奖。向民进市委会报送48篇社情民意信息，9篇被各级部门采用，其中民进中央2篇、民进广东省委会9篇、广州市政协3篇、广州市委办公厅2篇、市委统战部2篇。民进番禺区基层委有2人获民进市委会优秀议政调研成果特等奖，1人获一等奖，1人获三等奖，5人获优秀奖。

【公益服务】2023年1月，民进番禺区基层委以“癸卯（2023）年民进全国‘春联万家·奔赴新征程’活动”为主题在南村镇兴南社区内开展免费为群众书写春联活动。民进番禺区基层委一支部、三支部携手番禺区慈善会党支部及爱心企业大参林医药集团走进番禺区培智学校，开展“关爱特殊群体，传递温暖与关爱”公益捐赠活动。民进番禺区基层委副主委李洁莹作为送教专家赴贵州省毕节市赫章县、威宁彝族回族苗族自治县，福建省龙岩市上杭县、广东省梅州市蕉岭县送教走访。番禺区民进基层委委员黄建东携手番禺民进会员之家在中国医师节期间向番禺中心医院捐款。

（李洋）

中国农工民主党番禺区委员会

【概况】2023年，中国农工民主党番禺区委员会（简称农工党番禺区委）新发展党员17人，有成员338人。有市人大代表1人、市政协委员1人、区人大代表2人、区政协委员18人。被农工党广州市委会评为社会服务先进集体。农工党番禺区委和各基层组织参加学习培训、座谈研讨、参观调研、书画作品展等活动10余次。

【参政议政】2023年，农工党番禺区委提交集体提案4件，其中提案《建立健全智慧健康番禺“五朵云”为我区高质量发展提供保障》入选政协大会发言，《关于加强电动自行车治理建设平安绿色幸福番禺的建议》被评为优秀提案。组织报送“他山之石”先进管理经验信息，被区委办信息科采纳75条。开展“促进中医药事业高质量发展”专题调研。

【公益服务】2023年，农工党番禺区委赴石碁镇桥山村开展志愿服务，向居民赠送总价值2万元家居保健药品和健康小礼品，直接受益群众600人次。赴大龙街道罗家村幸福之家开展志愿服务，向居民赠送居家保健药品价值6000元，直接受益群众570人次。赴南村镇慰问困难群众，向孤寡老人、特困低保和孤儿送上价值5000多元生活用品。赴南村镇敬老院开展慰问和义诊活动，送上价值6000多元生活用品。

（黄连高）

中国致公党番禺区基层委员会

【概况】2023年，中国致公党番禺基层委员会（简称致公党番禺区基层委）有党员123人，设5个支部。其中有各级人大代表、政协委员11人。致公党番禺区基层委提交提案7份，全部立案。加强与海外侨胞联系，联络新生代海外人群，促进侨务资源可持续发展。开展支持帮助古巴洪门建设古中友好酱油厂，帮助侨资企业解决生产经营中的困难。

【参政议政】2023 年，致公党番禺区基层委在区两会期间，围绕区委区政府的中心工作，群众关心的热点、难点问题提交提案 7 件，全部立案。分别是《关于加快推进番禺预制菜产业高质量发展的建议》《关于重视东盟贸易机会 助推番禺经济高质量发展的建议》《关于多主体协同有效推动本土文化消费的建议》等提案。

【公益服务】2023 年，致公党番禺区基层委以“同心汇智谋发展，携手互助促和谐”为主题，协调举办“劳动法解读与案例分析”“慢性腰痛的中医康复治疗策略”“合伙创业股权分配”“税务知识讲座”等主题系列公益大讲堂。开展捐资助学和帮扶活动，连续 25 年组织在儿童节前慰问区内小学和幼儿园。

【交流交往】2023 年，致公党番禺区基层委发挥“侨”“海”优势，以增进乡情、亲情和友情为重点，开展海外联络。9 月 18 日，致公党番禺区基层委与法国番禺富善社广东工作处就“海外联谊，侨海报国”主题在番禺区民主大楼开展交流。10 月 13 日，澳洲洪门致公总堂、澳洲番禺商会、马来西亚沙巴州马中联谊协会访问团到访致公党番禺区基层委。10 月 20—27 日，应菲律宾中国和平统一促进会邀请，致公党番禺区基层委副主委陈健洪率团参加菲律宾中国洪门致公党总部宿务分部支部第 19—20 届理监事就职典礼。11 月 23 日，古巴中华总会馆副主席、古巴龙岗会所主席刘淑芳一行 3 人到访番禺。11 月 27 日，美国安良工商会元老、世界孙中山基金会会长彭伟权等一行到访番禺，向广州武术协会黄啸侠拳会、番禺汀根龙狮团、番禺沙涌鳌鱼舞团、华三书院各捐款 1 万元。

（王凯伦）

九三学社番禺委员会

【概况】2023 年，九三学社番禺委员会有社员 163 人。其中，主任委员 1 名、副主任委员 4 名、委员 10 名，下设 6 个支社。6 月 20 日，九三学社番禺委员会召开增补委员选举会议，余一村当选为委员。九三学社番禺委员会组织赴广州市南沙区开展科技企业情况调研，赴重庆市、成都市开展“建设一流营商环境—人文环境”调研，赴浙江省开展“百千万工程”农村产业专题调研。

【参政议政】2023 年，九三学社番禺委员会提交区政协十五届三次会议提案 9 件，立案 7 件，2 件转社情民意。其中，《关于高质量发展推动番禺乡村振兴的建议》被评为番禺区政协 2023 年度重点提案。李东就提案《立足长板优势 激发内生动力 推动番禺乡村振兴走深走实》作区政协十五届三次会议大会发言。余一村的《关于统筹开展环珠江口交通体系规划，打造我省高质量发展重要动力源》提案被列为省政协主席重点督办提案。

【公益服务】2023 年 7 月，九三学社番禺委员会委员阮颖清参加为期一年援黔医疗卫生对口帮扶。9 月，九三学社番禺委员会委员喻方赴贵州省赫章县开展“助力国家乡村振兴，帮扶教育高质发展”活动。

（高郁虹）

番禺区工商业联合会

【概况】2023 年，番禺区工商业联合会（总商会）（简称番禺区工商联）有会员企业 4576 家、商协会组织 41 个。其中，镇（街道）商会 16 个、行业协会 19 个、其他商会 6 个。番禺区工商联组织对区内企业调研，形成《党建如何赋能珠宝首饰产业链集群高质量发展的思考》《区工商联关于构建和谐劳动关系的情况》等调研报告 8 篇，其中《民营企业参与国家创新存在问题和意见建议》被国务院办公厅采纳。番禺区工商联获 2022—2023 年度广东省“五好”县级工商联、全省工商联 2023 年度

2023年2月15日，广州市工商联为番禺区工商联颁发“全国‘五好’标杆县级工商联”牌匾　（区工商联 供图）

民营企业调查点工作先进基层单位、2022—2023年度全国“五好”县级工商联、广东省2023年民营企业劳动关系监测调查工作先进基层单位等称号。

【非公有制企业党建】2023年，番禺区纳入党建摸排和组织建设“双同步”非公有制企业8720家，有党员7470名，有党员的企业1350家，成立党组织635家（其中单建424家，联合组建907家），新组建党组织24个（其中新增党委1个），新发展党员64人，实现非公有制经济组织党组织和党的工作全覆盖。深化“红链赋能”工程，灯光音响、珠宝首饰产业链党委揭牌。成立驻企党建指导员大党委，下设4个片区党支部，搭建党建引领、互联互通平台。12个党组织获广州市非公有制经济组织“双强六好”党组织称号，9个党组织获标杆党组织称号。20人获广州市非公有制经济组织党务工作标兵、党员先锋示范岗称号。广东海大集团股份有限公司董事长薛华、广州番禺电缆集团有限公司董事长王锦荣被评为广州市非公有制经济组织领域“党建之友”。

【商会建设】2023年，番禺区推动基层商（协）会标准化建设，出台《番禺区促进镇街商会高质量发展实施方案》。制定区工商联系统商（协）会2023年高质量发展工作考核方案。吸纳广州市文旅装备行业协会加入团体会员，增加会员多样性。截至2023年年末，有会员4576名、团体会员41个，其中广州市AAAAA级社会组织5个、AAAA级2个、AAA级13个。南村总商会被评为广州市标杆商会，3名商协会人员获广州市工商联系统“金牌秘书长”称号。

【民营企业投诉中心】2023年，番禺区民营企业投诉中心协同镇（街道）商（协）会帮助企业纾困解难，收到问题诉求232件，成功处理208件，解决率89.66%。发动5家企业参与法治“体检”，帮助企业堵塞风险漏洞。推进涉案企业合规改革，办理涉案企业合规案件13件，对15家涉案企业启动合规考察，有9家企业完成合规整改和评估考察，对9名涉案企业人员作出不起诉决定。成立区级企业合规宣讲团，推动法治化营商环境建设。

【商会公益行动】2023年，番禺区工商联组织开展番禺·赫章东西部协作产业招商推介会，赴威宁、赫章、金沙3个县开展对口帮扶和营商环境考察，捐款改善民生。落实“百县千镇万村高质量发展工程”，赴福建省龙岩市上杭县、广东省梅州市五华县和蕉岭县开展合作交流和对口帮扶。举办“百企兴百村”工作推进会。在“6·30”助力乡村振兴活动暨“羊城慈善为民”行动中，筹集善款9024万元。发动民营企业参与拥军优属活动，50家公司成为区首批“拥军优抚合作单位”。

（何敏儿）

群众团体

番禺区总工会

【概况】2023 年，番禺区总工会强化职工思想引领，推进产业工人队伍建设改革，推动构建和谐劳动关系，提升职工生活品质，深化工会改革建设，被评为 2023 年度广东省推动“强基工程”建设先进单位。落实东西部协作结对帮扶工作，划拨帮扶资金 15 万元，用于贵州省毕节市赫章县哲庄镇还山村完善基础设施建设。举办番禺区对口帮扶地区农特产品推介暨职工春季购物节活动，有 30 个扶贫馆参加，选定 26 款优惠产品直播带货。开展季度和临时生活困难救助 24 户次，发放生活救助 3.4 万元；节日送温暖关爱慰问 36 人次，发放慰问金和慰问品 4.3 万元；“金秋助学”为 7 名困难职工子女送上学习用品费 0.7 万元；“夏送清凉”向新业态从业人员、高温作业一线职工发放 10500 多箱清凉饮品。

【劳动技能竞赛】2023 年，番禺区总工会与区人社局、区教育局、区妇联等单位联合举办番禺区第十五届职业技能竞赛，包括粤菜师傅、广东技工、南粤家政等技能竞赛，15 名职工获“番禺工匠”称号、8 个单位班组获“番禺区工人先锋号”称号。承办粤港澳大湾区第三届职业技能大赛电商直播项目竞赛。与区卫生健康系统工会联合举办首届“羊城工匠杯”职业技能竞赛，与区饮食行业工会联合会举办第四届“十大厨师”“十大点心师”“十大服务能手”技能竞赛，与区环卫行业工会联合举办第二届环卫技能竞赛。各级工会开展各类劳动竞赛 196 场，7678 名职工参与。区药品器械行业工会联合会医药商品营业人员（中药）培训活动和药学知识技能竞赛项目被广州市总工会评定为行业工会创新项目竞投 A 级项目。

【劳模工匠精神弘扬】2023 年，番禺区总工会推荐评选劳模，有米科技双创示范基地获“全国工人先锋号”称号，番禺电缆电力金具事业部研发中心获“广东省工人先锋号”称号，日立电梯、广州弘迅电梯配件有限公司张本杰获“广东省五一劳动奖章”，番禺区妇幼保健院、浩洋电子股份有限公司被认定为“广州市女职工创新工作室”。番禺区卫健系统工会开展“番禺区十佳健康卫士”评选活动。

【工会履职维权】2023 年，番

2023 年 4 月 8 日，番禺区总工会在聚英羽毛球馆举办 2023 年广州市番禺区第七届“工会杯”职工羽毛球赛（区总工会 供图）

禺区总工会受理职工来电来访，参与处理劳资纠纷案件，各级工会参与协调处理劳资纠纷。区总工会法律服务律师团代理职工劳动争议案件。区劳动人事争议三方联合调解中心现场处理调解案件。办理“12351”维权热线等交办的案件和线索，做到件件有着落、事事有回音。

【职工帮扶服务】2023年，番禺区总工会推进职工服务平台建设，投入40多万元建设户外劳动者爱心驿站（职工书屋），发动全区各级工会建设户外劳动者爱心驿站20家，评选其中10家为区“五星级”，发放补贴30万元。为5390名职工发放医疗保障补助金103万元。推进“爱心妈妈小屋”建设，为新建“爱心妈妈小屋”单位提供每家5000元补助，为获广东省“爱心妈妈小屋”示范点赠送价值1万元健康书籍，为5家工会爱心托管班发放补助2.5万元。全区各级工会开展帮扶慰问活动281场（次）涉及20821人次，发放慰问金（品）4200万元。全区参加省、市在职职工医疗互助保障计划分别为19962人、69265人，开展一线职工免费体检（疗休养、春秋游）等惠民服务285场（次），惠及24122名职工。

【工会特色品牌】2023年，番禺区总工会组建职工心理健康服务队，开通心理咨询热线，上门为职工心理健康讲座6场、心理团辅活动4场、心理咨询80小时。开展职工节日文化服务，发放价值25万元“惠工大礼包”，向工会会员提供文化健康服务。举办交友联谊活动8场，惠及600名单身职工会员。举办女职工潮创集市、青年职工潮流集市、职工亲子厨艺大比拼、职工子女暑期夏令营、番禺区“少年警校”、“白衣少年”暑期托管班等活动。

（周惠淇）

中国共产主义青年团番禺区委员会

【概况】2023年，中国共产主义青年团广州市番禺区委员会（简称团番禺区委）组织团员青年投身志愿服务、科技创新和乡村振兴，召开番禺共青团基层组织改革推进会，开展番禺区纪念五四运动104周年主题团日活动。区少工委落实《关于构建新时代少先队社会化工作体系的实施意见》，举办番禺区少先队主题日暨儿童节庆祝活动，完成16个镇（街道）少工委建设，全区有红领巾校外实践基地51个。番禺公安志愿服务队被评为2022年度“广东省最佳志愿服务组织”，正阳社会工作服务中心被评为第二十五届广东青年五四奖章集体，市桥德兴小学甘晓云被评为广东省优秀共青团干部，番禺区职业技术学校刘志镪、仲元中学孙尹泺、石楼中学林琪被评为广东省优秀共青团员。

【团基层组织改革】2023年3月28日，团番禺区委召开基层组织改革推进会，各直属团组织书记递交责任状，第二批区少先队校外实践教育基地（营地）授牌。编制《番禺区推进县域共青团基层组织改革工作方案》，建立基层团组织书记述职评议考核制度，贯通党、团、队一体化育人链条，推动基层团建纳入党建工作整体部署、一体考核。

【五四运动纪念活动】2023年，团番禺区委组织举办番禺区纪念五四运动104周年主题团日活动，向团员赠送书籍《中国青年运动一百年》，为番禺区中学共青团名师工作室颁发牌匾，为番禺青年宣讲团成员颁发证书。举行番禺区青年工作共建委员会成立仪式和“我为青少年办实事”微心愿认领活动成果展示。3月，团番禺区委、区青志协面向贵州省毕节市赫章县、威宁彝族回族苗族自治县和广东省梅州市五华县各乡镇学校征集1000个“微心愿”，其中五华县征集47个“微心愿”，赫章、威宁学生“微心愿”礼物全部送达。探索实施“1+N+1”青年工作新路径（1个番禺区青年工作共建委员会+N个番禺特色产业链团建联盟+1个青年发展智库），使党建带团建、团建助产业、产业促振兴。

【“青创杯”创新创业大赛】2023年，第十届“青创杯”广州青年创新创业大赛由团市委、

2023 年 5 月 18 日，第十届“青创杯”广州青年创新创业大赛启动仪式暨海归华侨青年人才专场招聘会在广州大学（广州大学城校区）举行
（团区委 供图）

番禺区政府等 27 个单位联合主办。“广州市港澳青年创新创业服务大学城基地”揭牌。团市委、番禺区政府、市教育局、市科技局签署《共建环大学城大学生创新创业成果转化平台战略合作框架协议》，推动共建环大学城大学生创新创业成果转化平台。

【汽车产业链团建联盟】2023 年，团番禺区委组建番禺区汽车产业链团建联盟，成立化龙镇“青年之家”。化龙镇团委、石楼镇团委、番禺职业技术学院智慧汽车学院团委、广州广汽荻原模具冲压有限公司团委等 9 家单位签约成立番禺区汽车产业链团建联盟。化龙镇“青年之家”位于金雁佳园，建立“团干部 + 团员 + 青年志愿者”工作体系，引导金雁青年服务队志愿者参与。

【青年发展规划实施】2023 年 10 月 31 日，番禺区召开中长期青年发展规划实施工作联席会议第五次全体会议，审议《番禺区中长期青年发展规划实施和落实广州市全国青年发展型城市建设试点工作要点（审议稿）》《番禺区贯彻落实〈广州市青年创新创业促进条例〉实施方案（审议稿）》，通报番禺区中长期青年发展规划实施和落实广州市全国青年发展型城市建设试点工作推进情况，解读《广州市志愿服务规定》，对《广州市青年创新创业促进条例》作专题培训。

（梁斯雅）

番禺区妇女联合会

【概况】2023 年，番禺区妇女联合会（简称番禺区妇联）加强儿童权益保障，推进儿童友好城市建设。设立产业发展服务部，为巾帼科技先锋及产业能手提供展示交流平台。探索“一村一企”结对模式，建设“广州巾帼头雁村”。推进平安家庭智慧治理，实现科技赋能精准服务，多元化解家事纠纷。完善与公安、民政、司法、卫健等部门联动协调反家暴工作机制，公安部门家暴告诫书发放率 51.6%，法院人身安全保护令签发率 100%。实施番禺区 2023 年民生实事“建设 1+16 家庭教育指导服务中心（站）”，推进广东省县（区）级家庭教育指导中心规范化建设项目创新试点。第十三期“妇女献爱心”互助活动筹集捐款 1011 万元。全年资助、补助和慰问患病妇女、单亲困难母亲 800 万余元。为 669 名来穗青少年实现微心愿。

【妇女儿童发展】2023 年，番禺区妇联与区人社局、区总工会开展番禺区第十五届职业技能竞赛，有 209 名妇女参加竞赛，40 名优秀妇女被授予“番禺工匠”等称号。5 名妇女参加第三届广东省“南粤家政”技能大赛家政服务员（家务服务员）项目竞赛，1 人获得三等奖和“广东省技能手”称号。协助市妇联建设广州市女科技工作者人才库，支持女科技工作者参与重大科技项目。4 家企业被评为广东省女大学生创业实践和就业实习基地。番禺区妇联会同小谷围街道举办“智赋湾区 科创她力量”广州巾帼科技先锋系列活动番禺专场。制定《广州市番禺区儿童友好城市建设实施方案》，将儿童友好城市建设工作融入城市发展中。桥南街道被评为广东省儿童友好示范街道，番禺区妇幼保健院被评为广东省儿童友好示范基地。东环街道被确定为广州市儿童友好试点街道，桥南街道番奥社区和东环街道甘棠村被确定为广州市儿童友好试点社区（村）。番禺区人民检察院、沙湾京兆小学、沙湾中心小学、市桥沙墟二小学、市桥中心小学被确定为广州市儿童友好试点基地。番禺区图书馆被省妇联评为广东省家庭亲子阅读体验基地。

【巾帼行动】2023 年，番禺区完成打造第一批 6 个“巾帼头雁村”，推荐第二批“巾帼头雁村”，“一村一企”结对共建合作，19 位广州市女企业家与 14 个“广州巾帼头雁村”结对。7 次组织“广州巾帼头雁村”所属镇（街道）、村妇女干部和骨干 46 人次参加市妇联“头雁领航群雁高飞”活动。参与省、市妇联系统“三八红旗手（集体）”“巾帼文明岗”“巾帼建功先进集体”培育选树宣传，黎艳芬家庭获 2023 全国“最美家庭”，吴铭枝家庭获 2023 广东十大“最美家庭”，黄春萍家庭获 2022 年广东百户“最美家庭”。7 个镇（街道）8 个庭院被评为全省“美丽庭院”。

【妇联组织建设】2023 年，番禺区妇联完善执委队伍建设，召开番禺区妇联第十四届七次会议，替补 4 名区妇联执委，邀请区级主执委作经验介绍。举办 2023 年番禺区妇联新一届镇（街道）妇联执委培训班，培训各镇（街道）妇联主席、专职副主席、执委代表 180 人。通过“羊城巾帼云课堂”线上课程，开展妇联执委培训。以党建带妇建，在粤港澳青创孵化器及大罗塘珠宝名镇成立妇联组织。

2023 年 12 月 20 日，番禺区妇联举办“智赋湾区·科创她力量”粤港澳青创智库共话科技创新活动（区妇联 供图）

【妇女儿童权益维护】2023 年，番禺区妇联打造“心理 + 法律 + 家庭教育”综合维权模式，“舒心驿站”、法律维权咨询室、和美家庭工作室、婚姻家庭纠纷人民调解工作室、“阳光心晴”心声热线以及家庭教育专家热线“六位一体”立体维权网络。完善“舒心驿站”心理咨询室日常协调机制，组织法律专业志愿者和社会工作志愿者，提供妇女儿童维权个案跟进服务，全年各级“舒心驿站”咨询服务 401 人次，跟进个案 276 件，举办活动 183 场，服务 17322 人次。“法律维权咨询室”每周安排律师接待来访妇女群众，咨询服务 23 人次。“和美家庭工作室”律师，为受家暴侵害的妇女儿童提供“一对一”个案跟踪服务，法院开通“绿色通道”签发人身保护令。“阳光心晴”心声热线为来访群众提供心理咨询服务 319 人次。各级婚姻家庭纠纷人民调解工作室提供婚姻调解咨询服务 86 人次，跟进婚姻调解案 55 件。区文广旅体局依托“文网卫士”等技术监管平台，查处无证经营、接纳未成年人、未核对登记有效身份证件等违法违规行为。

【帮扶困难妇女儿童】2023 年，番禺区妇联组织区女企业家会员单位捐赠现金、生活物品 2 万多元助学慰问梅州市五华县华城镇困难儿童。联合区中心医院、区何贤纪念医院、区家政会等单位在华城镇举办“助力乡村促发展爱心义诊健康行”

活动，指导培训当地30名家政人员，为群众送去价值6千元常用药物，慰问华城镇困难户6人次。组织中国人寿保险番禺支公司等企业代表到贵州省毕节市赫章县，向12户脱贫户送去慰问金，捐赠物资价值8万多元。联合热心社会组织赴贵州省毕节市赫章县、威宁彝族回族苗族自治县慰问当地困难儿童，开展公益心理课堂，捐赠冬季衣物及文具。连同番禺区驻华城镇帮扶工作队、区妇促会、区家教会举办“关爱苏区儿童 助力乡村振兴”主题公益夏令营，组织21名华城镇儿童到番禺游学。

（黄淑贞）

番禺区科学技术协会

【概况】2023年，番禺区科学技术协会（简称番禺区科协）实施《广州市番禺区全民科学素质行动规划纲要实施方案（2022—2025年）》。落实番禺区院士（专家）工作站建设扶持政策。推动“科创中国”试点园区，启动全市首个“乡村科普大喇叭”知识传播平台，上线“番禺科普地图”小程序，创建“科普特色村”，举办青少年科普活动。联系华南理工大学广州国际校区、粤港澳大湾区（番禺）海创人才科创中心，协助申报国际研发社区和省科协海智工作站。

【“全国科普日”活动】2023年9月3日，番禺区科协在区图书馆新馆举办“提升全民科学素质，助力科技自立自强”——2023年番禺区“全国科普日”主题活动。活动汇聚区内15所科普资源单位和14所学校科普资源，新增科普互动体验专区、“科普秀”表演小剧场、科普作品展览区、科普大篷车设备专区，展出科普作品131件。9月18—19日，“海洋防灾减灾，科创筑梦未来”全国科普日第二主会场在番禺创新科技园举行，有200余名学生参与，线上同步直播。

【院士（专家）工作站建设】2023年，番禺区科协引导区内科技型企业机构加强与院士专家等高层次人才的产学研结合服务，扶持院士专家工作站建设。2月26日，佳都科技股份有限公司、广州思林杰科技有限公司、广州环峰能源科技股份有限公司3家企业院士专家工作站获得90万元补助。

【“乡村科普大喇叭”启动】2023年7月1日，番禺区科协以应急广播系统为载体，启动“乡村科普大喇叭”科普平台。该平台覆盖175个村，每周一至周五11时和17时播出，每次播放10～20分钟，内容涵盖航空航天、前沿科技等科普内容。全年播出250次，总时长超3750分钟，宣传服务人群超200万。番禺区科协还利用“乡村大喇叭”进行反邪教宣传，被评为番禺区“反邪教宣传教育基地”。

【“科创中国”试点】2023年，番禺区科协推动“科创中国”番禺论坛实施计划，组织走访粤澳青创科技孵化器、天安番禺节能科技园试点园区，与企业负责人座谈交流。组织举办新能源产业高端论坛。调研走

2023年9月18日，番禺区科协举办“海洋防灾减灾，科创筑梦未来”全国科普日活动　（区科协 供图）

访并动员华工国际校区创建中科协海智研发社区，动员广汽埃安公司建设科普基地和企业科协。

【“科普特色村”创建】2023年，番禺区科协创建广州市“科普特色村”，推动创建项目更丰富、更惠民。广东省食品所与南村镇新基村建立广州市食品质量与安全科普特色村建设项目，定期开展“食品安全小卫士”研学、“炫兔科普年”系列活动。广东省第二人民医院优势和化龙镇水门村建立“互联网+应急医学”科普项目，在村口、村委等显著位置设置“广州市科普特色村”标识，建设健康科普宣传栏，对科普图书室进行微改造。

【“番禺科普地图”小程序】2023年7月28日，“番禺科普地图”小程序上线，首批上传17家科普基地基本情况和5家科普基地宣传视频。番禺区科协通过网站+微信小程序形式，搭建综合性科普信息平台，上传区内科普基地场馆资讯信息和主要科普资源，让更多群众了解和使用科普地图，提高公众科普服务能力和科学传播水平。

（吴海波）

番禺区归国华侨联合会

【概况】2023年，番禺区归国华侨联合会（简称番禺区侨联）打造创新创业平台，推进广东省“南粤侨创基地”（粤港澳青年创业孵化器）共建。与16个海外侨团签订缔结友好合作关系协议书，双向构建多国友谊之桥。开展侨联改革调研，参加“两代表一委员”工作室接待群众，集体提案《加大港澳双创扶持力度，发挥番禺在粤港澳大湾区建设的引领作用》被番禺区政协评为优秀提案。沙湾街道沙湾古镇被评为第十批“中国华侨国际文化交流基地”。番禺区侨联在中国华侨国际文化交流基地建设、基层组织建设工作经验在市侨联会议上交流推广，获中国侨商大会（广东）广州优秀组织奖。

2023年5月8日，广州大学城高校海外校友会、番禺（友好）海外社团侨智联盟举办座谈会
（区侨联 供图）

【“南粤侨创基地”共建】2023年，番禺区侨联推进广东省“南粤侨创基地”共建，鼓励海外侨青回番禺创新创业，接待杭州市侨联、加拿大广东华商总会等单位到访。指导开展侨界创新创业产业投融资、人才交流引进、技术转化推广、项目合作对接活动。成功推荐4个项目（番禺数字科创港、沙湾金寺围二期商住小区、东方瑰宝电商平台、珠宝时尚京东科技产业创新中心）入选中国侨商大会（广东）投资项目目录。

【侨团接待交流】2023年，番禺区侨联组织大湾区江门五邑华人华侨联谊社团主席团一行到“中国华侨国际文化交流基地”（沙湾古镇）开展文商旅考察调研，并与16个海外侨团签订缔结友好合作关系协议书，双向构建多国友谊之桥。接待美国、加拿大、英国、法国、挪威、澳大利亚、新西兰、斐济、泰国、澳洲等海外多个侨团侨领到访番禺，组织到广汽埃安、广州南站、万博商务区、广汽研究院、沙湾古镇、宝墨园参观考察，鼓励参与“一带一路”和粤港澳大湾区建设。

【侨联品牌活动】2023 年，番禺区侨联指导沙湾街道沙湾古镇申报，并被评为第十批“中国华侨国际文化交流基地”，在广州市侨文化日活动中分享创建心得体会。联合多部门举办“礼赞二十大　翰墨写侨心——番禺海内外书画作品展暨麦华三书法作品展”。联合区图书馆、区慈善会举办番禺区“侨胞之家”揭牌暨“广州市番禺区慈善会侨爱慈善基金”设立仪式。举办“品读番禺侨力量系列活动之星海·图强”“春暖侨邑　诗韵悠扬”中国古诗词作品音乐会番禺专场活动，得到《人民日报》、南方+、番禺融媒等多家媒体平台报道。发动 3 万名中学生并选送 700 余篇文章参加第 23 届世界华人学生作文大赛，有 67 人获奖（一等奖 6 人、二等奖 17 人、三等奖 44 人），番禺区侨联获优秀组织单位奖。

【侨胞服务工作】2023 年，番禺区侨联配合做好全区侨情摸查，全区海外侨胞遍布全球五大洲，有密切联系的海外团体 303 个，分布在 38 个国家和地区，有归侨 405 人。推动涉侨服务“一网通办”“指尖通办”，可全天候办理华侨回国定居申请等 10 多项政务。全年到番禺区“涉侨服务专区”报到侨胞 20 余人，收到侨胞诉求 3 个，办结 2 个。协调处理来信来访和矛盾纠纷 2 件。与番禺区 3 个直属侨友会（组）沟通协助解决问题。联合市侨联在春节、中秋前走访慰问归侨、侨眷。

（陈恺麟）

番禺区文学艺术界联合会

【概况】2023 年，番禺文学艺术界联合会（简称番禺区文联）履行“团结引导、联络协调、服务管理、自律维权”的基本职能，发挥番禺区文联作用，助力全面提升全区文化软实力，开创区文化艺术繁荣发展新局面。聚焦粤港澳大湾区建设、文商旅融合发展、打造魅力彰显的岭南文化特色区等主线，围绕“岭南古邑　粤韵番禺”“五乡文化”“珠水金声　粤韵乐乡”等主题，组织开展文艺品牌活动。

【文艺品牌活动】2023 年，番禺区文联组织区参展单位代表和作者参加广州市“前进号角——广州文艺高质量发展主题大展”。与区侨联联合主办“春暖侨邑　诗韵悠扬”——中国古诗词作品音乐会番禺专场活动。与区委宣传部、区文明办等单位联合举办“学习新思想　唱响新时代”广州番禺首届大湾区粤曲擂台赛汇报展演暨颁奖典礼。与区委宣传部、区文广旅体局、区教育局、区文明实践中心共同举办首届“多彩番禺——青少年儿童文创产品设计大赛优秀作品展”开幕式暨颁奖典礼。牵头组织举办同气连枝·“弦歌不绝”沙湾粤乐交流分享会，邀请香港粤曲团队与本地粤曲团队进行交流演出。与区关工委、区文明办等单位共同举办第六届“笔尖下的童真”少儿书画大赛。组织多个

2023 年 6 月 3 日，同气连枝·“弦歌不绝”沙湾粤乐交流分享会在沙湾古镇广东音乐馆举行
（区文联 供图）

粤曲演奏团队参加“珠水金声向海兴城”首届珠水家畔渔港文化嘉年华启动仪式文艺演出。与广东省文艺志愿者协会、广东省民间文艺家协会联合举办我们的节日·七夕——广东省文联文艺工作者“走进基层 服务群众”赴番禺惠民演出。与区教育局等单位联合举办“各张其性 拔乎其萃”戴志文曹杰钊艺术沙龙师生书画展暨《一脉相承》色彩教学作品集捐赠仪式。联合广州市民间文艺家协会和落户在番禺艺谷的广州市民间文艺创作实践基地，策划组织200多件民间文艺精品参加2023年第九届广东民间工艺博览会暨第十三届广东民间工艺精品展(青年专场)。举办“艺为媒·番禺结良缘”粤港澳大湾区单身青年交友会，300余人报名。

【文艺惠民服务】2023年，番禺区文联抓区文艺家活动中心和广州文艺市民番禺空间建设，与郭兰英艺术教育中心共建番禺文艺市民空间，承办“唱支山歌给党听”——番禺区庆祝中国共产党成立102周年主题音乐会、2023年“湾区杯”青少年舞蹈艺术展演。指导区民间文艺家协会举办“惊蛰”“春分”“谷雨”等多场24节气民俗活动并线上直播。指导番禺区曲协举办多场“珠水金声 粤韵乐乡”街坊粤曲分享会。支持沙头街道汀根村委会举办“华光宝诞”巡游表演活动。

【文化交流平台】2023年，番禺区文联接待北京市朝阳区文联、福建省上杭县文联、新西兰文联等单位来番禺调研。组织登门慰问居住在番禺的著名艺术家郭兰英、王增丰、赵泰来等。推荐选送中国雕刻大师王增丰的作品《百草园之梦——鲁迅笔下人物系列》赴第十六届山花奖初评作品展参展。创建“广东省文艺志愿服务创新基地”“香港青年艺术创作人才工作室”“番禺文艺志愿服务沙湾古镇基地”等阵地，打造乡音、乡祠、乡貌、乡业、乡亲“五乡”文化。加强与新媒体合作，线上直播宣传番禺区文艺活动。运营“番禺文艺”公众号，满足人民群众对精神文化的需求。

（侯珏）

番禺区残疾人联合会

【概况】2023年，番禺区残疾人联合会（简称番禺区残联）新办理残疾证1004张（累计16059张），新办理羊城通乘车优惠卡246张（累计6138张）。截至2023年年末，全区有持证残疾人16059人，其中肢体残疾6396人、听力残疾2535人、智力残疾2273人、精神残疾2534人、视力残疾901人、言语残疾207人、多重残疾1213人。全区有镇(街道)康园工疗站20个，残疾人社区精神康复综合服务中心、残疾人就业展能基地、残疾人就业庇护工场各1个，广州市松明尚苑颐养院设有1个重度残疾人托养中心。

【残疾人社会保障】2023年，番禺区残联为4271人次残疾人提供康复资助服务资助502万元，其中，医疗康复资助219人次96.25万元，机构康复资助3529人次378.23万元，异地康复资助5人次3.05万元，辅助器具适配资助249人次20.59万元，首次评残办证资助269人3.88万元。审核1701名残疾人“两项补贴”。在春节前夕向全区持证残疾人发放春节慰问金322.87万元。

【评残办证服务】2023年，番禺区残联邀请广州市残疾人康复中心、番禺区第三人民医院派出医生组成下乡评残小组，赴16个镇（街道）为200多人提供免费重度肢体类和精神类评残服务；完善评残办证服务体系，联系区卫健局、各公立医院，组织区内医生参加广州市残疾登记评定医师培训班12人次，番禺区肢体类别评残机构从1家增至2家，解决残疾人要到区外医院重评复评的困难，为推进区内上门评残常态化提供条件；协调医疗机构解决精神类评残门诊号源不足问题，形成动态调整机制。

【助残主题宣传】2023年，番禺区残联举办“科学爱耳护耳，实现主动健康”——第24次全国“爱耳日”主题宣传活动。邀请第三方服务机构为群众免

2023 年 5 月 19 日，番禺区开展第 33 次“全国助残日”系列活动
（区残联 供图）

费检测听力和维保助听器，实施“辅助器具进校园工程”，优先为有需求的义务教育阶段学生提供辅具适配服务；举办“全国爱耳日”健康知识讲座，摸查出辅助器具需求 284 人次。开展第七次全国残疾预防日宣传教育活动，在区残疾人就业展能基地开展“安全无障碍共创，预防残疾从我做起”专题讲座。

【残疾人就业帮扶】2023 年，番禺区残联向 289 名机动轮椅车车主发放 2023 年机动轮椅车燃油补贴 7.51 万元，审批通过 2024 年申请材料 240 人。发放残疾人机动轮椅车报废补偿 17 辆 1.6 万元。拨付残疾人机动轮椅车带棚车型申购补贴 9 辆 6.3 万元；向 13 名残疾人发放 2022 年番禺区残疾人就业创业资金 14.25 万元；落实民惠农补贴资金“一卡通”管理系统项目上线，直接上线“残疾人就业创业扶助”等 13 个子项目，对接上线“残疾人机动轮椅车报废补偿”等 18 个子项目；落实新修订《广州市残疾人教育扶助办法》，审核通过生活补助 966 人，一次性教育奖励 74 人，发放补助 152.45 万元；对全区 400 多个残疾人个体工商户（商家）给予帮扶，送上慈善机构赠送的意外保险、无障碍经营工具包，指导开通顾客分享推荐小店和专属客服等功能。与壹山傍水（广东）供应链有限公司合作把番禺区康园工疗示范站打造成为扶贫助残电商孵化基地，开展爱心助农、暖心助残直播活动，创建全区首个残疾人电商运营室。

【无障碍建设督查】2023 年，番禺区残联对全区无障碍设施管养情况进行检查，到南村镇、石碁镇、市桥街道等地进行 31 次巡查，对盲道破损、铺设不规范等情况督促相关部门跟进处理。组织残疾人前往番禺区慢病站、大石街道中心幼儿园等地进行无障碍体验验收，组织残疾人 27 人次完成 11 次体验验收；落实无障碍停车位管理办法，对残疾人提交的无障碍停车位专用标识申请材料进行初审，收到 19 份申请，发放 8 个无障碍车标。

【扶残助残冠名基金】2023 年，番禺区残联与区慈善会设立全区首个扶残助残冠名基金，广州市荣誉市民、何金容基金负责人何厚锵支持 72 万元基金启动经费，解决残疾人“急难愁盼”问题。为番禺区 53 家盲人按摩机构，发放扶持经费 42.1 万元；对在区民政局合法注册且属于精准康复服务的 2 家定点康复机构，每家给予 1.2 万元一次性专项补助。与省残联、市医保部门协调，为南村镇一名听力残疾儿童提供人工耳蜗康复资助。

（陈丽仪）

中国国际贸易促进委员会广州市番禺区委员会

【概况】2023 年，中国国际贸易促进委员会广州市番禺区委员会（简称番禺区贸促委）加强与境外商协会沟通联动，组织召开番禺区外贸促进新春座谈会，17 家境外商协会到场开展信息对接交流。赴法国、捷克、意大利开展商务交流，在法国、捷克分别挂牌成立“中国广州番禺海外人才工作站”“中国广州番禺海外招商工作站”，与法

2023 年 12 月 16 日，“连通中法 迈向全球”法国海归青年与番禺企业家交流论坛举行　　（区贸促委 供图）

国番禺富善社、捷克粤商会、欧洲华创会等 5 家协会和智库组织签订经贸、人才领域合作备忘录。

【商事认证服务】2023 年，番禺区贸促委为企业办理一般原产地证超 7 万份，增长 21.46%；办理区域优惠原产地证 3528 份，基本持平，涉及货值 1.59 亿美元，为企业减免进口国关税约 285.44 万美元；出具商事证明文件超 2.51 万份，增长 11.45%。

【会展服务】2023 年，番禺区贸促委组织 19 场参展观展活动，发动超 700 家企业参加。其中，境外展 5 场，包括第 39 届香港国际珠宝展、2023 年澳门国际环保合作发展论坛及展览、第 28 届澳门国际贸易投资展览会。牵线搭桥法国家乐福集团等广交会客商与番禺区制造业企业开展交流对接，促成法国家乐福集团与南大集团达成合作意向。

【珠宝首饰流行趋势发布会】2023 年 2 月 22—24 日，第二届国际珠宝首饰流行趋势发布会（中国·广州番禺）在番禺区长隆万博商务区举办。番禺区贸促委举办 11 项专场活动，包括新品发布秀 15 场，涉及 43 家知名企业或设计师，发布珠宝新品 449 件，其中番禺本土企业、设计师作品 100 件；与 6 家国内知名珠宝企业签订战略合作协议；组织制造业客商和驻华使领馆代表 126 人参观考察番禺灯光音响、汽车制造等优势产业；3 场行业高端会议吸引 335 名专业观众参加；创意主题展览展出珠宝精品 125 件、行业历史照片 48 幅，800 多人次参会，电商和工厂对接意向订单额 1.9 亿元，3755 万人次线上观看。

（谢战儒）

法治

政法委与综治

【概况】2023 年，中共广州市番禺区委政法委员会（简称番禺区委政法委）紧扣政法工作现代化和高质量发展两大主题，统筹安全与发展两件大事，全区政治社会大局保持稳定。推动落实 90 项服务保障项目，其中 20 项亮点工作、31 项重点工作纳入平安建设考评范畴。政法队伍警示教育覆盖 6 个政法单位、3300 多名政法干警、16 名镇（街道）政法委员，组织学习 151 次，领导干部讲党课 117 场，开展“我为群众办实事”34 项。建设政法跨部门大数据办案平台，发起案件流程业务 4632 件，案件数据全流程网上流转、留痕，实现办案效率与法治监督“双优化”。加强法治救济，三级法律服务平台和村居律师顾问服务群众 9979 人次，办结司法救助案件 82 件 91.52 万元。

【平安番禺创建】2023 年，番禺区委政法委成立“平安番禺建设创新研究中心”，启动平安番禺建设十项民生实事评选。推进公安“两队一室”改革，实现城区“一区一警两辅”、农村“一村一警（辅）”全覆盖。强化重点行业领域监管，停业整顿寄递物流企业 278 家，整改危爆品场所隐患 56 处，排查道路设施安全隐患 1980 处。开展严重精神障碍患者服务管理质量大提升行动，面访率、报病率、服药率持续增长。加强安置帮教，全区社区矫正人员、刑满释放人员再犯罪率分别为 0.14%、0.13%。建立常态化校园安全专项督导检查机制，596 所中小学、幼儿园 100% 配齐“护学岗”和警力。整治出租屋安全隐患 12.06 万处。

【社会治安环境】2023 年，番禺区委政法委严厉打击黄赌毒盗抢骗违法犯罪，推进扫黑除恶常态化，打掉电信诈骗团伙 39 个、涉走私犯罪团伙 4 个，全区 110 案件类警情同比下降 8.9%。加强人防建设，推进“广州街坊”网格化，全年发起群防共治活动 1.1 万次。加强物防建设，推进城中村“围院式”管理。加强技防建设，智能门禁出租屋 3.07 万栋，来穗人员“粤居码”持码率 99.14%。加强心防建设，三级“粤心安”心理服务站和中小学校心理辅导室 100% 实体化运作，心理干预 474 项。

2023 年 4 月 26 日，番禺区开展打击整治赌博游戏机全面清查整治专项行动
（区委政法委 供图）

【矛盾纠纷化解】2023年，番禺区委政法委推动落实重大决策社会稳定风险评估制度，组织开展基层矛盾纠纷排查化解行动和八大领域专项治理，排查突出矛盾纠纷381件，化解成功率82.7%。建立禺城解纷队，吸纳法官代表、检察官代表、司法所长、公益律师、专职调解员代表等93名法律人士。创新成立番禺区大调解中心，进驻6个专业调解组织，组建以法官为主导的专业调解团队，诉前调解化解纠纷14568件，同比增长21.85%。

【基层综合网格】2023年，番禺区委政法委在1820个综合网格基础上，协调公安、消防、司法等25个部门划分专业网格。推广“人人都是网格员”模式，吸纳网格员，建立积分兑换机制。创新“警网联动”模式，联动排查处置违法案件2046起。创新“综合网格+人民调解”模式，选聘若干名专职网格员为兼职人民调解员，实现人民调解“进网格”。研发全区网格统一采集App，建设番禺区网格化指挥调度平台，实现数据跨区域、跨部门融通。压实网格责任，网格事件流转率提升至94%。

【基层综治中心提档升级】2023年，番禺区委政法委完成16个镇（街道）和100个城中村综治中心提档升级任务，司法、信访、劳动、来穗等机构常态化进驻。法院、检察院指派法官、检察官包片挂点对接各镇（街道）综治中心。将1820个综合网格、17869个应急网格、2462个最小应急单元、2万名应急力量纳入综治中心指挥调度体系，综治中心实战能力大幅提升。

【赌博游戏机整治】2023年，番禺区关停取缔非法游戏游艺行业单位576家、封停“三无”场所235个、查封违规出租屋1235间、封停涉案场所74个，取得“三升一降一归零”的成绩。出台制售赌博游戏机综合治理方案、分级分类巡查监管工作指引、举报奖励机制，促成行业协会出台游戏游艺行业自律公约。

（刘南荣）

法治政府建设

【概况】2023年，番禺区委履行推进地区法治建设领导职责，区政府落实法治政府建设主体职责，举办民法典专题中心组学习研讨会，系统研究谋划和解决法治领域人民群众反映强烈的突出问题。区委召开全面依法治区工作会议，制定《中共广州市番禺区委全面依法治区委员会2023年工作要点》，定期听取法治政府建设和行政复议应诉报告。健全党政主要负责人述法全覆盖制度，全年各单位党政主要负责人撰写述法报告57人次，全区党政机关班子成员提交述职述廉述法报告494人次。

【依法行政决策】2023年，番禺区将“编制番禺气象综合监测网络优化建设规划（2023—2025年）”“编制番禺区产业规划”和“编制番禺区国土空间总体规划（2021—2035年）”列入2023年度区政府重大行政决策事项目录和听证事项目录，严格遵循决策起草、专家论证、风险评估、集体讨论等决策法定程序。启动《番禺区实施〈广州市行政规范性文件管理规定〉细则》修订程序，制定规范性文件项目库，加强规范性文件申报调整、制定发布、评估修订，全区出台11份行政规范性文件，100%实现政策解读，其中7份文件同步英文翻译。强化综合行政执法协调监督，形成《关于镇街综合行政执法运行情况的调研报告》，对镇（街道）执法规范化建设开展专项督察和执法案件案卷评查。番禺区无兽药生产许可证生产兽药案的案卷入选全国农业行政处罚优秀案卷；番禺区公安分局执法办案管理中心获得公安部通报表扬。《番禺区多举措促镇街“接住用好”下放的行政执法权》获得2023年度广州市法治创新项目二等奖。

【规范行政权力运行】2023年，番禺区增强行政复议和司法监督实效，自觉接受区人大、区政协和区纪委监委的监督，落实重大事项提请区人大常委会审议、报告、备案制度；以党

2023 年 11 月 7 日，中共广州市番禺区委全面依法治区工作会议在区会议中心召开（区司法局 供图）

内监督为主导，促进党内监督与民主监督、行政监督、司法监督、审计监督、财会监督、统计监督、群众监督形成合力，多元化监督助力依法行政。组建第二届番禺区行政复议委员会，对市场监管领域投诉举报类复议案件实行清单式审理，建立交通违法处罚类案件受理前调解制度。区政府接收复议申请 784 件，超 90% 行政争议在复议阶段得到化解。全区行政机关负责人出庭应诉率 100%。番禺区“某船舶运输有限公司诉番禺区海洋综合执法大队、番禺区政府行政处罚及行政复议案”入选 2022 年度广东省高级人民法院行政诉讼十大典型案例。

【法治化营商环境】 2023 年，番禺区印发《番禺区行政许可事项清单》，将 261 项行政许可事项纳入清单管理。“政务服务事项标准化及其应用”被评为省级优秀试点项目，“云政务服务晓屋建设与运行”国家标准化试点项目通过中期评估。成立区企业建设服务中心，建立企业全生命周期服务运营闭环机制，为依工、安仕、光庭、原子高科、获原等 19 个重点招商项目提供筹建全流程指引，促成 9 个项目提前动工、29 个项目封顶、10 个项目竣工投产。倡导运用说服教育、劝导示范、警示告诫、指导约谈等方式执法。依法减免 154 件处罚案件。设立番禺公证处业务窗口及商事仲裁调解中心，引进 70 多家法律服务机构及关联企业进驻万博法律服务集聚区。5 个产业园区及专业市场设立公共法律服务工作站。组建由 100 名律师组成的禺城律政公益法律服务团。

【学法用法普法】 2023 年，番禺区开展全民普法和法治镇（街道）培育工作，印发《2023 年番禺区普法依法治理工作要点》，将宪法学习纳入全区公务员专题班学习计划；开展“法律六进”活动 1005 场和民法典主题宣传普法活动 49 场次；石碁镇、洛浦街道通过广州市第二批法治镇（街道）培育项目验收，化龙镇水门村、沙头街道榄山村、石碁镇桥山村成为 2023 年省“民主法治示范村（社区）”创建单位。设立“一站式”公共法律服务工作站和退役军人公共法律服务工作站，开展送法进校园、进村社区、进军营等法律援助、宣传服务活动。

【依法化解矛盾纠纷】 2023 年，番禺区建立“综合网格 + 人民调解”工作机制，吸纳法官、调解专家库成员等 93 人组建“禺城解纷队”。组建小分队赴浙江学习“千万工程”、枫桥经验，形成《关于传承和发展新时代“枫桥经验”不断提升基层社会治理水平的调研报告》。番禺区司法局被评为“2023 年全国组织宣传人民调解工作先进集体”；新造社区人民调解委员会主任黎爱滨获评“全国模范人民调解员”称号。

（曾晓丹）

公 安

【概况】 2023 年，广州市公安局番禺区分局（简称番禺区公安分局）加强防风险、护稳定，防发案、强打击，防事故、保安全，抓基层、打基础，护民生、办实事，抓队伍、促业绩，完成维护政治安全、打击犯罪、治安防控、服务群众等工作。持续推进反恐综合治理，强化涉恐隐患排查整治，严密涉恐、涉个人极端暴力重点人分级动态管控和反恐重点目标分类分级管理，全区社会治安总体平稳。

【打击网络诈骗】2023年，番禺区公安分局抓获电信网络诈骗及关联犯罪嫌疑人1598人，刑事拘留699人，实破案件2152件，电信网络诈骗警情同比下降3.4%、电信网络诈骗案件同比下降8.5%，见面劝阻10.8万人，见面数居全市第二，拦截资金6184.3万元，同比上升45.1%。15件百万案件全部告破，其中侦办的“1103”涉缅北电信网络诈骗回流人员专案实现53名犯罪嫌疑人全部批捕，居全市第一。开展反诈专题宣讲5700场，听众100万余人。

【打击走私犯罪】2023年，番禺区公安分局组织开展打击偷渡走私犯罪攻坚行动。打掉涉走私犯罪团伙4个，抓获涉走私犯罪嫌疑人110人，查扣“三无”船只19艘、走私冻品10.94吨、成品油0.45吨，另查处“三非”外国人277人，办理非法聘用案件17件、容留藏匿案件11件，侦办妨害国（边）境刑事案件15件，遣送出境“三非”人员15批次24人。

【打击经济犯罪】2023年，番禺区公安分局以夏季治安打击整治等专项行动为牵引，强化重点案件攻坚。受理经济犯罪案件383件，破案145件，破案率37.86%，刑事拘留199人，同比上升101%。开展猎狐追逃行动，劝投3名猎狐对象归案。

【社会治安防控】2023年，番禺区公安分局规范完善合围快封机制，划定30个“1、3、5分钟”快速反应圈，在全区设置9个封控点，实现“一点一台账”登记造册。全区部署最小应急单元2462个1.9万余人，协助公安机关处置案事件139件。

2023年10月23日，番禺区公安分局开展重阳登高安保工作

（区公安分局 供图）

【公安窗口服务】2023年，番禺区公安分局推进户籍档案电子化加工工作，开放派出所智能签注，推进国家工作人员登记备案和法定不准出入境人员通报备案工作。综合办证大厅及各派出所户政窗口接待群众62.5万人次，产生业务量49.2万件，完成户籍档案扫描1239万页，形成数据成果963.9万页，全区受理因私出入境102.3万件，外签窗口受理5723件，登记录入法定不准出入境人员信息1113条，阻止涉赌、涉诈人员办证116人。推进户政业务“就近办”“网上办”“掌上办”“马上办”“跨省通办”“全城通办”等便捷服务，推进“一窗通办”试点工作，结合快递邮寄服务，实现群众办事“零跑动”。“一窗通办”窗口受理人口、出入境、交警业务量12027件，办理他区身份证9931件、户政全城通办5856件，全城通业务办理量排名全市前列。

【交通管理】2023年，番禺区公安分局结合缓堵治堵工作，开展交通秩序整治。查处交通违法行为74.54万件，同比上升28.25%。排查1980处道路安全隐患，完成整改1703处。向临界高风险运输企业发放告知书3819份，清理逾期未检验重点车辆1439辆、逾期未报废重点车辆59辆。开展“七进”交通安全宣传活动1871次，45.63万人受教育，发放交通安全宣传资料 4.85 万份。

（何俊鹏）

检 察

【概况】2023 年，广州市番禺区人民检察院（简称番禺区检察院）办理各类案件 6407 件，办案总量居全市第二，其中办理审查逮捕案件 2034 件（涉及 2667 人），批准逮捕 842 件（涉及 1055 人），办理审查起诉案件 2521 件（涉及 2960 人），决定起诉 1780 件（涉及 2056 人），办理其他刑事检察案件 336 件、民事行政检察案件 197 件、检察公益诉讼案件 111 件、执行检察案件 1016 件、控告申诉检察案件 171 件、检察建议 21 件。16 个案例被评为市级以上检察机关典型案例、精品案例，获评全省检察机关“检察工作现代化先进基层单位”称号。

【服务平安建设】2023 年，番禺区检察院常态化推进扫黑除恶斗争，办理涉恶捕诉案件 7 件 32 人。强化侦查监督与协作，与番禺区公安分局联合签署《关于进一步加强规范介入侦查工作的意见》。依法办理严重暴力犯罪、毒品犯罪等捕诉案件 248 件，所办案件入选全市检察机关惩治毒品犯罪和参与禁毒综合治理白皮书。严厉打击赌博机非法经营，依法办结公安部“铲黄毒·治源头”1 号赌博机专案。开展命案积案办理专项法律监督，引导侦查办理陈年命案 13 件。全链条打击电信网络诈骗及关联犯罪，办理电信网络诈骗、帮助信息网络犯罪捕诉案件 190 件，在办理公安部“717”缅北电信诈骗专案中全程引导侦查，批准逮捕率 100%。受理群众控告、申诉、举报 1622 件，7 日内回复率和 3 个月内办理过程或结果答复率 100%。落实信访案件首办责任制，院领导包案办理疑难复杂信访案件 61 件，推动解决重复信访。依法运用诉讼外和解、公开听证等方式定分止争，开展检察听证活动 136 件(次)，促成刑事和解 29 件。办理涉及劳动纠纷的民事行政监督案件 88 件，监督追回欠薪款项 567 万元。对因案致贫家庭“应救尽救”，救助 71 名被害人 46 万元。

【法治化营商环境优化】2023 年，番禺区检察院制定实施服务保障民营经济健康发展“12 条举措”。成立知识产权检察工作办公室，下设 4 个专业办案组。会同公安机关清理既未撤案又未移送起诉、长期搁置的涉企“挂案”29 件。起诉侵害企业及企业家合法权益犯罪 94 件。深化“益企向未来”企业合规品牌建设，推动法检两院建立涉案企业合规衔接机制，与上海、江苏等地检察机关联合构建企业合规异地协作机制，办理涉案企业合规案件 13 件，涉企总产值 1.76 亿元。依法惩治破坏市场经济秩序犯罪，办理捕诉案件 240 件 440 人。依法惩治金融诈骗、非法传销、非法集资等涉众型经济犯罪，办理捕诉案件 47 件（涉及 94 人）。起诉全省首件涉数字货币的重特大网络传销组织专案，协同相关部门依法处置涉案数字货币，变现违法所得 2.76 亿元。加大提前介入力度，办理涉案金额 12 亿元的司某某等人涉嫌组织、领导传销活动案，及涉案金额超 26 亿元的易某某等人涉嫌非法经营案等一批金融安全典型案例。坚持检察办案与追赃挽损并重，在检察环节追赃挽损 1.44 亿元。落实反腐败、受贿行贿一起查，受理审查起诉职务犯罪案件 23 件（涉及 27 人），涉案金额 3465 万元。在办理陈某涉嫌单位行贿案中，促使陈某退回行贿违法所得人民币 1100 万元。

【诉源治理】2023 年，番禺区检察院创设“邻里检察”“园区检察”基层治理协作模式，全区 16 个镇（街道）277 个村（社区）及重点园区建设多功能“检察官工作室”和“检察官驿站”。运用“检察建议 + 调研报告”治理模式助推诉源治理，向区委报送专项调研报告 8 份，向行政部门制发检察建议 224 份，3 份检察建议被评为全市检察机关社会治理优秀案例。落实宽严相济刑事政策，认罪认罚适用率 83.97%，确定刑量刑建议采纳率 98.26%。推进轻罪刑事案件不起诉社会综合治理。发挥刑事赔偿保证金提存工作机制的作用，督促犯罪嫌疑人退赃退赔 3097 万元，对 304 名被不起诉人进行公开宣告并现场训诫，深化同类多发犯罪行为的综合治理。在全市率先推进行刑反向衔接试点，监督相关行政机关对 107 名被不起诉人做出行政处罚决定。牵头开展醉驾治理专项监督，受理醉驾起诉案件量同比下降 15.77%。探索大数据赋能协同治理，创建类案监督模型 33 个，其中国有财产保护、生态整治两个监督模型分别被评为省、市优秀大数据法律监督模型。

2023 年 8 月 23 日，番禺区检察院到案发企业召开企业合规整改检察听证会 （崔杰锋 摄）

【检察监督】2023 年，番禺区检察院加强刑事诉讼监督，会同公安机关推动侦查监督与协作配合机制实质化、规范化、体系化运行，督促立案、撤案 147 件，纠正漏捕、漏诉 163 人，发出纠违文书 137 份。对公安机关各科、所、队进行刑事执法综合评价，定期通报侦查办案质量。打造“检察官讲堂”，应邀在全省药品“两法衔接”、全省公安机关治安业务培训班上授课。提升刑事审判监督精准度，提出、提请刑事抗诉 2 件，成功率 100%。针对监管执法和刑罚执行、监外执行等问题，提出纠正意见 994 件。开展财产刑执行检察，排查 2265 份涉财产刑判决书，核查涉财产刑判项执行案 886 人、案值 9129.06 万元。加强民事检察监督，受理民事检察案件 168 件，作出民事支持起诉决定 42 件，提出检察建议 101 件。办理某热源有限公司欠薪民事非诉执行监督系列案，督促该公司另案债务人履行债务，监督 1300 多万元欠薪款全部执行到位，该案被最高人民检察院评为民事检察典型案例。开展行政检察监督，办理行政非诉执行监督案件 29 件。综合运用调查核实、公开听证等手段，推动实质性化解行政争议。首创“一府两院合处置”司法执行护耕地模式，办理戴某某行政非诉执行监督案，经验做法得到上级检察机关肯定推广。

【公益诉讼检察工作】2023 年，番禺区检察院立案办理公益诉讼案件 111 件，提出诉前检察建议 84 件，起诉 12 件，判决支持率 100%，办案数和业务质效均居全市第一。打造“益护禺港”公益诉讼工作品牌，办理生态环境和资源保护领域公益诉讼案件 34 件。加大涉农检察力度，督促恢复被破坏耕地约 1.35 公顷（20.3 亩）、整治水体污染河涌 8.7 千米。开展“检农资保春耕”专项监督行动，推动立案查处农药、种子违法经营案件 16 件，牵头建立农产品质量安全、耕地占用税征管等领域协作机制。开展红树林保护公益诉讼检察专项监督，设立全市首个海洋公益诉讼观察站，办理海洋公益诉讼案件 7 件，通过现场听证提供定制化保护方案，督促清理影响海域环境固体废物 505 吨、有害植物 79.57 公顷（1193.5 亩），督促 450 万元清理作业经费保障到位，工作成效被《检察日报》头版报道，办案情况在《联合国气候变化框架公约》第 28 次缔约方大会中国角被推介。办理食品药品领域公益诉讼案件 33 件，向侵权行为人追索惩罚性赔偿金 9600 万余元。强化文物和文化遗产监督，针对管护不到位的情况立案 8 件，推动整改 14 处。开展自动体外除颤器（AED）配置公益诉讼专项监督，推动 50 家相关公共场所、单位配置 AED 设施。贯彻实施

《中华人民共和国妇女权益保障法》，督促推动9家涉案公司完成涉妇女权益保障问题整改，制定防治职场性骚扰制度。

【未成年人权益保障】2023年，番禺区检察院依法从严从重从快打击侵害未成年人犯罪，批捕84人，起诉71人。一体履职促进未成年人综合司法保护，在全市介绍协同相关部门综合治理的经验做法，办理广州首例被性侵未成年人获赔精神心理治疗康复费用案件，获《检察日报》专题报道。联合番禺区公安分局构建未成年人司法保护检警协作机制，组建专门办案团队，未成年人专门保护贯穿侦、捕、诉等司法办案环节。联合相关部门在全市率先出台预防和惩治涉未成年人家庭暴力工作办法，推动开展涉未成年人租赁房屋治理、游乐设施安全隐患整改、未成年人网络空间净化。打造番禺区青少年法治教育基地、番禺区青少年犯罪预防基地，会同团区委创建“红领巾”法治宣讲团，开展法治宣讲37场。

（郑镇坤）

法院

【概况】2023年，番禺区人民法院（简称番禺区法院）新收案件45617件，办结46904件，实现“两降一升”态势：收案连续2年下降，同比降幅3.14%；存案创十年历史新低，有案件4246件；结案效率稳步提升，结收比102.82%。全年新收刑事案件1860件，审结1841件（涉及2026人）。全年新收民商事案件23241件，审结23746件，结案标的119.75亿元。全年新收执行案件17663件，执结18454件，执行到位13.14亿元。

【扫黑除恶常态化】2023年，番禺区法院推进常态化扫黑除恶斗争，审结垄断驾考场、地铁站黑车团伙案，执行到位黑恶财产2334.13万元。对7件梁某某黑恶团伙追讨“黑财”案启动审判监督程序，驳回原审原告诉讼请求金额3855.25万元。延伸司法审判职能，向辖区各机关单位发出扫黑除恶相关司法建议13份，全部获得采纳。

【民生案件审理】2023年，番禺区法院审结涉教育、就业、医疗、养老、住房等民生案件4224件。处理广州市某物业管理有限公司“以租代售”案、加装电梯额外补偿案，审结全市首件精神心理治疗康复费用案。赵某某非法填埋危险废弃物案入选广东高院服务保障绿美广东生态建设典型案例。

【解决执行难】2023年，番禺区公安、国土、综治中心等部门协助执行案件5387件。番禺区法院执行追索工人工资、赡养费、医疗损害赔偿、交通事故损害赔偿等案件3025件，发放执行款8418万元。开展“惠民·兑现百日行动”，集中发放执行款1456.84万元。依规纳入失信名单2333人，限制高消费17665人次，司法拘留168人，向公安机关移送涉嫌拒执犯罪线索14条，促使4987人主动履行义务，执结一批积案。

2023年10月11日，番禺区法院在化龙镇谭山村许氏大宗祠举办老年人权益保护专题巡回普法讲座

（区法院 供图）

【案件阅核制改革】2023年，番禺区法院在全省率先制定《关于院庭长阅核工作机制的实施办法（试行）》，采取刚性和弹性相结合方式确定阅核范围，确保监管覆盖全领域多维度，以“个案监管”强化“类案管控”。推进阅核系统信息化建设，探索将案件阅核功能嵌入办案平台，实现案件监管全流程覆盖。创新经验获最高人民法院肯定，作为唯一基层法院代表受邀在第五届“羊城杯”司法体制综合配套改革研讨会上作主题发言，为全国铺开案件阅核制改革贡献“番禺样本”。

【大调解中心】2023年，番禺区法院组建大调解中心，通过个案指导、典型案例、法条解释等方式，完善诉调对接机制，加强对调解力量“前端”培训，促进矛盾纠纷多元、简易、高效化解。妥善处理2件省级重点信访案。探索运用示范诉讼，带动批量纠纷高效化解。在审理某小区人民防空工程停车位系列案件中，通过2件示范判决妥善化解涉及320名业主的矛盾纠纷，经验获《人民法院报》报道，案例获全国法院系统2023年度优秀案例分析优秀奖。

【执行事务中心】2023年，番禺区法院成立执行事务中心，对外开设4个服务窗口，集执前督促、执行立案、案件查询、材料收转、终本管理等功能于一体，执行事务“一站式”集约办理。加强执源治理，将执行事务性工作延伸到执行立案前，促进执前调解和执行立案融合，实现执行服务与执行指挥衔接。集约提起网络查控1369件，接受电话咨询逾千人次，通过执前督促程序为债权人追回胜诉债权74笔1575.3万元。

【“适老”诉讼服务】2023年，番禺区法院完善“无障碍”设施建设，提升“无障碍”服务能力，打造“无障碍”诉讼通道。构建陪同诉讼机制，推行“精神赡养”。为文某某设立居住权案，入选广东高院贯彻实施民法典典型案例。建立乡村老年人权益保护普法基地，组建“祠堂宣讲团”，工作成效被广州中院在全市推广。

【智慧法院建设】2023年，番禺区法院完善送达系统建设应用，电子送达适用率持续3年位列各区基层法院之首，打通办案系统与邮政EMS平台、大洋网数据通道，实现邮政送达、公告送达结果实时查询。升级审判智能辅助功能，上线39个简化裁判文书智能生成模板，自动提取录入案件信息，适用简式裁判文书10283份。强化“法答网”功能，提出问题74条，排名全省各基层法院第七、全市各基层法院第二。推进政法跨部门大数据办案平台建设，平台立案530件，结案410件，发送协同3239次，接收协同1355次。

（郭昊坤）

司法行政

【概况】2023年，番禺区司法局推进司法行政工作，为番禺高质量发展和“智造创新城”建设提供法治保障。落实《关于推进镇街综合行政执法规范化建设实施方案》，开展行政执法不规范专项整治。番禺区司法局获“2023年度人民调解宣传工作先进集体”称号，广州市番禺区区长主动出庭应诉案件被最高人民法院评为第六届全国法院“百场优秀庭审”，一行政复议案例入选2022年度省高院行政诉讼十大典型案例。番禺区新造社区人民调解委员会主任黎爱滨获“全国模范人民调解员”称号。广东雄远律师事务所“对口帮扶贵州省赫章县普惠法律服务供给不间断”事迹入选第二届中国律师公益（社会责任）典型案例。

【行政执法协调监督】2023年，番禺区印发《番禺区推进镇街综合行政执法提升工作方案》，健全执法协调协作机制。完成2022、2023年度行政执法案卷评查工作，形成《关于2023年度镇街综合行政执法案卷评查总体情况的通报》。全区16个镇（街道）使用“粤执法”平台办案33300余件，占全区平台办案总量的84%。“番禺区多举措促镇街‘接住用好’下放的行政执法权”项目获评2023年度广州市法治创新项目二等奖。

【行政复议和行政应诉】2023年，番禺区优化行政复议效能，对番禺区市场监管局投诉举报类复议案件实行清单式审理。与广州铁路运输法院沟通协调，对不涉及举报人实体权利义务的复议案件不予受理。落实繁简分流，开展案例点评，提升复议办案质效。全年收到行政复议申请950件，在法定时限内办结（含结转）974件；经复议审查后进入诉讼程序案件79件，仅占复议案件8.32%，超9成行政争议在复议阶段化解。落实行政负责人出庭应诉制度，区长、副区长出庭应诉，发挥政府负责人带头出庭应诉示范效应。区政府新收一审行政诉讼案件87件，2022年结转14件，审结86件，未审结15件。全区一审败诉率4.6%，较上年下降5.5个百分点。

【矛盾排查调处】2023年，番禺区印发《番禺区“禺城解纷队”工作方案》，复制推广“3+X”矛盾纠纷多元化解模式，形成以区非诉讼服务中心为枢纽，以镇（街道）调解中心、人民调解委员会、村居调委会为基础，以行业、专业特色调解平台为补充的三级响应体系。联合区委政法委印发《关于建立“综合网格+人民调解”机制的工作方案》，提高人民调解工作覆盖面。全区各级人民调解组织调解矛盾纠纷4431件，调解成功4430件，协议涉及金额9.37亿元。

2023年10月24日，番禺区司法局开展2023年广东省“维护青少年权益岗”集中服务月活动（区司法局 供图）

【法治宣传教育】2023年，番禺区推进“八五”普法规划实施，印发《2023年番禺区普法依法治理工作要点》，落实普法责任制。开展2023年“4·15”全民国家安全教育日和“美好生活·民法典相伴”等主题宣传普法活动49场次。推动落实“谁执法谁普法”工作责任制，开展“法律六进”活动1944场。组织开展“法护成长 向阳而生”司法行政干警普法校园行系列活动25场，参与师生8540人。创新“法治宣传+心理咨询”工作方法，为青少年提供心理疏导服务。石碁镇桥山村、化龙镇水门村、沙头街道榄山村通过广东省“民主法治示范村（社区）”验收，石碁镇、洛浦街道通过第二批法治镇（街道）培育验收。

【社区矫正和安置帮教】2023年，番禺区设立区级社区矫正委员会，实现16个镇（街道）全覆盖，完善番禺区司法局“智慧矫正中心”创建方案，加强对社区矫正对象的排查管控。组织开展189场“每月一主题”主题教育，开展初始评估问卷及心理健康状况测评等专业评估并提供专业个案服务。接收社区服刑人员，实现对社区矫正对象监管率100%、电子定位监管率95.85%，再犯罪率保持在0.14%。修改完善《番禺区安置帮教工作指引》，将安置帮教考核工作列入镇（街道）年度平安建设考核内容。强化服刑人员信息核查（反馈）、预释放人员衔接和社会危害风险评估机制，落实重点帮教对象必接工作，对符合条件的安置帮教对象落实最低生活保障、临时救助等社会救助政策，组织开展“献爱心、送温暖”社会帮扶。全区在册刑释人员2400人，重点安置帮教对象232人，安置率和帮教率99.95%。与沙头街道共建“社区戒毒社区康复工作指导站”，统筹开展重点人群服务管理，牵头开展严重精神障碍患者隐患排查处置，开展相关督导检查44次。

【律师管理】2023年，番禺区有律师事务所79家，执业律师807名，实习人员385名。全区律师办理诉讼案件10542件、非诉业务8285件，为政府及其职能部门、企事业单位、社会团体等2045家单位担任法律顾问。全年全区律师事务所收入2.6亿元。万博法律服务集聚区有律师事务所17家。加强律师事务所和律师执业活动的教育和监管，定期举办番禺区律师工作会议、业务培训班、职业道德和执业纪律专项培训班，对辖区内的律师事务所开展年度考核检查和“双随机一公开”抽查，对检查中发现的问题要求及时整改。

【公共法律服务】2023年，番禺区完善三级实体平台建设，打造升级版区一级公共法律服务中心，按照“前台综合受理、后台分流引导”工作方式，划分引导区、服务区和等候区，设置“综合接待岗”“律师服务岗”“法律咨询岗”“法律援助岗”等多个业务受理窗口。三级平台全年接待群众来访来电法律咨询2986人次，法律服务受理1883件，到岗服务7691人。通过“政府购买服务”、发动热心志愿者律师值班等多种模式落实专职律师值班制度。全区有275个村（社区）配备232名律师作为法律顾问，提供法律服务7475次。推动公共法律服务进园区、进企业，打造以民营企业为服务对象的特色公共法律服务平台，5个产业园区及专业市场设立公共法律服务工作站。组建由100名律师组成的禺城律政公益法律服务团，参与公共法律服务。

【法律援助】2023年，番禺区动态调整法律援助经济困难认定标准至3202元/月，受理法律援助案件1600件，接待来访来电咨询3909人次，为犯罪嫌疑人提供法律帮助1848人次，协助区法院开展刑事辩护全覆盖法律帮助1164人次，挽回经济损失或取得利益819万元，收到锦旗16面，举办法律援助专项宣传活动15场。推行法律援助证明事项告知承诺制、法律援助申请“市域通办”等便民利民举措。打造未成年人保护法律援助品牌，开展7场法律援助进校园活动。加强残疾人、军人军属、农民工等特殊群体法律援助。推行法律援助人员“培训+面试”准入制以及“老带新”模式。在全市首创以案由区分的方式开展认罪认罚法律帮助，突出“实质性、有效性”要求。制定开放式案件兜底模板30余份，推动案件材料规范化。在广州市2022年度残疾人法律援助典型案例评选活动中获一等奖、二等奖各2个。

（曾晓丹）

军事

人民武装

【概况】2023年，番禺区人民武装部（简称番禺区人武部）坚持以习近平强军思想为指导，坚决贯彻落实中共中央、中央军委、省军区和警备区决策部署，锚定建设打仗型国防动员，铸魂育人固根本，练兵备战强能力，固强补弱打基础，完成年度工作任务，被广州警备区评为“先进人武部”。

【政治建军工作】2023年，番禺区人武部开展现役军官和文职职工必读书目学习，班子成员带头学，每人完成1篇以上理论调研文章。坚决贯彻军委主席负责制，规范请示报告、督导检查、信息服务，向广州警备区报送要讯，向新闻媒体提供新闻通稿。落实党委议教制度和群众性大谈心。协调番禺区司法局开展“送法进军营”活动，组织赴广东省反腐倡廉教育基地参观。针对热点问题开展政治纪律教育，守牢思想主阵地。

【备战训练】2023年，番禺区人武部牢记备战打仗，突出实战化导向，推进战备训练。统筹战建备一体化建设推进，召开党委议战议训会议，加强战备工作研究，修订战备方案，科学安排战备工作。组织民兵参与地方执勤和抢险救灾，参加广州南站春运、劳动节、中秋节、国庆节、重阳节执勤，以及备勤抗击台风“苏拉”和应对强降雨。贯彻落实民兵建设“十四五”规划，深化民兵结构调整改革，召开任务部署、业务培训和推进会，编实建强基干民兵队伍，获得年度民兵工作考评第三名。5月，参加警备区“百名民兵指挥员、百名教练员集训”和市轻舟分队骨干集训，均获全市第一名。6月，组织民兵轻舟分队集训，参加区防汛抗洪综合演练。8月，2名民兵教练员代表警备区参加省军区民兵教练员比武，居单科目第二、总分第三。多次担负省、市集训示范任务，部队遂行任务能力得到提高。

【兵员征集】2023年，番禺区征兵办加强征兵工作研究，出台区征兵工作奖励措施，创新线上宣讲方式，进行“点对点”精准发动，挖掘征集潜能，完成兵员征集任务，大学生和大学毕业生比例均超过广州市指导比例。

【双拥共建】2023年，番禺区人武部联合区退役军人事务局开展慰问、悬挂光荣牌和送“立功喜报”活动，协调驻区部队和民兵主动服务地方，参与双拥模范区创建、军警民联防联治、义务献血和扶贫捐赠活动。番禺区人武部投入30万元助力对口的梅州市平远县仁居镇古丁村乡村振兴，向“6·30广东扶贫济困日捐款”活动捐款4700元。番禺区人武部和番禺区国防教育训练基地消费帮扶仁居镇5万余元，基地22人参加义务献血。

【党管武装】2023年，番禺区人武部严格落实党委议军、“军事日”、镇（街道）党（工）委书记述职等党管武装工作制度，坚持把党管武装工作纳入镇（街道）绩效考评，督促镇（街道）落实党管武装工作。3月，组织各镇（街道）党（工）委书记进行党管武装工作述职，11月，组织召开番禺区委议军会议，分析区党管武装工作，研究有关工作事项。

（杨盛杰）

国防动员

【概况】2023年，根据中共中央

关于深化国防动员体制改革精神，在上级统一部署下，番禺区完成国防动员体制改革任务，在番禺区发展和改革局挂牌组建区国防动员办公室，调整区国防动员委员会，完善运行制度和国防动员机制，形成党全面领导、政府依法主建、军队需求牵引、全民共同参与的国防动员格局。开展城市人民防空演习、国防动员潜力数据摸查、国防动员专业队伍组织整顿、防空方案编制等工作。

【防空警报试鸣】2023年9月13日，番禺区组织开展防空警报试鸣培训，各镇（街道）人民武装部、防空警报设施设置单位人员参加。9月16日，根据广州市人防办统一部署，番禺区同步开展城市人民防空演习暨全区防空警报试鸣，提高人民防空综合防护能力。

【国防教育宣传】2023年8月23日，番禺区国防动员委员会在番禺区华南碧桂园学校举办“全民动员☆强我国防”专题国防动员宣传教育进校园活动，吸引400余名师生参加。是年，番禺区人武部7次邀请市国防教育讲师团讲师为辖区高校和基干民兵开展国防教育，3次组织民兵教官到辖区中小学开展“升国旗”等爱国主义教育活动，向4所共建学校赠送价值3万元国防教育图书。辖区4所中小学被评为全国国防教育示范学校。组织民兵教官659人次为24所高中（中职）和高校3.1万名学生开展军训。

（冯楚媚）

退役军人事务

【概况】2023年，番禺区退役军人事务局开展争创省双拥模范区“七连冠”、移交安置、就业创业、优抚褒扬、权益维护、服务管理工作，举办退役军人事务系统工作人员业务提升培训班，区、镇（街道）、村（社区）三级退役军人服务保障体系人员参训。推进退役军人服务中心（站）能力提升，督导检查16个镇（街道）退役军人服务站，195个村（社区）退役军人服务站，统筹示范创建奖补经费完善12个镇（街道）174个村（社区）建设政治文化氛围。制定退役军人事务领域专项治理工作方案，联动区司法局、番禺公证处共建公共法律服务中心退役军人工作站。组织自主就业退役士兵培训，提升退役军人适应地方的工作能力。组织“戎归禺山”退役军人专场招聘会，为退役军人、军属解决就业问题。

【退役军人安置就业】2023年，番禺区退役军人事务局贯彻落实安置法规政策，严格执行安置计划，制定区转业军官和政府安排工作退役士兵移交安置流程图和年度移交安置工作方案，健全军转干部“阳光安置”工作体系和“打分选岗”安置机制，完成转业军官、安排工作退役士兵接收安置，实现退役军人、接收单位、部队“三满意”。11月27日，番禺区退役军人创业孵化示范基地在番禺区乡村振兴优品共享基地成立，为退役军人回乡就业创业搭建优质平台，吸纳退役军人创办电商、国际贸易、文化传播等4类公司，成立退役军人导师服务团，免费提供创业辅导、政策咨询、项目推介、市场评估、市场开拓、人才培训、手续办理、跟踪扶持等服务，举办创业项目展示、创业沙龙、创业讲堂、项目路演等交流活动，协助孵化对象申请扶持优惠政策。

【烈士纪念褒扬】2023年，番禺区退役军人事务局在清明节、“9·30烈士纪念日”“12·13”等重要时点组织推动实地祭扫与线上“云祭扫”，开展“崇尚·清明祭英烈”“网上祭英烈”“崇尚·传承”红色九月等纪念活动，在区政府网站开设“清明祭英烈”链接，设立“清明云祭扫”小程序。清明节期间，全区烈士纪念设施接待4000余人祭扫。9月30日，在植地庄抗日战斗烈士纪念碑开展番禺区公祭烈士活动暨向烈士敬献花篮仪式，150余人出席活动。完成植地庄抗日战斗烈士纪念碑、二一八抗战烈士纪念碑修缮维护，传承宣扬英烈精神。

【双拥活动】2023年，番禺区双拥工作对标全国双拥模范城考评标准，助力广州市创建全国双拥模范城“十连冠”和番禺区创建省双拥模范区“七连冠”。组建创建双拥模范区工作专班，打造番禺区塱边双拥主题公园和16个镇(街道)双拥主题公园，11月16日，完成省双拥办检查验收番禺区创建省双拥模范区工作。在2023年春节、“八一”建军节，番禺区领导走访慰问军事机关和驻区部队。以区委、区政府名义向驻区部队和退役军人印发春节、“八一”慰问信。7月26日，召开庆祝中国人民解放军建军96周年军政座谈会。对全区二等功臣以上人员开展“情系双拥、关爱功臣”走访慰问活动，为军人立功受奖家庭送喜报37场次。向驻区部队赠送一批文体器材。区双拥工作领导小组成员单位开展“普法暖军心、共叙军民情”“军地携手添新绿，开创双拥新局面”“送健康进军营”共建活动。建立提报需求机制，为驻区部队军人协调解决子女入托入学、按政策中考加分，安置随军家属。举办第二届番禺区“最美退役军人”“最美拥军人物”“最美红棉老兵”学习宣传活动。联合区工商联印发《关于招募拥军单位的通知》，设立拥军平台动态储备库。与意向企业签订合作协议，明确优惠项目、幅度及区间等，跟踪监督优惠政策落实。优惠项目涵盖衣食住行、日常消费。向社会发布拥军倡议书，举办拥军单位签约暨授牌仪式，示范带动拥军意向企业加入。区国防教育训练基地承接完成辖区24所高中3.2万名学生军训任务。区人武部组织辖区民兵参与广州南站执勤、抗击台风“苏拉”和“泰利”、区防汛抗洪军地联合演练，对口帮扶梅州平远县仁居镇古丁村乡村振兴。空军部队协助组织辖区内村治安队、公共单位开展最小应急单元培训，为中学组织军训和国防教育。

【优待抚恤】2023年，番禺区退役军人事务局加强享受定期抚恤补助优抚对象的动态管理，开展享受抚恤补助优抚对象认定工作，与区民政局建立数据联动机制及时核减人员，对优抚管理系统享受国家定期抚恤优待对象进行全面核查和年度确认，发放优抚对象抚恤及生活费等补助经费。组织未享受城镇职工基本医疗保险的优抚对象、企业军转干部和军休干部免费体检。为符合规定条件的优抚对象申请羊城通（社保卡），发放参战复退就业困难人员公益性岗位补贴金、招用工岗位补贴，为部分优抚对象缴纳基本养老保险费，救助临时困难退役军人，为退役军人申请广东省应急救助资金。常态化与退役军人沟通联系、帮扶解困、思想引导，通过入户走访慰问、电话短信慰问、发送春节和八一慰问信、党员结对等形式，实现区退役军人及其他优抚对象走访联系全覆盖。联合拥军优属企业开展“红色微心愿”圆梦行动，为退役军人及优抚对象提供轮椅、血压计、理疗灯等帮扶物资。

【“红棉老兵”志愿服务】2023年，番禺区退役军人事务局构建“一村（社区）一队伍、一镇（街道）一品牌”志愿服务格局，打造番禺区红棉老兵驿站。成立红棉老兵志愿服务队伍203支。推行“主题志愿服务月”，制定月度志愿服务主题，开展主题志愿服务728场次，3603人次志愿者参与，服务时数7723小时。打造新桥村醒狮志愿服务分队，开展送立功喜报、非遗文化进学校等特色志愿服务。与教育、卫生等部门联动，设立“红棉老兵志愿服务岗”32处，探索“红棉＋图书馆”“红棉＋学校”“红棉＋医院”志愿服务岗形式，培育“红棉护学”“红棉助医”等特色品牌活动。开展“红领巾走进最可爱的人”抗美援朝老兵口述历史采访与视频拍摄，组织优秀少先队员、红棉老兵志愿者对全区抗美援朝老兵走访慰问及访谈。

（杨盛杰）

经济管理

发展与改革

【概况】2023年，番禺区经济平稳较快增长，实现地区生产总值2866.95亿元，增长4.6%。工商业呈持续向好上行态势，规模以上工业总产值、限额以上商业额分别增长12%、9.2%。实现固定资产投资811.69亿元、增长10.1%，其中工业投资增长32.4%。246个区重点建设项目完成投资731.31亿元，完成年度计划的109.3%。推动营商环境6.0改革，围绕珠宝产业建立以信用为核心的资源配置机制，创建“珠宝＋园区服务”“珠宝＋政务服务”等应用场景，推进番禺区“一区一品牌”珠宝文化产业信用建设、信用园区试点建设。“打造全方位‘信用＋珠宝政务服务’体系推动珠宝行业高质量发展”案例被评为2023年广州市信用创新应用案例。

【重点项目投资建设】2023年，番禺区推进稳投资工作，编制实施重点建设项目投资计划，落实双跟踪双督办推进重点项目建设，全区投资总额保持平稳较快增长。由番禺区牵头主管的194个广州市“攻城拔寨”项目完成投资441.3亿元，完成年度计划的121.3%。由番禺区牵头主管的9个省重点项目全年完成投资86.42亿元，完成年度计划179.7%。带动全区固定资产投资完成811.69亿元，同比增长10.1%。地铁三号线东延段、七号线二期、十二号线以及穗莞深城际琶洲支线等轨道交通项目按计划推进。

【营商环境改革】2023年，番禺区推动营商环境6.0改革，印发《番禺区贯彻落实广州市建设国际一流营商环境标杆城市 助力产业高质量发展行动方案的工作方案》，在市场环境、要素环境、政务环境、法治环境四个方面推行33项举措。印发《2023年区政协常委会议建议案建设一流营商环境推动我区高质量发展下一步跟进事项》，根据番禺定位发展特色产业，着力培育千亿级快时尚产业，推动灯光音响产业集群发展，打造现代农业产业生态集群，打造特色文化美食街区和中医药健康产业园。深化企业服务机制，打造番禺服务品牌，成立深化企业服务工作委员会，建设“一站式”展示全区工业用地信息云平台和企业云平台。优化法治化营商环境建设，开展信用街镇（园区）建设试点，加强珠宝文化产业信用管理，建立珠宝信用核查机制和信用承诺机制。

2023年4月17日，广州番禺祈福新邨国际化街区金融服务中心揭牌成立
（区发改局 供图）

【金融服务】2023年，番禺区推动普惠金融资源配置支持“百千万工程”重点领域和薄弱环节，优化提升15家农村金融服务站，区内金融机构在乡村振兴领域为6038家（次）企业和农户提供信贷支持279.53亿元。4月17日，中国建设银行广州番禺祈福新邨国际化街区金融服务中心揭牌暨高质量发展战略合作协议签约仪式在番禺祈福新邨举行。

【市场价格管理】2023年，番禺区贯彻落实各级价费管理政策，加大重要民生商品和住宅停车场价格监测力度，完善价格监测网点建设，健全完善价格异动应急处置机制。加大价格调控，落实农副产品价格调控措施，全区9个纳入广州市农副产品价格调控项目库管理成员单位让利总金额35.43万元，发放困难群众临时价格补贴527.42万元。开展规范居民用水用电价格行为综合治理，集中宣传区、镇（街道）两级水电收费政策，汇编《番禺区居民水电收费法规政策汇编指引》，形成治理机制创新经验在广州市经验会作推广；汇编《番禺区住宅小区停车费调整指引》，指导住宅小区停车场机动车停放服务收费协商议价。对区内收费标准执行满三年的民办学校开展成本监审和实地调研，对建设单位虚假承诺获取前期物业服务收费超价审批行为进行全面整改。及时回应停车、住宅前期物业、教育、水电气等民生领域收费咨询132件。

【粮食储备安全】2023年，番禺区南郊粮库、珠江面粉厂粮库被评定为广东省2023年度AAA级粮库，港口粮库被评定为广东省2023年度AAAA级粮库。在粮食储备工作中落实督导责任，督促企业抓质量、抓储备，确保粮食质量安全。安排专项资金用于粮食流通设施建设、维护，改善仓储环境和储粮性能，降低保管和流通成本。总投资3亿元港口粮库扩建二期工程完工验收并投入使用。推进粮库智能化升级改造、粮食质检体系建设，建立应急供应网点、应急加工企业、应急储运企业，提升粮食调控和抗风险能力。完成辖区内2家粮油承储企业现场检查，检查储备粮油库点8个、粮仓102座、油罐45个，确保区入库粮食质量100%达标。

【信用体系建设】2023年，番禺区深化重点领域信用建设，构建完善以信用为基础的新型监管方式。聚焦公共场所卫生许可、工程建筑许可等环节，实施“信用+审批+精准服务”模式，推进信用告知承诺制。全年全区实名注册企业35482家。加强信用信息归集共享，全区行政许可和行政处罚“双公示”信用信息436.28万条，其中行政许可信息108.88万条，行政处罚信息327.4万条。新增特定信用信息主题126.58万条，其中燃气费信息1.35万条、水费信息53.43万条、电费信息71.8万条。

【金融风险防控】2023年，番禺区强化金融风险防控，制定实施方案，开展打击整治第三方财富、虚拟货币、金融放贷、“伪金交所”、解债类非法集资、P2P“回头看”、制售赌博游戏机涉金融领域问题、非法典当经营活动等专项行动，推进非法集资陈案处置化解、非法集资举报奖励，联合处置涉嫌非法集资线索16条，没有发生区域性重大金融风险和群体性事件。举办2023年番禺区防范非法集资宣传月和防范和处置非法集资工作培训班，在番禺公共频道、番禺电台、《番禺日报》及新媒体平台以案说法开展公益宣传。番禺区“处非”工作获广州市平安建设考评优秀等级。

【大湾区优质生活圈示范区】2023年，番禺粤港澳大湾区优质生活圈示范区建设纳入中央推进粤港澳大湾区建设2023年度重点工作安排。12月7日，广州市人民政府常务会议审议通过广州番禺粤港澳大湾区优质生活圈示范区建设总体方案，方案由番禺区联合广州市推进粤港澳大湾区建设领导小组办公室、国家级智库研究编制，以番禺全域为实施范围，围绕共树宜居湾区新标杆、共筑乐业湾区新高地、共推人文湾区新样板、共营活力湾区新典范、共建开放湾区新地标五个方面，推动广州番禺粤港澳大湾区优质生活圈示范区提质升级。

（冯楚娟）

国有资产监督管理

【概况】2023 年，番禺区 8 家区属一级（直管）企业营业收入 59.02 亿元，同比增长 24.72%；利润总额 12.07 亿元，同比增长 709.38%；归属于母公司净利润 8.58 亿元，同比增长 3406.05%；缴纳税金 5.96 亿元，同比增长 7.93%。

【国资国企改革】2023 年，番禺区完成 2 家区属一级国有企业整合，将创新城公司整合至信投公司二级管理。完成 4 家区属二级及以下国有企业整合，将香港番发下属东润公司与泰盛酒店公司股权重组整合，为污水公司引入区属国企战略投资者。编制番禺区区属国有企业优化整合实施方案，围绕番禺区产业发展方向，对产业相近、行业相关的国有企业进行梳理整合。将区属国有企业按功能定位分为竞争类、功能类和准公益类三类进行管理，推动新一轮国企整合重组，实现区属国有企业资产集中、资本集聚、资源集约。

【国资监管】2023 年，番禺区优化国资监管制度，印发《监管企业实施担保行为的指导意见》《番禺区国有企业对外捐赠管理工作指引》，规范监管企业担保、对外捐赠行为。制定《区属国有企业物业租赁管理工作指导意见》，完善区属国企物业租赁管理和责任体系，促进企业 7000 余项物业租赁更规范化运营。制定《区属国有企业采购管理工作指导意见》，推动区属国有企业采购科学规范。开展区属国企产权登记情况摸排，完成产权登记 25 项。通过书面通知、口头警示及定期检查等方式，督促区属国企发挥第三方机构作用，企业产权部门提前介入区属国企资产处置、资产对外投资等重要项目评估。强化资产评估报告内容及结论备案审核，企业资产评估报告备案 10 项。根据国有企业不同功能定位、行业领域和发展阶段，结合授权放权内容，加强分类监管、分类授权、分类发展。完成重大经济事项审核及审批 60 项，涉及企业章程修订、对外投资、发行中长期债券、薪酬管理。执行《区属国企国有资本收益收缴管理办法》，全年区属国企上缴国有资本收益 1.53 亿元，其中省财政厅 995.6 万元、区国资局 1.43 亿元。

【国企分类考核】2023 年，番禺区推进国企经营业绩考核，在考核国有企业“财务指标”“综合管理评价指标”基础上，将“国企‘十四五’规划战略”“高质量发展工程”纳入分类指标考核范围，实施差异化分类考核。根据国有企业战略定位、发展阶段、行业特点，细化经营业绩考核指标。结合第三方中介机构审计和各部门综合评价，实施企业负责人年度经营业绩考核。完善国有企业工资总额决定机制，坚持分类分级管理，合理确定考核目标，构建工效联动指标，加强区属企业工资收入分配调控。

【国企参与政策性住房工作】2023 年，番禺区鼓励区属国企参与保障性租赁住房认定，结合国有企业所辖物业资源开展，递交申请资料 344 套，经认定符合标准 253 套，认定率 73.55%。分类完善配建房源接收至转让流程，接收 400 套配建房并适时向市场出售，完成保利鸿悦花园项目 60 套配建房源的接收工作并对接资产交易平台公开出售。接收 804 套人才公寓房源，制定番禺区人才公寓项目运营方案，推动条件成熟项目投入区人才公寓试点运营，完成金地壹阅府项目 396 套安置房接收，推进人才公寓运营前期准备。

（杨婷雅）

【番发集团】广州市番禺区番发集团有限公司（简称番发集团）是隶属番禺区财政局（国资局）管理的一级国有企业，公司业务涵盖旅游景区、酒店餐饮、旅游服务、房地产开发、交通业务、物业租赁等，全资拥有、控股及参股企业 30 家，员工约 2000 人。2023 年 4 月，广东省国营紫坭糖厂入选省工业和信息化厅公布的第二批广东省工业遗产名单。10 月，番发集团

2023 年 3 月 5 日，宝墨园举办“汉风古韵樱花节”活动

（番发集团 供图）

属下企业宝墨园被评为广东省文旅厅发布的省级非物质文化遗产项目保护单位，莲花山旅游区、宝墨园被国家对外文化贸易基地（广州）评选为国际展示厅入境游合作示范点。11 月，宝墨园被中国水产种业博览会组委会评为第四届中国水产种业博览会优秀参展企业（广州观赏鱼）。12 月，莲花山旅游区被广州市教育局评定为广州市第三批中小学生研学实践教育基地。番发集团属下紫坭热电公司推进紫泥堂电影拍摄基地项目建设，园区建有 8 座室内摄影棚。

（戴雅静）

【番禺交投公司】截至 2023 年年末，广州市番禺交通建设投资有限公司（简称番禺交投公司）总资产 163 亿元，净资产 61 亿元，员工 800 多人，拥有全资、控股、参股企业 42 家。绿城·揽江印月项目（沙头街道禺山大道南侧 STJ15—02 地块）由中交绿城提供项目委托代建管理服务。项目工程支护桩完成，销售中心对外开放。沙堤路先行段施工建设完成路基及部分管线施工。旭鸿大厦项目（交投永固大厦）于 5 月封顶，室内装修工程完成 80%，项目全年完成产值 9000 万元，累计完成总投资 2.13 亿元。8 月，港桥公司编制《龙沙码头二期项目可行性报告》，制定项目开发方案，筹备项目用地受让事宜。悦和公司经营管理停车场 21 个，分别设置在繁华商业区、地铁口公交站、大型公园、医院等位置，提供停车位 4414 个（不含代建项目），大夫山南门智能立体停车场项目获“2023 年中国十大优秀立体车库”奖项，大夫山森林公园南门、北门停车场新能源汽车充电站上线运营。竞得番禺区中医院停车场项目 3 年经营权，运营停车位 306 个。优化改造富华东路停车场、光明北路东环停车场及市桥街道解放二停车场北侧地块停车场项目，新增停车位 194 个。广州大学城外环西路第一、第二停车场项目场地改造启动。产投公司作为基金管理人，设立汇数一号基金，完成实缴规模 3010 万元，产投公司备案 9 支市场化基金，实缴规模超 12 亿元。产投公司立项股权投资项目 15 个，新增投资项目 6 个，总投资额 8500 万元。番禺担保公司全年融资担保业务新增 28 笔，担保金额 9850 万元，其中扶持小微企业占比 79.2%，在保余额增至 11503.73 万元，首次突破 1 亿元规模。工程保函业务落地 23 笔，担保金额 42087 万元，在保规模 76216 万元。发挥政策性融资担保作用，担保公司实现营收 217.27 万元，同比增长 37.4%。番禺交投公司属下物业经营公司参与番禺区人才公寓项目运营，协助完成金地壹悦府 396 套人才公寓接收，向区政府申请运营 804 套人才公寓。引进广州番禺爱尔眼科医院有限公司承租番禺交投大厦 1—3 层商业区域，承租 7260 平方米。解决珠江商贸中心第 8 层、海傍路 68 号等物业长期空置问题。上海禹璨信息技术有限公司进驻番鸿物流园，完成年度跨境电商园区包裹处理 151 万件，完成指标 101%。电商平台“得物”入驻番港跨境电商园。番禺交投公司工程代建项目全年计划完成投资 5.70 亿元，实际完成投资 7.55 亿元，完成率 132%。建管公司承担 62 个代建工程项目，金光东隧道工程完成水下管节沉放安装及岸上段主体结构施工，南大干线（省妇幼医院至市新路段）工程、电缆管廊标及500kV电力隧道工程全部完工，3个安置区项目推进工程收尾以及红线外水电气接驳市政管网工程施工，广医新校区南侧道路（南村大道—新化快速）工程项目2标和广汽中路延长线工程完成竣工验收，凌玮科技研发中心项目主体封顶，龙丰路大修工程、沙堤路（大富村至市桥三桥段）项目按期开工建设，广明辅道扩建工程、金光东大道工程等代建、筹建项目有序推进。区建筑土石方堆场项目投入运营，化龙镇HL18J—03地块完工交付使用，南大PPP项目完工试运行。新造新城安置区工程被评为2023年广东省建设工程优质结构奖、2023年度广州市建设工程安全文明绿色施工样板工地，广汽中路延长线工程被评为广州市市政公路工程安全文明绿色施工样板工地。

（朱栩栩）

【番盈新公司】广州市番盈新投资有限公司（简称番盈新公司）有属下二级子公司4家，分别为广州市盈泰房地产有限公司、广州市盈恒房地产有限公司、广州市番禺房地产银建有限公司、广州市盈雅城市更新房地产有限公司。托管企业广州市番禺区建安集团公司。2023年，番盈新公司推进番禺工业经济总部园区建设，完成投资12.4亿元，投资完成率112%。16个在建项目有13个封顶，其中4个竣工。创新中心项目（原信息产业中心项目）7月竣工，11月取得物业不动产权证，实现番禺工业经济总部园区项目中首个报建、开工、封顶、竣工、取得不动产权证。项目60%产业用房及宿舍配套设施取得分割转让资格，金禹混凝土公司10月取得受让资格，认购7号楼1万平方米产业用房。兴发商务中心项目策划设计方案及可行性研究报告10月通过区政府常务会议审批，项目总用地4.13公顷（62亩），总建筑面积9万平方米，总投资8亿元。大石朝阳府商业大厦（原大石丽水蓝天商业大厦）12月奠基开工，项目总用地0.8公顷（12亩），总建筑面积3万平方米。祈福商业项目11月奠基开工，由合资公司祈福新邨房地产公司统筹开发，总用地6.67公顷（100亩），总建筑面积51万平方米。永大社区旧城改造项目改造范围17.6公顷（264亩），有地上建筑物11万平方米，由广汽集团、越秀地产、番盈新公司三方联合成为项目片区综合改造策划主体。大龙街道旧水坑村级工业园改造项目为广州市村镇工业聚集区更新改造试点项目，总用地80公顷（1200亩），一期改造19公顷（285亩）。番盈新公司与旧水坑村结对共建，研究制定实施方案，推进村榕树公园周边区域升级改造，新建停车场、非机动车充电亭、休闲广场、景观平台，修缮护坡和景观亭。成立番盈新公司旧水坑村自建房租赁服务中心，对接完成现场勘查自建房40幢1400多套房源，签订一栋总建筑面积2310平方米近100套公寓的自建房作为试点进行改造。

（叶家升）

【莲花山保税区公司】2023年，广州市莲花山保税区投资管理有限公司（简称莲花山保税区公司）7户合并报表（含亿隆公司）

2023年10月31日，番盈新公司旧水坑村自建房租赁服务中心开业仪式举行

（番盈新投资有限公司 供图）

营业收入 2.2628 亿元，同比增加 1619 万元，增幅 7.71%，利润总额 1041 万元，合并报表实现盈利。开展灵兴工业园改造提容前期工作，一期改造地块提容方案获区政府批复同意。莲花山保税区公司下属物业管理公司为广汽埃安及相关零部件企业增产扩能提供服务，金雁佳园登记在住 4446 人，出租 2230 套公寓，出租率 90.17%，菩山花园登记在住 1290 人，出租 587 套公寓，出租率 87.35%。组织安全检查 27 次，检查房间 2526 套次。

（汪若瑜）

2023 年，万博商务区加入中国商务区联盟，并扩容为长隆万博商务区

（区信投公司 供图）

【番禺信投公司】2023 年，番禺信息技术投资发展有限公司（简称番禺信投公司）下属各级全资、控股、参股企业 43 家，员工 410 人。番禺信投公司以万博商务区和广州大学城园区两大平台为发展载体，实现投资建设、园区招商、产业培育、资产（资本）运营四大功能。万博商务区核心区面积 0.63 平方千米，扩区后的“长隆万博商务区”加入中国商务区联盟，融入包括广州南站地区、广州大学城、东部莲花湾的“南大干线经济带”。长隆万博商务区全年“四上”企业经济指标总量 1022.76 亿元。启动“广州大学城科技园”申报推广，优化“众创空间—孵化器—加速器”科创产业链布局。成立二级全资子公司广州番禺创新投资有限公司，组建“资本 + 平台 + 产业链”模式基金。

（刘畅）

【番禺区经济发展公司】2023 年，广州市番禺区经济发展有限公司（原广州市番禺区经济发展总公司）总资产 10.74 亿元，开展“僵尸企业”出清、资产管理、历史问题处置，注销关停企业 73 家，接管辖下企业 44 家。完成草皮整治及区级耕地恢复土地 184.2 公顷（2763 亩）、水稻种植 156.67 公顷（2350 亩），通过上级验收。推进关停转制企业市场出清，全年完成司法清算立案 5 家、工商注销 8 家、国有股权退出 5 家。企业注销涉及司法处置账面资产 7943 万元，处置账面负债 2.47 亿元，拍卖不动产所得 139 万元，实际清偿债务 335 万元，实现债务减免 92 万元。妥善解决历史遗留问题，重点推进番禺区拆船轧钢公司托管资产整体收回、广州市经盟对外贸易有限公司债权案、番禺区宏基房地产开发公司股权拍卖等专项事项，完成虎门石矿场搬迁安置问题处置、番禺区印染总厂物业管理公司地块土壤污染状况调查和场地移交，推动属下托管企业海外房屋物业处置，处理番禺装备产业基地投资发展有限公司基建项目遗留问题。

（梁敏珊）

【珠江粮油集团】2023 年，广州珠江粮油集团有限公司（广州市番禺粮食储备有限公司）港口粮库被评为广东省 AAAA 级粮库，创立金尚源、绿榕等品牌粮油产品，被评为广东省放心粮油进农村进社区先进单位，绿榕牌雪花粘米被评为广东省名牌产品。实施水源热泵控温技术，为粮食储存提供稳定环境条件。优化加工工艺流程，减少粮食损耗。将糠粉或玉糠作为饲料辅料销售，提高粮食资源综合利用率。

（罗文豪）

市场监督管理

【概况】2023年，番禺区质量工作考核连续6年被评为广州市A级第一名，连续3年获得广州市政府督查激励；食品安全工作评议考核连续9年保持全市优秀；药品安全考核连续3年获评广州市A级；省长质量奖、市长质量奖的数量质量位居全市第一。"品筑番禺，质惠民生"项目被批准为"广东省全域标准化试点"。全区有中国驰名商标22件、集体商标11件，排名全市第一。全省首家检验检测领域"产业促进会"、全市首个以高质量发展为主题的化妆品行业协会在番禺成立。全市首个"互联网＋明厨亮灶"示范广场落户番禺区万民城。开展大石街道电视机产品专项整治行动，检查液晶行业1707家次，立案查处19家。是年，番禺区市场主体逾40.24万户，企业注册资本总额21896.18亿元，其中注册资本1亿元以上企业1043户、1000万元以上企业2.83万户。食品生产企业372家，约占全市总数的20.02%；食品小作坊123家，约占全市总数的16.04%；食品相关产品获证企业134家。工业产品生产许可证企业9家，CCC强制性认证生产企业409家。药品生产企业9家，药品生产厂外车间4个，院内制剂生产资质的医疗机构1家。药品批发企业50家，连锁总部17家，药品零售企业1375家，医疗机构898家，医疗器械生产企业207家，第二、三类医疗器械经营企业5633家（其中二类医疗器械经营企业5456家，三类医疗器械经营企业1673家，同时持有二类、三类医疗器械经营资质企业1496家），化妆品生产企业65家。食品销售单位26435户，餐饮单位23691家，单位食堂1238家。全区有特种设备54785台（套），其中锅炉190台、压力容器7548台、电梯28182台、起重机械7517台、厂内车辆10326台、大型游乐设施65台、客运索道3台、压力管道954套。特种设备使用单位8251家，重点监控单位24家，重点监控设备84台（套），气瓶充装单位2家。

【质量强区建设】2023年，番禺区质量工作考核连续6年被评为广州市A级第一名，连续3年获广州市政府督查激励。打造番禺特色"全域质量"模式，广州质检院、广检集团、广汽研究院等单位申报国家级质量标准实验室，企事业单位申报国家、省、市质量奖，产业园区争创全国质量品牌提升示范区。

【食品安全监管】2023年，番禺区食品安全工作评议考核连续9年保持全市优秀。省长质量奖、市长质量奖的数量质量位居全市第一。全区中小学校周边食品销售单位100%纳入动态风险分级管理。大中型超市和54家农贸市场落实天天快检并发布监测结果。沃尔玛（山姆店）获"广东省放心肉菜超市"称号，石基供销社百越商场、"菜篮子"超市被评为"广州市农村食品经营规范化建设单位"。建成社会餐饮"互联网＋明厨亮灶"示范广场（街）16个，544间学校食堂、9家中央厨房、11家在营集体用餐配送单位"互联网＋明厨亮灶"覆盖率100%。

2023年11月9日，番禺区市场监管局到广州国际美食节主会场检查食品安全工作（区市场监管局 供图）

【药械化妆品安全监管】2023年，番禺区药品安全考核连续3年被评为广州市A级。开展涉疫药品和医疗用品稳价保质专项行动，检查药品、医疗器械、化妆品企业4300家次，排查风险隐患1890个，查处“两品一械”案件125件。1236家药店纳入“互联网+放心药房”在线视频监管，保障用药安全，发现问题最快12分钟完成整改。培育长隆万博地标化妆品消费商圈。

【工业产品质量安全】2023年，番禺区推进认证监管，受理CCC免办事项54项，为17家企业发放免予办理强制性产品认证证明36份。抓证后监管，对纳入许可证的4家危化品包装物和5家电线电缆生产企业开展日常监督检查。确定13类产品为重点监管产品并开展专项整治。

【特种设备安全监管】2023年，广州市地方标准《电梯无纸化维保管理规范》制定，番禺区电梯无纸化维保率98%。番禺区市场监管局直接管理医院、养老院等重点场所50台监控系统，住宅小区、写字楼等人员密集场所在用467台电梯安装智慧监管系统，故障响应平均用时5分钟，救援人员到达现场平均用时15分钟。16个镇（街道）均建成叉车、起重机安全示范单位。证后监督电梯、压力容器等特种设备生产单位50家。

【优化营商环境】2023年，《番禺区市场监管局促进经济高质量发展若干措施》印发，推行18条改革举措。办理行政许可（备案）业务256272件，同比增长19.70%。精减材料比率从65.77%上升至86%。帮助重点企业落户，提供一对一服务180件，协助解决名称申报529单次。广州天安番禺节能科技园被评为《商业秘密保护基地（园区）建设规范》省地方标准试点示范区。制定建设“黄金内湾商业秘密保护创新工程”先行区工作方案，编制商业秘密保护指导手册，获广州市推广。

2023年12月1日，番禺区食品安全宣传周公众咨询日暨“你送我检”活动在市桥街道西区市场举行
（区市场监管局 供图）

【消费者权益维护】2023年，番禺区市场监管局受理咨询、举报投诉线索88239件，同比增长90%，处理满意率97.24%，挽回消费者经济损失4128.67万元。处理信访2467件，同比增长173%，处理满意率83.8%。发布诉情预警43次，集体投诉同比下降29.41%。创建“放心消费承诺单位”341家、“线下无理由退货承诺店”104家，推进放心消费联席会议、消费维权服务站、ODR企业建设。发布《番禺区市民质量及服务业满意度测评报告》，总体满意度指数87.18，居全市各区前列。

【知识产权保护】2023年，番禺区推动国家知识产权强县建设示范县建设，筹划编写《番禺区知识产权（专利、商标）发展与保护状况》白皮书，推动建设中国广州番禺（珠宝和动漫）知识产权快速维权中心。组建区知识产权调解委员会，核查非正常申请专利6842件。推广知识产权质押融资项目88个，质押额38.5亿元，同比增长165%，数量居全市各区第三。培育国家知识产权示范企业4家、国家知识产权优势企业23家。

【商标品牌保护】截至2023年年末，番禺区持有中国驰名商标22件、集体商标11件，排名全市各区第一。新增5家企业获中国专利优秀奖，1家获得中国外观专利设计银奖，累计获中国专利奖16项、省专利奖19项。有效注册商标累计26.888万件，同比增长10.2%，排名全市各区第三。新增发明专利3481件，同比增长41.2%，增长率居全市各区第二；累计发明专利15384件，排名全市第四。推动“味在番禺”集体商标、“沙湾墨兰”地理标志运用。

【全域标准化战略】2023年，“品筑番禺，质惠民生”项目获批“广东省全域标准化试点”。番禺区主导制定1项ISO国际标准发布实施，有力增强在肉禽蛋鱼及其制品领域的国际标准化话语权。广汽乘用车有限公司质量共性问题攻关模式作为广州唯一代表，被认定为2023年全国及广东省企业首席质量官质量变革创新典型案例。新增2个国家级、2个省级标准化试点，番禺区政务中心、区健康管理中心被批准为国家级社会管理和基本公共服务标准化试点，国家级“广东广州莲花山景区旅游服务标准化试点”项目通过中期评估。深化国家知识产权强县试点县建设，9月，通过示范县省级推荐名单公示。广东省首个都市型智慧渔业与渔联网标准化试点落户。番禺区灯光音响产业集群被批准为广东省首批中小企业特色产业集群。发布全省首个跨境电商服装产品团体标准，构建全市首个健康管理服务标准体系。“沙湾墨兰”地理标志获批，实现番禺区地理标志“零的突破”。

【信用监管】2023年，番禺区市场监管局统筹全区26个部门编制联合检查任务55个，检查对象274户，完成“双随机、一公开”跨部门联合抽查任务。实行“企业修复一次办”，完成市场主体信用修复2593件。评选第二批广州市市场监管“白名单”企业295家。

（杨忠）

审计

【概况】2023年，番禺区审计局完成审计（调查）项目24个，查出问题金额18909.67万元，其中违规金额1475.39万元、管理不规范金额17434.27万元，审计期间整改金额936.72万元，提交审计报告和专项审计调查报告37篇；审计处理处罚1979.89万元，其中应上缴财政1458万元、应减少财政拨款或补贴106.2万元、应调账处理金额398.29万元、应归还原渠道资金17.39万元；移送处理事项2件；提出审计建议52条。

【审计政策落实】2023年，番禺区审计局开展促进制造业高质量发展政策落实情况专项审计调查，针对涉及扶持制造业的企业技术改造资金、首台（套）重大技术装备资金、民营经济及中小微企业发展专项（小巨人奖励补助）等专项资金，开展资金使用合法合规性审计和绩效审计。针对曾申报获得专项财政奖励补助的企业，调查财政奖励补助事项的真实性、合规性和资金使用的绩效。在政策跟踪落实审计方面，完成2020—2022年番禺区工业用地出让使用情况专项审计调查，强化对土地出让工作的监督，督促工业用地项目按计划开展，提高番禺区工业用地使用效益。

【财政资金审计】2023年，番禺区审计局实施番禺区2022年度财政预算执行、决算草案和其他财政收支情况审计，同步开展2022年度专项债券管理使用情况审计。密切关注地方债务管理情况，对专项债券“借、用、管、还”四大方面进行审查。结合现场走访，跟踪专项债券的管理情况和使用效益，督促相关部门整改问题，防范债务风险。完成财政审计项目7个，重点关注财政收支的真实性、完整性、合规性，以及财政体制运行、预算管理和资金支出绩效。

【经济责任审计】2023年，番禺区审计局按照《广东省经济责任审计中长期规划》，围绕规范权力运行和强化责任担当，深入开展经济责任审计，关注贯彻落实党和国家重大经济方针政策、重大经济事项决策执行、财政财务管理和经济风险防范。深化经济责任审计结果运用，促进审计监督与纪检监察、巡视巡察等各类监督贯通融合，把审计发现的问题线索及时移送区纪委监委等职能部门，提升审计监督效能。完成对 13 名领导干部的经济责任审计，主要涉及政府部门、镇（街道）和国有企业，查出负有领导责任的问题金额 4487.4 万元，增收节支 1075.95 万元，提出审计建议 19 条。

【国有企业审计】2023 年，番禺区审计局开展国有企业经济责任审计及资产负债损益审计，围绕国有企业资产负债损益的真实性、合法性、效益性，重点关注国有企业资产管理、重点工程项目等情况。对企业发展战略、重大经济事项情况、法人治理结构、内部控制、企业财务情况等事项开展调查，对区属国有企业对外投资、执行“三重一大”决策制度、资产管理、现金管理、合同履行、制度建设、工程项目投资控制、执行建设程序等问题进行梳理披露，深挖区属企业和镇（街道）属企业存在未落实区政府有关公有企业管理规定、绩效管理不到位等问题。发挥审计专员派驻国有企业的作用，通过加强国有企业的内部审计培训、日常指导和业务交流研讨等方式，强化对国有企业的日常审计监管力度。

【公共投资审计】2023 年，番禺区审计局制定公共投资审计计划，完成重点投资项目建设推进情况专项审计调查，关注重点建设项目的总体情况、管理体制、工作机制构建及其运行。针对重点建设项目计划执行过程中的前期审批、资金筹集使用等方面问题提出审计建议，推动落实“稳投资、稳增长”、优化营商环境等重大政策措施和公共投资领域高质量发展决策部署。

2023 年 6 月 6 日，番禺区审计局到番禺经济技术开发区了解情况

（黄梓健 摄）

【民生审计】2023 年，番禺区审计局开展减轻义务教育阶段学生作业负担和校外培训负担专项审计调查，以及番禺区 2022 年十件民生实事推进落实情况专项审计调查。关注义务教育阶段落实全面压减作业、提升校内课后服务、提升教育教学质量和规范校外培训，通过大数据分析、问卷调查、实地走访、问询座谈等方式，揭示政策执行存在问题 17 个，力促被审单位立行立改存在问题 8 个。关注老旧小区户外供水设施改造、交通拥堵点治理、区图书馆新馆建设，通过实地走访、资料查阅、数据分析等方式，核查各民生实事项目完成情况。首次与第三方专业调查机构合作开展民意调查。

【农业农村审计】2023 年，番禺区审计局聚焦惠农政策落实和涉农资金使用绩效，加强对农业农村领域审计。关注旧村改造、美丽乡村建设、村集体土地经济发展留用地等决策的落实、自然资源环境治理效能、乡村振兴建设项目合规性。完成丹山河碧道美化提升工程、东沙涌碧道美化提升工程、东环街道榄塘村市级美丽乡村建设工程——榄塘村环村路环境提升工程的审计调查。开展东西部协作政策落实和帮扶资金管理使用情况专项审计调查，区审计局与区财政局、区农业农村局组成联合检查小组，赴贵州省毕节市对赫章县、威宁彝族回族苗族自治县的帮扶资金项目进行调研检查，实地走访项目现场并抽查档案资料，提出规范帮扶资金使用、建立定期督导检查制度、强化项目资产管理等方面的审计建议5条。

【内部审计】2023年，番禺区审计局开展“聚焦主责主业深入推进内部审计高质量发展，合力提升审计监督效能”专题调研，全年全区有内部审计机构数55个，同比增加7.84%。面向全区组织内部审计培训，为职能部门、镇（街道）和国有企业内部审计人员解读文件规定，分享经验做法，提升内部审计队伍综合素质能力。开展内部审计专项检查，查阅被检查单位内部审计档案，关注被检查单位的内部审计机制建立、内部审计工作质量、内部审计结果运用，推动国家审计与内部审计协同发展。

【大数据审计】2023年，番禺区审计局推进科技强审，以大数据应用为核心，优化审计工作机制和组织模式，提高审计人员运用信息化技术查核问题、评价判断、宏观分析能力。推进教育领域的经济责任审计、学前教育政策落实跟踪审计以及“双减”政策落实跟踪审计，将数据分析贯穿于审计项目的筹备、实施阶段。建立跨部门数据共享的协调机制，获取民政等相关职能部门的关联比对数据。以教育领域的信息系统为支撑，连片提取分析所需数据。构建起电子数据资源整合分析系统，运用数据库、现场审计实施系统等工具，对集成电子数据进行分析，为确定审计重点、发现问题线索和实现审计目标提供数据技术支持。

【审计问题整改】2023年，番禺区审计局制定《关于审计整改监督管理工作规程的补充意见（试行）》，将审计查出问题分为立行立改、分阶段整改、持续整改三个类别，采取建立台账、专人跟踪、逐项督改方式，实行清单制和整改销号管理，动态跟踪审计查出问题的整改情况。对审计发现的典型性、普遍性、倾向性问题，从源头上提出解决行政事业单位管理不规范的意见和建议，为强化顶层设计提供决策参考。完成20个审计项目整改审核，实现审计整改与审计揭示问题一体推进。

（叶泳怡）

2023年11月22日，番禺区审计局到石碁镇海傍村抽查高标准农田建设情况 （曹婉儿 摄）

统计

【概况】2023年，番禺区统计局开展统计造假屡禁难绝专项治理行动，成立领导小组，印发实施方案，完成86家企业统计执法检查，公示执法检查结果。番禺区统计局《洞提质增效之“机”，蓄脱胎换骨之“势”——全力打造一批高质量产业园区助推番禺建设“智造创新城”》统计分析报告获2023年度广东省优秀统计分析报告二等奖。番禺区统计局被评为广东省统计系统先进集体。

【企业数据统计】2023年，番禺区统计局依照国家统计方法制度，组织全区完成4700多家“四上”企业统计报表报送任务，完成2022年统计年报和2023年统计定报工作；开发年报答题系统，收集各镇（街道）答题情况并进行批改。落实网报进度“每日一报”，研判预警数据走势。对16个镇（街道）和企业（项目）培训超1000人。番禺区统会融通软件推广率100%，提升统计数据质量。

【统计成果发布】2023年，番禺区统计局发布《2022年广州市番禺区国民经济和社会发展统计公报》《2022年番禺快速统计资料》和番禺统计月报。编印《番禺统计》31期、《普查简报》14期、统计专项报告2份。建立常态化经济运行工作调度机制。开展镇（街道）经济高质量发展工作提醒。每月统筹收集汇总各镇（街道）经济特点，制定和发布镇（街道）每月经济工作提醒。

【企业纳统】2023年，番禺区统计局在月度、年度纳统期间组织纳统工作业务培训，培训142人。月度新增入库企业201家，年度新增入库企业419家。印制2023年“四上”企业及投资项目纳统工作须知小册子发至有关职能部门和各镇（街道）。开展基本单位名录库维护，完成基本单位调查核实，2023年基本单位调查核实任务3378户，核实完成率100%，位列全市各区第一。

2023年5月18日，广东省统计局局长杨新洪（前排左二）到番禺区入户督导普查工作（区统计局 供图）

【统计基层建设】2023年，番禺区统计局下达各镇（街道）统计基层建设经费。召开2022年镇（街道）首席统计员述职测评工作会议。组织各镇（街道）首席统计员参与广州市统计技能竞赛，提高首席统计员业务素养和业务技能。16个镇（街道）通过广东省基层统计“7个一”规范化建设验收，达到规范化建设先进标准。

【“五经普”工作】2023年，番禺区统计局承接省、市第五次全国经济普查（简称五经普）综合试点工作。区经普办组织全区16个镇（街道）普查机构、2000余名普查指导员、普查员完成业务培训、普查区域划分、单位清查、行业赋码及清查数据维护等工作，完成20万余户单位核查，核查率100%，清查出各类普查对象38.9万个，数量全市第3，比第四次全国经济普查（简称四经普）增长117%，增幅全市最高，其中法人单位和产业活动单位、个体经营户有16.71万个、22.2万个，数量位列全市第三、第一，分别比四经普增长82.3%、153%。

（杨旭冰）

财税·金融

财　政

【概况】 2023年，番禺区一般公共预算收入1184020万元，同比增收141395万元，同口径增长13.56%。全区一般公共预算支出1910381万元，同比增支234800万元，增长14.01%。全区政府性基金预算收入901695万元，同比增收194376万元，增长27.48%。全区政府性基金预算支出1120861万元，同比增支278990万元，增长33.14%。国有资本经营预算收入14323万元，同比减收8157万元，下降36.29%。国有资本经营预算支出213万元，同比减支6097万元，下降96.63%。区本级财政专户管理资金收入9035万元，同比减收5492万元，下降37.81%。区本级财政专户管理资金支出11727万元，同比减支3450万元，下降22.73%。

【预算编制和管理】 2023年，番禺区财政局编制2022年预算执行情况和2023年预算草案报告，以及2023年上半年预算执行情况和2023年第一次、第二次预算调整方案报告，完成预算批复、指标下达与财政情况公开。落实积极的财政政策、新的组合式税费支持政策，组织财政收入，管理各项财政支出，实现年度财政收支平衡。增强收入谋划合力和财源储备能力，编制番禺区2023—2025年区级中期财政规划，加强跨年度预算平衡，推动财政可持续发展。

【政府性债务管理】 2023年，番禺区财政局申报专项债券，规范使用债券资金。收到上级转贷下达债券资金51.29亿元，全年实现100%支出，保障教育、公共医院、轨道交通、区域水环境治理、产业园区基础设施等重点项目建设。召开督促加快债券资金支出工作会议，定期通报债券资金使用情况，实时跟踪债券资金支出进度，督促加快项目进度，杜绝以拨代支和资金闲置，形成更多实物工作量，拉动有效投资。执行中央、省、市有关坚决遏制隐性债务增量规定，开展地方政府新增债券申报与规范支出，守住不发生区域性系统性财政金融风险底线。组织行政机关、事业单位与国有企业开展政府债务管理专项督导核查与地方财经纪律重点问题专项整治行动，在公益性项目建设、政府和社会资本合作（PPP）、政府购买服务等方面均未发现新增隐性债务。

【财政体制改革】 2023年，番禺区财政局推进区镇经济一体化改革，制定《广州市番禺区财政局实施“百县千镇万村高质量发展工程”促进城乡区域协调发展若干财政支持政策》《番禺区调整优化区和镇（街）财政分配体制的方案》，通过区财政给予奖励政策等方式，激励镇（街道）加快属地经济发展，增强区与镇（街道）发展经济合力，为城乡区域一体化发展提供财政保障。

【预算绩效管理】 2023年，番禺区财政局开展事前绩效评估，对预算申报200万元及以上的新增项目开展绩效目标审核，抽取部分项目开展预算绩效评审，在前端实现预算支出结构优化、项目投入成本量化。进行财政支出绩效运行监控，将56个2023年重点关注项目的绩效运行情况纳入年度重点监控范围；对区4个部门（含下属单位）开展部门整体绩效运行监控，发现问题及时纠正偏差。增强绩效目标管理，组织区属部门、镇（街道）开展2022年度部门整体及所有支出项目绩效自评，选取 68 个项目、4 个部门、2 项政策开展重点评价，涉及 2022 年度区财政资金 14.96 亿元。

【财政监督管理】2023 年，番禺区财政局贯彻落实关于进一步加强财会监督工作的意见，按照开展地方财经纪律问题专项整治行动工作安排，结合实际聚焦 9 个方面，开展地方财经纪律重点问题专项整治。以全区部门不低于 30% 的比例，抽取 24 个部门复查。对自查、复查及重点抽查中发现的问题，明确整改时限，细化整改措施，列出问题清单，逐一对账销号。

【财政资金直达基层】2023 年，番禺区财政局建立完善常态化财政资金直达机制，确保资金安全精准落地。全年收到财政直达资金指标 169970.61 万元（其中中央下达 96593.28 万元，地方下达 73377.33 万元），指标 100% 分配下达。利用直达资金监控平台，实现资金全过程、全链条监控，保障直达资金使用效益。全年直达资金支出 169601.96 万元（其中中央指标支出 96468.09 万元，地方指标支出 73133.87 万元），支出进度 99.78%，较 2022 年提高 3.75%。

【战略任务财政保障】2023 年，番禺区财政局安排南大干线（东新高速至莲花大道）土地整治 PPP 项目服务费 79805 万元、南大干线（东新高速至莲花大道）土地整治工程 27532 万元、南大干线（市新路至莲花大道）缆线型综合管廊工程、降噪工程 2809 万元；安排大学城中关村青创汇项目以及粤澳青创产业加速器项目经费 953 万元、广州大学城（广工）科技成果转化基地经费 465 万元、粤港澳大湾区（番禺）海创人才科创中心经费 438 万元、粤港澳台大学生创新创业大赛工作经费 324 万元以及大学城绿化养护经费 1686 万元、广州大学城公共雨水管网日常养护经费 1362 万元；安排万博商务区及周边基础设施建设 5955 万元、广州南站地区建设及维护管养经费 6879 万元、广州南站地区安保服务经费 3154 万元。

【财政支持产业发展】2023 年，番禺区财政局支持以科技创新引领现代化产业体系建设，安排产业扶持资金 31988 万元、企业创新能力建设专项 15000 万元、产业人才发展专项资金 12112 万元、总部经济发展奖励补贴 3294 万元、创业投资引导基金 3000 万元；支持番禺智能网联与新能源汽车产业创新基地建设，安排广汽新能源汽车产业园园西大道等道路工程 5232 万元、番禺广汽生活区项目建设 2000 万元、广汽中路延长线工程 728 万元、广汽基地成品车物流通道桥工程 370 万元；支持扩投资、促消费、稳外贸，安排政府投资重点项目南浦三桥工程 15918 万元、广东仲元中学第二校区工程 5060 万元、番禺区工人文化宫（地下部分）工程 5014 万元等，发挥政府投资带动放大效应；安排整车企业扩生产促消费第一批资金（区级配套资金）5000 万元、促进外贸稳定增长等专项资金 2270 万元、全域旅游发展专项经费以及奖励资金 1128 万元、广州国际美食节专项经费 1039 万元、国际珠宝首饰流行趋势发布会 300 万元，促进

2023 年 7 月 24 日，番禺区政协副主席、区财政局局长卢永青到禺山大道 STJ15-02 项目施工现场督查检查（区财政局 供图）

消费复苏和增长、培育外贸新动能。

【财政支持绿美番禺建设】 2023年，番禺区财政局强化水污染防治和生态环境治理，安排污水处理运营服务费和一体化污水处理设施运行维护费88000万元，排水设施运行维修养护经费20927万元，污水、排水管网工程、维修费用以及农村生活污水治理8940万元、黑臭水体治理工程2245万元、雨污分流改造工程425万元；安排市政环卫、保洁、公园、绿化养护等费用57781万元；安排垃圾分类经费5771万元；安排生态公益林补偿经费以及大学城水生态示范区建设577万元。推进城市更新，实施城乡融合发展，安排高标准农田建设、基本农田保护资金以及永久基本农田易地代保费8328万元；安排市桥街道东郊村及周边成片更新改造项目（北基大街安置区项目）6460万元；安排美丽乡村建设资金4022万元、社会主义新农村建设资金1092万元；安排渔业发展补助资金4400万元、农村公路养护费2186万元、农村最低生活保障财政补贴项目1314万元、农业机械购置和农业设施财政补贴560万元。

【财政保障基本民生】 2023年，番禺区财政局安排就业和再就业补助资金26835万元，助力毕业生、退役军人、残疾人等重点群体就业；安排22000万元落实退役士兵、低保、优抚、特困、残疾、长者老人等群体补助；安排机关事业单位基本养老保险缴费6279万元、机关事业单位职业年金缴费3140万元。安排2024年235210万元支持通过新建、改扩建及升级改造等方式，实现卫生健康系统基础建设更新，包括安排区卫健局和各镇（街道）社区卫生服务中心专用设备、卫生耗材等购置30649万元，各社区卫生服务中心人员和公用经费42303万元，行政事业单位医疗经费41000万元，病毒防控以及检测相关结算款24787万元，医院补助经费及公立医院改革财政补助经费21602万元，基本公共卫生经费20526万元。安排2024年区级财政588502万元发展教育事业，包括教育方面的人员及公用经费315877万元、临聘教师61973万元、学校后勤人员以及管理服务经费5458万元；学前三年行动计划及学前教育经费69008万元、城乡义务教育公用经费和课本费21096万元、学校生均公用经费11982万元、进城务工人员随迁子女学位补助18000万元、购买民办义务教育学校学位服务经费以及民办教育发展专项资金9803万元；学校硬件建设项目基建及设备采购6929万元、仲元中学第二校区工程5060万元、镇（街道）学校建设补助5000万元、中小学增班补助4240万元、职业教育补助2863万元、新造职业技术学校扩建工程2000万元、校园安保1000万元。支持新疆疏附、西藏波密对口支援，深化贵州毕节赫章、威宁、金沙东西部协作，加强梅州五华、蕉岭对口帮扶协作，肇庆封开对口产业协作及梅州五华驻镇帮镇扶村，与福建上杭结对合作，安排2024年巩固脱贫攻坚成果衔接乡村振兴支出资金16824万元、县级对口帮扶协作提标资金8700万元，上解乡村振兴驻镇帮镇扶村财政帮扶资金9011万元，上解对口支援新疆、西藏专项资金5495万元以及龙岩帮扶资金500万元。

【行事单位资产管理】 2023年，番禺区财政局印发《广州市番禺区清理盘活行政事业单位国有资产工作实施方案》，组织全区各单位采取优化在用、调剂共享、加强出租及处置等措施盘活低效运转、闲置的房屋、土地、车辆等资产，提升资产保障能力，提高资产使用效益。截至2023年12月31日，盘活闲置房屋60处，建筑面积16916.65平方米；盘活闲置土地1处，土地面积422.9平方米。落实“放管服”财政改革，重新修订《番禺区区属行政事业单位国有资产处置管理办法》，明晰各部门职责，有效厘清、压实各方管理责任，放宽相关部门审批权限，缩短审批链条。组织全区行政事业单位编制2022年度行政事业单位国有资产报告并形成综合报告。

【政府采购监督管理】 2023年，

番禺区财政局开展政府采购面向中小企业预留采购份额管理和执行工作，优化中小企业营商环境。落实政府采购脱贫地区农副产品，以需求牵引助力乡村产业振兴。全年区智慧云平台有效备案各类政府采购计划 7658 个，预算金额 409507.42 万元。依法依规开展投诉处理、监督检查。收到政府采购投诉 16 件，出具投诉处理决定书 10 份、管辖权告知书 1 份、终止处理决定书 2 份、整改通知书 5 份、行政处罚决定书 1 份。

【财政投资评审】2023 年，番禺区财政局印发《广州市番禺区财政投资评审监督管理办法》，对财政投资评审的范围、内容、程序等作出规定。完成评审项目 995 项，送审金额 161.16 亿元，审定金额 147.52 亿元，核减不合理资金 13.64 亿元，平均核减率 8.46%。完善投资评审机制，加强中介机构监督管理，完成中介机构复核项目 78 项，送审金额 17.68 亿元，复核调整金额 3123.37 万元，调整率 1.88%。

（杨婷雅）

税　务

【概况】2023 年，国家税务总局广州市番禺区税务局（简称番禺区税务局）推进税收中心工作和重点任务，番禺区实现税费收入 937.79 亿元（不含海关代征），同比增长 30.47%，增收 219.03 亿元。其中，税务部门(含广东省税务局第三税务分局、广州市税务局第三税务分局)组织国内税收收入 415.95 亿元，同比增长 22.96%，增收 77.67 亿元；组织费金收入 521.85 亿元，同比增长 37.15%，增收 141.36 亿元。组织市一般公共预算收入 148.54 亿元，同比增长 14.54%，组织区一般公共预算收入 91.56 亿元，同比增长 19.37%。番禺区税务局自行组织税费收入 884.25 亿元，同比增长 28.30%，增收 195.05 亿元。其中，组织国内税收收入 366.87 亿元，同比增长 17.39%、增收 54.34 亿元；组织费金收入 517.38 亿元，同比增长 37.35%、增收 140.70 亿元，其中社会保险费收入（含职业年金）231.14 亿元，同比增长 6.75%，增收 14.61 亿元。办理出口退（免）税 45.36 亿元，同比下降 24.03%，减少退税 14.35 亿元。

2023 年 9 月 25 日，番禺区税务局为渔港经济区的企业、渔民、农户提供税费优惠政策辅导

（区税务局 供图）

【税费服务】2023 年，番禺区税务局征纳税咨询热线扩充至 16 条，热线咨询 13.1 万件；建立 151 个税企沟通群，日均答疑 532 件；解决纳税人重点诉求 173 个。撤并朝阳东路办税服务厅，升级自有办税服务厅，扩大进驻区政务服务中心，连续 4 年被评为番禺区年度优秀政务服务窗口单位。“非接触式”办税缴费率 95%，建成 13 个智慧政务服务站，104 个“政务晓屋”覆盖全区 16 个镇（街道）。落实 5 批次 109 项便民办税春风行动举措，推出番禺特色“税惠暖企 10 条”便利措施。组织线上、线下税收政策宣传辅导 237 场次，覆盖企业超 1.6 万户，重点开展番禺区第 32 个全国税收宣传月系列活动。236 篇次新闻稿件素材被中央、省、市级

主流媒体报道。新媒体税收宣传精品128篇次被上级税务部门公众号采用，被评为南方号年度“十大爆款作品”，税收宣传项目获首届广州市区直机关“金穗杯”工作创新大赛三等奖。完善税费共治，打造社保业务“一厅联办”便民模式，为纳税人缴费人提供25项联办业务事项。落实全国“营商环境创新试点”任务，电子税务局个人出租屋税费征缴功能在全区16个镇（街道）代征单位上线。

【青年创新创业税务服务】2023年，番禺区税务局落实《广州市青年创新创业促进条例》，在番禺大学城成立青年创新创业税务服示范基地。联合团市委签定《税务服务广州青年创新创业合作协议》，与全市30多个单位联合举办第十届“青创杯”广州青年创新创业大赛。推出“税助青创”10条服务举措，为青年创业者定制“小班制”课堂，制作青创政策“一本通”，开展3期“青创税务学堂”政策宣讲会，组织“穗税服务青创突击队”到大学城、广交会、产业园、商业区推送税费优惠政策，在高校设点提供“毕业季”税收服务保障。

【纳税人缴费人权益维护】2023年，番禺区税务局规范执法，推行首违不罚清单、税务证明事项告知承诺制等制度，建设公职律师值班室，开展公职律师驻点轮值，落实依法治税。推动社保费争议联合处置机制纳入“平安番禺”机制建设，实体化联合处置中心覆盖全区16个镇（街道），化解争议事项41件，补缴金额2198万元。推进新时代“枫桥式”税务所建设，把争议矛盾化解在基层，妥善办理信访来件307件、舆情事件10件，回应群众诉求。

【防范化解涉税风险】2023年，番禺区税务局强化精准监管，完成涉税风险任务4832条，涉及税款及滞纳金入库超6466万元。完善区域风险监控机制，降低区域风险综合指数。制定和完善行业性风险管理指引，对汽车生产行业、增值税加计抵减相关行业加强专项排查。紧盯高风险出口业务、行业、商品异常，实现出口风险企业问题办结率100%。防范排查电商企业少报漏报收入风险，查补收入额1.17亿元，涉及税额1300万余元。

（李儒）

金　融

【概况】截至2023年年末，番禺区银行机构人民币存款余额5262.75亿元，首次突破5000亿元，增长12.37%；人民币贷款余额3496.13亿元，增长4.4%。保险机构总保费收入82.67亿元，增长14.8%。推进“资本入番”行动，全区新增持牌金融机构4家，优化金融机构网点布局2家，万博创投集聚区新增私募基金管理人10家，新增私募基金产品14只。建设“融资畅通”工程，举办规模以上产融对接活动33场次，带动区内金融机构解决12640家（次）中小微企业380.4亿元融资需求。

【工商银行番禺支行】2023年，工商银行广州番禺支行（简称工商银行番禺支行）实现拨备前利润9.23亿元，本外币各项存款362亿元，本外币各项贷款262亿元，从业人员371名，辖属营业网点17个。工商银行番禺支行为番禺区重点项目信贷资源投放超60亿元；为番禺区属国企、上市公司、制造业、绿色贷款等信贷重点领域投放超40亿元。工商银行番禺支行银保监普惠贷款余额49.48亿元。跨境人民币结算量突破60亿元。工商银行番禺支行作为国家金库番禺区支库唯一代理行，2023年度代理国库业务341.36万笔，对国库、财政、社保等领域工作提供支持保障。工商银行番禺支行推动乡村振兴战略，在微改造村和村级园区升级方面践行金融赋能。2023年，工商银行番禺支行获番禺区金融赋能高质量发展贡献铜奖、支持金融工作贡献奖，被评为番禺区绿色金融杰出银行机构、番禺区普惠金融优异机构、番禺区振兴三农杰出银行机构。

【农业银行番禺支行】2023年，中国农业银行广州番禺支行（简称农业银行番禺支行）各项存款余额486亿元，各项贷款余额220亿元，营业收入突破10亿元。农业银行番禺支行对区内重大项目及上下游行业客户提供一揽子信贷服务，为区内重点民营企业提供融资金额超120亿元，民营企业贷款余额43亿元，贷款增速20%；为超300多家自贸区中小微企业、科创企业实现跨境结算超30亿美元；为中小微企业开通普惠业务绿色通道，贯彻乡村振兴战略，投放涉农贷款超20亿元，为农户信息建档4200余户（以上材料及数据不包含农业银行华南支行）。

【中国银行番禺支行】截至2023年年末，中国银行广州番禺支行（简称中国银行番禺支行）实现营业净收入21.17亿元，人民币时点存款余额664.88亿元，时点金融资产余额867.08亿元，人民币各项贷款余额624.95亿元。中国银行番禺支行为市、区属国企批复授信超72亿元，为海大集团、广汽新能源、鹏辉能源等战略新兴型企业批复授信123亿元。依托平台为近50家外贸企业、45户灯光产业企业提供超18亿元授信支持。截至2023年年末，番禺中行普惠贷款余额123.6亿元，普惠贷款利率同比下降40BP。实现国结业务量54.62亿美元、跨境人民币267.24亿元。支持医疗教育事业发展，为区内40余家医院、10余家社区卫生中心以及60余家门诊提供金融服务。2023年，中国银行番禺支行获番禺区金融赋能高质量发展贡献金奖，被评为普惠金融优异机构、绿色金融杰出银行机构、业务卓越银行机构。

【建设银行番禺支行】截至2023年年末，中国建设银行广州番禺支行（简称建设银行番禺支行）为68户专精特新、高新技术小微企业投放“善新贷”专属额度近4亿元；绿色贷款余额25.18亿元，比年初新增6.48亿元；通过“银税互动”项目为921户小微企业办理12.59亿元信用贷款；拉动番禺区餐饮、商超、文旅等行业消费额4089万元，投入优惠费用超1867.9万元，惠及127.09万人次；普惠金融贷款余额突破百亿，投放普惠贷款超6000笔近78亿元。涉农贷款余额42.67亿元，较年初新增6.81亿元，农户生产经营贷款1055户；为区内29家上市企业提供超30亿元融资支持，超15亿元规模资金托管或增值服务；新开单位结算账户6882户；为里仁洞旧村改造项目投放贷款25亿元；普惠金融贷款总余额比年初新增15亿元，近3年增速超150%，为区内3300家小微客户及个人提供普惠金融贷款93亿元。承接番禺国家级沿海渔港经济区安置房建设项目首期1.2亿元的专项债资金。4月17日，中国建设银行广州番禺祈福新邨国际化街区金融服务中心揭牌成立暨高质量发展战略合作协议签约仪式在番禺祈福新邨举行。联合广州市绿色金融协会成立“广州市绿色金融协会专精特新交流中心”并落户番禺。2023年，建设银行番禺支行获番禺区金融赋能高质量发展贡献银奖、番禺区支持金融工作贡献奖，被评为番禺区振兴三农杰出银行机构、番禺区业务卓越银行机构。

【交通银行番禺支行】截至2023年年末，交通银行广州番禺支行（简称交通银行番禺支行）人民币各项存款余额94亿元，人民币各项贷款余额118亿元，有营业网点5家，员工90余人。保障支持战略性新兴产业、专精特新、普惠小微、绿色低碳、乡村振兴等重点领域，打造产业链业务、跨境服务、科技赋能等金融服务特色。依托交通银行境内外、本外币、离在岸一体化服务优势，实现“交银湾通”升级迭代、扩面增量，提升大湾区金融便利化。推出适配“番禺智造”创新金融产品服务，扶持专精特新“小巨人”和“单项冠军”企业。开展“资产质量巩固年”活动，健全合规和内控机制，守住不出案件、不出大额罚单底线。2023年，交通银行番禺支行被评为交通银行广东省分行“内控案防先进单位”。

【广州农商银行番禺支行】截至2023年年末，广州农商银行番禺支行在番禺地区各项存款日均余额673亿元，较年初增加72亿元，市场份额12.8%；时点余额723亿元，较年初增加82亿元。各项贷款日均余额336亿元，较年初增加7亿元，市场份额9.8%；时点余额350亿元，较年初增加13亿元。落实乡村振兴战略，推动涉农贷款规模增长。制定“银社助农促振兴”帮扶项目方案，为本土创业项目、乡村振兴产业项目提供金融支持。贯彻“支农支小，服务三农”指导方针，推广普惠金融惠企惠民政策（以上数据及材料不包含广州农商银行华南支行）。

2023年8月9日，人保财险番禺支公司与市桥街道签订战略合作协议
（人保财险番禺支公司 供图）

【招商银行番禺支行】2023年是招商银行广州分行综合支行改革元年，招商银行番禺支行包括番禺支行本部、天安支行、奥园广场支行、祈福支行、万博支行、华南碧桂园支行、雅居乐支行和星河湾支行8家网点。截至2023年年末，招商银行番禺支行年末时点存款余额180亿元，贷款时点212亿元，年日均存款余额224亿元，年日均贷款余额186亿元。2023年，招商银行番禺支行获广州分行优秀支行、优秀批发团队、优秀零售团队等称号，星河湾私人银行中心获“广州分行优秀私人银行中心”称号。

【人保财险番禺支公司】2023年，中国人民财产保险股份有限公司广州市番禺支公司参与社会保障体系建设，配合广州市住建局推动房屋安全全周期管理改革。签发广州市首份经营性自建房“房屋体检服务+保险”保单，保障金额2700万元，保障自建房1.7万平方米。落地番禺首单知识产权海外侵权责任险，为上市企业广州市浩洋电子股份有限公司提供海外侵权保障300万元。落地番禺首单房屋安全综合服务保险（城房保险），累计为房屋安全提供风险保障2.25亿元。开展“穗岁康”医保补充健康险重点项目，赔付16.7万人次，赔付金额5.2亿元，获赔人员减轻个人负担率37.9%。累计为农业提供11.57亿元风险保障，为市内住宅工程提供45亿元风险保障。连续17年开办出租屋责任险，为番禺区6万多名房屋出租人提供累计限额超328亿元保障。与番禺区慈善会合作，在全省首创“慈善+保险”政府救助保障服务，为困难群众提供769件（次）综合性慈善救助服务，惠及770个家庭2300余人次。被评为应对“9·8”特大暴雨优异保险机构。

【国寿保险番禺支公司】2023年，中国人寿保险股份有限公司广州市番禺支公司实现自营总保费14.75亿元，同比增长3.5%。惠民保障工程服务近126万人次，基本覆盖区内全年龄段人群，年平均赔付3.5万件。农村小额保险覆盖农村人口23.7万人，覆盖比例80%，保费1200万元，年赔付1.7万人次。银龄安康保险全覆盖超15万老年人，其中自付费参保超6万人，老年人意外伤害总保障近120亿元，全年理赔受惠老人7800多人次。为来穗人员、母婴、未成年人、困难人群等群体设计和推广专属保险产品，保费规模突破500万元，惠及全区23万参保人群。落实广州医保“穗岁康”惠民商业健康保险项目，推广参保客户36973名。开展企业年金和类年金、个人养老产品等业务，其中年金规模超2600万元。获番禺区金融协会“最具社会责任保险机构”“金融网点之星”“金融服务之星”等称号。

2023 年 9 月 20 日，平安财险番禺支公司联合赋美种业启动数智化防灾减量系统（古水良 摄）

【国寿财险番禺支公司】2023 年，中国人寿财产保险股份有限公司广州市番禺支公司（简称国寿财险番禺支公司）在番禺区域（含南沙）保费收入超 2 亿元。为 8600 家企业提供 3381.31 亿余元风险保障额度，支出赔付 1.3 亿元。被番禺区金融协会评为 2023 年番禺区纳税贡献突出保险机构、最佳诚信服务保险机构、应对“9·8”特大暴雨优异保险机构。为广州盛世瑭丰渔业有限公司提供水产养殖保险服务，提供 2704 万元风险保障。出单学校责任保险 83 万元，包括校责险、教职工责任险、食责险等涉校责任险，健全教育风险转移机制。保障农民工工资支付，保证险保费收入有较大突破。向新市民群体提供车辆保险、校责险、出租人责任险、意外险、财产险、食品安全责任险、非机动车第三者责任险等保障，满足新市民群体多元化保障需求。依托产业园区、行业协会、服务中心、科技平台等渠道，开展小微企业保险销售。向革命文物单位提供 1000 万元财产损失和人身伤害保险保障，为革命文物建筑因自然灾害、意外事故造成的风险提供保障。在桥南街道奥园广场开展打击治理电信网络诈骗犯罪、扫黑除恶宣传活动，开展金融公益讲座，帮助群众了解反洗钱知识，警示利用信息网络、非法支付平台替他人提现等违法犯罪活动的危害性，远离地下钱庄、网络赌博、电信诈骗等违法犯罪活动。

【太平洋财险番禺支公司】2023 年，中国太平洋财产保险股份有限公司广州市番禺支公司作为 2022—2024 年番禺区政策性农房保险项目中标服务保险机构，实现农房 100% 投保，为 12.87 万户农房提供超 14 亿元的风险保障。对因“9·8”特大暴雨受损农房实现 100% 查勘定损。被评为 2023 年番禺区卓越发展保险机构、最具社会责任保险机构、纳税贡献突出保险机构、支持金融工作贡献奖和应对“9·8 特大暴雨”优异保险机构。

【平安财产保险番禺支公司】2023 年，中国平安财产保险股份有限公司广州市番禺支公司发展农业保险，为番禺区 212 户次农户（企业）提供 8.38 亿元风险保障，涉及花卉苗木 357.14 公顷（5357.08 亩）、种植大棚 378.28 公顷（5674.20 亩）、水稻 417.62 公顷（6264.37 亩）、组培苗 18756.04 平方米。向 40 万名“好车主”App 注册车主提供 80 余种线上服务；与超 2000 家车服网点、350 家油站、960 家充电站、7 家大型道路救援服务供应商共同提供车主生态服务。与赋美种业联合开展温室大棚数智化改造，覆盖超 200 公顷（3000 亩）大棚花卉苗木种植基地和 1.1 万平方米植物基因组培苗工厂。推出自建房检测保险。被评为 2023 年番禺区最具社会责任保险机构、卓越发展保险机构、纳税贡献突出保险机构。

（唐建国）

外贸·口岸管理

对外经济贸易

【概况】2023年，番禺区外贸进出口总值1163.9亿元，总量排名全市各区第三，占全市外贸进出口总值10.7%，同比下降6.3%。其中出口712.8亿元，同比下降7.6%；进口451.2亿元，同比下降4.1%。全区新设外商投资企业484个，同比增长44.05%；合同利用外资45.97亿元，同比下降42.62%；实际利用外资21.01亿元，同比下降49.96%。6月，番禺区被广州市政府纳入2022年度“推动外贸稳定和创新发展成效明显的区”激励表扬名单，连续3年被广州市政府纳入外贸事项市级激励表扬名单。

【拓展保税物流新业态】2023年，番禺区加强与区内重点保税物流进出口企业沟通，运用上级支持保税物流新业态发展财政扶持资金，支持企业拓展保税物流外贸新业态。全年番禺区保税物流进出口20.5亿元，同比增长69%。

【外贸转型升级基地】2023年，番禺区加强区内外贸基地联系服务。国家外贸转型升级基地（珠宝首饰）被广东省商务厅评为“2023年度广东省（外贸）提质增效示范基地”，获2023年中央外经贸发展专项资金（促进外贸转型升级事项）扶持232万元，成为广州市内国家级外贸转型升级基地中唯一获得该项资金扶持的基地。广东省外贸转型升级基地（灯光音响）被广东省商务厅评为“2023年度转型升级效果明显的省级外贸转型升级基地”，成为全省3个获此荣誉的省级外贸转型升级基地之一。

（姚景怡）

口岸管理

番禺海关

【概况】2023年，番禺区外贸进出口总值1163.9亿元，同比下降6.3%，占同期广州市外贸进出口总值的10.7%；其中，出口712.8亿元，同比下降7.6%，占广州市出口总值的11%；进口451.2亿元，同比下降4.1%，占广州市进口总值的10.2%。

【口岸监管】2023年，番禺海关监管进出口货运量192.9万吨、集装箱10.7万箱次，申报进出口报关单11.02万票，货值942.9亿元，退运处理不合格再生金属124票4440.6吨；退运不合格旧机电产品10票，查获进口固体废物15票。防控寄递渠道风险，监管跨境电子商务进境电子清单15.8万票、B类快件报关单89.67票，查获新型毒品、咖啡因5起。防控消费品质量安全风险，针对儿童服装、玩具等重点敏感商品，聚焦“标签不合格”“引起消费者使用不当”等风险项目，查发不合格4批次。完成进出口食品化妆品安全监督抽检197批、1820项检测项目，在审单、现场查验环节查发不合格228批。巩固危险品综合治理成果，打击危险品伪报瞒报，监管进出口危险化学品512批次，检出不合格产品13批次。

【口岸检疫】2023年，番禺海关优化健康申报模式。加强登革热、流感、猴痘、疟疾等重点传染病检疫和输入性媒介监测，检疫出入境船员1.7万人次、船舶3334艘次，登临检查342艘次，发现检疫异常4人次，截获输入性病媒生物303只。加大口岸卫生监督力度，严防疫情叠加输入，开展鼠、蚊、蟑螂等病媒生物本底监测，捕获病媒生物618只，广州关区首次检出针毛鼠。实施进出境动植物检疫，推进口岸有害生物和外来物种初筛鉴定室建设，检出有害生物48种64种次，广州关区在进境种苗中首次检出朱顶红短体线虫。

【智慧海关建设】2023年，番禺海关全面推进智慧海关建设，实现科技赋能“管得住”、优化服务“通得快”。运用业务运行智能可视化等手段辅助现场一线执法，依托便捷通关立体监管项目、通关全流程实时动态监控应用，对重点商品进行实时监控。推进跨境电商零售进口订购人身份信息、支付信息验核试点，针对疑似盗用身份信息、高频收件人开展数据分析，结合现场查发完善审图基础数据采集，促进智能审图报警拦截精准化，核查电商平台55家次，推动跨境电商业务健康发展。依托移动远程监管作业平台远程视频交互模式，辅助属地查检，开展进口预包装食品标签技术整改监督查验30次，出境木制品检疫查验21次，涉及进出口企业33家。

【查缉走私】2023年，番禺海关夯实打私“番禺模式”，深化关警员“双向跟班”、联合编队等机制，完善现场查缉、审查鉴定、线索移交、后续侦办、案件反馈机制，提高案件线索移交及处置效率。聚焦走私案件新特点，强化风险分析研判，提升辅助应急指挥能力，形成番禺经验。全年番禺关区刑事立案38件，案值65.11亿元，涉税7.34亿元，分别增长9%、21倍、5.6倍；行政立案416件，案值1.3亿元，涉税469万元，其中快简案件150件，案值1270万元，涉税39万元；罚没收入1889.32万元，其中海关罚没收入545.96万元。延伸后续监管，运用稽核查力量查发行业性走私违法问题，移交缉私部门处置，办理稽核查作业197件，追补税681.04万元；办结主动披露作业18件，追补税24.34万元。

2023年5月4日，番禺海关在莲花山港码头查获一批过期果味配制酒（番禺海关 供图）

【通关便利化】2023年，番禺海关完善“关长联系企业”机制，组建汽车、珠宝、中药材等行业专班，联系企业113家次，解决问题诉求192个；协调打通港珠澳大桥进出口新通道，设立沙湾珠宝产业园海关监管场所，保障珠宝物流供应链稳定畅通。推进辖区莲花山港卡口升级改造，智能化实施“7×24小时”验放，叠加“抵港直装、船边直提”，压缩货物“到港—提离”至20分钟，提高港口运营效率。聚焦税收优惠、外贸政策、通关便利化等企业诉求，拟定政策宣讲专题22个，开展宣讲30次，惠及企业800家次。综合运用属地查检“绿色通道”、AEO便利措施，结合“5+2”、24小时预约查检模式，实现供港澳及应节食品当天审核、查验、放行，通关时间缩减20%，服务粤港澳大湾区“菜篮子”和绿色优质生活圈建设。推行进境种苗、粮食通关便利化措施，实施进境种苗附条件提离9批次货值58.2万元，初审、调运粮食91批约13万吨。

【海关促外贸发展】2023年，番禺海关发挥促进外贸高质量发展工作专班作用，细化落实服务措施，结合“智关强国”行动，加强海关统计和外贸形势分析，编撰《番禺区外向型经济运行分析报告》，获番禺区委主要领导肯定。服务珠宝首饰产业“补链＋强链＋延链”提升战略，推动粤港澳首个钻石公用型保税仓高效合规运作，优化珠宝类商品暂时进出境监管服务，全年番禺区珠宝首饰进出口货值530.68亿元。助力番禺区千亿级汽车产业集群发展，支持广汽集团电控、电池工厂落地，服务首批130辆新能源汽车出口，年内新增广汽本田为广汽财务公司集团内被担保企业，每年减少企业成本约100万元。助力“海上粮仓”建设，指导海大集团等水产饲料龙头企业用好“预约通关＋提前申报＋船边直提”模式，保障18.35万吨饲料原料安全高效进口；为水产出口企业、养殖场提供咨询服务和技术指导，助力辖区笋壳鱼首次出口新加坡、马来西亚、阿联酋等海外市场。全年番禺区外贸进出口总值1163.9亿元。

（从芷毓）

海关缉私

【概况】2023年，番禺海关缉私分局立案708起，案值664101万元，涉税73856万元。其中刑事案件38起，案值651127万元，偷逃税额73387万元。行政立案670起，案值12974万元，涉税469万元。办结各类案件686起，案值246581万元，涉税50267万元。移送起诉案件25起，海关罚没收入546万元，缉私罚没收入1343万元。

2023年8月3日，番禺海关缉私分局查扣一批涉嫌走私的洋酒

（番禺海关缉私分局 供图）

【缉私案件】2023年，番禺海关缉私分局落实关区“国门利剑”“国门利盾”“蓝天行动”“百日行动”等专项行动要求，成效显著。侦破跨境电商第三方支付公司协助跨境电商平台伪造支付单团伙，案值约48亿元，查实偷逃税款约5亿元，打击跨境电商渠道走私支付环节。侦办酒类案件17件、旧机械案4件。从现场海关发现139本淫秽书刊走私线索进行循线扩案，侦办为8000多本淫秽书刊走私案。

【联合打私】2023年，番禺海关缉私分局探索聚焦数据汇聚和联合研判，开展风险分析和情报经营，建设“番禺打私联合研判工作室”，制定运作机制、管理办法、合作备忘录，开展反走私形势研判、风险防控、案件查办，提升关区打私效能。

（李颖琦）

海事管理

【概况】2023年，番禺海事处辖区进出港船舶98527艘次，吞吐量2600.69324万吨，开展巡航1118次，巡航时间2936小时，巡航里程12630海里，安检船舶424艘次，发现缺陷2704项，对船舶监督检查486艘。较上年水上交通事故宗数下降、死亡失踪人数下降、经济损失下降，沉船艘次持平。

【水上交通安全监管】2023年，番禺海事处开展重大事故隐患排查整治和重大风险防范化解行动，推进防范船碰桥、内河船涉海运输、商渔共治、运输船舶违法违规信息跨区域跨部门通报专项治理行动。落实辖区通航水域 33 座桥梁“一桥一档”管理，每日点对点开展远程专项检查，检查船舶 10000 余艘次，对 500 余艘次船舶纠正违章行为。推动紫坭大桥、大石大桥防撞墩建设；整治浮莲岗水道通航秩序。利用监管指挥系统、CCTV（视频监控系统）、VHF（甚高频）、广州海事局 PE3 平台、广州市智慧海防预警指挥系统等信息化手段，加强辖区水域通航秩序监管，发布恶劣天气等安全预警信息。开展无线电专项整治行动、整治非法采砂洗砂洗泥专项行动、建筑废弃物检查，实施电子巡航、标线执法、联合执法等，重点跟踪“黑名单”船舶、涉砂船舶、渡船、施工船舶、建筑废弃物出运船舶等重点监管对象和水域，核查重点监管船舶轨迹，维护水域秩序。发挥番禺区水上交通安全联席会议作用，推进水上应急救助和污染处置能力建设。借助番禺区水安办工作平台，联合港务、航道、海洋综合执法等涉水部门打击渔船碍航捕捞行为，保障航道通畅，严防桥区水域商渔船碰撞以及船舶碰撞桥梁事故发生；联合番禺区交通局、水务局定期研讨桥梁水域安全隐患问题，加强桥区水域安全监管。

【涉水重大项目安全生产】2023 年，番禺海事处助力国家级沿海渔港经济区建设，开展开渔前期防范商渔船碰撞专题培训宣传教育，开展商渔船长面对面活动，普及水上交通安全和渔业安全生产知识，促进商渔船船舶、船员安全。加强金光东隧道工程现场监管，推动工程建设、渡运、航运安全。召开水工项目安全座谈会，发现问题约谈工程负责人，发出整改通知书。出动船艇 32 艘次、执法人员 90 人次，护航金光东隧道工程，开展南临时航道转换、沉管浮运拖带及安装作业警戒，保障金光东隧道水下工程完工。

【水体污染防治】2023 年，番禺海事处配合番禺区政府严厉打击船舶非法洗砂洗泥行为，支持石楼陆上海砂淡化场建设。强化船舶生活污水分类分区监管，加强船舶能耗数据报告现场检查。强化沙湾水道饮用水源保护区和大龙涌口国考断面水域的船舶防污管控，宣传防止船舶污染相关法律法规，每日对沙湾水道饮用水源保护区及国考断面水域进行电子巡航、远程视频监控，对违规锚泊船舶教惩结合，保障饮用水源清洁。

【水上安全宣教】2023 年，番禺海事处推进安全宣教百日行动，加强对辖区镇（街道）、航运公司、渔业人员、保洁船工作人员等水上从业人员安全宣教培训，组织宣讲 27 场次，覆盖辖区航运公司 3 家、渡口 2 处、镇（街道）4 个、渔村 4 个，培训企业相关责任 21 人、商船船员 58 人、渔船船员 249 人。开展“送教上门”活动，到清流小学、穗石小学、石碁镇中心幼儿园、市桥实验小学向 1000 余名学生开展“水上交通安全知识进校园”活动。在新造渡口、清流渡口开展水上安全教育培训，为乘坐渡船学生举行专场

2023 年 2 月 22 日，番禺海事处对新造临时油船锚地进行安全监管
（蔡建 摄）

讲座，与乘坐渡船的施工工人、环卫工人开展互动式宣教。组织党员、团员志愿者100余人开展环保净滩、安全宣教、安全知识进校园等志愿服务。与番禺区气象局结对共建“水上交通气象服务站”，为番禺辖区航运经济、口岸发展提供气象预警预报，保障水上交通安全。

（孟曦）

港航管理

【概况】2023年，广州市港务局番禺分局（简称番禺港务分局）辖区港口码头完成货物吞吐量2528.53万吨，同比上升19.38%（其中海港1705.69万吨，同比上升15.17%；内河822.84万吨，同比上升29.19%）；集装箱吞吐量12.92万标准箱，同比下降14.59%（其中海港9.96万标准箱，同比下降13%；内河2.96万标准箱，同比下降19.52%）；水运量3687.52万吨，同比上升7.33%；水运周转量42.59亿吨千米，同比上升5.17%。受理港口、运政、航道业务1209单，其中危险货物港口作业网上审批1069单、运政业务107单、港政业务30单、码头港池维护性疏浚3单。

【港航安全执法】2023年，番禺港务分局开展执法检查760次，出动执法人员2284人次、执法车569辆次，执法船59航次。开具检查记录650份、检查意见书128份、复查意见书117份、责令整改通知书6份，发现存在不足及隐患308处，完成整改291项。推进全员安全生产责任制，港口企业全部落实《安全生产责任制清单》和《个人行动计划》。推进落实双重预防机制，指导港口企业开展风险分析防控和隐患排查工作。组织专家42人次对7家重点港口企业开展安全检测及评估检查。落实网格化管理，在节假日对重点危货企业开展“四不两直”检查。开展安全生产月活动，在番港码头举办港口危险货物事故综合应急演练，海关、海事、消防部门和石楼镇政府联动参与，开展港口安全专项行动。修订“三防”工作预案，保证预案更具指导性和可操作性。

【绿色港航】2023年，番禺港务分局助力辖区港航企业绿色低碳转型，落实《广东省交通运输绿色低碳发展指导意见》要求。推动扬海航运船舶智慧管理系统建成投入使用。指导互太公司等3家港口企业成功申请港口船舶排放控制补贴。落实靠港船舶使用岸电，全年用电量同比增加19.07%，生活垃圾接收量同比增加56.51%。开展打击非法洗砂洗泥行动，配合地方政府、海事等部门联合执法检查55次。

【水运行政执法】2023年，番禺港务分局发挥广州水上交通检查站作用，联合广州市港务局海港分局、新塘分局开展水上安全联合检查。与番禺海事处、番禺海关建立集装箱联合开箱机制，每月联合开箱检查。组织番禺区交通局、番禺海事处开展高水平安全服务高质量发展常态化轮值检查。定期与广州市交通局、海事局、中山市交通局开展水上联合执法。在重要节假日前联合地方政府开展渡口渡船安全督导。立案查处行政处罚案件20起。

（秦海）

产业经济

番禺年鉴 2024

农业农村

综述

【概况】2023年，番禺区农业总产值67.86亿元，同比增长0.2%。完成播种粮食337.33公顷（5060亩），产量1304吨，实现连续5年增长，播种蔬菜7853.33公顷（11.78万亩），产量17.39万吨，种植水果453.33公顷（0.68万亩），产量8826吨，种植花卉3920公顷（5.88万亩），实现产值11.7亿元。省级名优现代渔业产业园31个项目完工投产，开展高标准农田改造提升，完成116.84公顷（1752.54亩）高标准农田建设。番禺区莲花山渔港获“全国文明渔港”称号，注册番禺区首个地理标志证明商标“沙湾墨兰”，番禺区农产品质量监测所被评为“2023年县级农产品质量安全检测机构能力建设典型样板”。

【农村集体产权制度改革】2023年，番禺区印发《关于进一步加强农村高质量发展干部队伍管理的实施意见》《关于进一步加强农村党务村务财务高质量管理工作的实施意见》《农村“两委”干部报酬待遇指导意见》，健全管队伍、管事务、管薪酬制度体系。出台《番禺区关于开展农村集体“三资”经营性合同突出问题专项整治的工作方案》，开展问题合同专项整治。截至2023年年末，完成整改合同507份，村集体增收11.03亿元。优化升级农村集体资产交易平台，受理交易委托406宗，成交交易251宗，合同成交总金额68.07亿元，同比增长51%。

【农产品稳产保供】2023年，番禺区发放耕地地力保护补贴99.22万元，发放市级种粮大户补贴51.86万元、区级种粮补贴237.75万元，划拨农业政策性保险补贴615.51万元。实施《广州市番禺区都市现代农业产业链高质量发展三年行动计划（2021—2023年）》，构建“1+3”（都市现代渔业+精品花卉、绿色蔬菜、生态畜禽）都市现代农业产业链，新增9家区级农业龙头企业、5家市级农业龙头企业。落实粤港澳大湾区“菜篮子”建设，为3家经营主体拨付粤港澳大湾区“菜篮子”生产基地落户奖励45.2691万元。印发《番禺区主要动物疫

2023年7月24日，番禺区农业农村局对农户进行水稻技术指导
（区农业农村局 供图）

病监测与流调计划（2023—2025年）》，落实高致病性禽流感、非洲猪瘟等动物疫病防控，全年屠宰检疫生猪300.7万头，出栏家禽242万羽。

【农业安全生产】2023年，番禺区深化海洋渔业执法协作配合机制，参与区打私办联合执法行动8次，发放执法整改文书18份，出动执法行动363次，执法人员1988人次，查处渔业违法案件47件，清理取缔涉渔“三无”船18艘，发出行政处罚通知书26份。开展农机安全常态化检查，出动监理人员973人次。落实禽流感免疫423.9万只、新城疫免疫23.8万只、犬只免疫2.5万只，强制免疫病种免疫率均100%。举办番禺区突发重大动物疫情应急演练，全年未发生重大动物疫情。

【农业行政服务】2023年，番禺区农业农村局政务服务窗口受理政务服务事项申请3208件，办结率100%。政务服务事项时限压减率94.95%，行政许可事项即办率96%。增设“我要开办宠物医院”申请事项，纳入区“一件事”主题套餐，政务服务涵盖农药、种子、动物诊疗、水产养殖。发动各村推荐学法用法示范户，认定示范户68户，累计认定360户，覆盖172个村，覆盖率超97%。新增“粤字号”农业品牌13个，增量占全市三分之一。将“沙湾墨兰”注册为番禺区首个农产品国家地理标志证明商标。

【农业行政执法】2023年，番禺区打击农资制假售假、生产销售使用禁用农（兽）药、非法添加有毒有害物质行为，处理食用农产品、农业投入品举报投诉109件，立案查处农产品、农业投入品违法案件25件，查处率100%。推行农产品合格证制度，用证主体513家，年用证11万张，用证产品8.3万吨。参与信用评价主体214个，全链条追溯1500余批次。番禺区农监所被农业农村部评为“县级农产品质量安全检测能力建设典型样板”。全年完成农产品速测27238批次，平均合格率99.95%。定性定量检测5142批次，合格率99.22%。14个镇（街道）39个速测点完成蔬果、水产品检测29219批次，完成率113.17%，合格率99.95%，其中种植业产品农药残留28253批次、水产品兽药残留967批次。

【乡村建设行动】2023年，番禺区印发乡村振兴重点工作实施方案，明确8个方面47条具体任务。推进“古韵叠境”新乡村示范带建设和“海岛风情”新乡村示范带规划方案编制，指导5个典型村建立完善项目库，启动番禺区数字乡村综合服务平台建设，一体推进落实“数字化、积分制、清单制”治理方式。印发《广州市番禺区农村人居环境整治提升五年行动方案》《2023年番禺区农村人居环境整治提升工作要点清单》《2023年广州市番禺区村庄清洁行动工作方案》，落实农村人居环境整治。推进农村“厕所革命”，铺排23个乡村公厕改造项目。新增省定美丽宜居村8个，累计169个村达到省定美丽宜居村标准。

（陈楠）

农技推广

【概况】2023年，番禺区注册“沙湾墨兰”地理标志证明商标，建立番禺区地理标志培育库，确定重点培育产品，墨兰种植户超百户，种植超26.67公顷（400亩），年产量2000万株，年产值超3500万元。7月、11月分别在杭州、重庆推广推介番禺特色渔业品种，番禺麻虾、番禺笋壳鱼、番禺银鲈、番禺奥尼罗非鱼、番禺巴鱼（暗纹东方鲀）、甜菊鲷等10余种名优水产品。推进水产智能陆基循环水健康养殖设施项目建设，丝尾鳠、银鲈、桂花鱼等新品种试验项目，增加龟类试验推广品种，引进石金钱龟、花杂草龟、中华草龟、火焰龟、枫叶龟、珍珠鳖等品种，示范养殖龟类扩大近4倍。加强数字渔业平台数据链接，新建水产养殖智能化装备、智能化水产养殖生产管理、大数据平台及手机端操作程序系统。

【病虫害预防】2023年，番禺区耕地面积5686.13公顷（85292亩），以种植花卉3920公顷（5.88万亩）及常年蔬菜793.33公顷（1.19万亩）为主，其次是水果453.33公顷（0.68万亩）、粮食作物346.67公顷（0.52万亩）。建立蔬菜、水稻和番薯的病虫害监测点，发出病虫害预测预报12期，其中水稻4期、蔬菜4期，指导农民精准施药，减少用药次数、保证防治效果。秋季开展农田灭鼠8366.67公顷（12.55万亩）次。石楼镇建立鼠情监测点2个，监测调查鼠迹和灭鼠效果。灭鼠前指数0.81，灭鼠后指数0.07，防效91.1%。有番薯、奶油青枣、火龙果、四季香杧、胭脂红番石榴、无花果、无籽水蜜巴乐、脆皮柑橘、苹果、枣等农作物病虫害绿色防控技术示范点4个，示范面积7.33公顷（110亩）。使用病虫害生物防治、物理防治和农药防治相结合技术措施，农作物病虫害为害损失率控制在10%以下，化学农药使用量减少30%。

【农业机械化】2023年，番禺区扩大农业机械智能化应用，重点推广农用无人机和无人驾驶农业机械技术、农用无人机植保和水稻种植技术，推广蔬菜、水稻、果园农机化机具，水稻耕种收综合机械化率85.7%以上。通过无人机植保作业服务，推动水稻全程机械化。番禺区备案开展植保无人机作业服务公司1家，在水稻、果树、绿化苗木、鱼塘等进行生产作业，水稻无人机作业播种面积74.63公顷（1119.4亩）。

（陈楠）

工业

综述

【概况】2023年，番禺区规模以上工业总产值2937.40亿元，同比增长12.0%，规模以上工业增加值623.55亿元，同比增长11.7%，增速为全市重点工业区第一。汽车制造业，通用设备制造业，电气机械和器材制造业，计算机、通信和其他电子设备制造业，金属制品业五大行业实现产值2278.22亿元，同比增长16%。有广汽传祺、广汽埃安、日立电梯、中海达、松下空调、番禺电缆、鹏辉能源、保伦电子、立白等领先企业。

【重点制造产业园区】2023年，番禺区推进村镇工业集聚区建设高标准厂房和现代产业园区。首批试点项目大龙街道旧水坑村采用勘察设计施工总承包及运营模式，定制式建设工业厂房，石碁镇桥山村采用“公开招商、净地出让”模式开发改造，沙头街道汀根村纳入2023年广州市村镇工业集聚区更新改造试点项目。

【习近平考察广汽埃安和广汽研究院】2023年4月12日，中共中央总书记习近平到广汽埃安新能源汽车股份有限公司考察，走进企业展厅、总装车间、电池生产车间，了解企业突破关键核心技术和推动制造业高端化、智能化、绿色化等进展情况。在广汽研究院，习近平查看智能网联实验室、模型设计实验室，同科技人员、企业家、职工、外资企业等代表交流。习近平指出，中国改革开放政策将长久不变，永远不会自己关上开放的大门。一切愿意与我们合作共赢的国家，我们都愿意与他们相向而行，推动世界经济共同繁荣发展。习近平强调，中国是个大国，要重视实体经济，走自力更生之路。关键核心技术要立足自主研发，也欢迎国际合作。要加强教育和人才培养，夯实科技自立自强根基。

（姚景怡）

智造产业

【概况】2023年，番禺区围绕汽车、高端装备等重点产业稳链补链强链工作，推动广汽电池科技项目、广汽自研电驱科技项目、番禺汽车城智汇区一期、海灏生物科技总部科学园（一期）等一批重点工业投资项目加快建设投产。全区工业投资完成128.92亿元，同比增长32.4%；其中，技改投资完成56.78亿元，同比增长8.1%。

【汽车产业】2023年，番禺区发布《广州市番禺区“一基地一带两园”汽车产业高质量发展布局规划》、编制实施《番禺区产业规划》及汽车产业高质量发展规划，推进国家新型工业产业示范基地、智造创新园、番禺大道汽车消费体验带等重

广汽集团传祺第二生产线焊装车间　（区科工商信局 供图）

大平台建设，加速实施汽车产业“三年翻番”计划，围绕广汽传祺、埃安两大千亿能级汽车制造及汽车电子、芯片、电池等关键零部件和上下游产业配套实施“链长制”，推动广汽获原、依工、智华、富强等一批新项目开工建设和竣工投产。

是年，番禺经济技术开发区规模以上，同比增长54%；销售整车74.78万辆，同比增长46%。其中，广汽乘用车实现产值430亿元，同比增长32%；实现产量32.23万辆，同比增加27%；实现销量26.78万辆，同比增长11%。广汽埃安实现产值545.2亿元，同比增长39%；实现产量50.01万辆，同比增长83%；实现销量48万辆，同比增长77%；零部件企业产值370亿元，同比增长11%。

【新能源汽车灯塔工厂】2023年12月14日，广汽埃安智能生态工厂入选达沃斯世界经济论坛（WEF）“全球灯塔网络”，成为全球唯一一座新能源汽车灯塔工厂。广汽埃安部署40多项工业4.0范例，实现超10万种配置车型共线生产，每53秒下线1台定制化新车，为2023年度全球新能源汽车智能制造最高水平。12月12日，广汽埃安旗下因湃电池智能生态工厂在番禺汽车城竣工投产，广汽埃安完成能源生态闭环。

【电梯产业】2023年，番禺区发展电梯产业，推动产业补链、强链、延链，形成以日立电梯、广日电梯等整梯生产企业为龙头，以精创机械、高比电梯等电梯配件企业为主体的电梯产业集群，日立电梯广州生产基地、广日配件工业园等重点电梯产业园区发展壮大，产业规模约300亿元，形成集科研开发、制造生产、集成应用、运维服务于一体的完整产业链体系。

（姚景怡）

时尚产业

【概况】2023年，番禺区有时尚产业市场主体超5万家，其中“四上”企业超500家，时尚产业规模近700亿元。企业类型主要有“时尚六品”（服饰尚品、珠宝精品、化妆美品、声光潮品、定制佳品、皮具优品），全区有广州巨大创意产业园、钻汇服装服饰产业园、红八方商业中心、创富时尚产业园、天安节能科技园等重点时尚产业区块和园区，形成从上游原材料加工到研发设计、成品制造、营销渠道、品牌管理系列产业体系。

【珠宝首饰产业】2023年，番禺珠宝产业以设计镶嵌加工为主，链接全球市场，涵盖黄金、钻石、铂金、白银、玉石、彩宝等市场主要品类。珠宝首饰产品作为番禺区传统优势进出口产品，占全区进出口总值超45%，产品占全球市场份额约三成，占港澳地区市场份额的约七成。2月，举办第二届国际珠宝首饰流行趋势发布会（中国·广州番禺），国际珠宝首饰流行趋势发布会永久落户广州番禺。6月，国家珠宝玉石首饰检验检测中心化学分析实验室（广州）落户番禺沙湾，举办2023广州·番禺“赋能产业 设计薪火”设计师大会，深度融合人才链、创新链、产业链。

【舞台灯光音响产业】2023年，番禺区灯光音响产业集群被工信部评选为2023年度全国中小企业特色产业集群，成为广州市上榜国家级中小企业特色产业集群的四大特色产业集群之一。番禺区灯光音响产业集群有企业600多家，其中核心领域企业110多家，从业人员12万人，占全国近一半的市场份额，包括1家国家级制造业单项冠军示范企业和2家国家级专精特新“小巨人”、1家省级制造业单项冠军示范企业和14家省级“专精特新”中小企业，3家省级企业技术中心、4家省级工业设计中心、69家高新技术企业。发挥出口舞台灯光音响质量安全示范区作用，牵头制定行业标准，13家灯光企业、18家音响企业完成对标达标，完成主导演艺灯光行业标准11项、专业音响行业标准21项。其中，新制定出台《舞台灯具跌落试验规范》《LED舞台灯性能及测试方法》，填补舞台灯行业技术规范空白。

【纺织服装产业】2023年，番禺区推进纺织服装产业链三年行动计划，建设大湾区时尚中心（广州钻汇·国际创展汇）、朗欧服饰智能制造、汇晔新零售工业总部等重点项目。9月，番禺区成立服装服饰行业协会，选出新一届理事会。12月，广东省服装服饰行业协会、广东省服装设计师协会入驻巨大产业园，启动广东（番禺）服装大讲堂，共建巨大数字时尚总部基地，打造广东服装产业会客厅。

（姚景怡）

番禺区厂商会

【概况】2023年，番禺区厂商会有会员企业1000多家（人），其中上市会员企业占全区上市企业的50%，汇集灯光音响、汽车制造、电线电缆、电子信息产品、智能装备等先进制造业龙头企业。协会下设照明电器、机械、食品、表面处理、化工、包装印刷、工程师协会7个行业分会。建立以《番禺厂商》杂志、网站、微信公众号、视频号为中心的全媒体矩阵。完成商会第八届到第九届换届工作，新增常务副会长4人、副会长3人、理事单位13个、会员单位18个；秘书处有8名专职工作人员。

【助企政策宣传】2023年，番禺区厂商会举办26场培训活动，内容涵盖“专精特新”中小企业申报、灯光音响企业标准化、首席质量官、企业劳资纠纷、绿色低碳等内容，覆盖区内2000多家企业。解决企业在政策申报中遇到的问题，提升企业申报效率和通过率。完善助企体系，为企业发展“补短板、锻长板”。精选533条惠企政策，制作15条宣传视频，通过网站、微信公众平台、微信群、视频号等方式向企业推送。

【专精特新】2023年，番禺区厂商会按照“专精特新”标准，量化筛选出各梯度重点入库培育企业，对125家企业开展点对点申报发动、辅导，开办4场专题培训讲座，提高申报率。辅导519家企业申报创新型中小企业，通过率84.5%；429家企业申报省级专精特新（含复核），通过率70.3%；67家企业申报国家级专精特新“小巨人”（含复核），通过率17.9%。其中，理事会成员奥迪威、炫视智能以及会员单位星云开物、普华

2023年12月6—8日，2023年粤港澳大湾区服务贸易大会在珠海国际会展中心举办，图为番禺区国家文化出口基地展位　（区厂商会 供图）

环保被评为“小巨人”。

【企业人才服务】2023年，番禺区厂商会开展区工程系列初级职称评审，收到136名企业技术人员申报，涉及机械、电气、化工等7个专业，总申请量同比增长119.3%。121名企业技术人员获得初级职称，通过率88.9%。推动企业质量管理体系建设，区内70多家企业质量管理人员获“首席质量官”证书，1131家规模以上工业企业完成“首席质量官”线上备案。评选29名番禺区新锐企业家，联合番禺区融媒体中心专题报道王骞能、刘嘉达、柯星昌、马爱平、李峰等青年企业家。

【校企合作对接】2023年，番禺区厂商会开展校企合作对接，组织华南理工大学软件学院赴巨大创意产业园、广州由我科技股份有限公司开展校企交流合作活动，在人才培养、实验室建设、成果推广等方面共建长效合作机制。协办广州市工业和信息化局、番禺企业与番职院的政校企三方对接会，洽谈校企人才合作项目。联合区人才办举行2023年师生名企行、广州大学城菁英直聘行动，组织华南农业大学、广州技术师范大学等42所高校的600多名学生走进番山ABP创业中心和天安节能科技园，参观米客科技、浩云科技、创显科教等园区标杆企业。

【市场开拓】2023年，番禺区厂商会承办广州市番禺区汽车产业高质量发展推进会暨“一基地一带两园”汽车产业布局规划发布会，邀请汽车产业链约300家企业参加。发动会员企业兆亿音响、广日电气、五羊摩托、卓远科技等申请参展广交会，有38家会员企业参展，占全区参展商半数以上。赴苏州、遵义等地考察传统制造业数字化发展及智能制造新业态，实地考察汇川智能、科沃斯、阿诺精密、国台酒业等当地名企。

【企业融资服务】2023年，番禺区厂商会联合中国银行番禺支行、中信银行汉溪支行、中国农业银行清河支行实地走访36家“专精特新”企业，现场解决企业融资问题。协办金融服务日活动，现场签约16个项目，包括15个融资授信项目和1个战略合作项目，授信签约总金额59.142亿元。组织企业参与中银小微外贸，提升贸易和融资便利化水平。

（周翔）

商贸业

综述

【概况】2023年，番禺区开展促消费工作，限额以上商业额首次突破3000亿元大关，社会消费品零售总额1317.91亿元，增长4.3%。开展“购车惠民 悦享番禺”汽车消费节、广州汽车“以旧换新”发布活动、区汽车消费节大型展销会，举办第三届直播电商节番禺区分会场活动，汽车、珠宝等多行业联动开展直播。广州国际美食节主会场活动拉动餐饮行业消费超3000万元。

【商务资金申报】2023年，番禺区近700家商贸企业申报并获得批发业、零售业、住宿业、餐饮业新增限额以上企业奖励资金超4000万元。其中10家公司申报2023年广州市促进商务高质量发展专项资金居民服务业专题（住宿餐饮转型升级）资金，301家企业申报零售与促进消费专题（2021年批发业新增限额以上）资金，312家企业申报零售与促进消费专题（2022年零售业、批发业新增限额以上）资金，60家企业申报零售与消费促进专题（住宿餐饮业新增限额以上企业奖励）资金，7家公司申报2022年度商务领域居民生活服务业扩大规模奖励，2家企业申报商业网点建设专题资金。

【国际消费区建设】2023年，番禺区完成国际消费中心城市建设工作自评，设立商业重点建设项目库。粤海广场、万达广场、广晟万博城商业街项目投入运营，德舜大厦完成验收。广州南站商圈纳入市、区重点建设项目11个，其中市重点项目4个。推动保利大都会A3写字楼、番禺粤海广场、番禺万达广场

2023 年 11 月 10 日，广州国际美食节在番禺万博中心开幕

（区科工商信局 供图）

B1 栋入选甲级、甲级（预）写字楼。

（姚景怡）

供销商业

【概况】2023 年，番禺区供销联社系统内农民专业合作社销售额 9600 万元，广东供销放心农产品直供配送网络番禺子平台营收 6349.26 万元，同比增长 126%，在全省子平台中名列前茅，获得全省“运营卓越奖”一等奖。成立广州番供投资发展有限公司，实现“社企”职能独立。番禺区供销联社获广东省供销合作社系统综合业绩考核县级优胜单位一等奖，广州市供销合作社系统综合业绩考核获涉农组一等奖。实现标杆基层供销社全覆盖，沙头供销社、钟村供销社被评为广州市供销合作社系统二类标杆基层社，新造供销社、沙湾供销社、南村供销社、化龙供销社被评为广州市供销合作社系统三类标杆基层社。

【农资供应】2023 年，番禺区供销联社储备化肥 3000 吨、农药 50 吨，保障春耕备耕农资供应。以农业生产托管形式，利用石碁镇低涌村近百亩闲置农地，建设水稻种植机械化和智能化示范基地，打造“番禺供销丝苗米”品牌，全年收成 4.5 万千克。

【助农服务综合体系】2023 年，番禺区新增领办金泉农业专业合作社、锐新水产专业合作社、创农葡萄种植专业合作社、悦农绿色农产品农民专业合作社。业丰农业机械专业合作社被评为国家级示范社和省级示范社，德记水果种植农民专业合作社（开放办社）、啄果农产品农民专业合作社、华伟蔬菜种植农民专业合作社被评为省级示范社，金泉农业专业合作社被评为市级示范社。协助业丰机械专业合作社、穗供（广州）农产品销售专业合作社获银行贷款 787 万元，推动禺锋蔬菜种植合作社、禺涌水产养殖合作社投保食品安全责任和水产养殖险种，保额 6330 万元。升级建设石碁镇、化龙镇、大石街道 3 家“庄稼医院”。

【助农对口合作】2023 年，番禺区加强与福建省龙岩市上杭县、贵州省毕节市、广东省梅州市五华县及蕉岭县、肇庆市封开县等对口帮扶协作（合作）、东西部协作地区消费帮扶合作，对口帮扶（合作）地区农产品销售 2600 万元。

【再生资源管理】2023 年，番禺区优化提升再生资源回收站点 519 个，升级改造示范网点 5 个，累计升级改造网点 41 个，整治无证或违规经营再生资源回收网点 148 个，全年全区再生资源回收量累计 73 万吨。

【社企资产运营】2023 年，番禺区供销联社提前完成区果菜副食品公司、区生活服务公司两家社有企业公司制改革。公开招租物业 39 处，理顺 4 项物业产权归属问题，清算注销 1 家“僵尸”企业和 3 家分支机构，全系统物业经营收入同比增长 22.7%，资产负债率下降 4.45%，提前完成中华全国供销合作总社“2024 年资产负债率较 2021 年末下降 3 个百分点”目标。

（杨汇）

邮政

【概况】2023年，番禺区邮政局21个邮政支局（含邮政储蓄银行）、12个寄递营业部实现业务收入2.75亿元。加强邮政快递合作，开发全区各村代投快递站点172个，区内各村实行站点全覆盖，社会快递代投53.74万件。

【邮政设施建设】2023年，番禺区邮政局增强揽投基础设备保障，生产作业中投入蓝牙便携打印机133台，新增置换211台PDA手机，实现每名揽投员配备三轮车、PDA手机、电话卡，实时反馈投递信息时限。提升建设16个综合揽投部和7个普邮站职工小家建设工程。新增石楼邮政支局财富中心。

【“平安邮政”建设】2023年，番禺区邮政局执行禁限寄规定，落实收寄安全规范，全年未发生重大责任寄递安全事件。加强金融安防建设，在第八轮金融安全评估中20个金融网点评分均在95分以上，达到优秀等级。以安全科技赋能，推行人工智能AI视频智慧系统。

（符小丽）

信息与通信产业

【概况】2023年，番禺区互联网、软件和信息服务业企业完成营业收入401.11亿元，增速同比下降10.7%。5G、区块链、人工智能、大数据、集成电路等新兴产业成为发展新动能。4月，长隆万博商务区入选广州软件名园，天安节能科技园入选广州软件特色园（人工智能领域）。

【人工智能与数字经济】2023年，番禺区有数字经济行业规模以上企业324家，营业收入632.33亿元。其中，工业企业132家，营业收入170.77亿元；服务业企业192家，营业收入461.56亿元。发展广州人工智能与数字经济试验区（大学城片区），广州大学城有重点实验室213个、“双创”团队近400个、项目近500个、高新技术企业80家、广州市“三个一批”企业5家、国家级专精特新“小巨人”企业1家、省级专精特新企业18家、全球独角兽企业2家、未来独角兽企业2家、高精尖企业2家，规划建设广州大学城青创汇、广州大学城（广工）科技成果转化基地、广州（国际）科技成果转化广州大学城基地、粤港澳大湾区（番禺）海创人才科创中心、广州人工智能与数字经济试验区（大学城园区）等重点科技创新平台与成果转化基地。推进人工智能与数字经济试验区（大学城片区）计算科学与大数据产业园项目。成立番禺区人工智能与数字经济行业协会。

【5G产业基建】2023年，番禺区新建5G基站2041座，年度任务完成率113.7%，全市排名第一，累计建成5G基站13693座，全市排名第二。加强5G信号深度覆盖，开展通信网络质量优化工作，处理区内重点企业、重要区域信号盲区233个。

【“四化”平台赋能】2023年，番禺区推动传统制造业“四化”（数字化、网络化、智能化、绿色化）平台赋能专项行动，加速制造业转型升级，49家企业完成“四化”诊断。番禺区蘑菇云（广州）工业数字化集成服务有限公司、广州思林杰科技股份有限公司、广州市易鸿智能装备有限公司、中国轻工业广州工程有限公司、广州东焊智能装备有限公司和广东埃文低碳科技股份有限公司入选广州市“四化”赋能重点平台名单。

（姚景怡）

【电信番禺分公司】2023年，中国电信广州番禺分公司拓展主营营业厅、38家社区服务店、50家城中村服务店、20家商区服务店、384家合作店、168家快电合作点、398家异业合作点。完成5G宏站共享90个、5G室分共享小区280个、电联共享4G小区1732个。推进光纤升级改造，100%完成千兆小区改造。完成1074处水务施工工地交底和巡检盯防9982次。完成大龙街道罗家村、沙涌村等10个村的线缆捆扎整治。完成大石、洛浦等街道58个涉电线路问题点整治。在台风“海葵”期间，抢险机房保障全区

2023 年，番禺电信公司维护人员在市桥街道进行 5G 系统作业
（梁展超 摄）

通信安全。节假日期间，出动 420 人次 105 车次完成广州南站等交通枢纽和长隆、莲花山、大夫山、余荫山房、宝墨园等风景区重点场所通信保障工作。在广州国际美食节等大型活动中，出动 37 人次 7 车次（通信应急车 4 辆）保障通讯。重点布局新型通信、云计算、AI 和大数据能力，实现首款天地一体 5G 卫星通信终端千余户，商用级安全通信产品量子密信初具规模，发展互联网防御型安全产品安全大脑、扫描型安全产品翼盾。在居民小区安全管理“智慧社区”、餐饮安全管理“明厨亮灶”等方面融入“视频 +AI”变革。开展 AI 机器人“96110”反诈服务热线，对电信网络诈骗进行大规模预警、电话劝阻和防范宣传，实现较高劝阻成功率。

（马欣欣）

【移动通信番禺分公司】2023 年，中国移动通信番禺分公司在辖区内有 1 个自营厅、6 个委托厅，实体渠道网点超 600 家。服务客户超 300 万户，其中 5G 终端客户规模超 150 万户。全年建成 4G 基站 784 个、5G 基站 718 个、传输机房 1 个，累计建成 4G 基站 3903 个、5G 基站 2460 个、传输机房 191 个。响应区应急办完成重大节假日期间广州南站、长隆景区、莲花山景区和开学季的广州大学城高校等重点场所 58 次大型应急通信保障。开展番禺区社会信息化资源整合项目、番禺区政务云平台升级项目、海灏生物科技总部科学园（一期）项目信号覆盖工程项目、广东工业大学超融合管理平台等项目建设。协助抓获电信诈骗嫌疑人 24 名，缴获设备 11 套，收到番禺区打击治理网络新型违法犯罪专项工作领导小组办公室 3 次表扬信。

（周志伟）

【联通番禺分公司】2023 年，中国联通番禺分公司有自有营业厅 24 家、加盟厅 4 家，合作 MALL 厅 7 家、社会渠道合作网点近 500 家、合作收单网点（包含异业收单点）超 1000 家。城中村（含农村）接入光纤网络 122 条，占比 71%，需改造及补全覆盖 28 条，有 53 个村未接入光纤网络。城中村 5G 覆盖率 96%，室外基本覆盖。建成 5G 基站 328 个，累计 2822 个；建成 4G 站 52 个，累计 1092 个。与区企事业单位建设智慧气象服务平台、智慧法院信息化运维服务体系、智慧医疗健康管理系统。与重点企业单位合作建设智慧园区，与希音等头部电商平台探索建设国内外仓储，与广东文艺职业学院建设智慧教育。

（周吉）

旅游业

【概况】2023 年，番禺区接待游客 5435.84 万人次，旅游总收入 521.13 亿元，分别同比增长 92.1% 和 121.5%。全区有国家 A 级旅游景区 10 个、国家级文物保护单位 4 处、中国历史文化名镇 1 个、中国历史文化名村 1 个、星级酒店 11 家。番禺区位列全国市辖区旅游综合实力第 11 名。余荫山房创建为国家 AAAA 级旅游景区并入选广州市第一批历史名园，西坊大院创建为国家 AAA 级旅游景区。

2023年9月29日，第六届番禺水色旅游文化节在宝墨园开幕
（区文广旅体局 供图）

广东科学中心被评为第二批国家级文明旅游示范单位、首批广东省文化和科技融合示范基地。Z-BOX项目入选全国智慧旅游沉浸式体验新空间培育试点。长隆国际大马戏魔幻传奇Ⅱ入选全国旅游演艺精品名录。莲花山、宝墨园、紫泥堂被授予“国际展示厅 入境游合作示范点”。

【国家全域旅游示范区建设】2023年2—3月，番禺区文广旅体局组织景区代表参加“广州欢迎您”2023年广州文化旅游专场推介会（杭州、上海），推介番禺文旅资源。5月18—19日，“美好生活，幸福旅程”——2023年番禺区“国际博物馆日”暨“中国旅游日”主题活动在西坊大院启动，发布番禺全域旅游智慧导览系统。组织旅游企业参加广州国际旅游展览会、上海旅游产业博览会、澳门国际旅游（产业）博览会。参加2023年广西全域旅游大集市开幕式暨广西全域旅游创新发展交流对话会，交流分享全域旅游示范区建设发展经验。推出番禺游完全攻略手绘地图，番禺旅游App（小程序“走读番禺”）实现“好玩到番禺，开心游购娱”一站式信息服务。“禺你·多彩金秋”户外拾趣游线路入选广东秋季自驾精品线路之广州篇。全年开展旅游从业人员培训8期，856人参与培训。旅游企业开展三防、燃气安全等应急演练80次，3937人参与。新增和翻新旅游指示标志牌57处。莲花山旅游区水上乐园停车场公厕被评为广州市最美创新运营公厕。

【旅游节庆活动】2023年元旦假期，长隆旅游度假区举办冬季嘉年华活动，长隆欢乐世界联合广东卫视举办“幸福快乐在一起”大湾区跨年晚会，岭南印象园推出“南国奇妙夜”音乐演出活动。春节假期，莲花山旅游区举办2023年广州番禺莲花山桃花文化旅游节，宝墨园举办岭南醒狮民俗文化活动，沙湾古镇重现“捧银”、正月墟、拍财神等传统年俗。3月，长隆旅游度假区推出女神节活动，宝墨园景区举办“汉风古韵樱花节”暨“樱花摄影大赛”，岭南印象园推出古风穿越剧“南国奇遇夜”主题夜游主题活动。5月，番禺区“国际博物馆日”暨“中国旅游日”主题活动举办，公布6条主题旅游线路，为番禺区全域旅游讲解员颁发聘书。6月，沙湾古镇在留耕堂内举行癸卯年第十二届传统开笔礼，第34届广州番禺莲花文化旅游节在莲花山旅游区开幕，余荫山房举办2023年番禺区紫薇文化旅游节。7月，“广州欢迎您”“花城·阳光 温暖生活季”文旅活动在长隆旅游度假区中央演艺广场举行。9月，第三届粤港澳大湾区文化艺术节之“珠水金声 粤韵乐乡”沙湾广东音乐大赏在沙湾古镇举行。中秋国庆假期，长隆旅游度假区举办电音演出，长隆国际大马戏上演《魔幻传奇Ⅲ》国庆限定版，宝墨园打造画中仙“嫦娥奔月”表演、番禺水色耀湾区活动，沙湾古镇举办沙湾鱼灯文化节。

（何晓晴）

城乡建设管理

“百千万工程”

【概况】2023 年，番禺区聚焦“智造创新城”战略定位，将“千亿矩阵”“信息化平台”打造成为实施“百千万工程”（百县千镇万村高质量发展工程）的“双引擎”“双动力”，以“头号工程”力度打造产城融合发展标杆区，全区实现规模以上工业总产值 2940 亿元、增长 12%，增加值 625 亿元、增长 11.7%。农村居民年人均可支配收入 51569 元，连续 5 年位居全省第一。番禺区被评为“全国百强区”第 14 名，“全国赛迪百强区”第 31 名。开展番禺国家级沿海渔港经济区创建工作，推动八大项目动工建设，打造“全国文明渔港”全国典型案例。强化农产品知识产权保护，“沙湾墨兰”成功注册国家地理标志证明商标。建设绿美番禺，实施绿化美化和生态建设“八大工程”，建成 2 个榕树公园，石楼镇作为全市唯一代表获“广东省森林城镇”称号。

【“百千万工程”机制建设】2023 年，番禺区成立由区委书记兼任总指挥的区“百千万工程”指挥部，建立由 1 个指挥办、6 个工作专班和 16 个镇（街道）组成的“1+6+16”组织实施体系，设立头号工程“一室五库五机制”（1 个百千万工程作战室，项目库、专家库、规划成果库、揭榜挂帅案例库和三亮榜库 5 个库，以及决策机制、指挥机制、狠抓落实闭环机制、激励考评机制和社会力量参与机制 5 个机制）作战室，制定指挥部工作规则（试行）、指挥办工作规则（试行）和考核评价办法（试行）3 份文件，完善指挥部和指挥办工作规则和运行体系。聚焦短、中、长期目标，制定年度重点任务分工表、重大突破性抓手清单、重点改革事项清单、重点典型培育清单，推动“百千万工程”各项工作落地见效。组建产城融合、城镇建设、乡村振兴和帮扶协作、要素保障、信息化建设、金融 6 个工作专班，印发专班工作方案，围绕主责主业制定工作政策，推动“百千万工程”落地见效。编制“百千万工程”信息简报 32 期，定期召开区“百千万工程”指挥部工作会议、指挥办例会，研究解决重大问题，统筹推进重大工作、重要任务、重点项目，推进三级联动机制，形成协调联动、各司其职、信息共享、齐抓共管的工作合力。

【典型镇村培育】2023 年，番禺区坚持制造业立区，引导各

2023 年 12 月 19 日，广东海大集团农牧渔业“红链兴农”共同体成立（钟竞瑶 摄）

镇（街道）差异化、特色化发展，打造2个中心镇（石楼镇、化龙镇）、2个新创意类特色镇（南村镇、新造镇）和1个工业类专业镇（石碁镇）。政府、国企、民企、乡贤多方参与，投入逾1.7亿元，有1个典型镇（石楼镇）和5个典型村（石楼镇大岭村、石碁镇桥山村、大龙街道新水坑村、大龙街道旧水坑村、沙湾街道沙湾北村）入选广东“百千万工程”首批典型镇村名单；高标准规划建设沙湾街道“古韵叠境”、石楼镇“海岛风情”2条新乡村示范带，创建省定美丽宜居村161个。强化社会力量参与，发动企业、高校、金融等资源力量，推进乡村规划室建设，动员市、区国企结对帮扶典型镇村，搭建“红链兴农”党建共建联合体，建设十大“百千万工程”共建共享基地。

【“百千万工程”汇聚社会力量】2023年，番禺区出台《广州市番禺区区属国有企业实施“百县千镇万村高质量发展工程”促进城乡区域协调发展的工作方案》等文件，推动属一级（直管）国有企业与典型镇、典型村结对。建立番禺区“百企兴百村助力乡村振兴”村（社区）——企业结对名录，将被帮扶村庄和帮扶企业录入信息平台并每季度更新。“广州钻汇·国际创展汇”项目被评为广东省“千企帮千镇万企兴万村”典型案例。形成全区建筑业企业投身“百千万工程”企业和结对帮扶企业目录，全区5个镇分别与中铁一局、中建四局等8家建筑企业建立“一对一”或“一对多”结对帮扶关系，确定结对帮扶项目13个，总投资约140万元。完成2个广东青年大学生“百千万工程”突击队行动结对项目，与8个高校（学院）完成“百千万工程”项目结对确认。

（赵少城）

城乡规划和自然资源

【概况】2023年，番禺区围绕加快建设粤港澳大湾区、广州实现“老城市新活力”、“四个出新出彩”、打造环珠江口百千米“黄金内湾”等发展大局要求，建立“专业齐全、对接无缝、层次分明”的国土空间规划体系，推动重大投资项目、重点项目、民生项目、社会经济发展项目建设。广州市规划和自然资源局番禺区分局（简称番禺区规划资源局）编制城乡规划59项；完成土地登记392件、不动产登记19.22万件，核发不动产权证书7.01万本、不动产登记证明7.15万份，提供不动产登记档案利用服务3.15万人次、29.88万卷次，办理土地出让金补缴及核实案件580件，计收补缴出让金1.4亿元。

【建设发展用地保障】2023年，番禺区重点推进汽车产业链二期用地、桥南净水厂、石岗小学等重大产业、交通水利、教育医疗等项目建设，番禺区规划资源局配合完成各类相关土地供应、预留和规划调整。供应土地115宗，总用地面积367.93公顷（5519亩）。组卷上报并获批复新增建设用地35宗，面积244.60公顷（3669亩）。完成22宗存量工业用地提容规划调整工作，总用地面积87.73公顷（1316亩），增加计容建设量208万平方米。落实预留建设用地规模217.27公顷（3259亩），完成土地规划调整项目20个。完成暨南大学二期、新造职校扩建工程、前锋村幼儿园等12宗教育用地供应，完成中部净水厂二期、穗莞深城际轨道交通琶洲支线、金山LNG应急站、南站谢村片区球场北侧公交站项目等基础设施用地供应，全年供应各类公共和公益性设施用地108.72公顷。

【城乡建设规划编制】2023年，番禺区规划资源局开展《番禺区国土空间总体规划（2021—2035年）》编制并上报市政府审批。开展发展战略、总体城市设计、综合交通、产业发展、土地整治及整备、绿色基础设施等规划。对接广州市面向2049年城市发展战略“两洋南拓、两江东进、老城提质、极点示范”空间发展方针，编制番禺城市总体发展战略规划。开展政府储备地及重点项目控制性详细规划及城市设计，调整汉溪大道北侧地块、番禺广场周边储备地、桥南净水厂和中部净水厂二期工程地块、大石街道新光快速西侧储备地块等项目控规。编制番禺智造创新园、广州南站核心区、南大干线经济带、番禺珠江沿岸地区、番禺国家级沿海渔港经济区等重点区域规划方案。

【民生实事规划审批】 2023 年，番禺区规划资源局编制印发加强农村住宅建设管理工作方案，核发乡村建设规划许可证 564 份；核准 166 项既有住宅增设电梯；编制番禺区地质灾害隐患排查和防治工作方案及地质灾害综合防治能力提升三年行动方案，全区 16 处在册地质灾害隐患点完成工程治理核销 8 处。

【保护耕地】 2023 年，番禺区落实耕地保护刚性要求，耕地“进出平衡”，完成耕地恢复 200 公顷（3000 亩），实现耕地净流入。番禺区耕地和永久基本农田核实处置方案上报广州市规划和自然资源局获审批通过。经专家评审通过 7 宗临时用地复垦方案、4 宗复垦验收、61 宗耕作层土壤剥离。在年度耕地保护考核中，番禺区的耕地保有量、耕地占补平衡、耕地“进出平衡”、违法占用耕地情况等“一票否决”指标均获通过。番禺区是全省 3 个“国家农村乱占耕地建房非住宅类整治试点”之一，2023 年处置 7741 起，面积 141.72 公顷（2125.83 亩）。

【规划审批服务】 2023 年，番禺区规划资源局对重点项目、先进制造业企业、高校及镇（街道）提供政务上门服务，加快文教卫生等民生项目规划审批，办理规划用地类案件 239 件，相关许可项目总用地面积 680.8 公顷（10212 亩）。审批办理市政类案件 682 件。通过拿地前先行介入、拿地中并联预审、拿地后快速办结等方式，实现工业项目“拿地即开工”。利用土地划拨及招拍挂时间，提前为企业提供建筑工程设计方案技术审查服务，联合住建等部门完成全市首件“三局五证联发”，推动项目实现“多证联发、拿地即开工”，核发建设工程规划许可证 555 份、总建筑面积 727 万平方米，出具规划条件核实意见书 314 件。推进批而未供和闲置土地消化处置，完成批而未供道路、绿地、河涌等 51 公顷用地划拨手续及 2023 年度批而未供处置。推进 36 宗面积 73.31 公顷存量用地处置。

2023 年 5 月 18 日，番禺区规划资源分局到桥南街道大口涌村、草河村调研耕地恢复工作（区规划资源分局 供图）

【违法用地遏制】 2023 年，番禺区规划资源局牵头融合交通运输、水务、城市更新等行业数据资源，“全链条”遏制违法用地产生。2022—2023 年新增违法用地完成整改 88 公顷（1320 亩）、耕地 19.06 公顷（286 亩），2018—2021 年存量违法用地完成整改 224.53 公顷（3368 亩）、耕地 91.8 公顷（1377 亩）。完成违法占用永久基本农田种植草皮问题摸排整治，恢复耕种条件耕地 161.24 公顷（2418.66 亩）。开展农村乱占耕地建房摸排整治专项执法，实现 2023 年度国家卫片新增农村乱占耕地建房零上报。立案查处违法违规用地案件 65 件，作出行政处罚 53 件，向法院申请强制执行案件 20 件。

【海洋管理】 2023 年，番禺区规划资源局批复海域使用预审及海域使用申请 1 件、用海面积 2.35 公顷，受理海域使用论证审查1件、用海面积1.88公顷。编制上报番禺区“未批已填”类围填海历史遗留问题处理方案、海岸线占补历史欠账兑现方案。开展海鸥岛红树林海岸升级改造与生态修复项目质保期养护和红树林生长情况跟踪监测。完成番禺区海洋预报及灾害预警发布技术服务项目招标采购并启动预警信息发布。

【植树造林】2023年，番禺区以大夫山榕树公园为核心建设华南国家植物园南部迁地保护示范区，开展榕属植物引种、保育和研究，在大夫山榕树公园新增榕属植物1200余株，园内有榕属植物101种11200余株。选定大夫山森林公园、滴水岩森林公园、沙头街道孖岗片区作为建设示范点，完成广东省下达285.33公顷（4280亩）绿美广东营造林任务。办理林业行政许可、审批事项85件。落实“林长制”，增加林长工作述职和“林长+检察长”制度。

【“百千万工程”规划保障】2023年，番禺区规划资源局配合番禺区“百千万工程”成立自然资源要素保障专班，编制江鸥、沙南、紫坭等20个村村庄规划，修编沙湾、大岭村、谭山村等历史文化名镇、名村规划和11个传统村落保护规划。挂牌保护广东省粮油储运公司第二仓库、市头糖厂早期宿舍群，保护利用16座传统风貌建筑历史建筑。编制《番禺区存量工业用地转型发展规划》和石壁一村、石壁二村、石壁三村、石壁四村调整控规，涉及改造总用地98.61公顷。里仁洞村、罗边村、南浦村的建设项目用地预审总用地面积67.93公顷（1019亩）。“房地一体”农村宅基地和集体建设用地确权登记发证16万本，发证率90%以上。

【不动产测绘和地理信息管理】2023年，番禺区规划资源局审核通过不动产权籍调查成果4401件，完成不动产单元编码28206件。维护不动产测绘市场公平竞争秩序，强化73家测绘服务单位开展测绘活动的事中事后监管。办理乙级测绘资质核准9件、测绘资质注销2件、测绘资质信息变更40件，核发测绘作业证22份。

【规划和自然资源信息化建设】2023年，番禺区规划资源局完成“番禺区数据分中心二期”项目建设，完善数据管理系统、空间决策支持系统、移动一张图系统三大应用系统，为17个职能局、16个镇（街道）开通273个账号，日均登录200余次。开展实景三维城市空间综合治理平台建设，完成万博商务区、广州南站、番禺广场、广州大学城、番禺汽车城等重点区域的三维数据采集和建模。完成2022年变更调查图斑、专项图斑、自主举证图斑、常态化监测图斑及2023年林草湿地变更监测图斑调查共8647个。完成新增建设用地、临时用地、设施农用地、三旧改造用地、卫片图斑违法用地共3095个地块权属和地类核查。

（范江波）

住房和城乡建设

【概况】2023年，番禺区印发《番禺区推动建设领域行业高质量发展“1+5”工作方案》《番禺区住房和城乡建设领域高质量发展工作方案》，召开建设领域高质量发展大会、产融对接会、建筑业和房地产企业座谈会，推动住建领域高质量发展。全区建筑业产值613.07亿元，增速9.7%；房地产销售面积147.92万平方米，增速3.1%；房地产开发投资469.96亿元，增速13.4%。城建审批服务实现全区首宗社会投资工业项目“三证联发”和首宗房地产项目“五证联发”。竣工民用绿色建筑面积432.96万平方米，占竣工民用工程总面积的99.3%。番禺区住房城乡建设局被评为2022年广州市全面推行河湖长制工作先进集体。

【建设项目监管】2023年，番禺区住建系统开展“安全月”“质量月”活动和重大事故隐患专项排查整治行动，对全区在建工地开展隐患排查，全年巡查工地3767项次，对问题工地发出整改通知书，责令停工整改，实施省级动态扣分，立案调查并处罚金。全区有36项工程获

2023 年，公租房大学城墨香北园面向广州大学城各高校教师配租
（区住建局 供图）

55 个奖项，华工国际校区图书馆项目及一期项目分获鲁班奖和詹天佑奖。制定《番禺区住房和城乡建设局定标委员会成员库管理办法（试行）》《番禺区建设工程招标工作领导小组关于组建区定标委员会的意见（试行）》，规范定标行为。全年公开招标 245 项，中标金额 145.77 亿元。

【美丽乡村建设】2023 年，番禺区完成石碁镇长坦村、大龙街道大龙村、沙湾街道古坝东村 3 个广州市美丽乡村建设，总投资 1764 万元，实施项目 7 个，建设生态宜居环境和便捷生活服务相关基础设施、公共服务设施、绿化美化工程。石楼镇接受广东省“百千万工程”指挥办现场核查，石楼镇“美丽圩镇客厅”入选典型镇培育首批优秀案例。

【房地产市场】2023 年，番禺区贯彻落实房地产市场调控各项措施，优化商品住宅价格备案和预售监控款业务，召开房地产市场座谈会、商品房预售款业务培训会，开展商品房促销和网签工作。全年批出商品房预售许可 85 件，面积 143.72 万平方米，商品房可售库存 417.35 万平方米，保障市场需求。制定 2023 年番禺区房地产市场秩序专项联合执法检查工作方案，开展房地产市场专项整治，防范化解市场风险隐患。全年巡查商品房预（销）售现场和中介服务机构 747 家次，开展专项整治联合执法检查 8 次，发出整改通知书 36 份。

【保障住房筹建】2023 年，番禺区制定《城中村住房等存量房屋依法整租运营纳入保障性租赁住房试点方案》和补助资金分配方案，认定 2023 年保障性租赁住房项目 326 个 56777 套房源，超额完成 2021—2023 年筹集认定任务。配建公租房新开建 957 套，新增筹建公租房 1022 套，完成年度任务的 189.25%。制定《广州市番禺区人才公寓管理办法》《人才公寓运营方案》和《人才公寓配租方案》，筹集落实人才公寓 804 套。新增配租新就业无房职工公租房 248 套，续租 3521 套。

【房屋安全监管】2023 年，番禺区住房和城乡建设局统筹推进隐患自建房整治，出具房屋使用安全鉴定报告 13431 份，自建房系统中 6599 栋隐患房屋整治销号 2036 栋。开展建筑玻璃幕墙安全隐患排查整治，完成全区 522 栋玻璃幕墙安全隐患排查和信息归集，177 项隐患问题全部完成整治。开展隐患房屋治理，整治隐患房屋 532 栋。为 333 栋隐患房屋安装“房屋健康码”。

【物业管理】2023 年，番禺区推进物业小区治理高质量发展三年行动计划，成立住宅小区业主组织，新成立业主组织 66 个，累计成立业主组织 201 个。推进 448 个住宅小区雨污分流改造，新增改造 15 个，新增达标验收 48 个。推进住宅小区电动自行车充电设施能建尽建，新建充电点 589 个、充电端口 9286 个。“住宅小区加装电动车集中充电桩”人大代表建议办理被评为广州市 2022 年度优秀案例。

（陈泳欣）

用地储备供应

【概况】2023年，番禺区完成土地出让面积154.09公顷（2311.49亩）。完成产业用地供应28宗，面积101.47公顷（1522亩），土地出让金21.22亿元，供地面积同比增长229%，出让金增长213%。产业用地供应涉及汽车产业11宗、专精特新产业3宗、其他产业14宗。10月9日，原印染总厂地块成交，是全区首宗招拍挂出让的新型产业用地（M0）。

2023年1月12日，番禺区土地开发中心就创新城净水厂所涉土地征收问题开展政策宣讲　　（区土地开发中心 供图）

【居住用地供应】2023年，番禺区完成6宗居住用地出让，均实现摇号，涉及总用地面积38.60公顷（579.08亩），可建设用地面积19.67公顷(295亩)，建设量75.82万平方米。出让金224.2亿元（区级分成55.77亿元），用地面积同比增加24%，出让金同比增加374%。

【商业用地出让】2023年，番禺区完成2宗商业用地出让，总用地面积14.02公顷（210.41亩），建设量33.73万平方米，出让金30.32亿元（区级分成3.87亿元)，为近5年新高。

【土地征收储备】2023年，番禺区完成226.67公顷（3400亩）土地征收储备，同比增长215%。其中170公顷(2551亩)储备土地提前半年完成征收，包括智造创新园片区90.39公顷（1355.8亩）、化龙产业园地块10.99公顷（164.9亩）、华创东侧地块14.47公顷（217亩）、石碁镇前锋南路西侧地块（高尔夫地块二、三、四）17.87公顷(268亩)。完成56.6公顷(849亩）省、市重点项目用地征收，包括净水厂项目33.87公顷(508亩）、番南变电站13.73公顷（206亩）、海珠湾隧道项目7.67公顷（115亩）、佛莞城际项目1.38公顷（20.75亩）。完成29宗283.13公顷（4247亩）集体和国有土地批复结案，包括17宗35.53公顷（533亩）国有土地结案，12宗247.6公顷（3714亩）集体土地取得批复或结案。

【存量土地租赁】2023年，番禺区土地开发中心制定《番禺区政府存量土地管理办法（试行)》，存量土地租赁工作效率提升50%。出租土地48宗，面积104公顷（1560.07亩），同比增长863%。出租物业21宗，建筑面积15877.71平方米，宗数同比增加64%，面积同比增长37%。租金收入5039万元，其中土地出租4693万元，商铺租赁346万元，同比增长37%。

（李卫民）

城市更新

【概况】2023年，番禺区有序实施城市更新，推进城中村改造，全年实现城市更新项目固定资产投资128.2亿元。推进城市更新项目土地整备，完成旧村庄集体建设用地转为国有建设用地手续8宗17.95公顷。

【城中村改造】2023年，番禺区南村镇里仁洞村改造项目2个月内村民表决支持率80%、6个月内村民签约同意率80%，实现项目批后“双八十”目标，顺利开拆。石碁镇南浦村改造项目建设复建安置区及市政道路。南村镇罗边村项目首期复建安置区动工，复建小学主体封顶，首期融资地块预售。市桥街道东郊村项目复建安置区封顶。

【老旧小区微改造】2023年，番禺区市桥街道西城社区、禺山社区、桥东社区、康乐园社区（二期）和钟村街道顺景苑5个续建项目完工，涉及9个老旧小区、237栋楼、5590户居民。谋划实施钟村街道怡乐园、大石街道怡居新村一期和市桥街道禺秀禺华园社区、沙园社区、怡乐北丽园实施“一项目一主题”微改造，通过申请政府专项债、引导居民出资等途径补齐资金缺口，5个项目全部动工，涉及9个老旧小区、152栋楼、3310户居民。

【村镇工业集聚区更新改造】2023年，番禺区探索村（镇）工业集聚区更新改造路径，推动试点项目落地实施。大龙街道旧水坑村项目为全市首个村集体自筹资金开展全面改造的村镇工业集聚区改造项目，分三期实施，一期实施方案提交审批。石碁镇桥山村项目为全市首个按“公开招商，净地出让”模式推进改造的村镇工业集聚区改造项目。沙头街道汀根村项目纳入2023年广州市试点项目清单。沙湾街道沙坑村村级工业园项目3宗村集体物业用地取得建设用地规划许可证。

（邓博文）

基本建设投资管理

【概况】2023年，广州市番禺区基本建投资管理中心（简称番禺区基建中心）完工项目24个，新开工项目15个，完成固定资产投资10.34亿元。管理政府在建工程45项，其中，市政工程34项、房屋建设工程11项。推进亚运大道改造工程等12个攻城拔寨项目和大镇岗气象塔等4个难点项目建设。广东仲元中学第二校区工程获2023年度广州市建设工程优质结构奖、广东省建设工程优质结构奖。番禺区中医院扩建医疗综合大楼工程门急诊、医技及住院楼工程被评为2023年度广东省工程建设优秀质量管理小组一类成果。

【专项债建设项目】2023年，番禺区基建中心全部完成债券资金年度支出计划。上半年，广州市番禺总部经济集聚区、广州市番禺智能制造产业园的基础设施及周边配套建设项目通过国家发改委审批，建设时限2023—2026年。下半年，谋划广州番禺经济技术开发区的上市企业工业扩产产业园配套设施工程（二期）、广汽基地园区配套设施工程（二期）专项债，含49个子项目，建设时限2023—2028年，通过区委审议并上传国家重大建设项目入库。

【产业园区配套道路建设】2023年，番禺区基本投资项目强化先进制造业项目和重点产业项目园区配套路网建设，推进专精特新园区路网建设。化龙镇“1234产业园区”HL18BJ-03草堂立交东侧地块周边道路工程一期完成立项、选址，二期取得立项批复和用地预审。专精特新园区道路（石碁镇南浦地块）项目完成总工程量80%。番禺区质量检测园区西北侧道路工程、番禺区智造创新园石

2023年，南村镇推进里仁洞村复建住宅项目建设

（区城市更新局 供图）

碁镇亚运大道南侧18.27公顷（274亩）地块配套道路（8号路）工程、石碁镇前锋南路南段人行道工程、前锋南路西侧地块道路工程推进前期工作。

【民生基础设施建设】2023年，番禺区中医院扩建医疗综合大楼工程门急诊和医技住院楼工程、番禺区图书馆新馆建设工程、化龙大道（南大干线至虹秀路段）公路工程、番禺区广华北路延长线与富怡路连接道路工程完工。石桥公园复建完工并对外开放。市桥街道东郊村（北基大街）安置区工程完成总工程量98.5%。市桥大桥改造工程主桥完成拆除，进行新桥桩基施工。番禺区亚运大道前锋路节点改造工程、亚运大道金龙立交工程2座跨线桥进入工程收尾阶段。

【重大建设项目竣工】2023年5月，石楼镇白沙湖中海通地块桥梁及沿河路工程完成建设，线路南起规划莲花大道，跨越岳溪涌后转向东至规划支路止，全长0.47千米，标准段红线宽30米。8月，南村镇科创组团园区2号、3号市政道路完成并投入使用，道路长度分别为0.46千米、0.39千米，是园区配套路网组成部分。11月，何贤纪念医院旧建筑改造工程项目投入使用，拆除建筑面积5985.83平方米，新建建筑面积10469.13平方米，改造建筑面积15223.08平方米。

（孔斯敏）

交通运输

【概况】2023年，番禺区有道路建设工程80项（其中，在建项目70项，年内完工或终止监督项目10项），投资金额129亿元（含市、区财政投资和企业投资），投资额在5亿元以上标段项目7个。9月，南大干线全线贯通通车。在建较大项目有金光东隧道、市桥大桥重建、海珠湾隧道、东晓南路至广州南站联络线南段、广州大道快捷化改造一期、景观大道等。番禺区与南沙区共同推进黄埔至南沙东部快速路建设。

【交通项目施工安全】2023年，番禺辖区道路建设工程项目未发生较大及以上级别质量事故和人员伤亡事故。番禺区交通运输局对在建项目开展重大安全隐患排查整治和重大风险防范化解，监督完成危险性大的分部分项工程（简称危大工程）项目25项，累计排除危大工程安全隐患148处。通过日常检查、专项检查、联合检查、邀请专家交叉检查等方式，开展监督检查747项次，出动1756人次。督促整改文明施工问题283处，消除施工污染及扰民问题。督促项目落实工人工资专户、实名管理、支付担保、合同签订及考勤等政策措施。

【交通项目质量管理】2023年，番禺区10项道路工程建设项目竣工一次性验收合格率100%。全年出具检测报告226份，全区路面平整度95.7%、路基压实度93.3%、路面沥青原材料83.3%，其余项目检测合格率100%。各项目自检检测单位报送检测异常报告30份，其中涉及桩基、沥青路面厚度各1份，涉及建筑材料、构配件28份。对预制空心板、钢箱梁检测异常情况均落实闭环整改。

【交通行政审批简化】2023年，番禺区交通运输局推进行政审批改革和政务服务标准化建设，依托一体化在线政务服务平台推进“马上办、网上办、就近办、一次办”。相关政务服务事项全面达到100%“可预约、可网办、最多跑一次”指标，提升便民利民水平。全年完成路政管理业务案件565件，其中路政许可业务532件（临时占用城市道路人行道许可177件，占用、挖掘城市道路许可263件，公路路政许可92件），道路工程施工许可业务33件（市政道路建设项目施工许可14件，市政道路建设项目施工许可证变更19件）。

【交通运输安全】2023年，番禺区发生一般以上道路交通事故4起、死亡4人，内河渡口渡船无人员伤亡事故。举办交通运输行业安全生产培训活动86场次，2476人次参与。开展应急演练65场次，1313人次参与。开展交通运输行业安全生产重大隐患排查整治和重大风

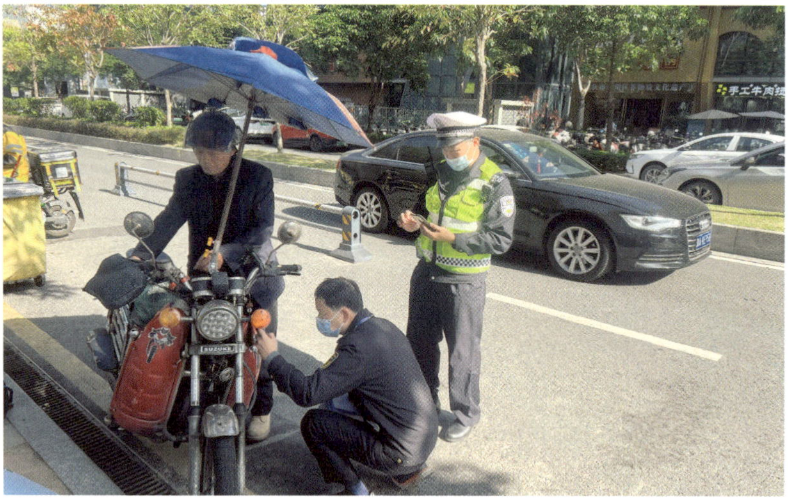

2023 年 11 月 21 日，番禺区交通运输局联合交警部门在万博地铁站开展打击非法营运行动　（区交通运输局 供图）

险防范化解，汇总上报安全生产重大隐患 16 项、重大风险 10 项（交通工程领域 2 项，道路养护领域 3 项，道路运输领域 5 项）。加强事故倒查及警示教育，对发生事故的 4 家企业进行调查处理。印发《广州市番禺区交通运输行业 2023 年安全生产检查计划》《2023 年区交通运输行业安全生产要点和工作计划》《番禺区交通运输行业安全生产监管通报制度》，对行业检查提供参考标准。

【春运保障】2023 年春运为 1 月 7 日至 2 月 15 日，共 40 天，番禺区公路（不含地铁、公交、出租车等城市交通）、铁路旅客运输客流较上年大幅上升，水路（莲花山港）暂未复航，全区到发旅客 1914.55 万人次。其中，广州南站发送旅客 924.87 万人次，到达旅客 954.87 万人次。春运期间，各职能部门、属地街道高效联动，开展旅客疏运、安全生产、反恐防暴、交通疏导、环境治理等工作，协调交通、公安、城管、民政、医务、民兵、志愿者等多方力量，构建春运综合保障体系。每天投入 2500 余人保障广州南站地区春运工作。广州地铁、佛山地铁延长运营时间，公交企业开行夜间公交线路和“如约巴士”疏运旅客。

【交通运输行业管理】2023 年，番禺区构建“骨干线公交为主、普通线和驳运线公交为补充、保障线公交兜底、公交地铁充分融合”一体化常规公交网络，适应市民出行需求变化，实现公交行业“降本增效”和可持续发展，新增公交线路 7 条次，优化调整公交线路 27 条次。推进公交行业补贴申请、拨付，委托银行建立专项资金专用账户，优先保障公交企业员工薪酬发放。落实货运行业分类分级监管，对出现安全隐患、安全事故企业，纳入重点监管名单。对全区 16 家危险品运输公司开展安全生产综合检查，将隐患问题“拉单列表”，逐一闭环整改。联合交警部门出动 15050 人次开展治理超载执法行动，处理超限超载车辆 2080 辆，卸载超载货物 11668.8 吨。开展交通综合行政执法行动 477 次，出动执法人员 12194 人次，产生行政处罚案件 1630 件，对所有案件进行法制审核，办理投诉案件 2239 件。

【地方道路养护管理】2023 年，番禺区地方公路管理总站完成兴泰路、桥兴大道与光明北路交叉口、迎宾路掉头位、厦滘村至沙溪村便民通道 4 处交通拥堵点治理，管辖县道 91.117 千米、县道公路桥梁 32 座、县道公路涵洞 19 座，在养公路技术状况良好。农村路面铺装率、农村公路列养率和 177 个村通公交率均 100%，实现衔接城区、畅通镇（街道）、覆盖乡村的城乡一体化公交线网。完成北园路路口、眉山村村口等 6 个平安村口建设。番禺区交通运输局管养城市道路 227 条 273.49 千米、桥梁 156 座（含天桥 18 座）、人行隧道 23 座、车行隧道 7 座。完成 9.38 千米 X943“美丽农村路”建设，制定 2023—2025 年美丽农村路实施计划。完成全区 91.12 千米县道和 135.318 千米乡（村）道路产登记造册。开展人工智能智慧停车项目招投标，涉及停车位 1700 个，缓解停车难民生问题。

（冯贵森）

【国道省道养护】2023年，广州市道路养护中心南城养护所管养番禺区道路113.34千米，其中国道3条（G105、G324、G325）26.79千米、省道5条（S111、S123、S257、S296、S362）86.55千米。管养公路MQI（公路技术状况指数）优良路率99.78%，MQI优等路里程占总里程95.11%。管养番禺区桥梁60座，其中特大桥有迎宾高架桥、沙湾大桥、海鸥大桥等，桥梁总体技术状况良好。完成年度行业创新项目路口人车协同监测预警系统、冷拌复合改性沥青及混合料应用、科技成果和“四新技术”（新技术、新工艺、新材料、新装备）应用电子交通限高架。完成交通拥堵点及事故多发点隐患整治37处，完成10处货车右转弯内轮差警示区建设、2处平安村口建设和1处“五必上”（警告标志、标线、减速带、警示桩、交通信号灯）优化提升。完善通航桥梁突发应急处置机制，辖内18座通航桥梁建成主动防撞预警系统，实时监测通航桥梁关键部位信息和健康状态。

（张宇婷）

城市管理

【概况】2023年，番禺区城市管理和综合执法局（简称番禺区城管局）坚持“社区管家”“三分建七分管”城市管理理念，围绕“四精七理”（精打细算、精雕细琢、精心呵护、精益求精和党建明理、家底梳理、教育说理、末端护理、环境打理、隐患清理、应急处理）要求，城市管理从“中心城区、重点区域、主次干道”向“城乡接合部、城中村、内街里巷”延伸。推进城市保洁标准化管理，在重点区域悬挂560个“环境卫生公示牌”，公示保洁管理标准、保洁单位、监督单位。将城中村外聘保洁企业纳入全区保洁体系管理。不同等级道路按照作业流程、作业频次、作业要求，采用“人机结合”模式，开展清扫、冲洗、巡回保洁等环卫作业。厘清万博商务区地下环路保洁权责，南大干线全线通车后纳入一级保洁道路。打造全市环境卫生精品区，范围包括广州南站片区、番禺区政府市桥区域、广州大学城区域、盛泰路（清河东路—平康路）、桥南街道南城路（南华路—福景路段）、钟村街道钟灵路（钟村西牌坊—工商银行段）和石壁街道石兴大道南（汉溪大道西—石洲西路）。

【城市卫生保洁】2023年，番禺区城管局完善环境卫生网格1400个，网上公示接受监督；全区划分重点区域20个、难点区域27个，专人包片保洁清扫，重点区域每天至少2次保洁清扫，难点区域驻点保洁。对镇（街道）分管领导、科室负责人、镇（街道）主次干道和行政村外包保洁公司法定代表人、自主保洁单位负责人进行授课培训，学习保洁规范。制定“周督办、月通报、季度讲评”工作制度，形成“通报—整改—复查”闭环管理，督办问题4377个。出动24.8万人次开展每周大扫除行动，整治卫生问题10.7万处，清理垃圾杂物8400吨。

【生活垃圾分类】2023年，番禺区开展生活垃圾投放点提升改造，新建和改建211个两网融合和厢房式投放点，打造市级星级小区投放点337个，建成农村投放点1343个、市垃圾分类样板村84个。对全区528个居民小区排查整改生活垃圾分类设施配置、桶点保洁、排水管理、环境卫生等问题，开展居住小区“ABC分级分档”管理，实施C档小区清零行动。以自建队伍或政府采购等方式加大厨余垃圾收运力度，与宾馆、餐馆、单位食堂等厨余垃圾产生单位签订统一收运协议，日均外运厨余垃圾升至650吨。全年其他垃圾同比减量3.61万吨，生活垃圾资源化利用率88.56%。完善区、镇（街道）、村（居）、小区巡查体系，巡查整改问题1.5万个，建立云站桶、云检查、云督导机制，实现垃圾分类全流程监控覆盖。

【城市绿化景观】2023年春季，番禺区开展直属机关义务植树、全民义务植树、“番禺—上杭共建”义务植树、区“人大代表林”义务植树活动。开展番禺区首次“互联网+义务植树”

履责活动，135 人次参加并取得全民义务植树网颁发的电子证书。全区开展义务植树、绿地认种、抚育管护等系列绿美行动，新种树木 27089 株。完成广汽产业园周边、南大干线 BT1 标 H 匝道、广州南站核心区及周边、华工国际校区二期等绿化升级改造 6.7 万平方米。新建绿道 6 千米，提升品质绿道 24 千米。落实古树养护责任，区、镇（街道）、村（社区）签订古树管护责任书，全覆盖巡查全区 748 株古树，修剪古树 79 株，抢救复壮古树 3 株，保护修复新造镇思贤涌古树 82 株。番禺区城管局、区规划资源分局编制绿美番禺实施方案和五年行动计划。新增南大干线道路绿化、国际创新城 C 地块公园等城市绿地 66.89 公顷（1003.4 亩），建成番禺区中医院屋顶绿化、沙溪大桥立体绿墙等立体绿化 5600 平方米。在东环街道东沙村、沙头街道汀根村和沙头村绿化闲置边角地建设 5 个口袋公园，将大龙街道旧水坑公园升级改造为番禺区第二榕树公园。

【市容整治】2023 年，番禺区组织 4 个容貌品质培育提升社区、18 个巩固提升社区、76 个常态提升社区，开展社区容貌品质全域提升行动，治理社区环境卫生等问题 8500 个。推进落实市容环境卫生责任区制度，石碁镇、石楼镇打造广州市“门前三包”样本镇（街道），全区临街商铺严格执行卫生责任标准。各镇（街道）签订新版“门前三包”责任区告知书，签订率 95%；市桥街道、东环街道、沙头街道、钟村街道的 5 家商铺获“羊城最美商铺”称号。开展户外广告招牌管理，委托第三方公司对全区户外广告和招牌全覆盖巡查核查，建立隐患清单及跟踪台账，排查隐患 2411 处。推进户外广告行政审批，广告招牌办证 585 块，办证率 45.85%；备案 25602 件（含信息登记 164 件），备案率 98.94%。开展区年度十件民生实事之一“有路无灯”整治，为 15 条共 18.6 千米原“有路无灯”道路安装 913 盏路灯，其他道路新建路灯 1470 盏。

2023 年，番禺区城管局推进垃圾分类智慧管理平台建设

（区城管局 供图）

【违法建设查处】2023 年，番禺区治理违法建设 222.18 万平方米。番禺区城管局印发《番禺区违法建设治理失职问责移交办法》《城市管理领域违法建设治理线索移交处置工作机制（试行）》《番禺区涉违法建设投诉信访工单督办工作制度》，对违法建设信访投诉线索建立台账，交办督办属地镇（街道）核查处理。采取“天上无人机、地上交叉巡”方式，形成巡查、信访、举报、媒体曝光、无人机航拍、镇（街道）交叉检查的监控体系，严控新增违法建设。开展重点区域的违规村民建房、自建房安全隐患（涉违法建设类）专项整治，全年开展“亮剑”行动 60 次，治理面积 28.39 万平方米，拆除建筑物楼顶平台违法建设 4.37 万平方米。

【全域服务治理试点】2023 年，番禺区在钟村街道祈福新邨、市桥街道中片社区两个区域试点全域服务治理。祈福新邨通过“政府 + 企业 + 市民”模式，建成祈福交通中心，完善医养体系，建设祈福新邨口袋公园。

推进社区旧楼加装燃气管道，新增管道燃气用户1071户。依托先锋社区岭南民居文化底蕴，推进中片社区微改造，建设先锋社区休闲广场，建设电动车充电桩，提升先锋大街广场夜间照明，优化内街保洁服务。

【城市管理公司】广州市番禺城市管理有限公司（简称番禺城管公司）为区属一级国有企业，注册资本1.1亿元，主要负责区内主干道路环卫保洁、绿化管养及全区道路照明设施管养、河道保洁以及城市生活垃圾收运。2023年，番禺城管公司下属企业6家，有职工792人，资产总额3.4亿元，营业收入2.53亿元，净利润0.16亿元。出动保洁作业38760人次、作业车20501辆次负责22条重点路段保洁，出动32412人次负责主干水道、化龙海漂段及沿线堤岸亲水平台保洁，打捞清理垃圾2046.52吨。出动养护人员96200人次，改造升级主干道路和景观林带绿化景观，种植时花56814平方米、草皮41080平方米、绿篱5770平方米、乔木973棵。维修路灯11333盏、应急维修1193起、线路维修657起，收运生活垃圾34627.62吨，转运粪水16523.41吨。收集处理大件废旧家具3944车，拆解可回收木材130.1吨。收集处理生活有害垃圾废灯管10986支、过期药品12.5千克。

（蓝剑文）

生态环境保护

【概况】2023年，番禺区印发《番禺区关于高质量推进生态文明建设促进人与自然和谐共生现代化建设的实施方案》，从生态制度、生态安全、生态空间、生态经济、生态生活、生态文化6大领域部署30项重点生态文明建设任务，全区环境质量达到治理要求。印发《番禺区"无废城市"建设试点实施方案》，完成208个"无废细胞"建设，其中有161个"无废学校"、21个"无废机关"、19个"无废工厂"、6个"无废工地"、1个"无废枢纽（广州南站）"。印发《番禺区"十四五"主要大气污染物减排工作方案》，通过结构减排、工程减排和管理减排等，推动氮氧化物和VOCs总量减排，保障重大项目落地的环境容量，实现经济发展和大气环境质量"双提升"。

【大气污染源治理】2023年，番禺区生态环境分局按照"控增量、减存量、抓监管、促减排"工作思路，抓重点区域、重点行业、重点企业排放整治。推进VOCs（挥发性有机物）和NOx（氮氧化物）综合整治，推动45家企业分级管控及深度治理，开展53家工业涂装细分行业整治，推进59家加油站油气回收自动监控设施安装联网、123家生物质和天然气锅炉企业低氮改造，推动玻璃行业超低排放改造，排查涉气企业1443家次，督促落实整改问题607个。加强扬尘污染防控，联合巡查工地135个次，交办整改95件；抽查在建工地835个次，发出交办函191份。常态化道路洒水保洁，每月通报镇（街道）道路洒水控尘情况。严格监管

2023年1月16日，番禺区城管局对南村板桥村古榕树进行病虫害防治
（区城管局 供图）

2023 年 6 月 3 日，番禺区 2023 年“6 · 5”世界环境日宣传活动在大夫山森林公园举行（区生态环境分局 供图）

柴油车和非道路移动机械排放，在重点路段布设柴油车抽检点位 12 个，路检柴油车 3883 辆次，遥感监测机动车 472 万辆次，检查非道路移动机械 2310 台，检查非道路移动机械油品 495 个次。

【水环境监控治理】2023 年，番禺区生态环境分局印发《番禺区 2023 年水污染防治工作计划》《番禺区墩头基、莲花山国考断面溶解氧达标保障方案》《番禺区保障沙湾水道官坦断面溶解氧达标强化方案》，统筹重点考核断面及一级支流监测、应急响应。推进莲花山断面“60 天达标攻坚行动”，成立保障专班全覆盖排查，落实每日巡河、每周联合执法、优化调水补水、强化鱼塘尾水监管和海漂垃圾清理等措施，推进问题排查整改，有效扭转溶解氧下降趋势并实现阶段性达标。每周对重点水道断面周边 91 条一级支流中的超标河涌增加监测次数，每月对市桥水道流域 41 条一级支流增加监测次数，每季度开展 11 条黑臭水体水质监测。利用沙湾水道 21 套河涌水质在线监测系统和大龙涌口周边 5 个挥发酚自动站对市桥水道、沙湾水道持续动态监控。

【土壤污染治理】2023 年，番禺区严格建设用地准入管理，优化土壤污染初步调查报告评审程序，建立土壤污染状况调查工作进展调度机制，推进涉土地开发及城市更新项目，完成土壤污染状况初步调查报告评审 9 件。强化固体废物和危险废物污染防治，完成危险废物申报登记 4179 家次、一般工业固体废物申报登记 2935 家次，开展危险废物环境风险和电动自行车废旧蓄电池回收污染隐患排查行动，全覆盖检查产废企业 1342 家次。

【生态环境审批执法】2023 年，番禺区强化“三线一单”（生态保护红线、环境质量底线、资源利用上线和生态环境准入清单）成果运用，为产业布局和结构调整、重大项目选址、招商引进、旧村改造提供生态环境管控意见，对 119 个项目出具管控意见。在环评审批中，对照城市环境总体规划、生态环境保护“十四五”规划落实准入及管控要求，实现从源头上预防污染，从布局上降低环境风险。对符合要求的建设项目加快审批环节推进，实行环评审批事项容缺办理、项目环评审批和规划修编环评审查同步进行。提前介入重点项目，实行重点项目清单式管理，前置梳理项目难点，专人负责、重点跟踪、全程跟进。施行包容审慎监管执法、柔性执法、精准执法，对生态环境轻微违法行为不予处罚。强化对企业帮扶指导，帮助企业提升治污水平。指导解决企业治污技术难题，提供环保发展思路。开展污染源治理和环境安全第三方技术帮扶项目，帮扶重点企业落实整改。

【环境信访处理】2023 年，番禺区生态环境分局针对祈福新邨周边首饰加工厂废气扰民问题，采取“控增量、减存量、强监管”措施，检查企业 905 家次（夜间巡查 365 家次），通过技术帮扶，实现重点件息诉罢访。对亚运城废气投诉问题，成立专班，强化穗莞联动，加强重点企业监管监测，及时向业主反映东莞市环境污染防治举措，投诉量同比下降40%。对广味源废气扰民问题组织专家溯源，帮扶企业投入2000多万元深化废气治理，投诉量同比下降82%。全年受理办结环境信访案2640件次。

（李晓旋）

水　务

综　述

【概况】2023年，番禺区贯彻广州市水环境治理攻坚“决战决胜番禺”要求，建设57项水环境治理工程。完成三年水治理攻坚项目招标145项，标的金额61.02亿元。完成水治理项目投资68.06亿元，其中三年攻坚项目58.4亿元。15个村（居）完成雨污分流改造，172个接驳口水质达标率93.6%，其中，洛溪村等9个村水质检测100%达标。广州市下达50条合流渠箱清污分流改造任务全部完成，石岗西涌渠箱等截污闸实现常态化打开。完成砺江河碧道、金山湖水库碧道、丹山河碧道等7条碧道29.2千米，完成14.68平方千米海绵城市建设。

【河涌水质提升】2023年，番禺区落实《广州市全面推行河湖长制工作考核办法》，执行纵向到镇（街道）、横向到部门、具体到河湖长的考核机制。以明督暗查形式，对镇（街道）河湖长制落实情况和河湖长履职情况开展巡查督导，437名三级河长共巡河43678人次，河长App受理河涌问题4737个，完成率99.58%，问题整改办结率全市排名第一。组建30人巡河督察队，日常巡河督察全区217条内河涌，发现问题1801个，完成整改1783个。

【排水管网治理】2023年，番禺区水务局组织对1338千米管网排水设施开展排查、清淤、检测和修复，“小修”问题3290处，将3672处缺陷纳入“大中修”。下属排水公司通过《排水企业安全生产标准化建设规范（T/GDPAWS13—2022)》认证，成为广州市第二家、番禺区首家获得“排水企业安全生产标准化AAAA级证书”企业。

【防汛防涝】2023年，番禺区水务局对全区5座水库、11座山塘、190座水闸、119座泵站、655千米堤防（岸）防汛三个责任人开展培训。2座泵站、7座水闸和6段堤防经过标准化创建，雁洲水（船）闸被评为省一级达标水闸，七沙泵站、裕丰泵站被评为省一级达标泵站，七沙水闸、莲花围堤防等5项工程被评为省二级达标工程，沙路水闸、九如围堤防等5项工程被评为省三级达标工程。全年启动防暴雨应急三级响应66次，出动抢险人员5447人次，落实“一雨两清”管网109.9千米、雨水箅子17175个。针对50个发生过积水情况的地点制定“一点一策”，全年完成整治37个。9月8日，番禺区因特大暴雨多处严重内涝，番禺区水务局组织相关单位事后分析内涝原因，对内涝风险点周边区域26.48千米雨水管网、排水渠（沟）进行全面清疏。

【水务行政审批】2023年，番禺区水务局主动对接排水户，上门技术指导，全程跟进协调，降低排水审批事项退件率。12月，将小型餐饮类排水户审批服务与村（居）雨污分流改造工程结合，推进对小餐饮上门办证行动。番禺区水务局受理审批事项1690件，平均退件率20.82%，同比下降13.65%。“12345”政务服务便民热线投诉水务案件10364件，同比增加8053件。针对突发性较强的大量水浸案件以及重复投诉较多的沙头净水厂选址问题（234件）、海龙湾堤防建设问题（206件），组织处理小组，争取群众理解支持。

【排水达标认定】2023年，番禺区完成广州南站、广东女子职业技术学院番禺校区、亚运城等重点难点排水单元达标299个，累计完成广州市总河长4号令排水单元2633个，面积10597公顷，验收认定率88.7%；对达标验收的2611个排水单元复核检查，发现问题单元661个，落实整改558个，继续整改103个。

2023 年 6 月 19 日，番禺区水务局联合番禺海事处等单位在浮莲岗水道流域开展打击非法洗砂洗泥联合执法行动（区水务局 供图）

【环保督察整改】2023 年，番禺区基本完成中央生态环境保护督察反馈问题整改。石岗西涌上游合流渠箱截污闸、雁洲涌富怡路 1 号截污闸、坑头 1 号截污闸、坑头 2 号截污闸均打开，2 条河涌水质稳定向好。10 月，生态环境部华南环境科学研究所完成雁洲涌、石岗西涌整改成效评估并出具报告，报告显示雁洲涌和石岗西涌氨氮、COD 指标均值达到地表水Ⅳ类标准。莲花山断面、墩头基断面溶解氧浓度均值分别为 5.18 毫克 / 升、5.56 毫克 / 升，溶解氧浓度达标。

【番禺治水“洛溪样板”】2023 年，番禺区洛溪板块经过给排外水、修复系统等措施，保证污水管网密闭性，各项进水指标提高。洛溪岛净水厂 COD（化学需氧量）、氨氮和 BOD_5（生化需氧量）平均值分别为 157.46 毫克 / 升、21.43 毫克 / 升和 88.41 毫克 / 升，同比增幅分别为 23.28%、8.45% 和 33.27%。番禺区应邀参加中国给水排水 2023 年大会，分享洛溪岛水环境治理经验。

（刘嘉文）

供水

【概况】2023 年年底，番禺区水务集团公司属下供水厂 5 间，最大产能规模 133 万立方米 / 日，出厂水水质合格率 99.99%。净水厂 7 间，污水处理能力 103.2 万吨 / 日。全年无发生重大供水安全事故。提前半年完成市交办的 2019—2023 年近 3 万户“双无”（无物业管理、无加压设施）小区供水改造，完成区交办的 2023 年 7 个村近万户自来水提质增效工程。

【污水处理】2023 年，番禺区水务集团公司完成大石净水厂 3.5 万吨 / 日、前锋净水厂 5 万吨 / 日技改扩容项目，全区污水处理总能力提高至 103.2 万吨 / 日。推进桥南净水厂、中部净水厂二期工程（大龙）、创新城净水厂、广州南站地区净水厂 4 间净水厂建设。7 间净水厂全年处理水量 3.4 亿吨，提前超额完成任务，污水处理总量同比增长 3.9%，氨氮削减量同比增长 5.6%，污泥无害化处置率 100%，各净水厂出水水质均达一级 A 标准，污水运营达标排放。

【供水便民服务】2023 年，番禺区水务集团公司更换安装居民智能水表约 23 万户，完成广州市交办的 32 项服务网办业务同步上线，实现供水合同签署“线上签”。全年办理“零收费”优营案例 800 件，免收费用 210 万元，同比增长 36%。

（甘英伟）

电力供应

【概况】2023 年，番禺供电局服务番禺区（不含小谷围街道）15 个镇（街道）10 千伏及以下配网运维、电网建设、用电营销、客户服务，供电面积 500.68 平方千米，用电客户 82 万户。番禺区（含广州大学城）电网最高负荷 286.647 万千瓦，同比增长 1.9%；全社会用电量 151.29 亿千瓦时，同比增长 8.04%；中压用户平均停电时间 0.176 小时 / 户，同比下降 33.6%；低压客户平均停电时间 0.152 小时 / 户，首次降至 10 分钟内。

【电网建设】2023 年，番禺供电局完成电网投资 15.38 亿元（主网 9.33 亿元，配网 6.05 亿元），“500 千伏楚庭输变电工程”投产。制定 2023—2035 年变电站投产时序建议清单，配套番禺区“一基地一带两园”汽车产业布局，完成重点片区高压电网专项规划。完成 500 千伏（番南）变电站选址地块土规调整、控规调整。500 千伏华厦阳西电厂二期 7 号、8 号机组项目接入系统工程和 500 千伏楚庭第二电源通道工程线路方案获核准批复。主网 500 千伏楚庭、220 千伏松涛、110 千伏明经等 9 个输变电工程投产，新增主变容量 290.9 万千伏安，线路 152.2 千米，可满足广汽汽车产业园、华南理工大学国际校区、洛浦街道南浦岛、南村镇、钟村街道等区域用电需求。配网投产常规基建项目 398 项，新建 10 千伏线路 85.19 千米，新增配电变压器 130 台，新增配电变压器容量 8.93 万千伏安，新建低压线路 139.87 千米。配网迁改全年投产 12 项，完成投资 1.6 亿元。

【电力保供】2023 年，番禺供电局配合乡村振兴战略和“百千万工程”，落实重大活动保供电工作机制，完成各项重要保供电任务 58 项，全年未发生错峰用电和拉闸限电。市场化需求侧响应注册率 55.62%，最大响应负荷 21.76 万千瓦；完成新型负荷管理系统建设接入量 33.48 万千瓦。提升不停电作业水平，中压线路跳闸率 1.287 次 / 百千米·年，同比下降 13.7%。投资 120 万元完成大龙街道新水坑村试点用电综合治理改造；提出“分两步走”策略开展城中村台区规划建设，实现度夏期间问题台区及供电可靠类诉求同比下降 50%；完成城中村电表单相改三相项目 412 户，释放容量 4000 千瓦，累计电量增长 90 万千瓦时；开展数字化涉水漏电防治，在广州范围内首次应用实现低压电房远程自动巡视。番禺供电局建立应急供电预案，与政府应急预案相衔接；与番禺区安委办、三防办、应急局联动开展风险分级管控和隐患排查治理；建立消防与供电“一对一”电气火灾应急联动机制，编制内涝风险电房运行技术规范，针对 459 处内涝隐患电房落实运行管控措施。

【供电服务】2023 年，番禺供电局强化服务意识，加强全过程服务质量管控，营造优质电力营商环境。依托联席办公室，前置提供用电规划、用电报装等服务，推动 33 项重点项目按时投产送电，投产容量 26.48 万千伏安。建立番禺模式“拿地即开工”用电接入方案，推动进驻番禺区专精特新地块、1234 地块的企业总开工时间平均压减 21%。拓宽“互联网 +”服务渠道，在政务中心“政务晓屋”上线变更类用电业务，应用 5G+VR 技术手段，线上电子证照、电子签章应用比例 87.9%。联合番禺区政务数据局、信用办公室、自来水公司落地“信用 + 供电服务”“电水气联办”服务。推动营销服务网格化管理，针对 1418 个综合网格全面配置“客户经理 + 设备主人”二人小组。配套汽车产业链建设 40 兆瓦储能、52 兆瓦光伏、

2023 年 4 月 18 日，110 千伏明经变电站投产　（区供电局 供图）

近580个充电桩的大型绿色用能示范项目。融合绿色产业金融发展，为区内用电企业提供电费普惠金融贷款业务3350万元；累计建成500个5G基站供电设施，接入容量9433千瓦；完成分布式光伏系统并网项目262个，总并网装机容量12.54万千瓦；投资建设充电站场10个，共131个桩，容量3408千瓦。

（黄宇婵）

2023年5月18日，番禺区城管局对餐饮企业燃气设备进行安全检查

（区城管局 供图）

燃气管理

【概况】2023年，番禺区城管局组织开展管道燃气发展空间摸查调研，研究制定《番禺区2023年度管道燃气发展工作任务的实施方案》。新增居民覆盖用户13353户（完成率121%）、居民安装用户19088户（完成率119%）、旧楼居民加装用户4020户（完成率100%）、非居民用户659户（完成率101%），建成市桥街道沙墟二村、南村镇官堂村燃气管道。

【燃气执法管理】2023年，番禺区城管局联合公安、住建、消防等21个部门成立专项整治工作专班，开展燃气安全隐患排查整治。依托燃气企业专业技术力量推动安全隐患快速整改闭环，提前完成全区集中整治阶段全覆盖排查任务，排查燃气企业15324家，整改安全隐患2648项，排查率、整改率均100%。

【燃气安全培训】2023年，番禺区城管局邀请燃气行业专家授课，举办餐饮企业燃气安全培训。采取悬挂横幅、设摊咨询、播放宣传片、发放资料等形式，开展燃气安全宣传。针对不同类型突发事件，组织3场区级燃气突发事件应急抢险救援综合演练。

（蓝剑文）

应急管理

应急工作

【概况】2023年，番禺区召开区委常委会议、区政府常务会议及各类专项工作会议43次，研究部署安全、应急、消防、“三防”和森林防火工作。健全应急指挥体系信息化建设，番禺区突发事件应急委员会立项启动“禺智管”应急综合指挥调度平台项目建设，制作应急指挥、风险隐患、监管底数、三防工程、地质灾害一张图，应急队伍一张表。全区有应急救援力量队伍43支3683人，其中区级综合应急救援队伍3支、区级专业应急救援队伍6支、应急保障队伍14支、镇（街道）综合应急队伍16支、省属专业队伍2支、社会救援力量2支。全区安全生产形势总体可控，无发生较大及以上生产安全事故，发生生产安全事故27起，死亡28人。其中，生产经营性道路交通事故18起，死亡19人；建筑业（其他）发生事故5起，死亡5人；交通运输业（水上运输业）发生事故1起，死亡1人；其他行业发生事故3起、死亡3人。

【应急综合指挥调度】2023年，番禺区委区政府总值班室、番禺区突发事件应急委员会办公室联合印发《关于进一步明确重要紧急信息报告责任的通知》，明确突发事件报告流程和要求，确定22大类76小类突发事件的信息归口单位和责任单位。番禺区突发事件应急委员会办公室针对地质灾害、森林火灾、危化品突发事件、内涝点等制定《应急处置第一响应要领八条》。加强应急预案管理，全区完成18个区级专项应急预案，其中自然灾害类6个、事故灾害类4个、公共卫生类3个、社会安全类5个。职能部门、镇（街道）分别开展事故应急预案备案登记108个、307个。

2023年11月30日，番禺区应急管理局组织全区危化品生产储存企业在新创化工有限公司开展危险化学品事故综合应急演练

（区应急管理局 供图）

【应急安全宣传教育】2023年，番禺区更新20个避护标杆场所宣传栏内容，派发暴雨、台风、森林防火、消防安全等宣传折页3.2万张、防灾减灾法律法规138本、展板6套、防灾减灾海报48份。《番禺日报》刊登区长署名文章《全员参与凝合力 共织安全防护网》。区、镇（街道）举办安全生产月主题咨询日活动17场，覆盖8万人次，派发宣传资料5万份。番禺区应急管理局举办防灾减灾宣教活动。开展企业安全生产培训，培训企业安全管理人员7940人次、企业主要负责人5217人次、特种作业人员11472人次。开展安全技能培训4185人次。

（杨康、方浩萍）

安全生产监督管理

【概况】2023年，番禺区安全生产委员会印发《番禺区党政领导干部安全生产重点职责工作清单》《番禺区党政领导干部2023年度安全生产重点工作清单》《关于推动高水平安全生产服务城市高质量发展的若干措施》，推动安全生产治理模式向事前预防转型。在元旦、春节、“五一”、中秋、国庆等重大节日和重要时间节点，区党政班子领导带队督导检查重点行业领域突出风险隐患，督促解决对口联系镇（街道）安全生产突出问题。番禺区安全生产委员会召开每季度工作会议，定期通报安全生产形势，分析典型事故处置，研究部署防范重特大生产安全事故。发布安全发展指数通报46期，以各镇（街道）检查企业数、隐患排查数、执法查处数、事故发生数、危化品打非治违数作为检验工作成效的量化指标。番禺区安委办围绕防溺水、物管小区、体育行业等事故多发行业领域及安全形势较为严峻的镇（街道）、部门开展19次约谈，发出督办通知、提醒函29份。

【重大事故隐患整治】2023年，番禺区安全生产委员会印发《番禺区重大事故隐患专项排查整治2023行动总体方案》，围绕重点行业领域开展执法检查。细化企业、政府部门和镇（街道）三个层面15项工作，录入重大隐患数据255条，帮扶指导重点企业1465家次，曝光、约谈、联合惩戒企业264家，发布重大事故隐患典型案例18个，实施企业和企业主要负责人“一案双罚”25次。

【电动自行车安全管理】2023年，番禺区安全生产委员会印发《番禺区进一步加强电动自行车全链条安全监管重点工作任务及分工方案的通知》，推进村（居）、小区充电桩、充电柜、换电柜等建设。全区住宅小区电动自行车集中充电场所符合建设条件完成率100%。印发《番禺区规范架空层电动自行车停放充电安全管理的指导意见的通知》，从消防安全法规和物业管理规定综合研讨，统筹规划停放及充电车位，建立健全电动自行车安全管理机制。

【安全生产执法监察】2023年，番禺区重点加强危险化学品、烟花爆竹、油气管道、加油站等领域安全监管。番禺区应急管理局和各镇（街道）查处非法储存危险化学品14.063吨，收缴非法成品油70.06吨、非法爆竹制品10.12吨，查处非法燃气瓶1369个、非法运营车54辆，行政拘留27人，刑事拘留10人，立案处罚185件，处罚金额78.44万元。区、镇（街道）二级应急管理部门检查企业15.1万家次，发现隐患19.49万项，办理普通程序案件723件，办理简易程序案件3034件，罚款1677.53万元。推进企业安全生产标准化达标建设，全区5家企业取得安全生产标准化二级，7家企业申报安全生产标准化三级。

【重大安全风险防控】2023年，番禺区安全生产委员会办公室每季度统计分析事故特点和趋势，提出风险防范应对措施，形成《全区生产安全事故总体情况通报》。选定20家试点企业，推动工贸八大领域企业落实安全风险分级管控和隐患排查治理双重预防机制。定期组织16个镇（街道）、11个重点部门分析本辖区、本行业领域突出风险类型，制定针对性措施，报送在建工地、营运车辆、燃气管道、桥梁轮渡、旅游项目等事故易发场所、主体底数基数。推行安全生产责任保险制度，重点领域参保企业2226家，完成市下达任务135.51%。

（杨康、方浩萍）

防灾减灾救灾管理

【概况】2023年，番禺区减灾委员会修编发布《番禺区自然灾害救助应急预案》，番禺区应急管理局发布《番禺区地震应急预案》《番禺区森林火灾应急预案》。区级救灾物资储备53类总值598.18万元，各镇（街道）应急物资22.39万件，总值1930.86万元。区三防指挥部在汛前调整成员单位，明确全区25个地铁站5个车辆段防洪排

2023 年 10 月 21 日，南城养护所举行 2023 年消防战术实操演练

（南城养护所 供图）

涝 7 级责任人，录入应急值班系统三防责任人 5253 名。番禺区森林消防大队 35 名消防员在高风险时段实行全员全天候值守，全区有 32 辆水罐消防车、104 台高压水泵、2352 条水带。

【防汛抢险应急保障】2023 年，番禺区三防指挥部在汛前部署全面排查 190 座涵闸、118 座泵站、214.1 千米堤防、5 座小型水库、10 处在册地质灾害隐患点、33 个易涝风险点、277 个在建工地、319 处危房、60 个过人过车涵隧、593 艘乡镇船舶、10 个 A 级景区等重点风险点。番禺区住房和城乡建设局指导督促物业小区在车库出入口两侧加高防洪墙，完善地下车库配电房，全区 418 个地下车库 1121 个出入口安装 1104 块防水挡板，均储备防汛沙包。汛期期间（3 月 27 日至 10 月 31 日），番禺区三防指挥部落实《番禺区暴雨内涝风险处置强化要领十条（试行）》措施，启动防暴雨应急响应 108 次，其中，全区三级响应 36 次、二级响应 2 次、一级响应 2 次，镇（街道）三级响应 38 次、二级响应 26 次、一级响应 4 次。防台风应急响应 5 次，其中，四级响应 2 次，三级、二级、一级响应各 1 次。未启动过防汛应急响应。安排 269 人、68 辆车、55 台抽水泵布防 38 处易积水点，组织成员单位开展 42 次联合值守。开展“龙舟水”及台风等恶劣天气防御工作，出动应急抢险人员 3.07 万人次、车辆 4450 车次、抽水设备 4712 台次，在台风、暴雨、洪水等影响期间转移人员 2.82 万人次，落实特殊群体临灾转移机制。区三防指挥部成员单位开展 189 场三防应急演练，8902 人参演。6 月 10 日，番禺区防汛应急救援综合演练举行，模拟强降雨防御应对过程中的道路水浸内涝处置、地质灾害隐患点应急处置和水上救援等内容，出动演练人员 150 人次、车辆 25 辆、无人机 7 架次、冲锋舟 10 艘。

【森林防火灭火】2023 年，番禺区森林防灭火指挥部办公室开展清坟地、清林地、清地边、清隔离带、清旅游景区内可燃物的“五清”行动，开展山边拆违行动 39 起，由 10 米向 20 米延伸，新开辟防火隔离带 7.7 千米，拆违面积 5424 平方米。发展消防管网上山，建成消防管网 13.56 千米。12 个有林镇（街道）落实森林防火工作要求，以桌面演练、双盲演练和实战演练等形式开展 84 次森林火灾演练，2400 人次参演。番禺区参加广州市第三届森林消防业务技能大比武，获团体二等奖。

【防灾减灾体系建设】2023 年，番禺区减灾委员会办公室更新配置区、镇（街道）、村（居）三级灾害信息员 640 人，推进 274 个村居（不含 1 个拆迁村）防灾减灾“十个有”建设工作 100% 完成，实现应急避护场所“一村居一场所”。全区有应急避护场所 329 个，其中，新建应急避护场所 131 个，同比增长率 66.2%，中心避护场所 2 个，固定等级 174 个，紧急等级 153 个，可用于地震（地质）、台风、暴雨、洪涝等灾害避险转移安置 110 个。

（杨康、方浩萍）

教科文卫体

番禺年鉴 2024

教 育

【概况】2023年，番禺区有幼儿园362所，其中公办性质园195所、普惠性民办园127所，规范化以上幼儿园342所，在园幼儿91833人，适龄儿童毛入园率101.2%。有中小学225所，其中，公办188所、民办37所，小学143所、初中67所、普通高中15所；在校中小学生271223人，其中小学生184686人、初中生60747人、普通高中学生25790人。有中职学校3所、学生11833人。有特殊教育学校1所、学生589人。电大、党校、教师进修学校、青少年宫各1所。是年，番禺区被教育部立项为“完善普惠性学前教育保障机制国家级实验区”,被广东省教育厅立项为“广东省基础教育高质量发展示范区”。连续三年获“推进职业教育改革、职业教育保障工作成效明显的区”市督查激励。在市对区级政府落实教育重点工作专项督导中被评为“优秀”等级。在市创建全国“智慧教育示范区”绩效评价中被评为“优秀”等级并被认定为支撑区。以“优秀”等级通过省中小学“三全育人”体制机制建设实验区专家组验收。番禺区星海青少年宫被评为“全国流动少年宫示范单位”。新增3所“全国国防教育示范学校”。推进省随班就读示范区、省“名师课堂”实验区、省“高水平中职学校”建设。

【教育资源供给】2023年，番禺区新开办公办中小学2所、公办幼儿园8所，新增公办中小学学位2760个、公办幼儿园学位3220个。通过改扩建、腾挪校舍等方式，改扩建110多所公办义务教育学校，新增公办学位1万多个，实现全区义务教育学生入读公办学位（含政府购买服务的民办学位）占比超过95%目标。纳入广州市中小学校基础设施建设三年行动计划项目42个，其中政府投资项目29个11亿元。推进大龙中学、石楼中学和新造职业技术学校3个建设项目。

【幼儿教育】2023年，番禺区按制定普惠性民办园认定管理办法，创新国企高校公办园模式，实现常住人口适龄幼儿入园全覆盖。番禺区被立项为国家级完善普惠性学前教育保障机制实验区、广东省基础教育高质量发展示范区。《以综合评价1+3s模式牵引县域学前教育高质量发展的实践与创新》项目获国家级教学成果奖。实施集团化办学，全年新增3个、全

2023年9月4日，南村镇中心幼儿园落成启用　　（区教育局 供图）

区有12个幼儿园教育集团，石楼镇和大石街道的中心幼儿园教育集团均入选省级优质基础教育集团培育对象。启动学前教育高质量发展系列行动计划，举办番禺区“广东省学前教育新课程科学保教示范项目”成果展和“童游岭南”幼儿园岭南文化育人课程等活动。培育1名广东省名教师工作室主持人、22名广州市幼儿园骨干班主任，园长持证率及专任教师学历合格率均100%。

【义务教育】2023年，番禺区优化教育集团学校结构和布局，提高优质教育资源覆盖率和受益率。制定中小学集团化办学指导意见，成立市桥桥城中学教育集团、番广实验教育集团等14个中小学校教育集团和1个九年制学校实验教育联盟。7所存在“公参民”问题的民办义务教育学校理顺办学体制。引进名校合作办学，合作举办华南理工大学广州国际校区附属小学，合并天成中学、天峰中学成立番禺区广铁一中铁英学校。

【普通高中】2023年，番禺区有普通高中15所，其中，国家级示范性高中5所、广州市示范性高中3所。确立“错位发展、学校自主、区域统筹”区域建设特色，形成以科技、人文、数理、艺术、体育等为主要办学特色的多样化发展格局，如番禺中学“优才学社”、禺山高中新疆班“三同”融合教育、番禺区实验中学的“桥品育人”等。全区8门课程获广州市普通高中特色课程重点立项。

【职业教育】2023年，番禺区以优秀教学成果赋能职业教育内涵发展，番禺区职业技术学校《对接先进制造业中职数控专业精准育人的改革与实践》获国家级教学成果奖二等奖，“广东省高水平中职学校建设”项目入选广州市首批产教融合示范实训基地建设培育名单。番禺区新造职业技术学校2门课程被认定为市级精品课程。中职学生在各级各类专业技能大赛中获国家级二等奖1项，省级一等奖10项、二等奖22项、三等奖31项，市级一等奖18项、二等奖44项、三等奖55项。

【特殊教育】2023年，番禺区实行特殊教育“3+9+3”（3年学前教育、9年义务教育、3年职业教育）全覆盖，构建涵盖区、镇（街道）、学校的特殊教育管理架构，新增特教资源中心18个、资源教室4间、特教班3个。市桥沙墟二小学案例《三关注 四聚焦 三突出 助力普特融合教育提质增效》被评为首届全国融合教育优秀教育教学案例。新增2所省随班就读示范校。番禺区特殊教育指导中心被评为广东省第三批优质特殊教育资源中心，2项课程被评为省特教精品课程。

【思政德育】2023年，番禺区构筑“全员、全程、全方位”育人格局，以“优秀”等级通过广东省中小学“三全育人”体制机制建设实验区专家组验收（全省2个），象贤中学被评为全国“大中小思政课一体化共同体”建设成员单位，区教师进修学校、广东第二师范学院番禺附属中学等10所学校被评为广东省“大中小学思政课一体化共同体项目”建设成员单位。新增广州市第三批红色教育示范校14所。13所学校被认定为广州市学校家庭社会协同育人示范校。在广州市优秀班主任工作坊、优秀家长委员会评选中，获奖数量列全市各区第一，4个案例获广州市学校家庭社会协同育人典型案例评审一等奖。6所学校被评为省、市中小学心理健康教育特色学校。全部中小学均至少配备1名专职心理教师。

【教育数字化】2023年，番禺区以教育数字化为引领，开辟教育发展新赛道，深化“番禺区教育数字化中枢平台”应用，实现592个单位局校互联，建设完成大装备、“大阅读圈”、听评课、数字督导、智慧教育云平台等23个应用平台。推动教学数字化转型，以融通技术支持高效课程，全区有智慧学习卡试点校39所、智能纸笔试点校4所、智慧作业试点校2所、智能学伴试点校20所、AI语音分析试点校5所、大数据精准教学试点校7所。市桥黄编小学推进教育数字化技术装备创新应用案例入选全国300个优秀案例。番禺区在广州市创建全国“智慧教育示范区”绩效评价中获评“优秀”等级并被认定为支撑区。

【“研学后教”课堂教学品牌】2023年，番禺区教育局组织推进“课改深化”工程，升级“研学后教”3.0版，打造“融·乐”轻负高质高效课堂。举办番禺区“上品优课”展示活动，在15个会场18场讲座中展示优秀课例166节，近6万人次现场或线上参与。年度精品课遴选产生部级精品课20节。6个案例被教育部评为“2023年度智慧教育优秀案例”。强化课堂主阵地作用，建立中学生发展指导机制。39个优秀教学成果入选2023年市教学成果培育项目立项名单。在省教育“双融双创”提升活动中获奖44个。

【珠江口文化溯源传播工程】2023年，番禺区教育局通过“制定1个总体行动方案、聚焦3个圈层研究范围、打造6个溯源重点范例、抓好3项传播教育活动、建设1个校外展示基地”实践路径，弘扬中华优秀传统文化。沙湾西村育才小学“广东音乐”、沙涌小学“鳌鱼舞”和新桥小学“广东醒狮”3个案例入选第一届广州市“非遗在校园”十大优秀案例。屏山小学作品《清平乐·村居》获第五届中华经典诵写讲大赛小学教师组二等奖。

【“双减”工作】2023年，番禺区贯彻落实进一步减轻义务教育阶段学生作业负担和校外培训负担（简称“双减”）的工作要求，对学科类校外培训机构100%压减、预收费资金100%监管。出动检查人员295人次，检查机构218家，发现并整改问题189个。立案查处某教育培训机构无证办学，是广州市校外培训领域首例完整执法案例。开设5000余个托管班为17.05万名学生提供校内课后服务，100%落实校内“平躺睡”为10.63万名学生提供舒适午休服务。

【教师队伍建设】2023年，番禺区召开教师高质量发展大会，坚持师德第一标准，深化教师队伍建设。公开招聘在职在编教师508名，引进基础教育高层次人才1人。举办庆祝第39个教师节系列活动，评选10名区十佳青年教师、703名区优秀教师（教育工作者）。开展“名师大讲堂”45场，1.33万人次参训。举办“名师进课堂”16场，1.13万人次参与，线上直播覆盖全区，辐射梅州、湛江、肇庆和贵州毕节、福建上杭等对口协作地区。认定区级骨干教师1369名，全区骨干教师占比12.2%。9名基础教育领域人才获区政府特殊津贴“名家计划”。在第四届省中小学青年教师教学能力大赛中，7人获一等奖，4人获二等奖，1人获三等奖。74人获第三届市青年教师教学能力大赛一等奖。

（何卓茵）

【广州番禺职业技术学院】2023年，广州番禺职业技术学院有全日制在校生12936人。教职工有954人，其中正高职称76人、副高职称208人、博士142人。有国家级教学名师（含“万人计划”教学名师）7人、享受国务院政府特殊津贴专家6人、国家级教学团队（含教学创新团队）5个、全国高校黄大年式教师团队1个、国家级课程思政教学团队1个、百千万人才工程国家级人选1人、全国技术能手5人、世界技能竞赛教练1人、全国五一劳动奖章获得者2人、全国优秀教育工作者1人、全国高校思想政治理论课教师影响力提名人物1人、黄炎培职业教育杰出教师1人、青年珠江学者2人。获全国教育系统先进集体1个、全国职业教育先进单位1个。有艺术设计、珠宝首饰技术与管理2个在建中国特色高水平专业群、8个省级在建高水平专业群。拥有国家骨干专业10个、国家示范性高职院校重点专业6个、全国职业院校国家级示范专业点1个、中央财政支持提升专业服务产业发展能力专业2个、省级示范性专业9个、省级重点建设专业8个、省级品牌建设专业19个（其中建筑工程技术为一类和二类）、省一流高职院校建设计划高水平专业6个。国家级精品课程44门；近两届作为主持单位获国家级教学成果奖9项；被评为国家“十五”至“十四五”规划教材101部，获国家教材建设奖6项；被认定为国家级校内实训基地3个、国家职教示范性虚拟仿真实训基地培育项目1个、国家级创新创业教育实践基地1个、省级校内实训基地17个、省级大学生校外实践教学基地20个；有国家级课程思政教学研究示范中心1个。立项建设22个省级课程思政示范项目，其中省级课程思政示范院校建设单位1个、示范团队6个、示范课程8门、教育案例6个。打造“1237”三全育人模式，推进广东省“三全育人”试点单位建设。获“挑战杯”全国总决赛红色专项赛一等奖1项，立项广东省科技创新战略专项资金（大学生科技创新培育）项目8个，蝉联全省“三下乡”社会实践工作先进单位。被评为2022—2023年度广东省高校毕业生就业创业工作示范单位。在第九届中国国际“互联网+”大学生创新创业大赛全国总决赛中获职教赛道国赛银奖2项。联合广东省高等学校毕业生就业促进会与机械工业出版社，发起合一就业创业数字教研室，全省高职50余院校的双创和就业负责人到场观摩。牵头成立5个职教集团（联盟）、3个市域产教联合体、8个行业产教融合共同体、32个产业学院、270多家校外实践基地、103项小精灵校企合作载体等多层次、多类型立体交互产教融合平台和载体，校企共建服务创业需求的创业培训学院，联合开展职业技能培训项目，培训10424人次。5项校企合作成果获得国家级项目奖励（立项），校企合作典型案例被《中国教育报》报道。新增纵向项目立项104项，立项经费830.1万元，其中部级项目2项、省级项目15项、厅级项目28项、市级项目35项、局级项目24项。累计组织申报各级各类科研项目46批次440项，新增各级各类科研项目立项179项，获资助经费1121.1万元。组建特色海外分院4个、海外职业技能培训基地（中心）5个、教师国（境）外研修访学基地5个、学生国（境）外研习基地10个、被国（境）外合作院校采用专业教学标准9个、课程标准26门、举办中外合作办学与境外联合培养项目14个、招收中外合作办学项目学生400余名、国际学生150余名、开展海外职业技能培训2923人次。入选教育部“莱茵数字创新赋能计划”“鲁班工坊建设联盟成员单位”，获全国首批“中国—东盟职业教育卓越合作伙伴”，被泰国教育部授予“中泰职业技术教育国际合作突出贡献奖”、被巴基斯坦驻华大使馆授予“中巴教育国际合作突出贡献奖”。

（牛草蓁）

【番禺区广播电视大学】2023年，广州市番禺区广播电视大学开设的8个本科专业有会计学、工商管理、商务英语、行政管理、法学、社会工作、公共事业管理（学校管理方向）、学前教育，8个专科专业有大数据与会计、工商企业管理、电子商务、英语（商务交际方向）、法律事务、行政管理、学前教育、行政管理（基层管理方向），有教职工50人、开放教育在校学生1520人。获得全国示范性基层电大、全国城乡社区教育特色学校、国家开放大学示范性考点、广东省成人教育先进集体、广东省老年大学示范校、番禺区社区教育先进单位等称号。配合广州开放大学“羊城村官上大学”“乡村教师振兴计划”项目定向招生，探索实践农村干部培训、乡村教师学历提升。在1月、7月国家开放大学系统考试中，专科、本科合格率在广州开放大学系统中排在前列。被评为广州开放大学优秀学生14人、优秀学生干部7人、优秀毕业生5人。郭富荣、何碧珊被推荐国家开放大学优秀毕业生，31名学生获2022年度国家开放大学奖学金。番禺区和广州老年开放大学社区教育、老年教育师资库、志愿者库建设工作基本完成。构建以社区党群服务中心为主体，居委+社区养老服务点+村委互通互动的实体教学管理群组。在书法、水墨画、合唱、声乐、康养学游等课程基础上，突出智慧助老主题。组织老年学员参与社区老年教育学习，培育粤曲社、民乐团自主型学习团队。开设社区老年教育课程77门，5846人参与面授和直播课学习。面向中小幼教师开展家庭教育指导培训，为全区8个教育指导中心1155名小学德育干部和班主任、162名中学德育骨干、111名幼儿园骨干教师进行家校共育专题培训。全区1800名幼儿园教师参与线上线下培训，实现班主任家庭教育指导培训全覆盖。开展8次送教活动，2500余名幼儿园家长参与。与《华人》杂志社联合开展线上喜阅读打卡活动和线下读书分享会。与番禺区妇联、华景社区、华荟社区、仲元教育发展促进会、广州浩洋电子、广州珠江美乐多、广州锐丰文化、广州影擎电子科技等单位联动开展亲子研学活动。

（刘铱）

科　技

综述

【概况】2023年，番禺区投入研发经费91.86亿元，研发投入强度3.4%，居全市各区第三。高新技术企业超1900家。希音、广汽埃安、小鹏汇天、探迹科技4家企业入选胡润“2023全球独角兽榜”，4家企业价值5674亿元，占全市的72%，居全市第一；16家企业入选广州市“独角兽”“未来独角兽”“种子独角兽”企业榜。新增上市企业4家，全区上市企业29家，居全市各区第三。粤港澳大湾区首个国家未来产业科技园落户广州大学城，6月，先导区开园运营。

【科创平台建设】2023年，番禺区运用国家超级计算机广州中心及高校210个各类科研平台，包括省重点实验室23个，支持骨干科技型企业建设多层次、全链条创新平台。全区有省级企业类重点实验室4家、市级高水平企业研究院3家、省级新型研发机构3家、省级工程技术研究中心115家、省级以上企业技术中心38家。落实《番禺区高新技术产业发展扶持办法》，推动高新技术企业树标提质。全区有科技企业孵化器40家，其中国家级5家；有众创空间14家，其中国家级5家。国家科技型中小企业评价入库2676家，位居全市各区第三，同比增长34%。

【科技成果转化】2023年，番禺区健全科技成果转化体系，印发《番禺区全力支持广州大学城高质量发展重点任务实施方案》《关于建立环大学城科技成果转化和产业承接体系的工作方案》。组建广州大学城“科技特派员”队伍，畅通高校科研成果供给与企业技术需求渠道，发展核心专家、科技大使、技术经纪人、创业导师超400名。筹建科技成果转化项目库，征集入库项目2400多个，推动高校科技成果从实验室走向市场。实施“番禺人才生态30条”，举办第六届广州大学城（小谷围）国际产业人才大会。启动广州大学城“创二代”工程，建立涵盖418支创业团队的青年人才底册。举办第七届青蓝国际创新创业大赛、青蓝大赛项目对接会暨成果展示会。

（姚景怡）

气象建设

【概况】2023年，番禺区气象台应对35次暴雨、61次强对流过程，发布灾害性天气预警信号227次，发送天气预报预警短信3460条，覆盖1245.4万人次。发布《番禺区重大气象信息快报》《番禺区农业气象服务专报》《番禺区春耕春播气象服务专报》37期，完成春运、清明、五一、端午、高考、重阳等重要节日及活动气象服务保障30次。全年办理行政许可、气象证明及防雷工程验收项目和服务315件。

【气象精密监测】2023年，番禺区气象局牵头编制《番禺气象综合观测网络优化建设规划（2023－2025年）》，全区46个自动气象站平均间距3.4千米。在新造渡口建成全市首个水上交通气象服务站，安装七要素气象观测站，提高对强降水、大雾和大风等航运高影响天气的监测预报预警能力。加装户外电子显示屏，个性化展示风球信号、天气提示、预报预警以及天气实况信息，每年为超90万人次群众提供实时气象安全服务。

【气象灾害应急管理】2023年，番禺区修订《番禺区气象灾害应急预案（2023年版）》，南村镇编制镇（街道）级气象灾害应急预案，完善基层气象灾害应急响应机制；在全区应急广播系统发布预警信息和防御指

2023年11月4日，番禺区选派学生选手参加2023年广州“气象小主播”大赛
（区气象局 供图）

引，覆盖16个镇（街道）、175个村。全年发布暴雨红色预警信号5次，通过“12121”外呼平台向全区478个责任人开展重大灾害性天气电话“叫应”工作。

【气象科普宣传】2023年3月，番禺区气象局在市桥街道西坊大院举办主题为“天气气候水 代代向未来”纪念世界气象日主题活动，举办绘画赛和设置摊位，直播视频播放量4万次，微信、微博信息浏览量5.2万次。9月，举办广州“气象小主播”番禺赛区初赛，收到88所学校原创投稿851份。制作“小姐姐说天气”系列科普视频7条次，微博播放量10.58万次，其中有4期被“学习强国”学习平台播出。

（李芷琪）

文 化

综 述

【概况】2023年，番禺区打造“珠水金声 粤韵乐乡”广东音乐文化品牌，举办广东音乐邀请赛颁奖音乐会、交流分享会、街坊剧场音乐晚会、广东音乐曲艺月开幕式演出以及广东音乐地铁行、大讲堂、进基层、进校园等30多项活动。全年组织开展各类文化惠民活动1814场次。打造“书香番禺365”文化品牌，建成图书馆总分馆51间、服务点28个，建成“特殊书角”3间、“本土书斋”1间、“酒店书阁”1间；“家庭书房·共享图书”书架接受捐赠图书1289册，实现共享图书借还921册次；举办本土诗人作品朗诵会、“百家经典百姓诵”、“诗韵番图 天地有节”国学课堂、好书分享等线上线下活动90多场次。83个由区文化馆组织创作或推荐的文艺作品获奖。

【文化场馆建设】2023年1月18日，番禺区图书馆新馆试运行，建设工程总体完成100%。全年进馆163万人次，居全市区级图书馆前列。番禺工人文化宫地下部分完成工程量4057万元，地上部分跟进协调配建项目。番禺区文化馆美术功能区装修工程完成，建成文化馆总分馆27间、服务点19个。全区每万人有公共文化设施建筑面积1506.22平方米。

【非遗传承保护】2023年，番禺区有国家级代表性非遗项目名录3项、省级名录13项、市级名录22项，有国家级代表性传承人1名、省级代表性传承人6名、市级代表性传承人26名，有区级非遗传承基地21个、省级非遗传承基地3个、市级非遗工作站2个、市级传承基地6个。举办凌边七夕节乞巧巡游等区内诞会民俗活动，推荐国家级第六批、市级第八批非遗代表性传承人，公布区级第五批代表性传承人，组织策划“我们的节日”“文化和自然遗产日”以及非遗讲堂等活动，开展面向青少年的非遗传承传播活动。

【文物保护利用】2023年，番禺区有不可移动文物763处784个，开展保护工程57个项目，认定公布不可移动文物25个，配合区基建核查规划改造地块的地上不可移动文物304件，开展不可移动文物日常安全巡查32206次。推动5个文物保护工程施工，完成20个文物保养维护，验收15个文物修缮工程项目，专家评审17个修缮设计方案通过；红色革命文物番顺行政督导处旧址修缮工程、植地庄抗日烈士战斗纪念碑的保养维护工程通过专家验收，粤赣湘边纵队番禺独立团团部旧址修缮工程进场施工。番禺区文物办开展文物安全生产检查 50 余次，组织番禺区文物保护服务工作站开展文物日常安全巡查 32206 次。松庄孔公祠修缮工程被评为 2023 年广州市建筑装饰优质工程奖。禺南武工队旧址、广东音乐发源地旧址三稔厅被评为广州市第二批文物保护利用典型案例。深入研究祠堂文化，制作屏山一村郭氏大宗祠的番禺祠堂口述历史专题片，利用祠堂开设郭氏革命人物历史故事展览。召开 2023 年度番禺区文物管理和历史文化名城保护委员会，通过认定 25 处第三批番禺区登记保护文物单位的议题。协同番禺区人民检察院，组织实地检查全区 15 个镇（街道）不可移动文物，发出 14 份文物保护整改工作函，督促镇（街道）落实属地管理责任，限期整改安全隐患等问题。邀请华南理工大学教授召开古建筑保护利用专题讲座。

【文化市场管理】2023 年，番禺区文化广电旅游体育局出动执法人员 7328 人次，检查各类文化旅游体育场所 2758 家，处理上级转办的投诉 3296 件，查办案件 14 件，罚没金额 146047.21 元，收缴各类非法出版物 14609 册；清理互联网有害信息 250 万条，处置违规用户 7.32 万个。全年参与 12 次文化市场执法集中办案培训。

【文化产业发展】2023 年，番禺区规模以上文化体育娱乐业营业收入 54.49 亿元，同比增长 169.1%。全区接待游客 5435.84 万人次，旅游总收入 521.13 亿元，分别比上年同期增长 92.1%、121.5%。广州虎牙信息科技有限公司、广州长隆集团有限公司、广州津虹网络传媒有限公司、广州市百果园网络科技有限公司、广州市锐丰文化传播有限公司及广州市浩洋电子股份有限公司 6 家企业入选“2022 年广州文化企业 30 强”。广州卓远虚拟现实科技有限公司、广州市影擎电子科技有限公司，2 家企业入选“2022 年广州最具成长性文化企业 20 佳”；广州巨大创意产业园、广州西坊大院文化创意园、广州星力动漫游戏产业园以及沙湾珠宝产业园 4 家文化产业园区入选“广州文化产业园高质量发展优秀范例”。番禺区获“广州市 2022 年度文化产业和旅游产业工作督查激励对象”。区内 10 家企业 10 个项目获批 2023 年广州市文化和旅游产业发展专项资金“数字文化产业项目”。2 家企业 3 个项目申报 2022 年广州市文化和旅游产业发展专项资金广州文旅特色品牌推广项目。

【应急广播平台】2023 年，番禺区建成 1 个区级应急广播管理平台及播控平台、16 个镇（街道）级播控平台、175 个村级播控平台，2568 个终端（642 个广播接收终端，1926 支音柱），是全市率先建成并广泛应用应急广播体系的行政区。应急广播每天 11 时至 18 时用普通话、粤语循环播放最新政策和日常宣传内容，系统平均每日开机使用率 95% 以上，覆盖逾 200 万人口。《应急广播服务乡村振兴的番禺实践》《促建设、重管理、广应用——石碁镇应急广播打通信息发布“最后一公里”》被评为 2023 年全省应急广播系统建设应用优秀案例。

（何晓晴）

档案工作

【概况】2023 年，番禺区档案局贯彻落实新修订《中华人民共和国档案法》，加强档案工作的统筹协调和监督指导。贯彻执行《档案检查工作办法》，组建区级档案检查工作队伍，组织开展档案执法检查。组织对 20 家单位开展行政执法检查，对发现违反档案法律法规、存在安全隐患的单位发出整改通知书 16 份，督促整改落实。番禺区国家档案馆按照《番禺区国家档案馆档案接收标准》，做好档案移交进馆工作。4 月，局馆联合举办全区性线下档案业务培训。6 月，番禺区国家档案馆举办“寻味岭南文化 共享美好生活——活色生香粤菜文化展”广东首站番禺巡回展，接待 87 个单位、2055 人次。

【档案培训】2023 年，番禺区档案局组织召开全区性档案业务培训，学习宣传贯彻习近平总书记对档案工作重要指示批示和中共二十大精神，邀请省、市档案专家作专题授课。根据各单位实际情况，精准对接，协调相关单位档案人员互相走访、观摩学习，提升档案管理水平和专业素养。

【档案宣传】2023年，番禺区档案局加强新修订的《中华人民共和国档案法》宣传，组织开展“6·9”国际档案日”主题系列宣传活动，增强档案意识、普及档案常识。通过主题征文、观看讲座、推广宣传视频、制作发放文创品等方式，宣传档案文化、新时代档案工作成就、档案工作者先进事迹。《创新开发档案资源 提升档案服务中心大局能力》获2023年广州市档案工作者学术论文征文活动二等奖。

【重点档案监管】2023年，番禺区档案局加强对市领导对口联系重点建设项目档案工作的监管，召开专题会议研究部署，建立业务指导工作机制，密切跟踪各重点项目档案进展情况，为番禺区重点建设项目提供档案服务保障。加大重点单位重点领域的档案安全监管，对原沙湾“大大泡泡厂”库房安全进行专题调研，协调督促开展库房隐患整改，保障番禺区重点领域档案安全。

（周祥贵）

【档案接收】2023年，番禺区国家档案馆依法开展档案接收，加大力度收集声像、实物等非纸质类档案。完成39个全宗单位的档案接收进馆，接收纸质档案73928卷101026件，其中专业档案73795卷8257件，重大活动类档案1997件；实物档案11件，照片档案288张，以及各类书籍257册。

【档案保管】2023年，番禺区国家档案馆加强档案保护管理，制定库房档案调整压缩空间方案，加装档案密集架，增置档案五节柜，完成库房档案调整。释放排架空间591.6米，可供存放档案14790盒。按照《档案库房管理规定》落实库房安全巡查制度，在法定节假日前后、恶劣天气和雨季汛期组织开展专项检查，9月受强台风“海葵”影响，启动应急预案，提前做好防范措施，确保档案安全。

【档案服务】2023年，番禺区国家档案馆打造群众满意查档服务窗口，为各机关事业单位和市民群众提供各类档案查阅服务，接待450人次查阅。查阅内容包括婚姻登记、会议记录、工商注销、个人任职及调动介绍信、单位机构设置、党员干部名册及工龄核对等类别档案。全年为群众提供档案利用15644卷（册），复制档案证明资料268881页。

【档案开放鉴定】2023年，番禺区国家档案馆根据《中华人民共和国档案法》《国家档案馆档案开放办法》及档案业务建设评价专家组意见，结合馆藏档案的实际，完善《番禺区国家档案馆档案控制使用范围》《番禺区国家档案馆档案开放鉴定工作方案》，有序开展档案鉴定开放，完成馆藏4个闭合全宗鉴定450卷5217件档案的初审复审。

【档案工作交流】2023年，番禺区国家档案馆加强馆际业务交流。与广州市档案馆、海珠区档案馆和福建省龙岩市上杭县档案馆签订《婚姻档案跨馆利用协议书》，与上杭县档案馆就电子档案异质异地备份签订协议，与贵州省毕节市威宁彝族回族苗族自治县档案馆开展档案工作交流。提供实物和照片支持广东省方志馆举办“穿‘粤’岭南时尚，共享美好生活”广东服饰文化展、广州市档案馆制作《广州档案解密之南沙》专题片。

【婚姻档案管理】2023年，番禺区国家档案馆摸查各镇（街道）婚姻档案存放情况，指导婚姻档案整理。实地调研区婚姻登记处婚姻档案存放量、每年新增数、档案利用量、档案整理等情况。建立健全镇（街道）、民政局、档案馆三方联动机制，按照档案进馆标准，实行三方验收，保证婚姻档案进馆完整规范、安全有序。

（黄思雅）

地方志工作

【概况】2023年，番禺区国家档案馆（区地方志办公室）坚持守正创新编纂《番禺年鉴》，按期出版《番禺年鉴（2022）》并被评为广东省优秀年鉴、广州市优秀年鉴。选送《番禺区成功创建首批国家全域旅游示范区》入选《新时代广州之最》并编入《广州史志参阅》。

【名街名村志编修】2023年，番禺区国家档案馆（区地方志办公室）指导沙湾街道推进纳入中国名街志的《沙湾街道志》编修工作，赴石楼镇大岭村就《大岭名村志》编修开展调研，严把志书质量关。

【方志成果利用】2023年，番禺区国家档案馆向91个单位和16个镇（街道）赠阅《番禺年鉴（2022）》。提供《番禺年鉴》《番禺古祠堂》《番禺古村落》等系列书籍，支持市地方志馆布展新时代广州成就展。在“番禺档案”微信公众号上发布番禺古村落系列推文。

（黄思雅）

融媒体中心

【概况】2023年，番禺区融媒体中心有番禺电视综合频道、番禺电台、《番禺日报》、“掌上番禺”客户端、融媒体矩阵等多个媒体平台。覆盖有线电视终端40万个，报纸发行6万份（其中付费阅读电子报3万份），融媒体矩阵粉丝量超300万，电台频率覆盖珠三角地区。实现全年安全刊播和网络安全零事故。由番禺区融媒体中心指导创办的番禺广电幼儿园开园。在2023年（第八届）全国广播电视媒体融合影响力指数发布中获头部县级融媒体中心·新媒体影响力十强、融合创新十大品牌影响力、县级融媒体中心融媒栏目（产品）十佳、县级融媒体中心微信（视频号）传播力十佳等奖项，被评为新华社新闻信息中心颁发全国县融中心综合影响力优秀案例，获中国广播电视社会组织联合会与城市台电视新闻委员会联合颁发新闻交换积极贡献等9项全国性奖项。番禺融媒体云平台系统入选国家广电总局第三批国家广播电视和网络视听产业发展项目，番禺区融媒体中心的新技术应用成果入选人民网研究院《2022—2023区县融媒体发展观察报告》，番禺区融媒体中心入选《中国新闻年鉴》县级媒体融合创新案例，31件作品入选中国县市区域媒体优秀作品评选。制作《禺城纪事》《记忆番禺》等纪录片，其中《根在番禺走全球》在“TV地标2023”电视和网络视听综合实力大型调研成果中被评为年度优秀纪录片。

【新闻专题报道】2023年，番禺区融媒体矩阵开设《学习宣传贯彻党的二十大精神》《牢记殷殷嘱托在推进中国式现代化建设中走在前列》专栏报道，发出稿件1002条，播放公益广告1812条次，公益宣传49万次。开展高质量发展、“百千万工程”等重要报道，刊发专刊、专版303版，其中《乡村振兴绘新卷特刊》32版。报纸刊发新闻稿件4500多篇，电视播出稿件3300多条，播出13200多次。“掌上番禺”App发稿33369条，原创稿件12012条，阅读量1.72亿次。制作短视频1724条，总播放量45亿，其中流量100万以上视频76条。摄制党建、绿美广东竞风华等专题片221条。开设《高质量发展 番禺勇担当》《聚焦番禺高质量发展——企业家风采》《四海风味 烟火羊

2023年1月11日，“家在湾区”番禺春晚在区融媒体中心举行
（区融媒体中心 供图）

2023 年 5 月 29 日至 6 月 1 日，番禺区举行第三届“同一蓝天 共同幸福——百名老区孩子看番禺”主题活动 （区融媒体中心 供图）

城—— 2023 年广州美食节》等专题 30 余个。

【重大活动宣传】2023 年，番禺区融媒体协同推进文商旅融合发展宣传报道，推出“珠水金声 粤韵乐乡”2023 年番禺区广东音乐传承与发展系列宣传活动、“珠水金声 向海兴城”首届珠水家畔渔港文化嘉年华活动、2023 年“家在湾区”番禺春节联欢晚会、“读懂广州 读懂番禺”——寻找家乡的故事、“同一蓝天 共同幸福”——百名老区孩子看番禺、百家经典百家诵读等文化品牌项目，通过报纸、电视、电台、“掌上番禺”App、微信公众号、今日头条号、人民号、视频号等渠道发挥番禺融媒矩阵作用。其中，2023 年“家在湾区”番禺春节联欢晚会（第五届）网络直播有 270 万人次线上收看。禺乐 + 杯“我爱诗词”第七届番禺区中小学生诗词大会总决赛有 77 万人次线上观看，“家家诵诗”短视频优秀作品在番禺有线禺乐 + 互动电视平台《我爱诗词》专栏展出。

【媒体数字化】2023 年，番禺区融媒体中心推进数字化项目应用。AIGC（人工智能生产内容）数字人主播上线，应用于《番禺电视新闻》《禺城纪事》等栏目，是广州市首个区级 AI 数字人主播。上线“人民智文—智能”文本编审系统，集“编、审、评”于一体，以数字赋能“三审三校”安全刊播。完成新媒体直播车系统技术需求书编制，申请特种车指标。“一云多厨房”融媒体系统入选“第三批国家广播电视和网络视听产业发展项目库遴选入库项目”中的智慧广电生态体系建设与网络融合类项目。

【融媒政务服务】2023 年，番禺区融媒体中心“掌上番禺”客户端对接番禺区政务数据管理局“禺好办”，推出政务号“权威发布”。配合区住建局、区政务数据管理局搭建番禺区数字家庭综合服务平台，参与数字家庭标准制订。推进番禺区户外大屏统一播控平台建设，覆盖镇（街道）公共户外大屏 206 块，统一公益广告插播。配合区文广旅体局搭建覆盖全区的应急广播系统，成为全市首个通过验收的应急广播系统。录制上传防溺水、防诈骗、天气预报、应急避险等音频至应急广播系统媒体资源库，拓展“乡村科普大喇叭”“番禺红喇叭”功能，日均开机使用率 95% 以上，播出超 1 万条音频，播出超 10 万小时，2568 个广播终端覆盖超 200 万人次。

（郭润芳）

卫生健康

【概况】2023 年，番禺区有医疗机构 883 个，比上年增加 113 个。医疗卫生机构床位 7453 张，每千常住人口床位数 2.63 张、执业（助理）医师 2.21 人、注册护士 2.54 人，每万人口全科医师 3.0 人、公共卫生人员 8.1 人。全区医疗机构从业人员 18489 人，其中，注册全科医生 872 人，正高级职称 317 人，副高级职称 1169 人，博士研究生 52 人。全区各类型医疗机构门急诊总诊疗量 1554.6 万人次（公立医院占比 59.95%，民营医院占比 8.72%，基层医疗卫生机构占比 31.33%），同比增长 28.1%。高血压和糖尿病患者管理工作提前实现年度计划。大肠癌防控项目定点医院增至 13 家。广医附属番禺中心医院被评为广东省第一批县级慢性呼吸疾病防治中心。番禺区妇幼保健院被确定为“广东省儿童友好城市基地”，挂牌成立南方医科大学附属番禺区何贤纪念医院助产临床学院。东环街道和石壁街道的社区卫生服务中心在优质服务基层行活动中受到国家卫生健康委通报表扬。在第八届全国“万步有约”职业人群健走激励大赛和广东省首届“万步有约”拓展赛被评为“优秀健走示范区”。石碁镇、沙头街道、市桥街道的公共卫生委员会被评为广州市优秀“五好”镇（街道）公共卫生委员会。番禺区职业健康监管工作连续4年排名全市各区第一。发展健康科普志愿者1722名，开展志愿科普活动539场次。2023年番禺区居民健康素养水平42.89%，同比上升4.87个百分点。

【医疗改革】2023年，广东祈福医院被批准为第二批粤港澳大湾区“港澳药械通”指定医疗机构，推动院内制剂在粤港澳大湾区联盟单位内流动，开展远程联合会诊、医师驻诊、两地患者转诊等合作。广州医科大学附属番禺中心医院（简称广医附属番禺中心医院）挂牌成立。区属医疗机构与中山大学附属第一医院建立老年医学联盟和湾区创面修复专科联盟，设立番禺教学基地。全区13家医疗机构组建番禺区“区域三级管理模式助产专科技术联盟”，推进二级公立医院与社区卫生服务机构共同组建医社服务联合体，建立分级诊疗。修订卫生健康系统内部审计工作规定。实行全区卫生健康事业单位编制、岗位资源“总量核定，统筹调配，动态管理”。对公立医院党政管理机构及业务机构重新进行设置，确定中层干部岗位总量。制定《番禺区卫生健康系统下属事业单位党政管理机构和业务机构正副职管理人员选拔任用指导意见》。广医附属番禺中心医院牵头“1+5+8”紧密型城市医疗集团试点。建设广医附属番禺中心医院、何贤纪念医院、番禺区中医院3个紧密型医疗集团。

【医疗基础设施】2023年，番禺区中医院、何贤纪念医院新综合大楼建成并投入使用，何贤纪念医院旧门诊楼一期改造、区慢性疾病防治站整体升级改造完成，番禺区健康管理中心一期改造工程开工。推进新建公共卫生服务中心，易地新建番禺区第五人民医院，推进项目建设40个，涉及13家医院、11间社区卫生服务中心。番禺区中心医院洛浦分院划归番禺区第二人民医院，更名为番禺区第二人民医院洛浦院区，并增设120急救站。全区重症救治资源实现倍增扩容，重症监护床位从206张增至675张，呼吸机从135台增至517台，三级医院综合ICU和可转换ICU床位数、二级医院综合ICU均达到开放床位数的4%。

2023年2月19日，番禺区中医院新门诊大楼投入运营

（区卫健局 供图）

【医疗质量】2023年，番禺区有国家级胸痛中心、卒中中心、房颤中心、心衰中心等“国字号”医疗中心，数量为全市各区第一。在广东省卫生健康委员会DGR住院医疗综合评价中，番禺区中医院骨科专业排名全市各区第一，番禺区妇幼保健院产科专业排名全市各区第三。番禺区中医院骨伤科是国家重点专科协作单位，广医附属番禺中心医院心血管内科、番禺区中医院骨科、番禺区妇幼保健院产科立项建设番禺区重点学科。广医附属番禺中心医院被批准为广州市护理重点专科建设单位，为全市唯一一家单独申报的区级单位。引入“急救绿道”App，强化卒中、胸痛、创伤救治质量控制。

【院前急救】2023年，番禺区

"120"接听呼救电话29万多人次，出车5.1万次，救治患者4.4万人次，院前急救业务量居广州市5个急救医疗指挥分中心首位。在"羊城工匠杯"广州地区第二届院前急救技能大赛决赛中，番禺区获团队二等奖，温寅升获个人项目第一名。全市率先实现区属公立医院全覆盖配置院前救护车视频喉镜和便携B超。

【无偿献血】2023年，番禺区招募无偿献血3.23万人次，采集血液8.53吨。番禺区中心血站与中山、珠海、江门、顺德地区中心血站建立"中珠江番顺"五地血液供应应急保障联盟，签订《血液供应应急保障协议》。推进智慧血站建设，优化采供血服务流程。

【红十字会】2023年，番禺区建成全市第二家山地救援红十字救护站，提升大夫山景区现场应急救护能力，救助治疗及转运伤员466人次，开展红十字应急宣传教育514场，14.3万人次参与；与省、市红十字会和南方网联合举办"应急救护+直播"院前应急救护云端培训，20万人在线培训。

【重症急救】2023年，番禺区卫生健康局与中山大学附属第一医院重症医学科合作推动全区RRS（院内快速反应系统）建设，以"番禺区中医院—南村医院—化龙医院"为试点单位，制定"三级、二级、一级"医院个性化的RRS运行模式，打造可复制推广的"中山一院重症—番禺模式"。加强急救快速反应团队建设，强化哨兵岗、在场医务人员、科内、质控管理等岗位RRT团队培训，提升区域内对急危重症的早期识别与有效处置能力。

【医疗综合监管】2023年，番禺区883间医疗机构依法执业自查率100%，一级以上医疗机构全覆盖推行信用监管；各镇（街道）职业卫生立案处罚113件。开展非法代孕、医疗美容、体检机构、血液透析等整治医疗乱象专项行动，全年实施卫生行政处罚357件，罚款1553万元，没收非法所得85万元。行政处罚案件、普通程序案件、人均办案量均位列全市各区第一。"推行公共场所卫生许可行政审批告知承诺审—管—执—信闭环管理"案例作为全市唯一入选案例被评为"2023年度全国信用承诺优秀案例"；作为全市唯一被列入国家职业卫生分类监督执法试点地区，受省、市卫生健康委的邀请分别在国家第三片区分类监督执法启动会、全省综合监督工作会议和全市职业卫生工作会议上作经验介绍；番禺区疾病预防控制中心区级职业卫生技术支撑能力居全市前列。番禺区卫生健康局职业卫生管理工作连续4年在广州市各区工作考核中排名第一，被评为2023年度广州市重点职业病监测工作先进单位、2023年度广州市工作场所职业病危害因素监测工作先进单位。

【中医药服务】2023年，番禺区是广州市中医治未病示范区资助单位，2家医院达到广东省治未病服务AAAA标准；打造4家番禺区中医治未病服务示范单位，2家医院被评为广州市中医治未病服务示范单位；圣禾药业被评为广东省科普教育基地、国家级南药标准化种植示范基地。完成全国基层中医药工作示范区现场评审。番禺区中医院入选广州市"西学中"培训基地，肺病科、康复科获2024—2026年广州市中医优势专科建设项目。番禺区妇幼保健院被评为首批广东省妇幼保健机构中医药工作示范基地创建单位、广州市重大疑难疾病中西医协同治疗示范建设单位。完成社区卫生服务机构中医科建设，全区16间社区卫生服务中心均建有中医馆，8间社区卫生服务站建有"中医阁"，基层中医师196人，每个中心平均配备12.25人，全区社区卫生服务机构的中医诊疗人次占比提升至35%以上。开办国家级、省级、市级"名医工作室"13个，建立高年资中医师带徒制度，提升基层中医师临床能力。

【医疗对口帮扶】2023年，番禺区组织3家三级医院、5家二级医院分别对贵州省毕节市威宁彝族回族苗族自治县、赫章县、金沙县开展"组团式"对口医疗帮扶工作，被对口帮扶单位在人才队伍建设、重点学科建设、专科技术水平和综合服务能力方面均得到提高。13人获贵州省表彰，3人分获毕节市颁发“最美劳动者”“最美外派干部”和“广州市粤黔协作工作突出个人”称号。

【精神卫生管理】2023年，番禺区社区卫生服务中心100%开设精神（心理）科门诊，门诊量3888人次。在全市率先建成精神疾患转诊网络，搭建“社会面—社区卫生服务中心—区第三人民医院”绿色通道。与教育系统紧密联动，实现青少年精神疾病或心理健康问题一键转诊。全区在册精神分裂症患者使用二代长效针剂注射率居全市第二。大龙街道社区卫生服务中心代表番禺区接受广州市2023年度精神卫生管理工作督导检查，得分排名全市各区第一。

【智慧医疗】2023年，番禺区在全省率先上线区域基层互联网医院服务平台，19家医疗卫生机构取得互联网医院牌照，提供服务近3万人次。提供互联网医疗、线上线下预约等医防融合一体化服务，基层医疗卫生机构上线235名医生、89名药师。

【医防融合】2023年，番禺区推进家庭医生签约服务，以慢性病患者健康管理为突破口，融入社区（村）网格。全区社区卫生服务机构接诊患者42.45万人，接诊患者建档率91.68%，其中接诊老年人、高血压患者和2型糖尿病患者健康管理率分别为86.18%、91.75%和91.61%。

（詹海燕）

体　育

【概况】2023年，番禺区有体育场地5646个，面积661.9607万平方米，人均2.36平方米。其中，大型体育场1个、体育馆4个、健身步道163条、全民健身路径683条、足球场地342个、篮球场（馆）1631个、乒乓球场（馆）1042个、羽毛球场（馆）575个。每万人有社会体育指导员数25.06人，有体育社会组织数0.31个。

【竞技体育】2023年，番禺区运动员参加国际、国家、省级比赛取得佳绩，组队参加2023年广州市青少年锦标赛获金牌总数第一。番禺区输送的运动员参加广东省第十六届运动会上获得金牌76枚，参加第一届全国学生（青年）运动会获得金牌16枚，参加成都第三十一届世界大学生夏季运动会获得金牌3枚。番禺区运动员陈仲贤（队长）、张楚锋代表国家男子水球队参加杭州第十九届亚运会获得亚军。

【群众性体育赛事】2023年，番禺区举办23项次体育赛事，1.5万人次报名参与，40多万人次线上线下观看。组织举办村级篮球赛、全民健身日、广州千村足球番禺锦标赛、醒狮赛等本土热门群众赛事，全年铺排青少年锦标赛、校园足球赛、市长杯等青少年赛事，引进全国中学生乒乓球锦标赛、香港澳台四地足球赛等跨区域高端赛事。

【公共体育服务】2023年，番禺区公共体育场馆落实惠民开放措施，惠民开放5.3万小时，107.75万人次进场锻炼，其中优惠31.35万人次，免费76.4万人次。各镇（街道）加强“一站两点”（文化体育工作站、社会体育指导员服务点和国民体质监测点）建设，开展免费国民体质监测，开出运动处方2604份。全区有体育协会29个、民办非企业体育俱乐部58个，为群众提供培训、比赛、交流、推广等体育活动。

【公共体育设施】2023年，番禺区推进公共体育设施建设，实施非大型公共体育设施更换维修，新建全民健身路径、篮球架、乒乓球桌等设施29处，维修损坏设施36处。完善英东及亚运两大区属场馆、16个镇（街道）文体中心、102个村（居）晨晚练点等公共体育场馆功能，为居民健身提供服务。

【体育彩票销售】2023年，番禺区销售体育彩票10.49亿元，同比增长49.18%，销量排全市各区第三，全年销售安全零事故。全区有实体店339间，比上年增长43间，登记在册体彩从业人员466人，比上年增加102人。

（何晓晴）

社会民生

人口与家庭发展

【概况】截至2023年年末，番禺区常住人口282.29万人，城镇化率为90.81%。户籍人口120.52万人，户籍人口出生率12.8‰，户籍人口死亡率5.0‰，自然增长率为7.8‰。在册登记来穗人员189.04万人，其中居住满半年以上来穗人员161.29万人。

【优生优育服务】2023年，番禺区开展消除艾滋病、梅毒、乙肝母婴传播项目的机构扩展至38家，代表省迎接国家消除艾滋病、梅毒、乙肝母婴传播项目现场认证评估，得到专家组肯定；省妇幼保健院、区妇幼保健院成立孕产妇及儿童母婴健康E门诊建设，为感染暴露儿童提供“一站式”保健服务。全区有托位1.15万个，其中托育机构134间，提供托位7613个；办托班幼儿园128间，提供托位3860个。普惠托位2907个，占比25.34%，超额完成“到2025年全市普惠托位逐年增加，占比达15%”的目标。累计通过卫生保健评价机构81间、完成备案43间。“悦美乐星瀚托育园主园”作为全市唯一中央预算内投资托育建设项目，为周边地区提供普惠托位60个。

【医养结合】2023年，广医附属番禺中心医院东院区建成老年病专科医院，大龙街道社区卫生服务中心成为市首批老年脑健康管理基层医疗卫生机构试点单位；市桥医院为市安宁疗护服务试点机构。开展老年营养改善行动、老年口腔健康促进行动。推动全区13家医养结合机构“医养康护”深度结合；15间护理站为养老机构、社区托养机构、居家老人提供上门护理服务，推进“银龄安康行动”全覆盖，为全区14.69万名老年人购买意外伤害险；落实广州市老年人社会保障（优待）卡制发工作。

（詹海燕）

【婚姻家庭服务】2023年，番禺区民政局有序开展婚姻登记工作，落实婚姻登记“跨省通办”试点，实施“爱·家·圆”婚姻家庭辅导项目，推进婚俗改革工作。全年受理婚姻登记业务21223件，其中结婚登记12490对、离婚登记3398对、补领结婚证等其他业务5335件。受理跨省市通办业务6322件。暂缓离婚个案717件。为在“元宵节”“七夕”等特殊日子结婚登记的情侣，延长服务时间、增设预约量和预约时段、拓展等候场地、举行集体颁证仪式，确保“好日子”婚姻登记高效有序。

（彭裕惠）

劳动就业

【概况】2023年，番禺区聚焦保障基本民生，推动实现更高质量充分就业。全区有户籍城乡劳动力45.97万人，异地务工人员就业登记79.3万人，灵活就业登记2.25万人。审核各级就业补助资金2.29亿元，惠及企业2.01万家次、群众21.33万人次。完成补贴性技能培训1.72万人次、南粤家政培训6963人次、粤菜师傅培训820人次、农村电商培训634人次。在广州市就业培训信息系统录入空岗信息14.79万条、求职者信息3.57万条。举办线上线下公益性招聘会114场（镇、街道38场），提供岗位8.76万个。为1.33万名求职者提供“一对一”职业介绍、职业指导。全区城镇登记失业人员1.87万人，再就业1.08万人，失业人员再就业率 57.8%；城镇新增就业 3.28 万人；认定就业困难人员 5003 人，就业困难人员再就业 4876 人，就业困难人员再就业率 97.5%；促进创业 4645 人，创业带动就业 7892 人。全区有博士后科研工作站 7 家，博士后科研工作站分站 12 家，省、市博士后创新实践基地 6 家，广东省博士工作站 11 家，年度内在站博士后研究人员 87 名。签订《番禺南沙人才服务合作协议》，推动南沙区 A 卡人才和番禺区白金卡人才交流互通，建立人才数据共享机制，两区 7 个景区向持卡人才免费开放。

【毕业生就业服务】2023 年，番禺区建立区级、镇（街道）、村（居）三级联动服务机制，开展“电话跟踪 + 社保核查 + 上门走访”，动态跟踪高校毕业生就业状况，为离校未就业毕业生提供“13311”服务（即 1 次政策咨询、3 次职业指导、3 次岗位推荐、1 次技能培训、1 次档案服务）。番禺籍离校未就业高校毕业生就业率 97.52%，排名全市各区第一；建立困难毕业生“一生一档一策”，开展送政策、送岗位、送技能、送服务、送温暖，精准帮扶困难毕业生 100% 就业。

【产业人才服务】2023 年，番禺区举行校地人才对接交流活动，对接产业链建设集招工、培训、评价、就业、提升于一体闭环的技能人才供应链，省级汽车产业就业培训基地埃安汽车（产业）学院建成运行，广州市新能源汽车智能制造产教联合体建成运行。举办第六届广州大学城（小谷围）国际产业人才大会暨 U30 创业先锋大会，兑现产业人才政策补贴 3790 多万元。广东技术师范大学与番禺区北片教育指导中心建立 5 个“校外教育实践基地”。开展人才交流活动 11 场，提供 7032 个岗位，需求 1.82 万人，3.4 万人次参与。番禺人才发展公司与网才科技集团股份公司（广州人才集团下属企业）股权合作，导入高端人才猎聘、人才管理咨询服务、人才大数据、人才服务数字化等业务。

2023 年 2 月 13 日，广州市“招工服务月”暨“赢在广州”高质量发展新春大型招工见面会在广州南站东广场举行　（区人社局 供图）

【基层公共就业服务】2023 年，番禺区统筹推进强化社区（村）公共就业服务三年行动、就业驿站建设、充分就业社区（村）建设三项行动，全区 16 个镇（街道）均设立就业驿站，76 个社区达到充分就业社区标准，114 个村达到充分就业村标准，新增 2 家羊城家政基层服务站被评为省级“南粤家政”基层服务示范站。鼓励多渠道就业，采集灵活就业岗位信息 3.08 万条、灵活就业求职者信息 7151 条，举办线上线下灵活就业专场招聘会 23 场。对小微企业发放一次性创业补贴、创业带动就业补贴，扶持创业 4645 人，带动就业 7892 人。审核创业担保贷款资格认定 35 件，申请贷款 1.11 亿元。有国家、省、市、区创新创业孵化基地（社会类、高校类）29 家，入孵创业实体 2025 家，带动就业 20630 人。

【事业单位招聘】2023 年，番禺区建立事业单位公开招聘考官库，实施“自选 + 随机”考官选派机制，完成相关考务组织实施和属地保障，服务保障 8 万多名考生。推行“随报随考试、合格即入库、用人库中选”模式，番禺区人才公司组织 90 场编外人员储备库入库资格考试，在库 1.05 万人，88 个单位招聘编外人员 428 名。

表 6

2023 年番禺区就业驿站情况一览表

序号	驿站名称	地址	挂牌时间
1	南村镇梅山村就业驿站	南村镇梅山大道中 42 号	2023 年 4 月 3 日
2	桥南街道就业驿站	桥南街道南城路 524—526 号	2023 年 9 月 14 日
3	洛浦街道就业驿站	洛浦街道如意路 16 号广州奥林匹克花园友谊尚居 C 座首层	2023 年 9 月 20 日
4	新造镇就业驿站	新造镇新兴华路 13 号 102 号铺	2023 年 9 月 20 日
5	大石街道就业驿站	大石街道大涌路 193 号	2023 年 9 月 20 日
6	化龙镇就业驿站	化龙镇潭山村潭山大道 63 号	2023 年 9 月 22 日
7	沙湾街道就业驿站	沙湾街道大巷涌路 143 号	2023 年 10 月 1 日
8	石碁镇就业驿站	石碁镇深坑大街道 1 号一楼	2023 年 10 月 7 日
9	东环街道就业驿站	东环街道东环路 242 号二街道 3 座 4 号铺	2023 年 10 月 9 日
10	沙头街道就业驿站	沙头街道沙南路 41 号	2023 年 11 月 1 日
11	钟村街道就业驿站	钟村街道钟四村环村路 27 号	2023 年 11 月 6 日
12	小谷围街道就业驿站	小谷围街道南亭大道 1 号	2023 年 11 月 8 日
13	石壁街道就业驿站	石壁街道屏山二村东街道 17 号	2023 年 11 月 8 日
14	市桥街道就业驿站	市桥街道繁华路 8 号	2023 年 11 月 8 日
15	广东药科大学创新创业基地就业驿站	广州大学城外环东路 280 号	2023 年 12 月 27 日

表 7　番禺区第十五届职业技能竞赛“番禺工匠”选手表

序号	姓名	项目名称
1	韦兴顺	中式面点师
2	李绍芳	中式面点师
3	黄锦杰	中式面点师
4	刘梦珍	保育师
5	黎珊余	保育师
6	刘东梅	保育师
7	黎思思	家政服务员
8	刘海清	家政服务员
9	陈桂娣	家政服务员
10	韩倩虹	高级贵金属首饰与宝玉石检测员（钻石检验员）
11	邓蕾	高级贵金属首饰与宝玉石检测员（钻石检验员）
12	周海杰	高级贵金属首饰与宝玉石检测员（钻石检验员）
13	马昌	电工（电气应用及维护）
14	孙丹云	电工（电气应用及维护）
15	黄永普	电工（电气应用及维护）

【就业帮扶】2023 年，番禺区对辖内有就业意愿的困难群体进行就业帮扶，提供 1 ～ 3 级就业援助，对重点就业困难人员，实行“一对一”跟踪，对难以通过市场安置的，通过公益性岗位进行兜底安置。开展广州市就业援助月专项活动，组织全区公共就业服务机构走访服务对象家庭 34 户，帮助服务对象实现就业 162 人，实现“零就业家庭”动态清零。开展留穗过节异地务工人员慰问，走访 48 家企业，慰问异地务工人员 287 人次，春节期间为异地务工人员提供“就业服务不打烊”暖心服务。是年，番禺区加大对贵州省毕节市赫章县、威宁彝族回族苗族自治县、金沙县的农村劳动力转移就业力度，通过政策资金帮扶、“点对点”返乡返岗专车、跨地区招聘、招聘信息发布、就业跟踪服务，实现三地农村劳动力转移到广东稳定就业 1612 人，帮扶毕节市、黔南州、安顺市转移到番禺就业 493 人，其中稳定就业 3 个月以上 434 人，排名全市各区第一；发放专项资金 499.9 万元；组织 31 批次返乡返岗专车，服务 2710 人次；开展跨地区招聘 10 场，达成意向 741 人次。番禺区广州柏盛包装有限公司、广东海大集团股份有限公司畜牧水产研究中心被认定为 2022 年市级示范性就业帮扶基地。

【技能人才培育】2023 年，番禺区举办第十五届职业技能竞赛，围绕“粤菜师傅”“广东技工”“南粤家政”三项工程设置竞赛项目，选拔“番禺工匠”15 名，

68人获得高级工职业技能等级证书。新华社现场云、新浪微博、虎牙等多个平台联合直播，吸引77万余人观看。番禺区广州南华工贸高级技工学校教师李来戈在第二届全国职业技能大赛获珠宝加工项目（世赛选拔）冠军。6月15日，广州·番禺“赋能产业 设计薪火”设计师大会举办，番禺区政府与广东省工业设计协会签订《关于共同促进番禺区设计产业人才融合发展》合作备忘录，番禺区人社局、清美工业设计策略与原型创新研究所、广东省工业设计协会、广州美术学院视觉艺术设计学院、番禺区厂商会、区重点企业等代表签订《关于共建番禺设计产业人才联盟》合作备忘录。番禺工业设计高级工程师人才工作站揭牌。

（黄铭思）

社会保障

【概况】2023年，番禺区参加养老保险92.76万人、失业保险85.32万人、工伤保险93.48万人，体量居全市各区第二。发放养老保险待遇121.5万人次、失业保险待遇14.61万人次、工伤保险待遇1.55万人次，发放社会保险待遇47.42亿元；8.21万人领取城乡居民养老保险待遇9.12亿元。联合区内金融机构开展个人养老金制度宣传“进机关、进企业、进园区”，推动个人养老金实施。依法开展工伤认定3330件，推行网上资料初审、微信调查笔录、文书邮递的“不见面”办理服务，新业态从业人员职业伤害确认申请实现“零到场”，7个工作日办结，工伤行政复议和诉讼案件认定结论维持率100%。严厉打击欺诈骗保、套保等社保违法行为，15.01万元涉案资金被全部追回。番禺区有和谐劳动关系达标企业664家、和谐社区（村）2个，排名全市各区前列。落实领导接访制度，处理来信来访案件1757件、热线工单5.51万件，回应群众关心的劳资纠纷、养老保险、就业补贴等民生热点问题，被评为2023年度人民网网上群众工作单位“实干担当单位”。

【劳动仲裁调解】2023年，番禺区新建劳动人事争议仲裁庭4个，数字化仲裁庭纳入专项债项目；处理劳动人事争议案件27371件，仲裁结案率99.08%、案件终结率82.78%。促进企业依法规范用工，发出仲裁建议书71份。搭建整体联动的调解网络，通过网络调解、基层调解、三方调解和仲裁案内调解多管齐下，为当事人提供线上快调、属地先调、案前速调、仲裁再调的全流程调解服务。通过网络处理劳动争议663件，通过基层调解劳动争议19441件，通过三方联调调处争议857件，仲裁案内调解4539件，调解成功率86.91%，在全市各区排名第三。

【社会化退休人员管理】2023年，番禺区社会化管理退休人员65771人，其中社会申办退休52106人，一般企业移交7201人，国企移交6464人。番禺区人社局为行动不便的退休人员提供养老保险待遇资格认证上门办理服务；开展节日及日常探访慰问8594人次，向全区社会化管理退休人员发放节日慰问金824.37万元，发放“健康爱心包”3700份；分批组织1300名退休人员开展“礼赞新时代 最美夕阳红”广州一日游活动、“礼赞新时代 羊城夕阳红”游园系列活动。

【根治欠薪工作】2023年，番禺区完善建设工地源头治理欠薪工作机制，强化建设领域用工管理。印发《贯彻落实〈广东省源头治理欠薪问题实施办法〉工作措施》，推动保障农民工工资支付工作制度全面落实，实现建设工程领域事前预防、事中监管和事后处置闭环管理。构建多方参与的劳资纠纷化解工作格局，开展“百日清欠”“冬季攻坚”等专项行动，集中排查化解欠薪风险隐患，落实“包镇（街道）”督导机制开展常态化督导，受理劳资纠纷38758件，为2.5万名劳动者追回工资待遇2亿元。2022年度保障农民工工资支付考核工作被评为A级，排名全市各区第四。

【社保便民服务】2023年，番禺区推进“城乡居保镇村通”工程，与建设银行共建“裕农通”城乡居保查询及经办平台。番禺区向80个村（居）投放“裕农通”智慧终端，结合建设银行番禺支行26个营业网点上线社保服务功能的智慧柜员机，在全区布设106个社保自助服务点，上线42项社保服务事项，满足村（居）民社保查询、打印、认证、办理等需求，实现村（居）辐射5千米“社保服务圈”覆盖率100%，推动城乡政务服务均等普惠。

（黄铭思）

民 政

【概况】2023年，番禺区民政局以人民为中心，精准实施社会救助，发放各类社会保障资金，保障困难群众基本生活；开展困难家庭结对帮扶，深化困难群众帮扶机制。优化居家社区养老服务，开展居家适老化改造项目。加强养老机构管理，推进养老机构星级评定，番禺区1家养老机构被评为广东省“五星级”养老机构。围绕健全未成年人保护工作体系，开展未成年人保护和儿童福利工作。推进基层民主建设与城乡社区治理。开展地名审核和行政界线管护。优化婚姻家庭服务，推进婚俗改革，开展流浪乞讨人员救助管理、殡葬改革及殡葬管理。开展社会组织登记管理、社会组织评估，激励社会组织发挥作用。推进慈善工作，《慈善事业助力经济高质量发展——基于广州市番禺区的研究报告》获民政部政策理论研究二等奖。

【社会救助】2023年，番禺区城乡最低生活标准提高至每人每月1238元。全区有低保对象913户1623人，其中，城镇低保对象331户574人、农村低保对象582户1049人。全年全区发放低保金及分类救济金2173.08万元。番禺区城镇户籍特困人员供养标准提高至1981元，农村户籍特困人员供养标准每人每月2512元。全区特困供养对象430人，全年发放特困供养资金1085.76万元，特困人员照料护理资金支出390.53万元。全区实施临时救助232户339人次，发放临时救助金92.40万元，比上年增长63.61万元，同比增长220%。其中，对12名非户籍人员实施临时救助，发放救助金1.96万元。番禺区困难残疾人生活补贴标准每人每月195元，重度残疾人护理补贴每人每月261元，发放困难残疾人生活补贴431.58万元，惠及22195人次；发放重度残疾人护理补贴2843.65万元，惠及10.93万人次。开展残疾人两项补贴年度资格认定，实现补贴对象资格认定全覆盖。“一卡通”精准发放城乡低保、特困人员供养、临时救助、残疾人两项补贴等各类救助保障资金6891.08万元。强化“救助+慈善”转办衔接，开展临时生活、医疗、教育等方面救助1099件。推行“救助+保险”模式，218名困难群众获理赔42.74万元。开展困难家庭结对帮扶，因人因户施策解决126户困难家庭医疗、教育、住房、就业等方面急难问题，涉及资金92万元。启动全市首个社区精神障碍社区康复服务阵地“禺爱家”。

【养老服务】2023年，番禺区推进“3+X”居家社区养老服务形式，即助餐配餐、医养结合、家政服务3个基础项目加若干个特色项目。147个长者饭堂100%实现刷社保卡就餐，提供助餐配餐服务70.23万人次，覆盖全区16个镇（街道）所有村（社区），将重度残疾人纳入服务范围，提供配餐到户服务。依托长者饭堂举办老年教育课程，鼓励老年人参与社区活动。推动颐康中心（站）升级改造，实现镇（街道）、村（社区）全覆盖。各镇（街道）颐康中心与周边医疗机构（含护理站）签订服务协议，组建家庭医生服务团队，提供定期体检、上门巡诊、健康管理、康复护理等基本服务。“家政+养老”融合发展，引入专业机构全年开展上门生活照料服务2.3万人次。建成家庭养老床位2012张，完成困难老人居家适老化改造85户。全区备案养老机构24家，新增4家，床位约4800张。向89.7万人次发放长者长寿保健金4800.46万元。全面放开养老服务市场，推进养老机构星级评定，7家养老机构被评为广东省星级养老机构，其中被评为

2023 年 6 月 19 日，番禺区救助管理中心开展第十一个全国救助管理机构“开放日”活动
（区民政局 供图）

“五星级”1 家、“三星级”2 家、“二星级”4 家。开展养老机构服务质量建设专项行动，落实防范化解诈骗与非法集资风险专项排查，推进疫苗接种。全年检查养老机构 153 家次，出动检查人员 538 人次，对发现问题督促整改。超 3500 人次养老服务人员参与安全类、服务类职业技能培训，2 人获市级养老护理职业技能大赛优胜奖。

【儿童福利保障】2023 年，番禺区开展未成年人保护和儿童福利工作，向 1208 人次散居孤儿及事实无人抚养儿童发放基本生活保障金 304.64 万元，集中供养孤弃儿童 112 人，提供临时监护照料 16 人次。16 个镇（街道）未成年人保护工作站实现常态化运营。联动社工、志愿者和社会力量走访困境儿童 1386 人次，派发宣传资料 8330 份，送上慰问品 1299 份，实现儿童微心愿 22 个。推进未成年人保护主题关爱活动，开展政策宣讲进村（居）、进校园活动 36 场，覆盖 51267 人次。为 139 名未成年人提供个案帮扶，召开个案会商会议 33 次。围绕家庭保护、社会保护、政府保护、司法保护、学校保护、网络保护六大板块，整合 44 个成员单位力量，保障未成年人身心健康和合法权益。全区建有镇（街道）级未成年人保护工作站 16 个，全覆盖配备儿童督导员、未成年人保护社工，277 个村（社区）全覆盖配备儿童主任，全区镇（街道）级未成年人保护工作站接待未成年人或家属来访 932 人次，巡访农村留守儿童和困境儿童 20467 人次，实现困境儿童关爱走访全覆盖。

【“五社联动”社区治理】2023 年，番禺区推进基层社会治理共建共治共享，《“五社”齐发力社区共治理》获广州市市域社会治理创新项目大赛（2020—2022 年）优秀创新项目。怡乐社区被广州市民政局选为广州市城乡社区治理体系和治理能力现代化创新试点；《万丰社区“焕新之路”社区环境改造》入选全国“五社联动·家园助力站”项目典型服务案例；大龙社区强化社区慈善工作，获国家民政部“五社联动·家园助力站”优秀项目。推进“双百社工”服务提质扩面，小谷围街道社工站入选省级标杆社工站建设名单。培育社区志愿者队伍，开展“争当新时代雷锋，助力高质量发展”学雷锋主题月系列活动，召开 9 场《广州市志愿服务规定》宣讲活动。开展“美丽岭南，志愿同行——番禺区乡村振兴志愿服务培力项目”培训，培育志愿服务队伍 10 支。2 名志愿者获“广州市最美志愿者”称号，番禺区社区志愿者协会获“广州市最佳志愿服务组织”称号。组织全区 323 名直聘社工参与 8 期“双百”直聘社工网络常态化培训。完成建立社工人才信息库，全区有从业高级社工师 2 人、中级社工师 175 人、初级社工师 370 人。

【城乡基层治理】2023 年，番禺区加强基层自治组织建设，围绕层级人员比例和覆盖率 2 项指标，提升社区志愿服务水平。出台村规民约修订指导性文件，完善规约条款内容指引，助推基层民主自治。开展城乡社区议事协商，议事 26136 次，形成决议事项 33295 件，解决一批如集体资产处置、小广场管理、宠物管理等民生实事。规范村（社区）办公场所挂牌和上墙制度。强化城乡社区活动经费监督管理，落实使用计划和使用进度“两表一报告”机制。推动52个村（社区）按照创建标准开展和谐社区（幸福村）创建。

【社会事务】2023年，番禺区民政局推动婚姻服务、流浪乞讨人员救助管理、殡葬服务等社会事务发展。受理21223件婚姻登记业务，其中结婚登记12490对、离婚登记3398对、补领结婚证等业务5335件。开展流浪乞讨人员救助管理，探索建立“科技赋能 智慧寻亲”模式，为117名受助人员核实身份并协助返乡。开展“寒冬送温暖”“夏季送清凉”行动，开展街面巡查联合行动26次，劝助流浪乞讨露宿人员366人次，护送至救助机构78人次。在全国救助管理机构“开放日”开展“科技赋能筑大爱，温情救助守初心”主题活动。开展殡葬领域移风易俗改革，清明期间各殡葬服务点接待祭扫群众54.6万人次，重阳期间接待祭扫群众14.4万人次，实现祭扫平安有序。遗体火化和惠民政策落实率100%，全年为8573名本市居民减免费用866.28万元。发放节地生态安葬补助160.02万元。番禺区祥和陵园举办“尊重生命 绿色文明”节地生态草坪葬集中安葬仪式2次。

【社会组织服务管理】2023年，番禺区有登记在册社会组织法人774个、备案管理社区社会组织3317个，社会组织登记总量居广州市各区首位。对48个合资格社会组织按规定给予年度扶持资助（奖励）。开展社会组织等级评估和品牌社会组织评定，全区有AAAAA等级社会组织20个、市级品牌社会组织8个。建有社会组织培育基地24个，其中区级社会组织发展中心1个、镇（街道）级培育基地16个、村（社区）级培育基地7个，实现全区16个镇（街道）社会组织培育基地全覆盖。开展“党建引领 牵手共建”助力乡村振兴社会组织培育赋能行动，组织辖区社会组织和社会工作领域专业人才赴对口帮扶地区调研3次，开展业务培训3次并提供线上指导。依托“五社联动”社区治理工作机制，引导社区社会组织参与开展“平安建设”系列社区治理，协助解决垃圾分类、电动车使用管理等问题。开展行业协会商会乱收费专项治理，组织行业协会商会自查自纠。建立登记管理机关（民政部门）、镇（街道）、村（社区）三级联动机制，发动各社工站对辖区社会组织上门摸查登记。整治僵尸型社会组织30个，其中注销登记11个，整改激活3个，撤销登记16个。开展社会组织抽查监督，通过现场检查、财务审计等方式，抽检社会组织24个。

【慈善工作】2023年，番禺区建立健全慈善工作联席会议制度，完善由政府主导、民政牵头、各职能部门和镇（街道）联动的慈善工作机制。深化“慈善之区 幸福番禺”建设，在《广州市2021—2022年度区域慈善指数报告》中，番禺区以总分92.55分获广州市区域慈善排行榜综合发展指数排名第一。研究课题《慈善事业助力经济高质量发展——基于广州市番禺区的研究报告》被评为国家民政部2023年民政政策理论研究课题评审二等奖、广州市民政系统2023年政策理论研究课题评审三等奖。在社区基金全覆盖基础上，推进从“有形覆盖”向“有效覆盖”发展，资助407个项目，投入1300多万元，其中市桥街道万丰社区、三堂社区和石碁镇大龙社区被评为广州市2023年度“最美慈善社区（村）”。举办第二届“慈善社区我先行”社区基金募捐活动，发动参与捐款6万余人次，捐款222.14万元，获得配捐110.96万元，筹款333.1万元，同比增幅近60%。开展第三届“同一蓝天 共同幸福”百名老区孩子看番禺活动，参加活动的孩子来自陕西延安，江西井冈山，福建龙岩上杭、宁德寿宁等革命老区和番禺对口帮扶地区贵州毕节金沙、威宁、赫章，新疆喀什疏附。

（彭裕惠）

镇（街道）

石碁镇

【概况】石碁镇位于番禺区东南部，辖区总面积46.2平方千米，下辖17个村（永善村、雁洲村、小龙村、文边村、石碁村、桥山村、前锋村、大刀沙村、凌边村、金山村、低涌村、官涌村、南浦村、长坦村、海傍村、莲塘村、塱边村）和2个社区（岐山社区、大龙社区）。2023年，石碁镇有户籍人口5.68万人、来穗人员10.05万人。

【经济发展】2023年，石碁镇实现地区生产总值151.6亿元，同比增长7.6%；完成规模以上工业产值142.5亿元，同比增长2.1%；固定资产投资额41.5亿元，同比增长21.5%；其中建安22.3亿元，同比增长21.7%；房地产销售面积9566平方米，同比增长225.6%；税收入库27.7亿元，同比增长13.9%；财政收入7.5亿元，财政支出7.3亿元。上市企业工业扩产（石碁）产业园、番禺区“专精特新”企业集聚区（一期）园区内23个地块完成招商并启动开发。亚运大道经济带沿线重点功能片区规模初现，5个完工达产项目2023年贡献生产总值（营收）30亿元；完工投产项目1个，完工试运行项目2个，在建项目12个。“专精特新”企业集聚区一、二期引入国家级专精特新“小巨人”3家、上市企业2家、国家高新技术企业11家；石碁镇有高新技术企业219家、专精特新企业110家。浩洋电子、思林杰、超音速、朗欧服饰等企业成功拍地；吉谷、桥兴等企业完成增资扩产；浩洋电子、汇城物业、明德科技等企业国有用地提容项目获批；佛朗斯股份有限公司成功上市，石碁镇连续4年培育本土企业上市。2023年入榜全国镇域经济500强。

表8　2023年石碁镇各村人口及收入情况表

村	户籍人口（人）	常住人口（人）	经济收入（万元）
前锋村	4616	8637	2867.47
大刀沙村	1343	1498	271.68
海傍村	4417	8743	1936.18
低涌村	2892	3636	836.47
长坦村	1690	3686	507.66
雁洲村	1624	3844	1083.42
官涌村	2122	7405	1624.94
南浦村	1726	9971	7106.31
永善村	1472	8801	2304.01
石碁村	6180	24727	10310.87
莲塘村	1566	8281	1769.03
塱边村	1034	5280	1822.47
小龙村	3764	11341	2188.31
凌边村	2713	7304	1632.39
金山村	4505	13228	2172.85
桥山村	1499	6996	2401.69
文边村	1515	4839	1208.53

【社会发展】2023年，石碁镇完

善城市基础设施，投入107万元完成石碁村旦岗中街排水改造、金山村水浸黑点整治、市莲路混合车道和人行道交通设施安全隐患整治，投入150万元修复市政路面、绿化、护栏等市政设施，日常维护2682盏市政路灯、6436处井盖。完善生活垃圾分类处理硬件设施和收运网络建设，压减生活垃圾总量超22%，在全市垃圾分类两次半年度考核中均获全区唯一“优”等级。南浦村旧村改造第一、二、三批集体转国有用地手续获批复，10栋复建安置房均建至5层以上，其中7号楼、8号楼主体结构封顶，推进配套小学、市政规划路建设。投入21.11亿元完善水环境治理基础设施，开展农村乱占耕地建房整治，清拆违法用地586处5.62公顷（84.3亩），拆除违法建（构）筑物336处20.79万平方米，年度治违任务完成率110%。石碁镇的镇（街道）安全发展指数22次排名全区第一，被评为2023年度反走私综合治理市级示范镇建设单位。通过省级市域社会治理现代化试点和广州市第二批法治镇验收。石碁镇被评为广州市2023年度“门前三包”样本镇（街道），是番禺区唯一入选镇。黑臭河涌治理取得成效，辖区内小龙涌、雁洲涌（石碁段）入选2023年广州市最美巡河路线，为河湖管理及河湖长制工作提供样板。石碁镇应急广播系统入选广东省应急广播系统建设应用优秀案例。大龙社区被选取为国家民政部慈善司支持、指导的“社区慈善实验项目”全国8个试点社区之一，为广州市唯一试点。大龙居委会通过腾讯“99公益日”、公益创投、公益集市等形式募集社区基金。

2023年6月，石碁镇中心小学2023年课本剧《田忌赛马》获“广东省第十四届少儿戏剧小梅花荟萃”集体节目“金花”称号　（石碁镇供图）

【文化教育】2023年，石碁镇深化新时代文明实践，前锋村被评为“番禺区文明示范村”，曾国威、戴柏威、黄焕萍3人被评为“番禺好人”。举办石碁镇男子篮球赛、青年歌唱大赛、“我们的节日·七夕”凌边乞巧文化节、“珠水金声粤韵乐乡”广东音乐进祠堂等文体活动。常态化巡查47处不可移动文物保护单位安全，申报非遗代表性项目，孔祥弘、陈国贤、曾杰伟被评为番禺区第五批非遗代表性项目代表性传承人。广州市少儿粤剧课本剧实践基地送的《田忌赛马》《草船借箭》《梅兰芳蓄须》粤剧表演，在第十四届广东省少儿戏剧小梅花荟萃活动中获“两金一银”，其中，石碁镇中心小学表演的粤剧《田忌赛马》被评为金花集体节目。石碁镇建成高质量发展教育实践基地8个，举办研学活动135场次。石碁镇中心小学、永善小学、金山小学、石碁小学、前锋小学5所小学被评为首批“广州市更高水平安全文明校园”，小龙小学、茂生小学、石碁第四中学、石碁镇中心幼儿园4所学校被评为“广州市第三批红色教育示范校”。

【土地收储】2023年，石碁镇布局17个地块436.38公顷（6545.73亩）土地收储任务，以95.85%通过率完成金山村创新城净水厂11.01公顷（166亩）地块征收户代表表决，按时交地。完成农科所90.33公顷（1355亩）地块收回国有用地补偿协议签订。完成金山、前锋、凌边、桥山等村9个地块217.48公顷（3262.14亩）土地征收协议签订，完成石碁、莲塘等村4个地块54.33公顷（815亩）土地青苗补偿，完成前锋高尔夫12.07公顷（181亩）地块“四通一平”并实现交地。

【“百千万工程”典型村】2023年，石碁镇桥山村被列为省定“百县千镇万村高质量发展工程”选树培育典型村。桥山村达到省定特色精品村标准，被评为“广东省民主法治示范村”“广东省‘一村一品、一镇一业’专业村”“广州市美丽乡村”“广州市幸福村”“广州市文明示范村”。桥山村被评为“广州市农家书屋示范点”。石碁镇投入1.77亿元推进桥山村30个项目（一期工程22项、二期工程8项）。一期工程投入7000多万元启动破旧房修缮、房屋外立面整饰提升、绿化美化，其中投入3300万元开展雨污分流改造，投入410万元迁移改造主干道电线，投入315万元修复进村大道及改造环湖配套设施。完成桥山村指挥平台优化、市场升级改造、村颐康站、村二期公园等项目。

【“六长”会商工作法】石碁镇化解基层矛盾纠纷“六长”会商工作法被评为2023年度广州市优秀“枫桥式”工作法。石碁镇打造由镇综治中心主任统一指导，由镇综治办主任会同派出所副所长、司法所所长、综合行政执法办副主任、市场监管所所长、网格中心主任，并加入劳动中心主任、应急指挥中心主任组成“六长+”会商机制。全年全镇采集受理矛盾纠纷事件86件，办结82件，办结率95%，群众满意率100%；处理劳资纠纷2722件，涉及金额5910万余元；建成三个片区中心警务室，案件类警情下降8.8%。石碁镇综治中心被评为广州市一级综治中心。

（曾凤迁）

新造镇

【概况】新造镇位于番禺区东北部，辖区总面积14平方千米，辖内有10个村（曾边村、崇德村、思贤村、南约村、东西庄村、北约村、秀发村、郭塱村、练溪村、农场村）和1个社区（新造社区）。2023年，新造镇常住人口3.9万人，其中户籍人口1.38万人。

【经济发展】2023年，新造镇完成地区生产总值36亿元，增长4.6%。规模以上工业总产值30.47亿元，房地产销售面积118791平方米，固定投资47.1亿元。限额以上商业额6.19亿元，增长6.17%。完税收入5.83亿元。完成第五次全国经济普查清查阶段工作。广州市升辉清洁服务有限公司在香港主板挂牌上市，实现新造本土注册企业首次上市。全镇“四上企业”突破40家。超额培育科技型中小企业33家。全年招商引资注册项目13个，签约项目11个，新洽谈入库项目23个，协议投资总额12.9亿元。创新城一期招商引资取得突破，理顺广州大学城智慧谷招商机制，C地块引入先进制造业企业落户，预计年产值7亿元。新造良仓创意园招商率超90%，成功申请首批广州市文旅消费场景。

【城乡建设】2023年，新造镇升级交通路网，新造路、新广路、赍南路、南大干线通车，金光东隧道贯通，滨河路（赍南路—金光东大道段）完成总工程量的90%；金光东大道完成方案联审。开展南大干线与S296交

表9　2023年新造镇各村人口及收入情况表

村	户籍人口（人）	常住人口（人）	经济收入（万元）
曾边村	1735	8576	132
崇德村	1947	4892	142
思贤村	1997	6470	860
南约村	1795	4152	269
东西庄村	990	1190	4
北约村	1332	4123	820
秀发村	1638	5367	166
郭塱村	867	1749	1334
练溪村	1179	2163	2113
农场村	320	320	39

2023 年 7 月 29 日，新造镇开展屈大均人文历史研学活动
（新造镇 供图）

会处交通黑点安全整治。排水单元达标改造完成 92%。新增城市绿地 13.45 公顷（201.73 亩），新增四旁绿化 5.19 公顷（77.84 亩）。开展大气污染防治，环境空气质量综合指数排名全区第二，臭氧浓度全区最优。完善垃圾分类设施，升级改造 1 个厢房式投放点，新增 1 个两网融合点，上半年被评为番禺区唯一市考核“优 +”镇（街道）。

【社会治理】2023 年，新造镇入选广东省乡村治理示范镇。构建五级管理服务网格架构，将党员、村民代表、人大代表、政协委员及其他社会力量纳入末端网格，形成“党建引领、党员带头、群众参与、共建共治”农村治理工作格局。在全镇 11 个村（居）设置政务服务便民服务站，将居住证办理、优抚补助对象认定等 19 项需求迫切事项下沉服务站。融合建设党群服务中心，打造集文化活动、科普宣传、市民教育等功能于一体的新时代文明实践宣传阵地。“人、屋、车、场、网”互联互通数据库有数据 14771 条。调处 593 起劳资纠纷，受惠群众 2854 人，涉及金额 3125 万元。综治中心被评为广州市第一批二级综治中心。受理信访案件 357 件，办结 351 件，办结率 98%。完成大学生新兵征集、基干民兵队伍编组训练及战备任务。聚焦电动自行车消防安全管理，推广和建成 74 处小型充电点、提供 307 个充电位。

【民生保障】2023 年，新造镇实现村（居）颐康服务站全覆盖。完成南大干线环境提升工程和新造公园提升工程。通过招聘会、职业培训、就业创业指导等方式提供就业岗位 1500 个，组织开展公益性家政培训 30 场，创业指导宣讲活动 5 场。新开办 1 所幼儿园，新增公办小学优质学位 225 个。全面落实公办学校“躺平睡”服务，“舒适睡”比例处于番禺区前列。开展退役军人服务、未成年人关爱保护、困难群体救助，全覆盖走访慰问退役军人，发放退役军人困难救助金、困境儿童救助金、低保金和特困人员补助。

【“百千万工程”考核】2023 年，新造镇培育基层人民调解典型案例，代表番禺区迎接省“百千万工程”考核组现场考核。搭建新造站营地、宁曼街等“网红”美食聚集地，举办“良仓星光夜市”。实施南大干线沿线环境整治提升工程、南大干线思贤村口（龙津隧道）周边环境整治工程以及新造医院至新造公园、崇德市场周边道路升级改造工程。办理留用地落地 21.73 公顷（326 亩）。农村集体资产管理交易中心总成交金额 3349.49 万元，高出原合同价 150%。开展曾边村与崇德村幸福村创建工作，推动曾边村创建“省定特色精品村”。推动思贤村环村路修建入选区新农村建设项目库，完成 5 个村庄对口帮扶，完善农村基础设施。全年开展文化惠民活动 500 余场，惠及 6 万人次。举办职工篮球赛。出版《屈大均故事》连环画。练溪村在“广州农商银行 · 乡村振兴杯”第三届广州千村足球番禺锦标赛中获全区第一，思贤村、曾边村举办开笔礼活动。

（杜舒婷）

南村镇

【概况】南村镇位于番禺区北部，

表 10　2023 年南村镇各村人口及收入情况表

村	户籍人口（人）	常住人口（人）	经济收入（万元）
南村村	5332	27428	1514
罗边村	2612	726	3067
市头村	6586	8920	1009
板桥村	1567	17098	1551
南草堂村	1804	8845	3076
陈边村	1664	6136	693
新基村	2302	4141	1729
员岗村	3251	21305	2004
官堂村	2055	13797	2836
塘步东村	1280	13315	2448
塘埗西村	1133	13048	2255
里仁洞村	6901	16199	6414
江南村	1899	17292	3224
樟边村	3083	13504	3845
坑头村	4809	21391	7003
梅山村	2495	6629	2713

辖区总面积 47 平方千米，下辖 16 个村（南村村、罗边村、市头村、板桥村、南草堂村、陈边村、新基村、员岗村、官堂村、塘步东村、塘埗西村、里仁洞村、江南村、樟边村、坑头村、梅山村）和 12 个社区（南村社区、华南碧桂园社区、华南新城社区、雅居乐花园社区、锦绣香江社区、广地花园社区、永大社区、星河湾东区社区、广州雅 居乐北苑社区、兴南社区、海怡半岛花园社区、兴业社区）。2023 年，南村镇常住人口 45 万人，其中户籍人口 12.72 万人。

【经济发展】2023 年，南村镇实现地区生产总值 417.79 亿元，排名全区第一，税收收入超 56 亿元，同比增长 12.78%。南村镇“四上”企业超 700 家，市场主体超 5.7 万家。拥有番禺工业经济总部园区、万博商务区 2 个区级重大产业平台，有服装、建筑、直播、软件信息服务业等四大百亿产业集群。有高新技术企业 220 多家、省级专精特新企业 70 多家、国家级“小巨人”企业 3 家。根据研究机构赛迪顾问“2023 镇域经济 500 强”榜单，南村镇居第 43 位，是广州排名最靠前的镇。长隆万博商务区完成扩区，被评为“2023 年广州软件名园”，成为全市唯一获此称号的园区。万博商圈有商事主体超 1.2 万家，打造 3 座百亿营收写字楼、5 座十亿营收写字楼，2 栋写字楼分别被评为 2023 年广州市甲级、甲级（预）商务写字楼。广州市重点建设项目——番禺工业经济总部园区用地面积 31.6 公顷（474 亩），总建筑面积 100 万平方米，总投资超 60 亿元，引进总部企业 17 家。国际双创城项目位于南大干线经济带上，占地面积 86.67 公顷（1300 亩）。

【社会发展】2023 年，南村镇推动城乡融合发展和绿美南村建设，重点加强用地规划，开展“农占耕”整改，推进治水攻坚，优化圩镇环境，建设和美乡村。南大干线全线通车，打造生态治水“坑头样板”，员岗村样板路建成使用，里仁洞村旧改项目白地坑首期复建安置房部分楼栋封顶，罗边村复建小学地块主楼和体育馆结构性封顶。

2023 年 7 月 20 日，南村镇人大代表视察村样板路改造与南村镇养老院升级改造情况

（南村镇 供图）

南村镇案件类总警情同比下降7.5%。整治赌博游戏机专项工作通过市委平安办验收。2022年度区挂牌督办火灾隐患重点地区（南村镇塘坲西村）专项整治工作“摘帽”，镇安全发展指数连续32周排名全区第一。党建引领城中村治理和平安建设全面深化，打造最小应急单元289个。

【民生事业】2023年，南村镇辖区有2所高校职院、28所中小学、46所幼儿园。在校中小学生3万人，在园幼儿1.3万人，中小幼师资队伍4800人。华南理工大学广州国际校区附属小学、南村镇中心幼儿园、华南理工大学番禺广钢幼儿园、番禺广电幼儿园顺利开学。有三甲医院广东省妇幼保健院（番禺院区）、二甲医院番禺区第六人民医院（南村医院）、南村镇社区卫生服务中心及“坑头、员岗、市头”3个社区卫生服务站。广东省妇幼保健院番禺院区儿科楼建设项目启动。番禺区第六人民医院成功创建国家基层胸痛中心。南村镇设立未成年人保护工作站，开设南村镇梅山村就业驿站，成立南村社区“羊城家政”二级服务站。南村镇敬老院升级改造工程竣工，颐康中心及27个村（居）颐康服务站建成并通过验收。推动再就业1395人，发放救助资金。

【文化建设】2023年，南村镇于12月7日举办“匠心筑梦 智造未来”国家非物质文化遗产香云纱服饰文化传承展。6月28日，举办番禺区紫薇文化旅游节开幕式暨余荫山房国家AAAA级旅游景区揭牌仪式。12月9日，番禺区全民终身学习活动周启动仪式在南村镇文化中心启动，南村镇文化中心全年接待群众超8万人次。6月17日，南村村龙舟队获得广州国际龙舟邀请赛彩龙竞艳比赛一等奖。

（张淑英）

化龙镇

【概况】化龙镇位于番禺区东北部，辖区总面积60.28平方千米，土地面积55.7平方千米，下辖13个村（沙亭村、柏堂村、莘汀村、东南村、塘头村、水门村、草堂村、复甦村、明经村、潭山村、山门村、眉山村、西山村）和2个社区（化龙社区、盛龙社区）。2023年，化龙镇常住人口10.6万人，其中户籍人口3.7万人、来穗人员6.9万人。

【经济发展】2023年，化龙镇地区生产总值229.43亿元，同比增长10.6%，总量居全区第三，增速居全区第一；规模以上工业总产值1049亿元，增长31%；限额以上商业额610亿元，增长19.8%；税收51.30亿元，增长48.3%。完成固定资产投资额31.36亿元，其中工业投资完成17.5亿元。以广汽乘用车、广汽埃安两大整车制造企业为龙头，以广汽研究院为创新智造中心，形成“研发+生产+消费+服务+物流”汽车全产业生态链。电动垂起飞行汽车框架机在化龙试制工厂完成组装。广汽埃安智能生态工厂入选新能源汽车企业全球唯一“灯塔工厂”和“国家科改示范行动”名单。全国第2000万辆新能源汽车在广汽埃安第

表11 2023年化龙镇各村人口及收入情况表

村	户籍人口（人）	常住人口（人）	经济收入（万元）
沙亭村	3102	3102	1098
柏堂村	3338	3338	1491
莘汀村	783	783	665
东南村	1904	1904	1258
塘头村	1867	1867	687
水门村	2453	2453	839
草堂村	1198	1198	1559
复甦村	5157	5157	3074
明经村	3973	3973	2227
潭山村	4613	4613	2961
山门村	1581	1581	1051
眉山村	1696	1696	962
西山村	1556	1556	878

2023年12月12日，因湃电池智能生态工厂竣工暨P58微晶超能电池下线活动举行（李俊君 摄）

一智造中心下线。广汽埃安和小鹏汇天上榜《2023全球独角兽榜》。超进度完成汽车产业“三年翻番”计划年度目标，完成汽车工业产值905.60亿元，增长33.7%。因湃电池、锐湃电驱项目比原计划提前5个月竣工投产。中航光电华南产业基地一期比原计划提前半年竣工投产，二期项目开建。赴全国各地招商，完成新洽谈项目22个，签约项目15个，完成注册落地项目11个，注册落地项目投资额57.18亿元。赴佛山市顺德区北滘镇、南海区狮山镇开展高质量发展专题调研，学习培育现代产业体系、推动产业转型升级经验做法。突出土地保障、手续办理、指标落地等关键环节，优化营商环境。定期梳理项目开工需求，争取土地指标。推动富强科技、众源材料等一批上下游零部件项目落地，多个产业链集聚发展。推进“1234亩地块”、莲花湾片区等地试点项目建设，保障企业提质扩容用地。推行数字政府“智慧办”，实现政务服务事项“自助办、随时办、就近办”。推出“政务专员”服务，为广汽乘用车有限公司和广汽埃安新能源汽车股份有限公司提供线上咨询服务75次。

【社会发展】2023年，化龙镇推动爱国卫生运动，开展化龙镇国家卫生镇复审，优化城乡人居环境。建成市垃圾分类样板村1个（眉山村）、市星级投放点1个（聚龙社区）、“两网融合点”1个（莘汀村）。建成“四小园”（小菜园、小果园、小花园、小公园）357个，恢复耕地13.33公顷（200亩），植树1万多棵。落实林长制，开展巡护2145次。推进涉水违建整治三年攻坚行动，建成公共污水管网15千米，新建一体化提升泵站3座。8个村（居）开展雨污分流改造。国考断面水质达到年度考核要求。认定排水单元144个548.43公顷，完成率90.63%；典型排水户巡检率100%。加强工业废气治理，开展扬尘和餐饮油烟治理。巡查餐饮店201家次，督促40家完成整改。落实4家在营加油站的油气回收装置。新建化龙公园500米健身步道，完成化龙大道延长线接驳南大干线200米路段道路整治，将沙路炮台公园打造成双拥品牌特色爱国主义教育阵地。举办文化惠民活动13场，惠及群众10万余人。

【民生保障】2023年，化龙镇推进镇中心小学原址扩建工程，化龙二小参加全国毽球锦标赛获男子规定动作第一名；化龙中学、东沙小学、化龙二小、化龙镇中心小学获广州市毽球锦标赛7金2银6铜；化龙二小教师胡健平入选2023年感动广州最美教师名单。完成中医门诊和口腔科升级改造。深化三甲医院医疗资源下沉基层服务，实行双向转诊机制，实现分级诊疗。门诊和住院病人数同比增加50%，业务收入增加20%，其中住院收入增加超50%。推进构建“1+N”（1个颐康中心+N个颐康站）养老服务设施网络，完成1个镇级颐康服务中心和14个村（居）颐康服务站建设，村（居）站均通过验收。发放低保金117万元、特困金58万元、残疾人补贴137万元，救助困难群众64人，救助金额超30万元。发放长寿金236万元，开设长者配餐点

11个，近2万人次就餐。城镇新增就业2196人，举办招聘会8场次，提供工作岗位1852个，解决78家企业用工需求2807人。为204名就业困难人员提供Ⅰ至Ⅲ级帮扶，175人成功就业。组织24名劳动者参加区第十五届职业技能竞赛，连续7年获评“优秀组织奖”。帮助14家企事业单位解决3870套保障性员工住房需求，为符合条件的企业发放补贴169万元。

【城乡建设】2023年，化龙镇构建路网体系融入粤港澳大湾区建设，推进穗莞深城际琶洲支线、地铁八号线东延段、沙鱼洲隧道、东部快速干线等重点交通项目建设。广汽中路延长线、金荷一路延长线开通，化龙大道（南大干线至翠湖路）道路工程主线贯通。眉山公园路、化龙大道北延线道路建设完成施工招标。配合区基建中心开展海灏生物技术总部科学园周边道路建设。推动城乡区域协调发展，完成农村集体资产资源管理交易149宗，交易标的金额8075万元，增值1447万元。规范农村财务管理，开展13个村历史财务审计。农业生产面积1463.33公顷（21950亩），农业生产总值近5亿元，可支配纯收入16483万元，实际人均分红4380元。申报农机补贴农户41户，补贴金额5万元。创建市级美丽乡村7个、省定特色精品村2个。开展东西部协作和梅州市五华县长布镇对口帮扶，拨付帮扶资金35万元，实施帮扶项目30多个。开展“双百工程”共建活动59场，慰问困难群众36名，开展法律维权和普法宣传活动5场。开展校企共建，广乘、埃安、好太太等7家重点企业与20家高校签署合作协议，学校为企业培训276人，企业录用高校人才243人，通过产校融合实现校企双赢。

【基层治理】2023年，化龙镇开展扫黑除恶斗争，打击电信网络诈骗犯罪，整治涉赌博游戏机。接涉赌警情108件，同比下降24.5%；查处涉赌治安案件49件，行政拘留111人，罚款8人；破获涉赌刑事案件6件，刑拘21人，逮捕3人；打掉赌博窝点22个，治理涉赌警情高发黑点14个。推进重大事故隐患、自建房和城中村出租屋安全隐患专项排查，全年无发生重大安全事故，出租屋登记纳管率、租住人员登记率（注销率）、隐患告知率、街面来穗人员抽查登记率等各项考核指标均达100%。查处非法运营车辆非法加油等违法行为93起，排查危化企业安全隐患120项，处理涉危化品案件13件，处罚金额18.2万元；查获非法烟花爆竹20千克。发挥统战工作优势，开展港澳台侨、少数民族、宗教等领域走访调研、联系交流、服务管理等工作10次。深化党建引领城中村治理，签订历史积案息诉罢访承诺书2份。擦亮“五社联动”品牌，推动社会矛盾源头化解。全年办理“12345”热线工单5496件。依托综治中心“大调解”格局，探索融合网上巡回法庭、社会保险费争议联合处置、律师调解工作室、蓁江流动党支部等治理模式，开展矛盾纠纷调处化解。

（李仲娟）

石楼镇

【概况】石楼镇位于番禺区东部，辖区总面积126.5平方千米，下辖22个村（沙北村、江鸥村、沙南村、海心村、清流村、南派村、裕丰村、茭塘东村、茭塘西村、胜洲村、大岭村、岳溪村、官桥村、赤岗村、赤山东村、石楼一村、石楼二村、联围村、群星村、卫星村、东星村、明星村）和4个社区（石楼社区、莲花山社区、亚运城社区、江畔社区）。2023年，石楼镇有常住人口24.18万人，其中户籍人口14.1万人。

【经济发展】2023年，石楼镇农业产值42.45亿元，同比增长1.9%。规模以上工业总产值636.47亿元，同比增长6.1%。固定资产投资110亿元，同比增长2.4%。房地产销售面积33.2万平方米，同比增长4.82%。限额以上商业总额616.44亿元，同比增长52.74%。财政收入14.62亿元，同比增长76.36%；税收收入4.25亿元，同比增长7.59%；财政支出14.70亿元，同比增长72.54%。石楼镇支持

表12　2023年石楼镇各村人口及收入情况表

村	户籍人口（人）	常住人口（人）	经济收入（万元）
沙北村	8617	9299	481
江鸥村	4060	4203	211
沙南村	3844	4035	178
海心村	6356	6885	250
清流村	5920	6737	735
南派村	3406	7417	1192
裕丰村	1442	1769	245
茭塘东村	2327	3277	105
茭塘西村	2065	2388	51
胜洲村	1429	2348	1574
大岭村	2641	5098	1136
岳溪村	1662	7053	959
官桥村	2925	4832	683
赤岗村	2046	10716	3916
赤山东村	1866	6402	1228
石楼一村	1976	5137	907
石楼二村	1219	3699	1241
联围村	3914	8322	609
群星村	3470	3726	79
卫星村	1437	1801	75
东星村	1205	1251	57
明星村	1273	1331	74

智能网联汽车、电梯产业，打造百亿级先进制造业产业集群。推进番禺国家级沿海渔港经济区项目。莲花山中心渔港被评为“全国文明渔港”。发展智能网联汽车全链条工业，深化延链补链强链工程。广汽商贸物流二期工程开工建设，锐湃工程预备投产，青蓝半导体正式投产。引进联东U谷·智慧科技园项目，建设高新产业聚集区；声博士公司新增投资2.3亿元，建设全球高技术研发及总部基地；引入莲旺科技。新洽谈项目13个，签约项目10个，完成注册落地项目6个，注册项目协议投资总额25.35亿元，注册项目协议达产年产值33.9亿元。

【社会发展】2023年，石楼镇推进海鸥公路扩路、龙濑北路、创新西路、番禺国家沿海渔港经济区上下涌锚地工程等征地拆迁项目20多个，签订征收补偿协议418份。推动江鸥村、海心村等8个村农村生活污水巩固提升、沿江路三期、中心小学体育馆抗震加固、深沙涌消除劣Ⅳ类沿河截污工程等50多个工程建设。推进农村宅基地审批。完成石楼镇东门路延长段工程、海鸥大桥底北侧道路工程、清怡居排水单元达标创建工程等18个工程项目。全年开展环境卫生清洁行动96次。迎接国家卫生城市复审，22个小区全部实现垃圾分类定时定点投放，设置82个垃圾分类投放点，完成率100%。开展41条河涌水上保洁和60千米海岸线海漂垃圾清理，制定石楼镇整治河涌及支涌沟渠污染源工作方案，打击涉水违建行为。践行绿美石楼生态建设，加强古树名木巡查保护。完善交通建设，为赤松宫开放创造条件。开展义务植树活动5场，种植细叶榕、高山榕、风铃木等900多棵。对广汽工业园区、莲港大道等路段进行绿化改造，种植景观花木3344株，改造面积1600平方米。石楼镇获评“广东省森林城镇”称号。

【文化建设】2023年，石楼镇重点保护大岭村9000平方米古建筑群，完成龙津桥、永思堂等历史建筑修缮。举办古村非遗主题文创节，邀请艺术从业者开展文创研究，培育粤剧、曲艺、核雕等艺术工作室30余个。道教赤松宫即将开放，整合莲花山观音、灵蟠庙、龙兴庙，打造山水资源与民俗文化共融的岭南文旅福地。盘活莲花山脚旧纸厂厂房，收储土地，引进“快时尚”产业。

【民生保障】2023年，石楼镇落实中小学校基础设施建设三年行动建设项目，完成石楼镇中心小学体育馆抗震加固工程、石楼镇第二中学抗震加固工程

2023 年 2 月 11 日，石楼镇举办 2023 年春风行动暨就业援助月专场招聘会
（石楼镇 供图）

等学校安全改造工程。推进海鸥学校办公楼、石楼中学实验楼、赤岗小学教学楼、联围小学教学楼等基础设施项目。推动学前教育第三期行动计划，报建清流幼儿园、大岭幼儿园，推进新开办学校、幼儿园、学校扩班的教育配套工程和设备采购。完成天峰中学新校区教育配套工程、天峰小学搬迁工程，解决亚运城学位不足问题。完成番禺区第七人民医院改造项目，改造面积 17186 平方米，总开放床位 300 张。亚运城社区卫生服务站运营，智联花园汽车小镇服务站通过初步验收。石楼镇社区卫生服务中心下设海鸥社区、沙浦社区、亚运城社区 3 个卫生服务站，实行一体化管理。石楼镇举办线上招聘会、招聘集市、“零距离”暨灵活就业招聘会，828 人实现再就业。开展“南粤家政”“粤菜师傅”“农村电商”培训，促进城乡劳动者技能就业、技能致富。企业职工社保、城乡居民社会养老保险、城乡居民医疗参保应保尽保。实现社保、就业、医保、工伤、退管等业务“一窗通”。在各村（社区）均建立羊城家政二级服务站，实行“服务＋培训＋就业”促就业模式。落实《保障农民工工资支付条例》，分析欠薪隐患并提供解决方案。筹建新社工站，整合社区、社工、社会组织和慈善机构资源，走访慰问生活困难人员。

【社会治理】2023 年，石楼镇社会环境平安有序，常态化开展扫黑除恶斗争，打击电信网络诈骗犯罪，实施夏季治安打击整治、涉赌博游戏机打击整治等专项行动。推进重大事故隐患、自建房和城中村出租屋安全隐患专项排查，全年未发生较大以上生产安全事故、火灾亡人事故和森林火灾。化解社会矛盾纠纷，融合创新“枫桥经验”和“浦江经验”，探索法检联合接访工作机制，全年接访群众 18 批 45 人次，收到信访案件 585 批，办结 551 批，办结率 94.2%。发挥人民调解、司法调解、行政调解作用，化解矛盾纠纷千余件。创建广州市反走私示范点，完善人防、技防、物防体系，筑牢水上、岸线、陆路、市场反走私“四道防线”。加强城中村治安防控体系建设，实现吸毒人员、刑满释放人员、社区矫正人员等特殊群体 100% 纳管。8 个城中村标准化微型消防站、消防水源、消防设备 100% 完成建设，建设充电桩 108 处 944 个。城中村出租屋智能门禁系统实现全覆盖。完成镇综治中心和 8 个城中村综治中心提档升级。

【典型镇培育】2023 年 11 月，石楼镇入选广东省“百千万工程”首批典型镇名单，是广州市 7 个首批典型镇之一。番禺区工作专班会同区“百千万”办公室及城建专班联合进驻石楼镇办公，实行镇领导项目建设与环境整治“双包干”。打造狮子洋畔“美丽海滨小镇”，推动石楼美丽圩镇客厅、美丽乡镇入口、美丽河道等风貌节点项目落地，完成改造提升项目 45 个，开展房屋外立面提升超 200 幢，绿化美化 2.6 万平方米，修复人行道 2 万平方米。

（韩思棋）

市桥街道

【概况】市桥街道位于番禺中部，是番禺区人民政府驻地。辖区总面积 11.35 平方千米，下辖 8 个村（黄编村、云星村、丹山村、沙圩一村、沙圩二村、东郊村、西郊村、北郊村）和 28 个社区（东兴社区、德兴社区、桥福社区、沙园社区、社学社区、德安社区、东丽社区、西涌社区、三堂社区、晒布社区、西城社区、禺山社区、华侨城社区、侨联社区、怡乐社区、康裕社区、禺秀社区、富都社区、丹桂社区、康乐社区、侨基社区、先锋社区、田心社区、桥东社区、石街社区、万丰社区、大市社区、瑞和园社区）。2023 年，市桥街道常住人口 252944 人，其中户籍人口 169024 人，居住半年以上来穗人员 96023 人。

【经济发展】2023 年，市桥街道整合中银大厦、基盛万科里等商业综合体资源，优化番禺广场及周边横跨番禺大道片区规划，推进百众·华丰汇购物中心改造，培育都市消费工业、新兴数字等业态。建设石桥公园——钻汇创意建设项目，将易发商业街、市桥客运站提升改造、兴发食街地块建设项目纳入北片商圈提升计划。打造市桥渔帆历史风貌区、先锋社区更新、西坊大院等文创项目。赴上海、杭州、重庆、成都招商引资，举办市桥街道产投融高质量发展研讨暨招商投资推介会，现场签约项目 13 个，计划投资额 12.13 亿元。引进小鹏汽车 4S 店、华玉大厦项目以及春涛国际建筑公司等 8 家企业，项目协议投资总额超 5 亿元，协议达产产值超 19 亿元。街道班子成员走访企业 369 家次，举办经济分析研判会 20 场、银企座谈会 51 场、政策宣讲会 5 场，解决企业场地租用、融资贷款等问题 71 个，协调 25 名人才入户。填报高新技术企业 32 家，申报数较上年增长 8 家，科技型中小企业入库 148 家。启动丹山村级工业园升级改造，建设黄编村松岗商业楼项目，建成云星村云星大厦商业综合体。组建市桥街道“夜经济研究院”，打造大可猪、夜西坊等夜经济品牌，举办系列促消费活动。

表 13　2023 年市桥街道各村人口及收入情况表

村	户籍人口（人）	常住人口（人）	经济收入（万元）
黄编村	1957	11425	8346
云星村	2640	16845	10154
丹山村	1572	12828	3076
沙圩一村	3766	12806	9801
沙圩二村	2952	11007	5269
东郊村	265		777
西郊村	546	2113	5449
北郊村	210	1519	1159

说明：东郊村拆迁，没有常住人口数

【社会建设】2023 年，市桥街道妥善化解信访突出问题及上级交办重点个案，全年受理信访案件 671 件，办结 634 件，办结率 94.5%。街道级及 7 个村完成综治中心提档升级，建设最小应急单元 335 个，发起巡防、反诈等活动 3821 场次。整治赌博游戏机制售源头，强化社会面治安防控。对纳入重点监管的 262 家企业、131 栋高层建筑、18 处建筑工地建档立册，加强安全消防和食品领域监管，检查生产经营场所 10367 家次，查处安全隐患 9864 处、消防隐患 1225 处，检测食品 7194 份次，合格率 99.87%。建成城中村和社区电动自行车集中充电桩 215 处 2455 个。建设村（居）微型消防站，落实监管 107 条消防通道和 124 条消防车通道。完善应急预案，组建应急抢险队伍 23 支，36 个村（居）完成应急配套建设。

【文化建设】2023 年，市桥街道开展文化遗产普查，排查梳理不可移动文物 17 处，保护修缮竹间李公祠。打造非遗文化品牌，策划醒狮进社区、灰塑进校园、广绣进校园和“我要学非遗 共筑文化传承梦”非遗传承系列活动，举办“珠水金声 乐韵市桥”文化音乐艺术节活动。提升西坊大院、国韵文化园、三桥文化园等文化品牌影响力，引入书吧、小剧场、非遗手作工作室、文玩设计公司、艺术摄影公司等文创新业态。有街道、村（居）新时代文明实践所（站）37个。举办“小雷锋匠心彩绘文化墙，校家社携手共创文明城”碧道墙绘活动、“美丽市桥，地铁文化”主题画展以及电影进社区（村）活动，与《信息时报》、《广州日报》、区融媒体合作推动高质量发展宣传，巩固提升全国文明城市创建成果。擦亮“全国轮滑之乡”招牌，市桥轮滑队获全国轮滑锦标赛2银2铜的成绩。

【民生保障】2023年，市桥街道培育村（居）社会组织74个，链接社会组织249个、村（居）企业159个，开展“五社联动”活动263场次；36个村（居）实现社区基金全覆盖。完善基层自治和议事决策机制，开展社区（村）议事协商会议521场次。解决群众民生问题，发放特困供养金95.01万元、低保金176.7万元。为70周岁以上老年人发放长者长寿保健金935.75万元，为1029名长者提供配餐82102份，建成村（居）颐康服务站32家。

【人居环境】2023年，市桥街道开展爱国卫生运动，防控登革热，落实市容环境卫生责任区制度，开展专项执法41次，发出责令限期整改通知书47份、行政处罚决定书162份。设置垃圾分类精品示范线路，创新“生活垃圾误时投放点+流动收集便民服务”相结合的“公交式”流动收运模式，开辟线路10条，设置站点22个。落实涉气污染源排查治理，整治“散乱污”场所761家，督导13个在建工地落实扬尘防治，提升市桥国控点周边管控成效。落实中央生态环保督察反馈问题整改，定期开展“回头看”，巩固整改成果。推进水环境治理三年攻坚行动，进行河涌引水、补水防汛，常态化管养保洁河涌。推进22个小区（散区）排水单元达标攻坚工程，完成排水单元达标改造项目56个，建成排水单元改造项目281个，完成面积486公顷，达标认定率88%。11月17日，《广州先锋社区微改造项目规划和详细设计》获2023年国际风景园林师联合会亚太区分会风景园林奖文化和城市景观类荣誉奖。

（陈靖韵）

2023年12月2日，“珠水金声 文脉市桥”2023年市桥街道文化音乐艺术季闭幕式举行

（陈恒燊 摄）

沙头街道

【概况】沙头街道位于番禺中心城区西部，辖区总面积18.1平方千米，下辖9个村（榄山村、大罗村、沙头村、小罗村、小平村、南双玉村、大平村、汀根村、横江村）和2个社区（沙头社区、骏兴社区）。2023年，沙头街道常住人口121298人，户籍人口21684人。

【经济发展】2023年，沙头街道实现地区生产总值98.23亿元，完成税收11.33亿元，同比上升7.11%。实现规模以上工业总产值53.2亿元，限额以上商业实现总销售额154.1亿元，商品房销售面积34236平方米，固定投资总额8.3亿元，建安投资总额5.12亿元，建筑业总产值3.98亿元。辖区有上市公司2家（海鸥住工、奥迪威传感器）、各类经济组织24217家（企业12558家，个体工商户11659家）。产业主要有珠宝首饰、汽车零配件、整装卫浴、创意产业、冷

表 14　2023 年沙头街道各村人口及收入情况表

村	户籍人口（人）	常住人口（人）	经济收入（万元）
榄山村	1719	9152	3356
大罗村	1489	16622	4202
沙头村	3703	21067	5226
小罗村	1192	14280	1844
小平村	1254	11272	2653
南双玉村	2352	5898	2034
大平村	1783	10052	1592
汀根村	3553	11811	3019
横江村	4639	21144	3568

链储运贸易、五金电子等，辖区有广州海鸥住宅工业股份有限公司、百度（中国）有限公司广州分公司、广东法拉达汽车散热器有限公司（国家级专精特新“小巨人”）、广东奥迪威传感科技股份有限公司、广州港华燃气有限公司、广州市元艺珠宝有限公司、广州鸿粤星辉汽车销售服务有限公司等企业，商事主体 2.4 万余家，其中四上企业 261 家、专精特新“小巨人”企业 3 家、省级专精特新中小企业 5 家，通过高新技术企业认定 88 家，入库科技型中小企业 108 家。街道领导赴北京、上海、杭州等地招商考察，引进优质企业和项目，优化辖区产业结构，走访有潜力入库企业，新入库纳统企业 52 家。

【社会发展】2023 年，沙头街道实施城市更新，推动大富村编制旧村庄全面改造项目片区策划方案，汀根村大板工业区列入广州市村镇工业集聚区更新改造试点项目。加快公办幼儿园建设，沙头村幼儿园完成整体工程 25%，汀根幼儿园完成整体工程 95%。开展农村环境卫生整治，开展 38 期“环境卫生大扫除，清除积存垃圾杂物”周末大扫除，出动 9954 人，清扫 277.6 吨垃圾，处理卫生死角 16613 处，处理乱拉挂 2875 处。推进垃圾分类，完成优化提升厢房式投放点 11 个、“两网融合”（垃圾分类回收与再生资源回收体系整合）网点 4 个，将小平村建设为农村垃圾分类示范样板村。推进“散乱污”场所清理整治，复查企业 862 家，清理整治“散乱污”场所 5 处。开展 77 次夜间突击检查，检查珠宝首饰加工企业 779 家次。深化市容环境整治，整治“六乱”问题 3435 个。治理违法建设 135267 平方米。落实河长制、林长制，各级河长开展河涌巡河 2958 次、小微水体巡河 584 次，发现问题 70 个；各级林长巡林 908 次，发现问题 11 个，均完成整改。

【民生服务】2023 年，沙头街道开展社会救助，开展低保专项治理和特困人员供养救助，发放低保金 64.46 万元、特困供养金 29.86 万元，向 70 周岁以上老年人发放老人金 118 万元。落实辖内公共投资和重大项目建设带动就业等政策，为 1016 名灵活就业人员申领社保补贴 232.16 万元，对辖内市外失业人员 1.8 万人次进行就业情况跟踪服务。化解处置劳资矛盾 1671 起，涉及工人 7323 人，涉及金额 4342 万元。提升政务服务水平，受理市“12345”热线工单 5287 件，办结率 96.35%；处理市智慧城管系统案件 4999 件。深化“一窗式”集成服务改革，沙头街道政务服务中心接待办事群众 31376 人次，办理事项 26772 件，按时办结率 100%；11 个村（居）公共服务站接待办事群众 16913 人次，办理事项 13790 件，按时办结率和群众满意率均 100%。组织红棉老兵志愿服务队开展志愿服务 19 场，向红棉老兵派发节日慰问品 274 份。团员青年开展志愿服务超 30 场次，产生志愿时数 2820 小时。制定沙头街道妇联执委直接联系妇女群众制度，妇联执委全年调处妇女儿童维权案件 12 件。

【社会治理】2023 年，沙头街道加强基层矛盾纠纷排查，重点排查涉众金融、劳动关系、教育、环保、土地、交通运输、退役军人事务、城市更新等领域，排查矛盾纠纷个案 33 件，化解 31 件。坚持党政主要领导干部信访接待日制度，接待来访群众 12 批 36 人次。完善信访案件督查督办制度，办理信访件 77 件，坚持重要活动期间信访工作值班制度和零报告制度。开展涉毒类清查，开展毒品预防教育宣传 128 场。建立健全寄递物流行业管理长效机制、毒品查控奖励和责任倒查制度，巡查寄递物流企业 1015 家次，发出整改通知书 20 份。公安部门受理行政案件 1278 件，办结 1054 件，结案率 82.47%。保持检查执法高压态势，开展安全检查 127 次，出动 15586 人次，检查场所 7793 家次，发现隐患 10422 项。行政处罚一般程序案件 45 件，处罚金额 53 万元；简易程序案件 249 件，处罚金额 24.9 万元。完善食品安全管理体系，督导食品生产经营主体 9707 家次，落实全覆盖督导。推进微型消防站标准化和消防队伍建设，开展消防培训和应急演练 28 场。全年无发生重特大或亡人火灾事故、森林火灾事故。

【“百千万工程”落实】2023 年，沙头街道成立“百县千镇万村高质量发展工程”指挥部。开展“千企帮千镇、万企兴万村”行动，辖内 11 个村（社区）与 11 家企业签定“百企兴百村”结对帮扶协议书。开展百校联百县“双百行动”，与广州软件学院、番禺职业技术学院珠宝学院结对，涵盖产业发展支撑、城乡规划建设、基本公共服务、基层人才培养等内容。联合区内部分高校协办“羊城工匠杯”珠宝首饰 3D 设计技能大赛、“2023 年羊城工匠杯”电商直播大赛，组织会员参加“赋能产业设计薪火”2023 广州·番禺设计师大会，挖掘行业优秀设计师。与广州市珈锐环保工程有限公司等建筑企业建立结对帮扶关系，翻新改造沙头街道篮球场；广州市番禺置业房地产开发有限公司、基盛万科资助 120 万元修缮区级文物保护单位沙头村王氏大宗祠。与广州番禺职业技术学院珠宝学院结对共建，举办青年进县入村志愿服务 15 场，开展志愿者嘉年华 2 场、大型青年文明号集市 1 场。建立沙头街道领导干部驻点普遍直接联系服务群众工作制度，为群众解决问题 267 个；定期从街道公务员、事业编和五级以上岗位合同制人员中选派优秀干部和工作人员担任驻村（社区）第一副书记（副主任），在基层一线培养锻炼干部。沙头街道商会发动会员企业在“广东扶贫济困日 630 暨羊城慈善为民”活动中捐款 23.6 万元。企业和乡贤资助村开展敬老、龙舟活动，助力乡村振兴。5 月 9 日，沙头街道在莲湖生态公园举办文化艺术节。

【城中村治理】2023 年，沙头街道推进党建引领城中村治理，深化党组织标准化建设，成立村级“大党委”7 个，规范设置网格党支部 75 个，网格党小组 454 个，党员责任区 857 个。完善城中村治安防控体系，探索适合城中村特点的最小应急单元组织动员、应急响应、指挥调度、奖励激励机制，加强城中村治理机制、平台、力量联动融合，形成“综治中心 + 综合网格 + 最小应急单元 + 智能化”工作体系。汀根村成为全市党建引领城中村治理专项工作现场推进会的调研点。统筹街道党工委、村党委、两新党组织力量，有机融合最小应急单元、回村报到党员等基层治理力量，构建“街道党工委—

2023 年 5 月 9 日，沙头街道文化艺术节在莲湖生态公园举行
（沙头街道 供图）

村党组织—网格党支部—最小应急单元党小组—党员责任区”五级基层组织架构。电动自行车“充电小屋”、消防设施、环境整治、文化传承等工作取得成效。街道党工委制作的电教片《薪火相传——走近向秀丽后人和家乡》《从“臭涌”到清溪——莲湖涌“蝶变”启示录》在“学习二十大精神谱写高质量发展新篇章”第三届“禹山红镜头”党员教育电视片观摩交流中分别获特等奖和三等奖。

【大罗塘珠宝节】2023年5月12—14日，第八届广州番禺大罗塘珠宝节在大罗塘珠宝名镇开幕，吸引5.26万人次到场，线下营业额530万元，意向单310万元，线上营业额450万元。同步启动珠宝首饰3D设计技能大赛，融合传统工艺与现代科技，让产品设计更贴近国际化需求。通过公众号、抖音等新媒体宣传和销售。

（张德诚）

东环街道

【概况】东环街道位于番禺中心城区北部，辖区总面积11平方千米，下辖8个村（甘棠村、蔡边一村、蔡边二村、蔡边三村、龙美村、东沙村、榄塘村、左边村）和4个社区（东环社区、江南社区、富豪社区、金山谷社区）。2023年，东环街道辖内常住人口11.57万人，其中户籍人口3.95万人，来穗人员7.62万人。

表15　2023年东环街道各村人口及收入情况表

村	户籍人口（人）	常住人口（人）	经济收入（万元）
甘棠村	1205	6554	4967
蔡边一村	2903	10065	5131
蔡边二村	1746	9346	6416
蔡边三村	976	3959	2480
龙美村	2043	15412	5367
东沙村	2397	13072	3243
榄塘村	1418	5414	2023
左边村	1598	8115	4484

【经济发展】2023年，东环街道实现地区生产总值突破180亿元，国内税收收入近30亿元，辖内工业总产值突破60亿元，建筑业产值突破210亿元。新增注册企业2499家，注册资本累计66.18亿元，其中注册资本超3000万元企业30家；产业招商新洽谈入库项目34个，完成率103%；签约项目12个，完成率109%；落户重点招商项目13个，完成率144%；协议投资总额12.5亿元，协议产值或营收14.77亿元，完成率114%。有高新技术企业244家、国家级专精特新小巨人企业9家、省级专精特新企业111家。辖内有建筑、汽车、信息技术与数字互联网、时尚美妆四大产业联盟，举办首届汽车产业联盟嘉年华，承办2023年番禺区汽车消费节。推动各村成立保证金专户以保障村集体资金安全。深化“三资”管理，完成公开交易竞投352宗，总成交金额13.24亿元，为村集体增收2.42亿元。强化农村集体经济管理，聘请机构审计8个村2022年度财务收支。甘棠村苏凤霞家庭成功创建广东省“美丽庭院”示范户。协助广州白云山潘高寿药业股份有限公司、广州市番禺区海绵包装集团公司推进工业用地提容项目，收集有提容意愿企业3家。

【社会建设】2023年，东环街道推进党建引领城中村治理，强化网格员队伍建设，排查出租屋8000余栋，排查整改城中村出租屋安全隐患2267处。升级街道和8个村综治中心，推动网格治理数据“上云”。提升城乡建设水平，完成莲花大道照明改造工程及42处交通堵点痛点治理，完成中心幼儿园征地、施工图编制、概算编制，推进蔡三路与迎星东路交叉路口交通优化工程。重启甘棠村“竹山地块”建设项目。江南社区通过广州市容貌品质社区验收。完成辖内超1万处自建房安全隐患排查和35间危旧房解危工作。治理违法建设110处9万平方米。落实耕地保护制度，完成永久基本农田图斑治理11处，拆除占耕建房非住宅111

处 1.1 万平方米。成立东环街道“百千万工程”指挥部，推进结对帮扶，引导辖内建筑产业联盟结对新造镇帮扶项目“东西庄村荷花塘”建设，推动中铁建工集团第五建设有限公司在市“百千万”现场会上与黄埔区新龙镇签订结对帮扶协议，联动共建企业广东意高能源科技股份有限公司开展都市水稻试验田种植。

【民生服务】2023 年，东环街道推动公共服务扩容提质，推出政务服务语音智能导办服务，推进广州市镇（街道）政务服务标准化规范化便利化试点建设。东沙村建立村级便民服务站，江南社区便民服务站设置社保医保业务窗口。富豪社区、金山谷社区健康驿站启用，开设“移动式”社区卫生服务站。东环街道“五好”镇（街道）公共卫生委员会建设通过市、区督导验收。升级改造未成年人保护工作站，打造儿童友好型社区预防接种门诊，东环街道、甘棠村分别被评定为广州市儿童友好试点街道、试点村。升级改造颐康服务中心和康园工疗站，开展微心愿项目、微改造项目、“公益东环行”慈善服务 33 场。东环商会与番禺区慈善会签定改善江南社区环境定向捐赠协议书。完善住房保障体系，多渠道筹集保障性租赁住房 4418 套。搭建就业双向选择平台，协助企业发布招聘岗位 3971 个。开展优抚对象慰问及红棉老兵志愿服务活动，推荐退役军人实现再就业 13 人次，建成双拥文化公园 1 个。

【社会治理】2023 年，东环街道完成 12 个村（社区）防灾减灾救灾能力“十个有”（有组织体系、有大喇叭、有警报器、有避难场所、有风险地图、有明白卡、有应急值守、有应急照明、有小册子、有宣传栏）建设及 13 个避护场所建设，开展“9·8”暴雨天气防汛救援，恢复正常生产生活秩序，无发生次生灾害。推进消防安全建设，推广设立便民电动自行车集中充电点（柜）46 个，新增联网式无线火灾报警器 597 套。完成城北公园消防设施改造项目，新增 6 个消防栓及 380 米管道。全年无发生重特大或亡人火灾事故、森林火灾事故。规范化建设三大行业性专业性调解组织和 12 个村（居）级人民调解委员会，化解矛盾纠纷 378 起。处理劳资纠纷 2136 起，为劳动者追回经济损失 1346.45 万元。处理网友留言 51 条，受理“12345”热线转办案件 8389 件，按时办结率 100%，市民满意率 99.1%。开展打击整治赌博游戏机专项行动，组织力量全覆盖摸排城中村出租屋、“三小”场所，开展大清查 150 余次，清查涉游戏游艺行业场所 1008 处。组建维稳、反诈两支专业队开展专项行动，刑事、治安警情下降，破案率提升。

【文化建设】2023 年，东环街道提档升级新时代文明实践站（所），开展文明实践 120 余场次。巩固创文成果，开展巡查督导 88 次。街道、村（社区）均建成公共文化服务中心，开展历史文化遗产巡回展览，举办文化艺术节、迎国庆贺中秋群众文艺晚会等文化活动 10 场。举办 3 期青少年公益艺术培训班，惠及 3000 余人次。

2023 年 12 月 4 日，东环街道举办国家宪法日暨普法进校园活动

（东环街道 供图）

【生态建设】2023 年，东环街道启动东沙村古樟园建设工程。落实林长制，管养管护 27.07 公顷（406 亩）山头林地。组织大型植树绿化活动 3 场，为 2.29 公顷（34.39 亩）空置地补植增绿。街道、村（社区）两级河长巡河 1014 次 2061.5 千米，巡河率 100%。处理“广州河长”App 交办、区巡河督查队交办问题 305 个，办结率 100%。完成排水单元改造并通过验收 526 公顷，总完成率 95%。美化提升东沙涌蔡边三村段 1.58 千米碧道。开展环境巡查，检查涉挥发性有机物企业、加油站、餐饮业 1133 家次，查办环保类案件 10 件，整改率 100%。开展城市环境卫生整治 52 次，建成星级垃圾分类投放点 8 个。迎接国家卫生城市复审，创建卫生街道，检查发现并整改问题 665 个，巩固国家卫生城市成果。

（陈美坚）

桥南街道

【概况】桥南街道位于番禺中心城区南面，总面积 17.85 平方千米，下辖 4 个村（南郊村、陈涌村、蚬涌村、草河村）和 10 个社区（番奥社区、华景社区、华荟社区、福景社区、御院社区、陇枕社区、绣品社区、昊龙社区、新世纪社区、可逸阳光社区）。2023 年，桥南街道常住人口 11.29 万人，其中户籍人口 6.76 万人，登记在册来穗人员 5.32 万人。

表 16　2023 年桥南街道各村人口及收入情况表

村	户籍人口（人）	常住人口（人）	经济收入（万元）
南郊村	3253	11439	6603
陈涌村	4368	19808	4690
蚬涌村	3117	9199	3068
草河村	3864	9221	3405

【经济发展】2023 年，桥南街道规模以上工业总产值 19.58 亿元，同比下降 2.6%；限额以上商业总额 128.84 亿元，同比下降 12.2%；营业性服务业营业收入总额 9.96 亿元，同比上升 54.7%；固定资产投资总额 32.26 亿元，同比上升 124.9%。推动鸿禧数字产业园、胜捷应急产业园、广州贝贝智能科技发展有限公司、广东融谷生命科学园 4 个项目进行普通工业用地提容；培育榴莲先生（广东）实业有限公司、广东寅源餐饮服务有限公司、广州红海瀚洋人才服务有限公司等民营企业发展。23 家企业完成高新技术企业申报，78 家企业完成科技型中小企业申报。为 9 家科技型企业授信 495 万元。

【社会发展】2023 年，桥南街道以村民股东表决同意率 91.39% 和青苗及地上附着物补偿协议签订率 100%，完成桥南净水厂征地和全部施工作业面交地清表。完善河涌环境治理，清拆临河构建（筑）物 122 座，摸查小微水体 461 个，完成 3 个小微水体整改任务。29 个住宅小区生活垃圾投放达标，厨余垃圾收运由每日 6 吨提至 2 倍以上。制定《桥南街贯彻落实省、市、区关于实施“百县千镇万村高质量发展工程”促进城乡区域协调发展的实施方案》，各村确定年度民生项目 20 个，组织辖区 14 家企业与村结对。推进农村乱占耕地建房非住宅类整治，截至 12 月，完成 334 项，完成率 93.82%。陈涌村与广州市林业和园林局共建的陈涌村体育公园建设项目完成绿化施工，新增绿色空间 4.7 万平方米，引入篮球、羽毛球、游泳等体育场馆 10 余家，户外文体设施生产厂企 6 家。

【基层民主法治】2023 年，桥南街道在 14 个村（居）开展“全过程人民民主基层实践单元”“说事议事坊”，划分 68 个网格，有网格民情信息员 68 人，桥南街道人大代表第二联络站（草河片区联络站）被评为广州市十大优秀人大代表联络站，桥南街道被广州市人大常委会确定为“广州市人大常委会基层立法联络站”。设立 14 个村（居）“立法意见建议收集点”、11 个行业（专业）收集点，依托南区公园人大代表联络点、奥园商圈人大代表联络点、大润发商圈和人大代表履职宣传主题公园，配套 3 间立法意见建议收集小屋、3 个“民意直通意见箱”和1个“基层立法联络站信息公布廊”。组建社区物业管理委员会7个，街道两级调委会调解矛盾纠纷91起，村（居）法律顾问为辖区居民提供法律服务353次，接待来访群众323批次，开展法治讲座70次。

【社会治理】2023年，桥南街道摸排登记矛盾纠纷812起，成功处置809起，化解率99.6%。开展反诈宣讲会240场、精准反诈宣传180场，宣传对象超1万人。严打辖区制售赌博游戏机利益链条，对辖内149处疑似经营范围涉及制售游戏机场所进行摸排，未发现有制售游戏机行为，与出租屋主签定《桥南街游艺游戏设备出租屋主治安管理责任书》。完成南郊、陈涌、蚬涌3个城中村综治中心提档升级。引导出租屋第三方代管企业对连片出租屋统一管理经营，福景园、文而公寓、友和国际公寓被选为第三方代管工作试点。

【民生保障】2023年，桥南街道开展党建引领“五结对”特殊困难群体暖心帮扶活动，对街道在册的八类特殊困难群体135人实施结对帮扶。筹集保租房项目7个，有1659套房源，筹集认定完成达标率超3倍，排全区第一。完成14个村（居）颐康站建设，全年发放长寿保健金184.89万元，为326名长者提供66069份长者饭餐。草河村、陈涌村退役军人服务站按全国示范型服务站标准提质升级，开展退役军人光荣牌挂牌，桥南街道红棉老兵志愿服务队被评为广州市2023年度“最美红棉老兵”志愿服务队，李智被评为广州市2023年度“最美红棉老兵”。落实资金100万元维修桥南街道中心幼儿园教学楼主楼屋顶，象圣中学微改造工程完工，陈涌小学体育艺术场馆和蚬涌俊贤小学二期工程完成招标。在象圣中学等5所中小学（幼儿园）设立未成年人关爱服务分点，协调帮助1名无户口适龄儿童入读小学。

2023年12月16日，桥南街道组织“两代表一委员”在立法意见建议收集小屋开展“每月一法”宣讲活动（林嘉因 摄）

【基层党建】2023年，桥南街道参加番禺区第三届“禺山红镜头”党员电教片评选，党课《草河粮仓 番禺粮心》获三等奖，微视频《我们》获优秀奖。开展“社区擂台·书记有约”系列活动。成立全区首个镇（街道）党校两新组织分教点及现场教学实践基地，成立两新组织党群服务队5支，建立奥园广场商圈党委、金钺党支部“爱心驿站”。桥南街道在“穗好办”报到单位52个，报到党员7994人。

（郭思敏）

小谷围街道

【概况】小谷围街道位于番禺区北部，是广州大学城所在地，辖区总面积20.15平方千米。下辖4个村（穗石村、南亭村、北亭村、贝岗村）和1个社区（星汇社区）。广州大学城进驻中山大学、华南理工大学、广州中医药大学、华南师范大学、广东工业大学、广东外语外贸大学、广东药科大学、星海音乐学院、广州美术学院、广州大学10所高校，大学城南岸进驻暨南大学、广州医科大学2所高校。2023年，小谷围街道辖内总人口24.47万人，其中10所高校有17.47万人，4个保留村1个社区户籍人

表 17　2023 年小谷围街道各村人口及收入情况表

村	户籍人口（人）	常住人口（人）	经济收入（万元）
穗石村	4167	10851	4573
南亭村	3705	9735	4649
北亭村	5205	10637	5393
贝岗村	3170	8799	6073

口 2.19 万人，在册登记来穗人员 4.81 万人。

【经济发展】2023 年，小谷围街道实现地区生产总值 97.1 亿元，同比增长 3.2%。农村“三资”交易平台总成交额 1.33 亿元，总增收率 11.83%。小谷围街道组织赴合肥市、深圳市、佛山市等地招商，引入优质项目 20 个，签约项目 12 个，协议总投资额 6.25 亿元，超额完成年度招商任务。推进环大学城科技成果转化和产业承接体系建设，发挥广州大学城“大孵化器”作用，摸查环大学城周边镇（街道）招商资源，联合周边镇（街道）及产业平台召开专题对接会议、调研现场会 8 次，对接项目 30 多个。广州大学城·中关村青创汇等产业平台签约项目 188 个。小鹏汇天、探迹科技连续 3 年入选“全球独角兽榜”，九尾科技、星云开物、卓动科技、易方科技被评为广州市“未来独角兽”创新企业。有米科技双创示范基地被评为 2023 年广州市标杆孵化器、创业孵化基地。打造湾区青年双创示范标杆，粤澳青创国际产业加速器、粤港澳青年创业孵化器进驻企业 457 家，其中港澳企业 90 家。优化营商环境，完成四轮重点企业全覆盖走访暖企行动，收集整理企业发展诉求 58 个，解决企业紧缺急需人才需求，完成高新技术企业申报 36 家，有国家级专精特新企业 1 家、省级专精特新企业 18 家。完成第五次全国经济普查清查工作，大个体清查填报率排名全区第一。

【社会发展】2023 年，小谷围街道接受国家卫生城市复审，开展迎新年环境整治，开展绿地停放机动车联合整治，整治卫生黑点 2134 处。推进人工智能高位视频智慧停车项目建设，改善“停车难”“乱停车”管理难题。治理违法建设 3.9 万平方米，治理完成率全区第一。建立完善“12345”案件工单办理机制，全年办结率和满意率均 100%。推动绿美大学城建设，植树造林绿化面积 7.27 公顷（109 亩），有序开放广州市绿地共享试点大学城滨江绿化带雕塑园段和大学城中心湖公园紫荆园。开展施工工地大气污染防治，大学城国控点空气质量改善幅度排全市第三。巡河履职落实河（湖）长制，问题办结率 100%。推进海绵城市建设，完成中心湖公园节点、环湖路、国医西路改造。农村“三资”平台总成交 1.3 亿元，完成集体资产清产核资和集体农经统计。优化村“两委”班子管理机制。开展农村人居环境整治，督导整改问题 6700 多个。提升乡村治理效能，北亭村试点乡村治理“积分制”，北亭村、南亭村、贝岗村被评为广东省乡村治理示范村。

【创新创业】2023 年，小谷围街道启动广州大学城粤港澳大湾区创新创业集聚区建设，推动“教育城 + 创新城 + 人才城 + 生态城”四城融合。创新实施广州大学城“创二代”工程，推动 53 家企业落户大学城。完善科技金融服务体系，成立高质量发展科技成果转化“金谷联盟”。深化校地共建共治共享机制，举办第六届广州大学城（小谷围）国际产业人才大会。联合 12 所高校建立广州大学城科技成果转化项目库，首批 2414 个项目入库，开展“项目产业化高校行”，分专题举办路演会 9 场并签约 5 个。开展“粤（禺）企专家行”，高校专家学者到生产一线服务企业 142 家，对接项目超 200 个。国家未来产业科技园开园运营，进驻智能驾驶关键技术研发等 4 个项目。打造高校实验室资源共享平台，赋能制造业转型升级和实体经济发展。

【社会治理】2023 年，小谷围街道出租屋统租统管做法在全区

2023 年 7 月 12 日，广州大学城管委会联合广州金控集团、12 所高校合作成立广州市高质量发展科技成果转化金谷联盟　（小谷围街道 供图）

作经验交流发言。坚持校地联席会议制度，完善警地校安保联勤指挥机制，完成重点防护期安保任务。践行新时代“枫桥经验”，小谷围派出所被评为全省公安优秀基层单位。开展基层矛盾纠纷排查化解，完成街道综治中心提档升级建设。落实安全生产措施，开展城中村消防安全夜查、安全生产排查整治，落实食品安全包保责任，食品包保督导录入率100%。完成 122 间自建房信息录入系统整治销号任务，完成安全隐患经营性自建房整治销号 40 间，完成率 100%。落实应急值班值守，加强“平急两用”应急避护场所建设，防灾减灾建设实现村（居）全覆盖，妥善应对台风“苏拉”“海葵”，安全生产形势总体平稳。

【民生保障】2023 年，小谷围街道创建省级“双百工程”标杆服务站，完成区困难家庭结对帮扶和 4 村 1 居颐康服务站建设，未成年人保护工作站年度评估排名全区第一。推动小谷围街道佳苑社区卫生服务站建设。坚持“稳就业、保民生”，发放社会救助金 85.7 万元，发布就业信息。筹集保障性租赁住房 788 套，完成率 121.6%。广州大学城人才服务工作站挂牌，打造外籍人才服务管理工作市级示范点。深化“放管服”改革，打造全区智能化出租屋备案缴税一件事套餐试点。通过全国示范型村（社区）退役军人服务站考评验收，完成年度征兵任务。

【文化建设】2023 年，小谷围街道推进广州大学城科普科教文旅示范区建设，发挥大学城科教文旅中心作用，打造“谷岛打卡行”“广州大学城艺术团”“青年文创工作室”等科教文旅品牌，开发科普科教、历史文化、健康生态 3 条精品研学路线，举办广州大学城“书香草坪”音乐节、“浮岛音乐会”。完成广州大学城（小谷围）文学艺术界联合会换届和穗石村新型文化空间建设。推进辖区“四新”领域妇联组织建设。推行基础教育改革“先行先试”，广州大学附属小学被评为全国国防教育示范学校。

【校地共建“百千万工程”】2023 年，小谷围街道成立“百县千镇万村高质量发展工程”指挥部，构建街道、村两级指挥架构，组成工作专班。强化联城带村功能，细化年度重点任务分工，强化闭环督办，推动 56 项目标举措完成。围绕乡村规划设计、传统文化艺术传承、科普科教、健康服务等领域，校地共建“一校一村（居）一品牌”，中山大学、华南师范大学等高校与 4 村 1 居达成合作，推进“手绘乡村，青春行动”等 11 个项目共建。

（沈铭）

大石街道

【概况】大石街道位于番禺区西北部，辖区总面积 19.34 平方千米，下辖 14 个村（大山村、植村村、会江村、礼村村、东联村、河村村、诜村村、涌口村、山西村、北联村、大兴村、大维村、官坑村、猛涌村）和 6 个社区（大石社区、富丽社区、富庭社区、星河湾社区、银湾社区、丽景社区）。2023 年，大石街道户籍人口 8.13 万人，登记在册来穗人员 27.5 万人，实际服务总人口超 36 万人。

表 18　2023 年大石街道各村人口及收入情况表

村	户籍人口（人）	常住人口（人）	经济收入（万元）
大山村	3463	68775	6426
植村村	2919	37997	2793
会江村	2593	23427	3726
礼村村	2827	27260	1298
东联村	3294	19387	4695
河村村	2412	22447	4603
诜村村	1513	12228	2899
涌口村	1321	10449	3187
山西村	2101	9225	890
北联村	977	8870	1466
大兴村	2207	8867	387
大维村	1099	5274	1067
官坑村	882	6615	1677
猛涌村	741	5892	1070

【经济发展】2023 年，大石街道实现地区生产总值 336 亿元，同比增长 2.3%。其中，规模以上工业总产值 264.2 亿元，限额以上商业总值 184.4 亿元，服务业营业收入 78.7 亿元。税收收入 66.11 亿元，同比增长 93.88%。中铁建华南总部项目等 6 个重点项目投资达产，大石朝阳府商业项目开工。新增高新技术企业 47 家，扶持 26 家“小升规”培育企业发展。全年落户注册资本 3000 万元以上企业 41 家。长隆旅游度假区接待游客数、旅游总收入增长翻一番。全年服务重点企业 327 家次，协调企业解决问题 60 余项。巨大创意产业园来穗人员服务站揭牌。

【社会治理】2023 年，大石街道推进平安大石建设，开展扫黑除恶、黄赌毒、防诈骗专项整治，严打违法犯罪行为，刑事、治安、盗窃、诈骗等警情均同比下降。发挥群防群治力量，规范运作最小应急单元 219 个。发挥综治中心平台作用，打造多元化矛盾纠纷化解平台。广州市中立法律服务社入驻综治中心，利用公益法律力量为群众提供法律咨询，化解信访疑难案件。大石街道“破解出租屋管理难题”案例被评为广州基层治理优秀案例。大石街道就实施“四议两公开”探索乡村治理新实践在第三届中国基层领导力论坛作主旨发言。实施城中村消防安全综合治理，推进各村建设充电间、示范巷，完成西片消防站建设。

【城市管理】2023 年，大石街道加强城市管理，推进怡居新村一期小区微改造，开展南大干线等主干道精细化品质化管理，提升丽景社区群贤片区综合治理，对开放式社区实行半封闭管理模式。开展人居环境整治，提升村容村貌，助力“百千万工程”。植村村被评为 2023 年广东省乡村治理示范村，大石街道有 13 个省定美丽宜居村、1 个特色精品村。开展水环境治理三年攻坚，新建公共管网 10.526 千米，完成十大污染源排查整治目标任务，推进 13 个村雨污分流改造项目，整治清疏内涝点和管渠。

【民生事业】2023 年，大石街道加强民生保障，开展低保、特困供养、临时救助、流浪乞讨救助、未成年人关爱保护工作，向困难对象发放救助资金超 425 万元。完善居家养老服务体系，实现颐康服务站村（居）全覆盖。深化“放管服”改革，以智慧政务促进政务服务效能提升，全年办理“12345”热线工单 20864 件，满意度 99.4%。首家“就业驿站”揭牌，就业服务延伸至“家门口”。成立大石街道社会保险费争议联合处置中心，打造社保费争议“一站式”处置新模式。大石街道社区卫生服务中心创建为广州市社区卫生服务中心旗舰中医馆建设单位和番禺区中医治未病服务示范单位。大石街道中心幼儿园教育集团总园被评为广东省优质基础教育集团。大石街道传统文化保育宣讲团被评为区乡村振兴志愿服务培力项目优秀志愿队伍。“寻迹·传承·营造”大石街道传统文化保育项目被评为区“优秀志愿服务项目”。

【丽景社区治理】2023 年，大石街道制定丽景社区群贤片区公共区域综合治理提升方案，整合各职能部门、社区资源力量建成综合治理联动体系。收集居民意见建议，加强综合治理提升项目宣传推广。开展联合执法整治行动，对群贤片区公共环境卫生、停车秩序、违法搭建、占道经营、乱摆卖、围栏及无证照经营、散乱污场所等进行全面整治。对开放式社区采取半封闭式管理模式，科学划设停车位，规范停车管理，引进专业物业管理公司对片区公共区域环境卫生、车辆停放等实施管理，破解管理秩序混乱和停车难题。

（屈明燕）

洛浦街道

【概况】洛浦街道位于番禺区西北部，由沙滘、南浦两个岛组成，辖区总面积 25.38 平方千米。下辖 9 个村（东乡村、西一村、西二村、西三村、洛溪村、上漖村、厦滘村、沙溪村、桔树村）和 9 个社区（洛城社区、丽江社区、珠江社区、广碧社区、广奥社区、洛涛南社区、锦绣社区、洛湖社区、和悦社区）。截至 2023 年年末，洛浦街道有户籍人口 11.66 万人、来穗人员 18.41 万人。

【经济发展】2023 年，洛浦街道实现规模以上工业总产值 23.76 亿元，同比下降 18.9%；限额以上商业营业收入 67.9 亿元，同比下降 2.9%；房地产销售面积 2.8 万平方米，同比增长 4.43%；建筑业总产值 6.99 亿元，同比增长 106.4%；固定资产完成投资额 23.31 亿元，同比下降 21.9%；重点营利性服务业营业收入 16.44 亿元，同比增长 5.6%；规模以下工业抽样综合增速 36.14%。洛浦街道推动医疗、建筑、文创、数字经济四大产业项目建设。医疗产业园注册落户企业近 50 家。建筑产业园项目吸引企业落户近 10 家，其中“四上”企业 8 家。海珠湾隧道项目施工总承包中铁十四局华南工程有限公司落户并纳统纳税。园区招商类、企业引进类、重点项目类新增经济（招商）项目 12 个，完成企业（项目）注册落地 31 个；产业招商完成签约项目 10 个，完成率 167%，其中注册项目 8 个，完成率 133%，协议投资总额完成 36.59 亿元，完成率 366%，协议产值或营收完成 16.32 亿元，完成率 102%。规范农村“三资”管理，各村完成厂房、土地、仓库等集体资产竞投 28 场次，新合同交易 290 宗，交易金额 1.37 亿元，同比底价增长率 14.11%。优化政务流程，接待办事群众 9.33 万人次，办理业务 7.57 万件，新增个体业务 2776 件，按期办结率和群众满意率均 100%。

【社会发展】2023 年，洛浦街道加强基层社会治理，110 案件类警情 1735 件，同比下降 12.9%。构建多元化立体化巡防体系，加强社会面巡防和排查管控，落实 48 个护学岗，完成重要节点和大型活动安保任务。开展反诈宣传，接电诈警情 678 件，同比下降 10.6%，拦截被骗资金 234.535 万元。辅警黄炳培、卢俊峰因见义勇为被评为“番禺好人”“广州好人”。打造街道治安联防队，建立应急小单元 213 个。开展联合打击整治赌博游戏机专项行动 34 次。打造“大应急”架构，落实 24 小时值班制度和汛期值守，处置突发事件 127 件。定期检查防汛抢险物资，推进避护场所建设，加强监管和岗前培训，完成隐患点治理，开展“三防”应急演练 175 次，有效应对“苏

表 19　2023 年洛浦街道各村人口及收入情况表

村	户籍人口（人）	常住人口（人）	经济收入（万元）
东乡村	7813	41074	6454
西一村	4160	9910	2098
西二村	3617	6392	2091
西三村	2437	7239	939
洛溪村	2495	14336	2036
上漖村	4303	21151	8141
厦滘村	2544	20409	3457
沙溪村	6137	18467	9791
桔树村	1068	7501	1198

拉”“海葵”等5次台风、龙舟水汛情以及“9·7”特大暴雨灾害，未造成重大财产损失及人员伤亡。处理群众来电投诉举报2200余件，受理“12345”热线转办市民工单22127件，满意率92.42%。广州市法治镇（街道）培育项目通过验收。建设南方沙溪五金酒店用品城企业公法站，围绕专业市场买卖、消费者权益保护等方面提供公共法律服务。推进企业商事登记改革，梳理联动联办事项33项。开拓法治宣传阵地，利用赵广军生命热线网络直播间探索直播普法，采用普法代言人等方式鼓励群众现场参与；打造洛浦街道律师志愿者服务品牌，建立洛浦街道非诉讼联调中心，调处矛盾纠纷135起。洛浦街道办事处于2023年9月被国家机关事务管理局、中共中央直属机关事务管理局、国家发展改革委、财政部授予“节约型机关”称号；洛浦街道社区卫生服务中心打造“优质服务基层行”；锦绣半岛社区党建引领提升基层治理水平打造全国垃圾分类示范典型。

【民生保障】2023年，洛浦街道救济资助45人次，探访兜底保障对象2805人次，救（劝）助流浪乞讨人员47人，提供长者上门生活照料、医疗和康复护理、安全援助等服务5.18万人次。成立美丽洛浦城市管家慈善基金，完成慈善会专项审计和慈善活动记录档案。村（居）完成慈善空间注册，“羊城慈善为民”项目筹款29.5652万元，“6·30”广东扶贫济困日项目筹款3.9398万元。深化党建引领“五社联动”，议事协商77场次，协商解决问题54个，开展活动200场次。保障企业稳工稳产、劳动者就业，发放灵活就业社会保险补贴571.6万元，组织招聘会为劳动者提供就业岗位1524个。完成就业驿站建设，为77家次重点企业提供用工保障服务，为本地及流动登记失业人员提供就业跟踪服务2.11万人次，为应届高校毕业生提供就业跟踪服务1297人次，组织164人报读职业技能培训班。城镇登记失业人员再就业709人，就业困难人员再就业430人。开展养老金资格认证、工伤认定、社保医保等社会保障服务。保障农民工工资支付，处理劳资纠纷案件3066件，涉及4847人、1681万元。

2023年6月22日，洛浦街道龙舟文化及产业高质量发展论坛在喜邻里商业中心举办（洛浦街道 供图）

【乡村振兴】2023年，洛浦街道实施“千企帮千村”帮扶项目，帮扶企业投入资金51.39万元。支持梅州市五华县棉洋镇溜沙村沿河路项目建设，投入17.5万元支持天池茶业茶叶加工示范基地建设项目及棉洋镇返贫监测户人居环境改善微项目；推动贵州省毕节市威宁彝族回族苗族自治县海拉镇进寨路项目建设，巩固拓展脱贫成果。筹集保障性租赁住房6676套，筹集完成率111%；区审核认定5795套，认定率96.15%。核发乡村建设规划许可证15本、办理规划核实1件。完成37件小额工程开工信息录入审批，加强监督检查确保工程质量和施工安全。

【水务治理】2023年，洛浦街道完成沙滘围流域排水单元配套公共管网完善及改造工程，南大围、石北围、大涌围流域排水单元第一批配套公共管网完善及改造工程，沙滘围北堤中海蓝湾北门段堤防加固工程和南大围（丽江花园段）堤防加固工程建设。厦滘村、洛溪村雨污分流工程完工，上漖村、西三村、桔树村雨污分流工程在 11 月进场施工。东乡村、西一村农村生活污水治理巩固提升工程完成立项和概算评审。

【文物保护与非遗传承】2023 年，洛浦街道加强文物及周边环境保护，建立厦滘陈氏宗祠、厦滘郭氏宗祠不可移动文物记录档案，对巡查发现的洛溪渡口碑石进行抢救保护，上漖梁氏宗祠列入第三批番禺区登记保护文物单位。推荐上漖隆汇龙船模型工作室参加由省非遗保护中心主办的节庆叹非遗——“非遗过大年文化进万家”活动，举办洛浦街道龙舟文化高质量论坛，协办广州国际龙舟邀请赛推广活动；与广东仲元中学附属学校开展探秘“龙的造船人”研学活动，与喜邻里商业中心共建洛浦青少年龙舟文化交流基地，开启龙舟制作技艺对外展示窗口，推动龙舟文化传播。上漖龙舟制作技艺传承人卢戈全、黄剑挺、卢志雅，广式马蹄（荸荠）传统小食制作技艺传承人郭美玲成功申报区第五批非物质文化遗产代表性项目代表性传承人，卢戈全、黄剑挺被认定为广州市第八批非遗传承人。

（邓美欣）

石壁街道

【概况】石壁街道位于番禺区西北部，辖区总面积 27.01 平方千米，下辖 9 个村（石壁一村、石壁二村、石壁三村、石壁四村、韦涌村、大洲村、屏山一村、屏山二村、都那村）和 1 个社区（南站社区）。截至 2023 年年末，石壁街道常住人口 8.55 万人，户籍人口 3.23 万人，来穗人口 5.32 万人。

表 20　2023 年石壁街道各村人口及收入情况表

村	户籍人口（人）	常住人口（人）	经济收入（万元）
石壁一村	2500	6125	5378
石壁二村	2437	5091	5392
石壁三村	3003	6843	2935
石壁四村	2307	6148	4117
韦涌村	5909	10401	4065
大洲村	1913	7341	1251
屏山一村	2217	14500	1670
屏山二村	3386	12042	4097
都那村	1112	5527	826

【经济发展】2023 年，石壁街道实现地区生产总值 51.49 亿元，同比增长 4.2%；规模以上工业总产值 75.26 亿元，同比上升 3.3%；房地产销售面积 101688 平方米，同比上升 26.61%; 限额以上商业销售额 55.54 亿元，同比上升 2.23%；营利性服务业营业收入 5.57 亿元，同比上升 19.91%；固定资产投资 105.02 亿元，同比上升 50.4%。推进广州南站 TOD、南站地下空间、陈头岗停车场场站综合体、南站·万科中心等重点项目建设，为南站商务区高质量发展提供空间载体。有纳入市、区重点建设项目 11 个（包括续建项目 7 个、前期项目 4 个），累计投资额 46.3 亿元，完成年度投资额 143.34%。赴香港、南京、厦门等地开展招商引资考察调研，新洽谈入库项目 41 个，完成率 124.24%；签约项目 20 个，完成率 142.86%；注册项目 20 个，完成率 142.86%。以中建四局、三雄极光为龙头组建“建筑产业联盟”，带动建筑材料生产制造、房地产开发、工程建设、检测监理、物业管理等行业。推进喜街商圈建设，辖内 9 家限额以上住宿餐饮企业营收均同比增长超 23%。有以三雄极光、科盛隆、粲雅、广彩、瑞能、荣骏、海工为代表的智能制造企业，有国家专精特新“小巨人”企业 2 家、广东省制造业单项冠军产品企业 1 家、省级专精特新企业 25 家、高新企业 56 家。推进存量国有工业用地和存量工业园区扩容提质增效，有 4 处 7.2 公顷（108 亩）工业

用地通过区工业用地提容专班会，其中2处获得批复。

【社会发展】2023年，石壁街道梳理“最多跑一次”政务服务事项174项，占总事项82%。推动“数字政府”“一件事套餐”建设，推广网上办、掌上办、预约办、晓屋办、自助办，“政务晓屋”可办业务204项。受理政务业务3.96万件，办结率100%，提供网上申报预审服务9715件，群众满意率100%。石壁街道87处115.6公顷（1734亩）留用地办证完成率98.62%，完成一期涉石壁一村、石壁三村、石壁四村和大洲村13.33公顷（200亩）留用地政府收储。推进石壁一村、石壁二村、石壁三村、石壁四村全面改造项目方案编制、报批、物业清租解约以及大洲村全面改造项目基础数据调查综合确认等工作。确定高质量发展工作49项，完成33项，推进16项。优化农村“三资”监管，完善农村集体资产交易平台，全年村集体收入2.97亿元，同比增长4.96%；核定9个村2023年年终分配1.56亿元。提档升级农村基础设施，培育发展都那村“年桔之乡”休闲农业业态。

【生态建设】2023年，石壁街道推进三年治水攻坚行动，169个排水单元达标147个，面积486公顷。推进村（居）雨污分流工程，屏山一村、屏山二村、都那村完成管线长度37%，完成产值44.31%。推动水环境治理，整治巡河发现问题116个、河长发现问题55个，整改率均100%。配合广州南站净水厂项目建设，开展征地工作。完成4.6千米幸福涌碧道建设。建立健全环境综合整治提升工作机制，统筹推进高铁高速沿线、南站核心区、屏山石材市场环境整治，按区域分重点划分三级养护标准，加强市政道路绿化管养及古树名木保育，开展巡查59次，整改问题20个，种植火山榕5000株。建立三级“林长制”，开展巡林455次，组织森林防灭火应急演练8次。开展村庄大清洁行动432次，4370人次参与，清理卫生黑点1400余处，处理积存垃圾220吨，清理村内塘沟、河涌淤泥。落实村（居）每月考评制度，完善生活垃圾分类长效机制，深化厨余垃圾收运一体化，发出整改通知书1200份，全部完成整改。

2023年12月27日，石壁街道人大政协主题公园揭幕仪式在石四商务中心公园举行（石壁街道 供图）

【民生保障】2023年，石壁街道落实弱势群体关心关爱及民生兜底，特殊困难群体服务率100%，探访困难群体6455人次，电话访问超4000人次，发放长寿保健金、慰问金、社会救助金298万元。加强退役军人服务保障，发放优待金181万元。发布企业招聘信息5096条，举办招聘活动7场次，提供超1.8万个就业岗位，协助申领就业创业补助金额超100万元。完成380万元征地社保留存资金分配。预防排查化解欠薪劳动纠纷，处理劳资纠纷案件1700件，涉案金额超7500万元，未出现越级上访或极端事件。

【社会治理】2023年，石壁街道推动城中村大党委和网格党支部建设，组建城中村网格党群服务中队20支，统筹城中村力量下沉网格，组建基层干部、网格员、居住地党员、村民代表、青年志愿者、“花姐”巾帼志愿者1683人参与基层社会治理。规范出租屋服务管理，加强人屋纳管，分类登记出租屋，登记来穗人员。开展安全隐患排查整治，落实问题核销“闭环”机制，出动1.47万人次排查出租屋15.9万套次，发现安全隐患5347处，发出整改建议书4030份。1296栋出租屋安装智能门禁系统，2544栋建筑配建外墙便捷充电设施。“来穗先锋”金雁志愿服务项目被评为“微光成炬·大爱羊城”广州党建引领城中村治理志愿服务“优秀项目”。开展自建房、建筑工程、道路交通、燃气、消防等重点领域安全检查，排查6425间次厂企、8824处安全隐患，约谈生产经营企业150多家，防范重特大事故发生。推进农村乱占耕地建房非住宅类专项整治，拆除验收图斑228处，整改完成率73.36%。治理违建492处，拆除12.56万平方米；整治“六乱”8843件，立案287件。两级调委受理调解案件104件，涉及金额685万元，调解成功率100%。开展“法律六进”活动49场次，提供法律服务5000余人次。办理信访案件1914件，办结率99%。办理“12345”政府服务热线投诉9298件，办结率99%。打击违法犯罪行为，接报110警情1.2万件，同比下降1.79%，60%村（居）案件类警情下降，治安形势持续好转。党建引领城中村治理，常态化扫黑除恶，打击电信诈骗、涉黄赌毒及其他新型犯罪，加强禁毒戒毒康复及寄递物流管理。落实24小时应急值守，应对台风“苏拉”强降雨，开展抢险救援工作。

（何翠婷）

钟村街道

【概况】钟村街道位于番禺区西北部，紧邻广州南站，辖区总面积25平方千米。下辖8个村（钟村一村、钟村二村、钟村三村、钟村四村、胜石村、谢村村、诜敦村、汉溪村）和6个社区（钟村社区、骏新社区、祈福新邨社区、锦绣花园社区、南奥花园社区、缤纷汇社区）。2023年，钟村街道有常住人口22.8万人、户籍人口10.4万人。

【经济发展】2023年，钟村街道实现地区生产总值210.73亿元，同比增长3.5%；实现规模以上工业总产值166.19亿元，同比增长2.6%；限额以上商业额145.88亿元，同比下降5.6%；固定资产投资额85.79亿元，同比增长56.6%；房地产销售面积24.46万平方米，同比增长127.3%；重点营利性服务业营业额106.75亿元，同比下降15.1%；税收收入43.25亿元，同比增长4.1%。签约商贸业及增资扩产项目17个，协议投资总额208.1亿元，有1家百亿级项目入驻。申报高新技术企业48家，存量省级以上“专精特新”企业45家，其中“专精特新”小巨人企业3家，新增广东省博士工作站1家。街道领导班子成员挂点联系101家重点企业及9个重点项目，开展暖企活动250家次，收集和协助解决企业提容、子女入学、企业上市、厂地续租等企业困难135个。

【社会发展】2023年，钟村街道推进顺景苑小区及怡乐园小区微改造项目、汉溪村市级美丽乡村建设项目、长江数码花园项目雨水重置工程以及街道中心城区“三线”整治提升（一期）项目建设。胜石村旧村全面改造项目进入修改完善片区策划方案阶段，钟村二村旧村全面改造项目《入库论证报告》经区城市更新工作领导小组审议通过，开展谢村村基础数据调查和钟村一村、钟村三村、钟

表21 **2023年钟村街道各村人口及收入情况表**

村	户籍人口（人）	常住人口（人）	经济收入（万元）
钟村一村	5628	13754	5684.16
钟村二村	2795	8151	2480.71
钟村三村	2397	4069	1841.80
钟村四村	1923	5859	2013.66
胜石村	1734	6571	1393.70
谢村村	6842	18148	8061.74
诜敦村	2801	8852	4172.39
汉溪村	1672	7533	4817.61

2023 年 9 月 16 日，“寻味广州”番禺区国际化街区沙龙活动走进钟村街道祈福新邨（钟村街道 供图）

村四村改造前期工作。推进金山湖文化公园项目留用地、谢村村香江三期、汉溪大道及地铁七号线项目留用地、汉溪村物流中心、佛莞城际及汉溪大道项目留用地报批，盘活利用土地资源。推进屏山河、诜敦河流域（钟村净水厂片区）城中村截污纳管工程。实施钟村四村西城大街片区易涝点整治，钟村街道由于治水工作成效被评为番禺区全面推行河湖长制先进集体。全年开展清洁大行动 12 场次，8 个村在区环境卫生考评中成绩优秀，钟村街道被评为广州市“门前三包”样本街道，钟村四村、汉溪村被评为省级特色精品村。

【文化事业】2023 年，钟村街道组织文化活动和公益培训 95 场次，服务群众 8000 人次。组织龙狮武术协会（钟二龙狮队）参加广东省电视台春节档节目录制，钟村中心小学龙狮队获广东省小学生舞龙舞狮锦标赛公开甲组团体总分第一名，中心幼儿园和中心小学参加“龙狮少年”庆六一·全国少年龙狮网络大赛均获二等奖。广场舞作品《游牧时光》《喜饽饽》获“羊城之夏”2023 年广州市民文化季“活力花城舞赞时代”广州市第八届广场舞大赛 1 银 1 铜奖项。党员教育电视片《因为遇见你——国际化社区祈福新邨的党员故事》获第三届“禺山红镜头”二等奖。

【民生保障】2023 年，钟村街道新建成番禺区隽新学校、博萃德学校。推动钟村街道中心幼儿园教育集团成为番禺区第二批幼儿园教育集团。推进“五好”镇（街道）公共卫生委员会建设，在辖内 14 个村（社区）设点建设健康驿站，重点打造大夫山北门专题健康驿站，每月至少提供 2 次下乡驻点服务。举办专场招聘会提供就业岗位 1000 余个，开发“妈妈岗”拓展妇女就业空间，211 人次接受家政技能培训，钟村街道羊城家政基层服务站被评为市优秀等级。推进街道综合养老服务中心（颐康中心）、村居颐康站建设，发放困难群众救助金 168.25 万元。14 个村（居）通过社区基金形式新增筹款 2233365.45 元，开展公益慈善项目 13 个。祈福新邨社区被评为广州市首批“最美慈善社区”，正阳社会工作服务中心获第二十五届“广东青年五四奖章”。启用粤港澳优质生活示范区便民服务中心暨钟村街道便民服务中心祈福新邨分中心，接待群众 17.5 万人次，业务办理 16.7 万件，群众满意率 99.9%。

【社会治理】2023 年，钟村街道办理“12345”广州市政府服务热线群众投诉案件 14733 件，按时办结率和回访率均 100%。8 个城中村机动车出入（停车场）系统接入指挥调度信息平台，推进城中村“人、屋、车、场”滚动式排查。实施出租屋协同共治第三方代管模式，2.7 万套出租屋安装实时联网智能门禁系统，推广户外充电设施，来穗人员和出租屋服务管理工作考评获全区第一。健全网格化工作机制，全年处置网格事件 2.69 万余件，办结率 99.76%。谢村村 1 名网格员和南奥社区网格案例入选广州市第三届“百名优秀网格员”“百件优秀网格案例”。在钟村社区、南奥社区、锦绣社区、骏新社区试点建设 13 个最小自治单元。推进街道、村(社区）两级综治中心建设，健全最小应急单元调度机制，全年建成最小应急处置单元 156 个，发起拉动测试4538次，现场巡查3884次。每月组织超7000人次“广州街坊”参与社会面治安防控。开展赌博游戏机整治、安全生产排查、消防安全检查、拆违等专项行动，禁毒宣传工作排名全区第一。

【基层党建】2023年，钟村街道深化五级基层组织建设，推动党员下沉居住地发挥作用，通过“穗好办”平台发布512场服务，5355人次党员参与，认领200个微心愿，完成15个微项目，1750名群众受益。组建“两新”组织高质量发展人才党群服务队，收集企业意见建议149条并全部办结。创建“大党委”示范村标杆，诜敦村被评为“广东省乡村治理示范村”。

（叶丽琴）

大龙街道

【概况】大龙街道地处番禺区中部，辖区总面积24.8平方千米，下辖12个村（旧水坑村、新水坑村、茶东村、大龙村、沙涌村、竹山村、罗家村、石岗西村、石岗东村、傍江西村、傍江东村、新桥村）和6个社区（美心社区、金海岸社区、城市花园社区、东怡社区、金龙社区、富怡社区）。2023年，大龙街道有户籍人口3.53万人、来穗人员14.48万人。

【经济发展】2023年，大龙街道实现地区生产总值228.28亿元，同比增长4.7%。12个村集体经济总收入7.65亿元，其中，旧水坑村总收入1.39亿元，连续3年总收入突破亿元；新桥村总收入1.16亿元，连续2年总收入突破亿元。街道经济户口39764户，有外资284户、内资20777户、个体18703户。规模以上工业总产值100.88亿元；限额以上商业额94.3亿元；营利性服务业营业收入25.71亿元，同比增长26.6%；建安投资额19.02亿元，同比增长22.1%；房地产销售面积70343平方米，同比增长21.3%。有“四上”企业480家、高新技术企业226家、省级专精特新企业33家、国家级“小巨人”企业1家。新洽谈入库项目10个，超额完成年度招商目标。推进辖内6个重点项目建设，番禺客运站TOD、卓远VR产业园、中创汇项目均完成年度投资计划。推进旧水坑村村镇工业集聚区更新改造试点项目，引进央企中国化学集团与村达成合作建厂意向。举办政企、银企座谈会及政策宣讲会16场，解决企业经营、融资问题46个。协助企业申报“小升规”“新增限上”“扩大规模”等政策奖励。在街道政务服务中心设立“绿色办证专窗”“延时服务窗”“办不成事专窗”，提供批量业务集中审批、动态延时办理、“疑难杂症”攻坚等服务。

表22　2023年大龙街道各村人口及收入情况表

村	户籍人口（人）	常住人口（人）	经济收入（万元）
旧水坑村	3328	25229	13911.90
新水坑村	2439	12693	7176.76
茶东村	4617	15060	4275.06
大龙村	2276	13984	2619.42
沙涌村	3541	9647	4118.56
竹山村	607	3228	1757.81
罗家村	3019	10891	7594.50
石岗西村	1186	2787	1769.15
石岗东村	3066	15868	8308.81
傍江西村	2828	8757	7607.57
傍江东村	3312	11915	5694.67
新桥村	5096	14726	11618.70

【社会发展】2023年，大龙街道以旧水坑村为试点推广实施“双站双线双保险”消防救援机制，打造“3分钟到场”救援圈，作为番禺区先进村被选为广州市委党建引领城中村治理专项工作现场推进会示范点。试点推进石岗东村“智慧围院”管理，投入300万元打造智慧指挥调度平台，搭建电子围蔽防控圈，社会面重点部位100%纳管，该模式成为广州市2个城中村围院式管理推广样板之一。实施出租屋“三卡四色牌”管理制度，按“放心类绿标、关注类

黄标、严管类红标、禁租类黑标”标准对辖区出租屋全部赋牌，完成安全巡查、法律法规、以案警示3张“明白卡”上墙，选取罗家村、旧水坑村试点实施百分制考核，将出租屋安全、信息登记、治安管理按分数评级落实差异化巡查管理。整合租赁服务中心、物业管理资源，打造石岗东村、旧水坑村出租屋第三方代管样本。健全“智慧平台＋综合网格＋综治中心＋最小应急单元”工作体系，完成10个城中村综治中心升级、199个最小应急单元拉练测试。加强通行秩序管控和宣传教育，出动3.26万人次交通志愿劝导。各村（社区）科学选点建设电动车停放及充电场所169个、电动自行车充电桩790个、充电柜70个。

【文化建设】2023年，大龙街道改造提升旧水坑森林公园，打造“番禺区第二榕树文化公园”，建设榕树头议事厅、榕树文化科普长廊。巡查维护67处文物单位，在各村古祠堂资源设农村书屋、老人活动中心及道德讲堂，为水濂、颍川等乐社提供展演空间。将党建、非遗、岭南民俗等元素融入环境提升工程，打造张九龄文化长廊、区本艺术馆、硬笔书法培训基地、海瑞廉政教育公园，完善旧水坑村颍川大道公共服务带建设。传扬非遗文化，沙涌小学、新桥小学入选首届广州“非遗在校园”十大优秀案例。举办孔子诞、醒狮、鳌鱼巡游、“村BA”篮球赛、榕树头音乐会、龙舟嘉年华，举办街道大型文体活动13场次，依托新时代文明实践站（所）举办群众性文化活动385场次。

【民生保障】2023年，大龙街道支持特色教育发展，罗家桥虹小学舞蹈《围龙屋下的孩子们》获全国第七届中小学生艺术展演一等奖、创作奖，金海岸实验学校获中国小学篮球联赛广东赛区第二名，东湖洲小学获广东省中小学生粤韵操交流展示活动一等奖，旧水坑小学被评为“广东省朝阳读书示范校”，新桥小学被评为“广州写字教育示范学校”，东怡小学被评为“广州市首批家庭教育工作示范校”“广州市中小学心理健康教育特色学校”，石岗小学被评为“广州市第二批学校家庭社会协同育人工作示范校”。联合番禺区中心医院、商会开展党建引领优质医疗资源共建共享，成立医政企共建医疗服务联合体，就党建共建、“六进”送健康服务、急危重症救治、专家下沉等方面签定合作共建协议，推动基层医疗服务。组织企业发布招聘信息12053条，推荐就业岗位6809人次，举办招聘会3场，提供岗位1863个；组织350人参加南粤家政、农村电商、粤菜师傅等职业技能培训，为失业人员提供就业服务19879人次，城镇登记失业人员再就业完成率121.06%；帮扶390名就业困难人员再就业，完成率183.1%。推进街道颐康中心与村（社区）颐康服务站建设运行，统筹使用颐养院、星光老年之家、老人活动中心、党群服务中心，形成居家、社区、机构“三位一体”养老服务体系。长者饭堂就近为老年人提供助餐配餐服务21560人次。为高龄、残疾、特困供养等老年人免费提供上门生活照料、理疗康复等服务2023人次。规范未成年

2023年6月30日，大龙街道沙涌村开展2023年关帝诞暨鳌鱼民间艺术巡游活动
（大龙街道 供图）

人保护工作站建设，精准帮扶孤儿、事实无人抚养儿童，通过“学子梦”活动完成130个来穗困难学生微心愿，赠送帮扶物资价值22.15万元。帮扶老幼残困群体，发放补贴、慰问金及物资总计306.60万元，惠及56012人次。发放退伍军人抚恤优待金和烈属补助192.15万元。

【公共服务】2023年，大龙街道推出“社保+税务”业务联办模式。推行营业执照和食品经营许可证联办、“房屋租赁登记备案”“场地使用证明开具”“房屋租赁税”套餐联办，一套材料并联审批做到即办即出证。全面推广“粤商通”“粤省事”等服务平台及政务双向邮寄服务，群众足不出户即可取证。全年线上线下办理业务98112件，服务群众68040人次，按时办结率与群众满意率均100%。搭建“公共法律服务平台+村（社区）法律顾问工作站+法律援助工作点”阵地体系，接受群众咨询248次，调处矛盾纠纷41起，调处成功41起，调处率和成功率均100%。开展普法和法治活动超200场次，受教育群众2万人次。

【生态建设】2023年，大龙街道推进水环境治理三年攻坚行动，深化“高清航拍+视频监控”“河长+段长”排查机制，监测河涌水质与涉水问题，街道、村（社区）两级河长巡河1693次，总里程2302.2千米。投入4450万元实施雁洲涌中上游面源污染治理及海绵化改造、石岗西涌环境综合提升等项目。通过绿化改造生态岸线、种植水生植物、清疏河床河道、修建雨水明沟，提升蓄水排涝能力，改善流域生态。配合番禺区中部净水厂二期工程建设，完成石岗西涌和雁洲涌流域6个村雨污分流工程和596个排水单元达标创建。建成雁洲涌湿地公园，建设4.3万平方米生态湿塘。落实林长制，推行全民植绿护绿扩绿，全年新种苗木2399株，植树3.47公顷（52亩）；市政绿地补种乔木385株、灌木2850株，种植草坪870平方米，完成59棵古树名木挂牌管护和巡查管养。升级改造云山诗意、东方白云花园等19个小区35个垃圾投放点和旧水坑村5个垃圾投放点，建设再生资源回收处理升级改造示范点。

【“百千万工程”建设】2023年，大龙街道新水坑村、旧水坑村入选广东省“百县千镇万村高质量发展工程”首批典型村。各村实施“微改造、精提升”工程，推进基础设施完善、小生态板块打造、建筑风貌管控，建成93个“四小园”板块以及雁洲涌湿地公园、旧水坑村榕树文化公园、新水坑村生态公园。将新桥村12公顷（180亩）连片耕地建设为都市水稻绿色循环综合种养区，发展优质稻种植、稻耕研学等业态，2023年夏收亩产1350斤、秋收亩产1580斤，打造集现代农业、科普教育、休闲观光于一体的“幸福农法”示范基地。推进新农村建设和美丽乡村创建，新桥村获“2022年市级美丽乡村”称号，大龙村创建“市级美丽乡村”。推进“厕所革命”，新水坑村旅游公厕、傍江西村公厕被评为2023年度广州市最美人性便利公厕。整治农占耕图斑，开展“国土卫片图斑”“占耕建房”行动，依法拆除违建，守牢耕地保护“红线”。

（李美仪）

沙湾街道

【概况】沙湾街道位于番禺区西南部，辖区总面积37.45平方千米，下辖14个村（龙岐村、福涌村、沙湾东村、沙湾南村、沙湾西村、沙湾北村、沙坑村、大涌口村、紫坭村、三善村、龙湾村、古坝东村、古坝西村、新洲村）和6个社区（沙湾社区、东区社区、渡头社区、紫坭社区、金沙湾社区、青萝社区）。2023年，沙湾街道常住人口14.15万人，其中户籍人口6.99万人，来穗人员7.16万人。

【经济发展】2023年，沙湾街道实现地区生产总值150.66亿元；规模以上工业总产值114.08亿元，增长2.0%；限额以上商业总额50.24亿元，下降12.3%；税收总额11.81亿元，增长30.4%。湾区珠宝时尚产业生产性服务业聚集区要素保障联动

表 23 2023 年沙湾街道各村人口及收入情况表

村	户籍人口（人）	常住人口（人）	经济收入（万元）
龙岐村	3885	15258	5923
福涌村	3440	16270	6276
沙湾东村	3208	5754	1572
沙湾南村	2034	5057	1148
沙湾西村	2524	6786	2345
沙湾北村	2104	3702	2443
沙坑村	1608	3630	1638
大涌口村	2064	3690	873
紫坭村	3093	4516	1274
三善村	3313	4895	2124
龙湾村	1137	2839	1818
古坝东村	2711	6057	1102
古坝西村	2078	4771	738
新洲村	2525	3841	1116

机制确立，沙湾国际珠宝时尚创展汇一期、谢瑞麟珠宝生产制造研发中心、荔德新都汇二期完工，湾区时尚产业创新中心时尚产业创新联盟成立，联合 TikTokShop、SHEIN 等跨境电商平台推动时尚产业出海。鹏辉新型高性能锂离子电池生产扩建项目投产。有高新技术企业 102 家、省级以上“专精特新”企业 30 家，引入广州新车有限公司、广东鸿盛电力科技有限公司、中安卫星科技（广州）有限公司等注册资本 2000 万元以上企业 41 家。推动街道属公有企业脱钩撤并，成立珠宝服饰、文商旅、企业建设 3 个服务专班，帮助企业解决经营发展难题。沙湾街道领导走访企业 1150 家次，解决鹏辉用电增容、型腔模具增资扩产等企业难题，金寺围产业区块调整、大巷涌文商旅项目取得进展。赴江苏、浙江、上海、新疆、北京招商考察，新增注册企业 1393 家。6 月 12 日，广州首个国家珠宝玉石首饰检验检测中心化学分析实验室在沙湾街道挂牌成立，国家珠宝玉石首饰检验集团有限公司与沙湾街道同步签定自然资源部珠宝玉石首饰检验评价技术创新中心产学研协同创新基地（番禺）战略合作框架协议，助推番禺珠宝玉石产品质量检测升级、产业人才培养、品牌培育与推广等多领域高质量发展。

【社会发展】2023 年，沙湾街道推进营商环境 5.0 改革，20 个村（居）便民服务站、24 小时智慧服务大厅建成投入使用，在工业园区、人流密集地布点“5G+VR 政务晓屋”6 间，实现政务服务就近办、智慧办。沙湾街道建立健全“百千万工程”工作机制，以沙湾北村典型村培育和紫坭岛项目建设为抓手，整体规划建设沙湾北村“岭南历史文化名村”和紫坭岛“湾区旅游度假活力岛”，推进“三线”整治、农房风貌提升、精品路线打造。沙湾北村精品项目 20 项完成 5 项、实施 5 项、设计方案优化 10 项。紫坭岛试点任务清单编制完成，围绕培育现代乡村产业体系等 5 方面实施智慧农业等 22 项试点试验任务。

【文商旅融合发展】2023 年，沙湾街道文商旅融合发展，举办广东音乐主题雕塑、广东音乐大赏、广东音乐大讲堂、广东音乐创新创作大赛，开展“同气连枝·弦歌不绝”沙湾粤乐交流分享会等特色主题文化沙龙。国庆期间，举办“乐享消费，悦赏沙湾”嘉年华，推出 2023 年沙湾十大手信、十大特色菜评选推介活动，商家推出特色促销活动，举办“珠水金声 粤韵乐乡”沙湾广东音乐大赏，推出“沙湾古镇有戏—2023 沙湾鱼灯文化节”活动。紫泥堂创意园入选第二批广东省工业遗产名单，沙湾古镇被评为“广州市第二批文物保护利用典型案例”“广州地区旅游景区 2023 年最具年味文旅春节好去处”。全年游客 638.7 万人，增长 76.2%；旅游总收入 8277 万元，增长 66.0%。1 月，文化和旅游部公共服务司、全国公共文化发展中心、中央广播电视总台视听新媒体中心共同主办的2023年全国“村晚”示范展示活动启动，沙湾古镇入选。沙湾古镇完成何氏大宗祠、广东音乐馆、岭南文化雕塑展览馆等10多间展馆布展，活化利用21座老祠堂打造党史教育基地、家训家风实践基地和党群服务阵地。4月，紫泥堂文化创意园（原广东省国营紫坭糖厂）入选广东省工业和信息化厅公布的第二批广东省工业遗产名单，为广州市唯一。10月，“沙湾墨兰”地理标志证明商标成功注册，是番禺区首个地理标志证明商标。

2023年4月24日，沙湾街道举办“弘扬传统文化·传承非遗经典”2023年沙湾飘色巡游活动
（沙湾街道 供图）

【民生保障】2023年，沙湾街道优化民生保障举措，精准兜底服务578名救助对象，沙湾街道颐康中心与敬老院联动建设，18个村（居）颐康服务站落成，成立青萝社区，推动沙湾东村、沙湾南村、沙湾西村、东区社区创建幸福村（和谐社区），筹集并经区认定保障性租赁住房3063套。贯彻落实广州市“学校建设三年提升计划”，推进古东幼儿园扩建等学前教育第三期行动计划项目，象骏中学拆除重建，荟贤小学建设工程收尾。夯实医疗保障基础，家庭医生签约服务同比增长442%，古龙社区卫生服务站启动升级改造，沙湾社区卫生服务中心引入0～3岁婴幼儿营养综合监测系统，通过“胸痛救治单元”建设省级验收。

【“沙湾飘色”巡游】2023年4月22日，沙湾街道举办飘色巡游活动，设《独占鳌头》《雨打芭蕉》《一飞冲天》等28板经典飘色，还有鳌鱼、龙狮、鱼灯、兰花舞等7个特色民间艺术方阵，主会场设在沙湾古镇，巡游路线以沙湾大道、中华大道为主，途经经述路、大巷涌路和三桂路，路线3千米，6.5万名游客现场观看，超149万人次在新华社现场云、新浪微博、哔哩哔哩、虎牙直播、一直播平台线上观看，《南方日报》、《广州日报》、番禺融媒等媒体专题报道。

（王淑华）

人物·荣誉

先进个人（国家级）事迹简介

黎爱滨　于2023年10月8日获最高人民法院、司法部授予的“全国模范人民调解员”称号。黎爱滨是番禺区新造镇新造社区党总支部书记兼主任、新造社区人民调解委员会主任、广州市妇女第十四次代表、番禺区第十八届人大代表，工作期间获得“广州好人”“番禺区最受欢迎人民调解员”“番禺区优秀共产党员”等20多项称号。扎根一线14年，热情服务群众，化解矛盾纠纷。黎爱滨通过国家法律职业资格考试，考取助理社会工作师和中级社会工作师，经竞赛选拔成为广州市人民调解专家库成员；2018年成立“爱滨调解工作室”并担任首席调解员，凝聚专职调解员、律师、心理咨询师、网格志愿者力量，发展新时代“枫桥经验”，调解矛盾纠纷300余件，解答法律咨询1000余件；成功引导群众配合13处违章建筑拆除与黑臭河涌整治；搭建“红色议事”平台，协调各方利益诉求，推动业主达成旧楼加装电梯共识，提升群众幸福感。

曾宇恒　于2023年6月29日被公安部授予全国公安系统二级英模称号。曾宇恒，生前是番禺区公安分局政工办三级警长。先后在分局特勤大队、机动大队、政工办、石碁派出所工作。自2014年参加公安工作以来，从警8年荣立个人二等功1次、三等功2次，获个人嘉奖1次，曾被评为广州市公安局优秀共产党员。2022年9月8日19时53分，曾宇恒前往钟村街道开展案件摸查走访工作，途经长华创意园路口时，发现该路段因河涌闸口被共享单车及杂物堵塞，导致路面严重积水，车辆和人员无法正常通行，埋下安全隐患。为避免路面水位持续上涨可能造成群众生命财产损失，曾宇恒不惧危险，主动到排水闸口处清理杂物，突然被强大水流冲入河涌并失联。经全力搜寻，于9月9日18时25分发现其遗体，不幸因公牺牲，年仅31岁。

何垒垒　于2023年4月19日获公安部授予全国警犬技术工作“突出个人”称号。何垒垒是巡特警大队一级辅警，自2007年1月参加公安工作并一直从事警犬训导工作。何垒垒按照警犬工作服务“反恐处突、侦查破案、重点安全目标防范、警卫安检”工作要求，突出“训、管、用、战”举措，打造警犬技术尖兵，诠释警犬技术训导员良好品格，致力维护社会治安大局。2021年，在广州市公安局“穗警工匠杯”首届警犬技术实战技能比赛中，何垒垒带领队友组建治安巡逻团队，夺得全市警犬治安巡逻科目第一名。2023年，何垒垒带领团队开展警犬展演22场，其中参加省公安厅少年警校（大湾区警务交流）5次，广州市公安局暑期少年夏令营1次，番禺区公安分局少年警校及警娃警属进警营8次，巡特警进校园1次，市、区融媒体、新媒体对外宣传活动2次，警察开放日活动1次，得到一致好评。

何蔚　于2023年5月获最高人民检察院案件管理办公室授予的“检察机关案件质量评查能手型人才”称号。何蔚是番禺区人民检察院检委会委员兼综合业务部主任、四级高级检察官，从检13年，业务能力突出，具有5年刑事检察、3年控告申诉办案和案件管理工作经验，多次被广东省、广州市选派负责跨区域重大疑难复杂案件质量评查工作。2023 年独立研发的《捕诉案件质量评查要点逐项分析》成为全国检察机关案件管理 30 门精品课程之一，受邀向全市检察机关专题授课。组织制定《番禺区人民检察院信访事项办理工作规程》，创立“重点个案手工台账”“信访案件信息采集模板”“信访事项分类导图”工作指引，落实信访工作法治化要求。推动接访过程规范化、信访指引可视化，优化服务群众能力，组织召开 2023 年度检律会商会议，保障律师群体合法诉讼权益。强化为民服务意识，为家庭生活困难的被害人启动司法救助流程，2023 年司法救助案件办理数同比上涨 2.22 倍。

陈琨 于 2023 年 4 月 19 日入选 2021—2022 年度中国报业“先进工作者”管理达优类优秀案例。陈琨是番禺区政协常委、区委宣传部一级调研员、区融媒体中心党委书记兼主任。自担任融媒体中心主任以来，实施转机制、强技术、创平台、拓功能、优服务发展模式，番禺融媒改革工作经验被中宣部向全国推广。推动印发《关于推进番禺区媒体融合改革 打造全国标杆的实施意见》，设在职在编人员“奖励性绩效工资”。推行项目总监制，完善晋升机制。深化采编改革，完善采编人员薪酬分配和绩效考核制度，设立优质新闻作品奖励。强化先进技术引领，番禺融媒体云平台入选国家广电总局第三批国家广播电视和网络视听产业发展项目。建设全省首个 4K 超高清采编存及沉浸式演播系统。打造番禺春晚、中小学生诗词大会、珠水金声等品牌活动，番禺融媒品牌度、综合竞争力实现双提升。

岑镜洪 于 2023 年 12 月 19 日获全国工商联办公厅颁发的“2023 年民营企业调查点先进个人”称号，2023 年 11 月获广东省人力资源和社会保障厅、广东省工商联颁发的“广东省工商联系统先进工作者”称号。岑镜洪是中共广州市番禺区委统战部副部长、区工商联党组书记兼常务副主席。2020 年任番禺区工商联党组书记，他把基层管理经验，融合到服务民营经济高质量发展工作中，促进镇（街道）商会高质量发展。探索“镇（街道）党（工）委 + 镇（街道）商会 + 村（社区）+ 企业”网格化联系服务企业模式，发挥工商联系统商会桥梁纽带作用，紧密沟通联动，破解行政管理、民生领域、经济发展难点堵点问题，推动形成协同创新、资源同享、优势互补的共建共治共享社会治理新格局。在他带领下，番禺区工商联屡获全国“五好”县级工商联和全国民营企业调查点先进基层（工作示范）单位称号。

何锦胜 于 2023 年获国家卫生健康委、中国红十字会总会、中央军委后勤保障部卫生局联合授予 2020—2021 年度全国无偿献血奉献奖终身荣誉奖。何锦胜是一名环卫扫路、洒水车驾驶员。在日常工作中，何锦胜细心干练，驾驶车辆清扫吸尘、洒水除尘，用自己平凡岗位的坚守，换来城市环境的干净整洁，获 2015 年度、2019 年度番禺区优秀城市美容师称号。自 2000 年 9 月起，何锦胜工作之余坚持无偿献血 24 年。136 次献血，50000 毫升的总量，数字背后是无数生命的重生与希望。何锦胜获 2016—2017 全国无偿献血奉献金奖、2012—2013 全国无偿献血奉献铜奖、2021 年沙湾街道优秀共产党员。何锦胜是退伍军人，无论作为环卫工人还是无偿献血者，都用实际行动践行着为人民服务的宗旨。

龚锦荣、雷德坪 于 2023 年 2 月 7 日获国家卫生健康委员会、中国红十字会总会、中央军委后勤保障部卫生局授予 2020—2021 年全国无偿献血奉献奖铜奖。龚锦荣是番禺宾馆有限公司客房部部长，在番禺宾馆工作 41 年。他在工作中勤勤恳恳、默默耕耘，生活中为人忠厚、乐于助人。他积极参与公益活动，60 岁仍坚持无偿献血，累计献血 18 次，献血量 4400 毫升。雷德坪是番禺宾馆有限公司安全生产部部长，他坚持无偿献血 21 次，献血量 4600 毫升。为了能捐献高质量血液，他注意饮食习惯和生活作息，对自己要求格外严苛。他鼓励着身边越来越多人加入无偿献血事业中。

（番鉴）

表 24

2023年番禺区获全国性荣誉单位一览表

获荣誉单位	荣誉称号	授予单位
番禺区	国家完善普惠性学前教育保障机制实验区	教育部
番禺区莲花山中心渔港	全国文明渔港	农业农村部
番禺区灯光音响产业集群	国家级中小企业特色产业集群	工信部
番禺区图书馆	国家一级图书馆	文化和旅游部
长隆旅游度假区	全国旅游演艺精品	
有米科技双创示范基地	全国工人先锋号	中华全国总工会
广东科学中心	第二批国家级文明旅游示范单位	全国旅游标准化技术委员会
番禺区工商业联合会	2022—2023年度全国“五好”县级工商联	中华全国工商联合会
广东省演艺设备行业商会、南村镇商会、大石街道商会	2023年全国“四好”商会	
沙湾京兆小学五（1）班何小静中队	全国红旗中队	全国少工委
黎艳芬家庭	2023年全国“最美家庭”	中华全国妇女联合会
番禺区业丰农业机械专业合作社	2022年度供销合作社系统农民专业合作社示范社	中华全国供销合作总社
番禺区融媒体中心	全国县融中心综合影响力优秀案例	新华社新闻信息中心、新华社县级融媒体研究中心

表 25　　2023 年番禺区获省级荣誉单位一览表

获荣誉单位	荣誉称号	授予单位
番禺区	2022 年度全省工业稳增长评估优秀县（市、区）	广东省工业和信息化厅
番禺区	广东省基础教育高质量发展示范区	广东省教育厅
广州日立电梯有限公司	广东省五一劳动奖状	广东省总工会
番禺电缆电力金具事业部研发中心	广东省工人先锋号	
番禺区总工会	2023 年度广东省推动“强基工程”建设先进县级总工会	
正阳社会工作服务中心	第二十五届广东青年五四奖章（集体）	共青团广东省委、广东省青年联合会
中国电信广州番禺区分公司渠道运营团队、国家税务总局广州市番禺区税务局征收管理科	第 21 届广东省青年文明号	共青团广东省委员会
“番禺强音”理论宣讲团	2023 年全省基层理论宣讲先进集体	广东省委宣传部
番禺公安志愿服务队、广州海关所属番禺海关学雷锋志愿服务队	2022 年度“广东省最佳志愿服务组织”	广东省精神文明建设委员会
广州市番禺区工商业联合会	2022—2023 年度广东省“五好”县级工商联	广东省工商业联合会
广东省演艺设备行业商会、南村镇总商会、大石街道商会	2023 年广东省工商联系统“四好”商会	
广州市番禺区社会组织联合会	广东省先进社会组织	广东省人力资源和社会保障厅、广东省民政厅

续表 25

获荣誉单位	荣誉称号	授予单位
番禺区石楼镇	广东省森林城镇	广东省林业局
番禺区天峰小学	第六批“广东省绿色学校”	广东省教育厅
新造镇	2023 年广东省乡村治理示范镇	广东省委农办、省委组织部、省委宣传部、省委政法委、省农业农村厅、省民族宗教委、省司法厅
大石街道植村村、石壁街道大洲村、沙湾街道龙湾村、市桥街道沙圩一村、钟村街道钟村二村、化龙镇明经村、大龙街道大龙村、沙头街道大罗村、洛浦街道南浦西一村、沙湾街道沙湾南村、小谷围街道南亭村、化龙镇复甦村、南村镇员岗村	2023 年广东省乡村治理示范村	
石楼镇	2022 年广东省乡村治理示范镇	中共广东省委农村工作领导小组办公室、广东省农业农村厅、广东省乡村振兴局
市桥街道云星村、大龙街道傍江西村、南村镇里仁洞村、小谷围街道贝岗村、东环街道龙美村、大石街道猛涌村、沙头街道榄山村、洛浦街道上漖村、钟村街道诜敦村、石壁街道石壁四村、沙湾街道沙湾西村、桥南街道蚬涌村、化龙镇柏堂村、化龙镇草堂村、新造镇曾边村	2022 年广东省乡村治理示范村	
化龙镇水门村、石碁镇桥山村、沙头街道榄山村	2023 年广东省“民主法治示范村(社区)”	广东省委依法治省办、省委农办、省司法厅、省民政厅
余荫山房	国家 AAAA 级旅游景区	广东省文化和旅游厅

续表 25

获荣誉单位	荣誉称号	授予单位
广州莲花山古采石场	珠三角考古游径	广东省文化和旅游厅
广州番禺宝墨园有限公司	省级非物质文化遗产飘色（番禺水色）	
广东省国营紫坭糖厂	广东省工业遗产	广东省工业和信息化厅
沙湾中心小学、沙湾实验小学	广东省示范性教师教育实践基地	广东省教育厅
广州市公安局番禺分局治安大队	广东省扫黄打非先进集体	广东省“扫黄打非”领导小组
广州市公安局番禺分局志愿服务队、小谷围派出所	广东省“优秀公安基层单位”	广东省公安厅
番禺区人民检察院	2023 年度检察工作现代化先进基层单位	广东省人民检察院
番禺海关缉私分局侦查科	集体二等功	海关总署缉私局
新世纪社区	广东省健康社区（村）	广东省卫生健康委员会
桥南街道康园工疗站	三星级社区康园中心	广东省残疾人联合会
市桥街道田心社区居民委员会	广东省巾帼文明岗	广东省妇女联合会
吴铭枝家庭	2023 广东十大“最美家庭”	
张雪芳家庭、梁彩灯家庭、乔明娇家庭、徐宝容家庭、陆善萍家庭、苏凤霞家庭、蔡要轩家庭、陈国妹家庭	广东省“美丽庭院”	广东省妇女联合会 广东省农业农村厅

续表 25

获荣誉单位	荣誉称号	授予单位
番禺区桥南街道	广东省儿童友好示范镇（街道）	广东省妇女儿童工作委员会办公室、广东省发展和改革委员会
番禺区妇幼保健院	广东省儿童友好示范基地	广东省妇女儿童工作委员会办公室、广东省发展和改革委员会
钟村街道	广东省信访工作示范乡镇（街道）	广东省信访局
番禺区业丰农业机械专业合作社、番禺区啄果农产品农民专业合作社、番禺区德记水果种植农民专业合作社、番禺区华伟蔬菜种植农民专业合作社	2022 年度广东省供销合作社领办农民专业合作社省级示范社	广东省供销合作联社
广东省国营紫坭糖厂	第二批广东省工业遗产	广东省工业和信息化厅
广东科学中心	首批广东省文化和科技融合示范基地	广东省科学技术厅
石楼镇	广东省“百县千镇万村高质量发展工程”首批典型镇	广东省“百千万工程”指挥部办公室
沙湾街道沙湾北村、石碁镇桥山村、石楼镇大岭村、大龙街道旧水坑村、大龙街道新水坑村	广东省“百县千镇万村高质量发展工程”首批典型村	广东省“百千万工程”指挥部办公室
广州知鱼水产有限公司、广东蔚莱生物科技有限公司、广州市新正斑节虾生态养殖有限公司、番禺区藤香阁生态种养专业合作社	省级水产健康养殖和生态养殖示范区	广东省农业农村厅
番禺区政务服务数据管理局	省级优秀试点项目（政务服务事项标准化及其应用试点）	广东省市场监督管理局

表 26　2023 年番禺区获全国性荣誉个人一览表

姓名	工作单位	荣誉称号	授予单位
黎爱滨	新造镇新造社区人民调解委员会	全国模范人民调解员	司法部
曾宇恒	广州市公安局番禺分局政工办	全国公安系统二级英模	公安部
何垒垒	广州市公安局番禺分局巡特警大队	警犬技术成绩突出个人	公安部
何蔚	番禺区人民检察院	检察机关案件质量评查能手型人才	最高人民检察院案件管理办公室
陈琨	番禺区融媒体中心	“新时代 新融合 新报人”2021—2022 年度中国报业“先进工作者”优秀案例（管理达优类）	中国报业协会
岑镜洪	番禺区委统战部（区工商联）	2023 年度调查点工作先进个人	中华全国工商业联合会
何锦胜	沙湾街道环卫公司	2020—2021 年度全国无偿献血奉献奖终身荣誉奖	国家卫生健康委员会、中国红十字会总会、中央军委后勤保障部卫生局
龚锦荣 雷德坪	广州市番禺宾馆有限公司	2020—2021 年全国无偿献血奉献奖铜奖	

表 27

2023 年番禺区获省级荣誉个人一览表

姓名	工作单位	荣誉称号	授予单位
李江平	广州市公安局番禺分局巡特警大队	广东省“人民满意的公务员”	广东省人民政府
李文柏	广州市番禺区发展和改革局	广东省节能先进个人	
胡艳艳	广汽埃安新能源汽车股份有限公司	广东省三八红旗手	广东省妇女联合会
麦秀青	番禺海关缉私分局	个人三等功	海关总署缉私局
曾瑞平	中国民主同盟广州市番禺区委员会	民盟广东省思想政治建设和宣传工作先进个人	中国民主同盟广东省委员会
吴秉宾	广州珠湾人和生态环境科技服务有限公司项目运营主管	民革省委会表彰年度参政议政工作先进个人二等奖	民革广东省委会
李洪昌	番禺海事处	广东海事局 2021—2022 年度先进个人	广东海事局
罗霖		直属海事系统海事青年学习标兵	交通运输部海事局
王振智	广州市公安局番禺分局市桥派出所	广东公安最美基层民警	广东省公安厅
罗支品	广州市公安局番禺分局大石派出所	广东省公安机关社区民警标兵	

续表 27

姓名	工作单位	荣誉称号	授予单位
麦金锋	广州市公安局番禺分局石楼派出所	广东省公安机关社区辅警标兵	广东省公安厅
林驰雯 陈小敏	番禺区人民检察院	全省检察业务尖子	广东省人民检察院
尹伟		2023 年度全省市县两级检察机关优秀个人	
陈小敏		2023 年度全省检察机关优秀办案检察官	
岑镜洪	番禺区工商联	全省工商联系统先进工作者	广东省工商业联合会
甘晓云	市桥德兴小学	广东省优秀共青团干部	共青团广东省委员会
吴嘉彬	番禺区文物办	广东省历史文化保护传承工作先进个人	广东省人力资源和社会保障厅、广东省住房和城乡建设厅、广东省文化和旅游厅
刘志镪	广州市番禺区职业技术学校	广东省优秀共青团员	共青团广东省委员会
孙尹泺	广东仲元中学		
赵立群	广东第二师范学院广州南站附属学校	2023 年“广东省最美援疆教师”	广东省对口支援新疆工作前方指挥部
罗晓珊	广州市番禺区沙湾街道象骏中学		
杨召琼	广州市番禺区气象局	2023 年广东省气象观测质量管理体系优秀内审员	广东省气象局
杨恒令	广州市规划和自然资源局番禺区分局	广东省第二届垦造水田工作表现突出个人	广东省自然资源厅

2023年广州市番禺区国民经济和社会发展统计公报

广州市番禺区统计局

2024 年 4 月

2023 年，番禺区坚持以习近平新时代中国特色社会主义思想为指导，深入贯彻省委“1310”具体部署及市委“1312”思路举措，促进经济社会发展取得新成效。经济大盘承压之下平稳向好运行，经济韧性和活力凸显，积极因素不断累积，发展动能不断积蓄，经济运行持续好转、总体回升向好，为开创高质量发展新局面打下了坚实基础。

一、综合

根据广州市地区生产总值统一核算结果，2023 年，番禺区实现地区生产总值 2866.95 亿元，比上年（下同）增长 4.6%。其中：第一产业增加值 37.67 亿元，下降 1.0%；第二产业增加值 1050.83 亿元，增长 6.5%；第三产业增加值 1778.45 亿元，增长 3.6%。三次产业结构由上年的 1.3 ∶ 36.8 ∶ 61.9 调整为 1.3 ∶ 36.7 ∶ 62.0。第二和第三产业对经济增长的贡献率分别为 51.6% 和 48.7%。

全区“3+5”战略性新兴产业实现增加值 977.61 亿元，增长 6.9%，占全区 GDP 的比重为 34.1%。其中：智能与新能源汽车、新能源与节能环保和新一代信息技术实现增加值分别增长 25.8%、6.1% 和 0.3%，合计占 GDP 比重为 18.6%。全区现代服务业增加值 985.09 亿元，增长 1.3%，占全区 GDP 的比重为 34.4%。

年末全区常住人口 282.29 万人，城镇化率为 90.81%。户籍人口 120.52 万人，户籍人口出生率 12.8‰，户籍人口死亡率 5.0‰，自然增长率为 7.8‰。在册登记来穗人员 189.04 万人，其中居住满半年以上来穗人员 161.29 万人。

全年一般公共预算收入 118.40 亿元，增长 13.6%；一般公共预算支出 191.04 亿元，增长 14.0%。税收总额（不含海关代征）415.95 亿元，增长 23.0%。

年末全区工商注册登记个体、私营企业共 38.70 万户，增长 13.9%；注册资金 19409.16 亿元，增长 233.4%。全社会用电量 151.29 亿千瓦时，增长 8.0%。第一产业用电 1.21 亿千瓦时，增长 10.5%；第二产业用电 45.28 亿千瓦时，增长 5.2%；第三产业用电 64.66 亿千瓦时，增长 11.7%。工业用电 47.25 亿千瓦时，增长 4.7%；城乡居民生活用电 40.14 亿千瓦时，增长 5.5%。

二、农业

全年农林牧渔业总产值 67.86 亿元，增长 0.2%。其中：种植业产值 19.87 亿元，下降 2.2%；渔业产值 39.31 亿元，增长 2%；畜牧业产值 1.23 亿元，下降 18.3%；农林牧渔服务业产值 7.38 亿元，增长 15.6%。

全区立足于特色农业产业基础和大都市近郊区位优势，形成以“水产养殖 + 花卉种植 + 蔬菜种植”为主体，观光休闲农业和乡村旅游业同步

表 28

2023年规模以上工业总产值情况表

指标名称	产值（亿元）	增长（%）
规模以上工业总产值	2937.40	12.0
按登记注册类型分		
内资	2136.09	16.7
国有独资公司	521.41	31.3
其他有限责任公司	250.77	-2.8
私营有限责任公司	575.21	2.7
港澳台商投资	269.80	3.1
外商投资	531.51	0.2
五大行业产值	2278.22	16.0
汽车制造	1315.37	33.3
通用设备	353.23	-1.5
电气机械	334.88	-6.9
通信设备	169.76	7.4
金属制品	104.97	-0.4

发展的现代都市农业体系。2023 年，全区深入实施乡村振兴战略和“百千万高质量发展工程”，为高水平推进农业农村现代化贡献力量。

渔业是全区农业的第一大行业，产值占比超五成。莲花山渔港是番禺区集养殖、加工、营销、休闲为一体的都市现代渔业产业链建设的重要组成部分，2023 年获评“全国文明渔港”称号。全区全年渔业累计产量 130010 吨，增长 0.8%，其中海水产品产量和产值分别完成 60842 吨、25.1 亿元，分别增长 2.6% 和 2.7%；观赏鱼产量 1024.8 万条，增长 13.3%。

三、工业和建筑业

全年工业总产值 3321.94 亿元，增长 10.6%；工业增加值 913.60 亿元，增长 6.4%。规模以上工业总产值 2937.40 亿元，增长 12.0%；其中：内资企业工业总产值 2136.09 亿元，增长 16.7%；港澳台商投资企业工业总产值 269.80 亿元，增长 3.1%；外商投资企业工业总产值 531.51 亿元，增长 0.2%。

规模以上工业中，汽车制造业、通用设备制造业、电气机械制造业、通信设备制造业、金属制品制造业五大行业完成工业总产值 2278.22 亿元，增长 16.0%，占规模以上工业总产值的 77.6%。其中：汽车制造业产值 1315.37 亿元，增长 33.3%。

规模以上民营工业企业实现产值 931.76 亿元，下降 0.7%，占全区规模以上工业总产值的 31.7%。其中：产值超 1 亿元的民营工业企业实现产值 663.28 亿元。

规模以上工业企业实现利税总额 177.01 亿元，增长 4.4%，其中利润总额 102.47 亿元，下降 4.7%。

资质以上建筑业企业（不含劳务分包，下同）完成建筑业总产值 613.07 亿元，增长 9.7%；其中：建筑工程产值 556.77 亿元，增长 9.9%；安装工程产值 47.89 亿元，增长 9.8%。

四、固定资产投资

全年固定资产投资增长 10.1%。其中：工业投资增长 32.4%，民间投资增长 1.8%。按产业分：第一产业下降 100%，第二产业增长 29.7%，第三产业增长 7%。按投资性质分，新建和扩建投资下降 0.5%，改建和技术改造投资增长 42.5%，房地产开发投资增长 13.4%，其他投资下降 52.7%。

五、国内贸易

全年社会消费品零售总额 1317.91 亿元，增长4.3%。其中：批发和零售业1038.50亿元，增长0.6%；住宿和餐饮业279.41亿元，增长20.4%。限额以上批发和零售业通过公共网络实现零售额79.35亿元，增长9.5%。

在限额以上批发和零售企业中，汽车类零售额下降7.1%，粮油、食品类零售额增长16.4%，服装、鞋帽、针纺织品类零售额增长8.3%，日用品类零售额增长9.1%，家用电器和音像器材类零售额下降13.1%。

六、其他服务业

全年规模以上服务业营业收入1065.96亿元，增长1.5%；营业盈余33.94亿元，增长3.2倍；税金及附加6.39亿元，增长19.8%；应交增值税19.03亿元，下降7.5%；应付职工薪酬213.89亿元，增长4.9%；期末用工人数14.55万人，下降1.8%。分行业看，文化体育娱乐业营业收入58.06亿元，增长166.9%，租赁和商务服务业营业收入162.70亿元，增长11.9%，居民服务、修理和其他服务业营业收入24.50亿元，增长8.2%，科学研究和技术服务业营业收入82.32亿元，下降2.8%，互联网和相关服务、软件和信息技术服务业营业收入453.59亿元，下降10.0%。

七、对外经济

全年外贸进出口总值1163.9亿元，下降6.3%。其中：出口总值712.8亿元，下降7.6%；进口总值451.2亿元，下降4.1%。新批三资企业项目为484个，增长44.1%；合同利用外资6.50亿美元，下降45.7%；实际利用外资2.96亿美元，下降53.5%。

八、交通和邮政

年末机动车拥有量30.74万辆。年末公路通车里程474.82千米，其中：高速公路100.79千米，一、二、三、四级公路分别为171.87千米、74.03千米、90.17千米、37.95千米。年末公路桥梁355座，其中：大型及以上桥梁32座。

全年货物运输总量1726万吨，增长25.1%，货物运输周转量19.29亿吨千米，增长18.0%；客运量1.26亿人次，增长1.2%，旅客运输周转量12.07亿人千米，增长9.9%。港口货物吞吐量1708万吨，增长15.0%。

全年邮政业务收入2.22亿元，增长20.4%。完成邮政函件业务量531.33万件，订销报纸业务量1089.26万份，订销杂志业务量48.74万份，包件业务量3518.23万件，特快专递业务量966.78万件。

全区接待旅游总人数5435.84万人次，增长92.1%；旅游总收入521.13亿元，增长121.5%。

九、金融

年末金融机构人民币存款余额5262.75亿元，比年初增长12.4%；金融机构人民币贷款余额3496.13亿元，比年初增长4.4%。

十、人民生活与社会保障

全年城市居民年人均可支配收入76705元，增长5.7%；农村居民年人均可支配收入51569元，增长5.9%。年末城乡居民储蓄余额3089.61亿元，比年初增长13.3%。

年末全区参加城镇职工养老保险人数为92.76万人，增长6.3%；参加失业保险85.32万人，增长6.8%；参加工伤保险93.48万人，增长6.7%；参加城镇职工医疗保险人数103.59万人，增长3.6%。城镇登记失业人员总数为1.87万人，再就业人数1.08万人，城镇登记失业人员就业率为57.6%。参加城乡居民社会养老保险人数为15.70万人，下降2.9%；参加城乡居民医疗保险人数为52.29万人，增长1.5%。2023年度城乡居民医保筹资标准：学生个人缴费标准为每人398元，财政补助标准为每人920元；其他参保人员个人缴费标准为每人528元，财政补助标准为每人790元。全区每万名城镇企业职工离退休人员月人均养老金3391元，比上年提高5元；8.21万人享受城乡居民社会养老保险待遇。

十一、教育和科学技术

年末全区幼儿园362所，在园幼儿9.13万人。普通小学143所，在校学生18.47万人，毕业生2.48万人。普通中学82所，在校学生8.65万人，毕业生2.64万人。各类中等职业教育学校3所，在校学生1.08万人。全区有广州市义务教育标准化学校 215 所，其中：公办学校 175 所，民办学校 40 所。全区报名普通高考人数 1.28 万人，普通高考录取人数 1.18 万人，录取率为 92.14%。

年末高新技术企业 1936 家，企业技术研发机构市级 304 家、区级 90 家，科技企业孵化器 40 家。专利授权量 16794 个，下降 21.5%；其中发明专利授权量 4064 个，增长 39.5%。

十二、文化、卫生和体育

年末已建成行政村（居）文化室（综合性文化服务中心）275 个，文化馆总分馆 27 间，其中：总馆 1 间、直属分馆 1 间、镇街分馆 16 间、其他合作分馆 9 间；博物馆 6 间，其中：公办 3 间、民办 3 间；公共图书馆总分馆 51 间，其中：总馆 1 间、直属分馆 1 间、镇街分馆 18 间、其他合作分馆 31 间；藏书 231.46 万册。全区共有 21 个镇街级以上文化广场，总面积 33.27 万平方米；镇街文化站有 16 个，其中：省特级文化站 15 个，省一级文化站 1 个。全区有 5 个国家级重点文物保护单位，7 个省级文物保护单位，67 个市级文物保护单位，30 个区级文物保护单位。

年末全区各类卫生医疗机构 883 个，医疗病床 7453 张，卫生人员 18489 人，其中：执业医师（含助理）6197 人，注册护士 7128 人。

全年举办区级群众体育赛事 23 项次，参加人数 1.5 万人次。番禺籍运动员参加国际比赛获金牌 3 块、银牌 2 块、铜牌 1 块；全国比赛获金牌 16 块、银牌 6 块、铜牌 7 块；省比赛获金牌 76 块、银牌 58 块、铜牌 41 块；市比赛获金牌 202 块，银牌 165 块、铜牌 140 块。

十三、环境保护

年末全区有环境监测站 1 个，环境监测人员 47 人。完成新建污水主管网 113 千米，全区城镇生活污水处理率达到 98.0%，提高 0.9 个百分点。

全年汽车尾气达标率 99.6%，区域环境噪声平均值为 55dB(A)，增长 0.7%；空气质量优良天数有 318 天，空气质量优良率达 87.1%，$PM_{2.5}$ 年均值为 22 微克每立方米，增长 4.8%。

全年共限改、制止各类违章违法案件 10.35 万宗；实施行政处罚 8248 宗，其中：处罚市容环卫类案件 7690 宗，建设工地管理类案件 188 宗，建筑废弃物排放运输管理类案件 166 宗，其他案件 204 宗；清拆违法建设面积 215.21 万平方米。

注：

1. 本公报数据为年度初步统计数，正式数据以《番禺统计年鉴》为准。

2. 本公报地区生产总值（GDP）、增加值和总产值绝对数按现价计算，增长速度按可比价格计算。

3. 规模以上工业统计口径为年主营业务收入 2000 万元及以上的工业法人企业（单位）。

4. 限额以上批发和零售业统计标准为：批发业年主营业务收入 2000 万元及以上；零售业年主营业务收入 500 万元及以上。

5. 限额以上住宿和餐饮业统计标准为：住宿业年主营业务收入 200 万元及以上；餐饮业年主营业务收入 200 万元及以上。

6. 规模以上服务业范围是：（1）年营业收入 2000 万元及以上服务业法人单位。包括：交通运输仓储和邮政业，信息传输、软件和信息技术服务业，水利、环境和公共设施管理业三个门类和卫生行业大类；（2）年营业收入 1000 万元及以上服务业法人单位。包括：租赁和商务服务业。科学研究和技术服务业，教育三个门类，以及物业管理、房地产中介服务、房地产租赁经营和其他房地产业四个行业小类；（3）年营业收入 500 万元及以上服务业法人单位。包括：居民服务、修理和其他服务业，文化、体育和娱乐业两个门类，以及社会工作行业大类。

7. “3+5”战略性新兴产业是指新一代信息技术、智能与新能源汽车产业、生物医药与健康、智能装备与机器人、轨道交通、新能源与节能环保、新材料与精细化工、数字创意产业领域产业。

8. 本公报中对外经济、交通、邮电、旅游、财税、金融、科学技术、教育、文化、卫生、体育、环境保护、人口、人民生活、就业和社会保障等数据取自相关部门统计数据。

9. 部分数据因四舍五入的原因，存在着与分项合计不等的情况。

地区生产总值情况表

表 29

（现行价）

指标名称	单位	2023 年	比上年增长（%）
合 计	万元	28669489	4.6
第一产业	万元	376665	-1.0
第二产业	万元	10508318	6.5
第三产业	万元	17784506	3.6
GDP 中：工业增加值	万元	9149721	6.4
平均每人	元	101840	4.5
按构成分			
第一产业	%	1.3	平
第二产业	%	36.7	下降 0.1 个百分点
第三产业	%	62.0	上升 0.1 个百分点

注：1. 绝对数按现行价、增长速度按不变价；
2. 平均每人按常住人口计算

总户数、人口及变动情况表

表 30

指标名称	单位	2023 年	比上年增长（%）
一、户籍总户数	户	427518	2.3
二、户籍总人口	人	1205180	3.3
其中：1. 男	人	589292	3.0
2. 女	人	615888	3.5
在总人口中			
1. 乡村人口	人	92340	0.1
2. 城镇人口	人	1112840	3.5
三、常住人口	万人	282.29	0.6
四、全年出生人数	人	13652	-4.7
出生率	‰	11.37	下降 0.94 个千分点
五、全年死亡人数	人	4837	-14.2
死亡率	‰	4.03	下降 0.82 个千分点
六、全年净增人数	人	8815	1.6
净增率	‰	7.34	下降 0.12 个千分点

注：1. 户籍总户数、户籍总人数等数据由区公安分局提供；
2. 常住人口数由广州市统计局反馈；
3. 出生、死亡、净增人数等由区卫生健康局提供，为户籍人口统计口径

镇（街道）行政区域面积和人口密度情况表

表 31

单位：平方千米、人 / 平方千米

镇（街道）	行政区域面积	人口密度
市桥街道	11.35	14663
沙头街道	18.10	1596
东环街道	11.00	3576
桥南街道	17.85	3780
小谷围街道	20.15	1886
大石街道	19.34	4165
洛浦街道	25.38	4594
石壁街道	27.01	1176
钟村街道	23.41	4457
大龙街道	24.80	3243
沙湾街道	37.45	1867
南村镇	47.00	2706
新造镇	14.12	1398
化龙镇	60.28	613
石楼镇	126.50	1108
石碁镇	46.20	1240

注：本表面积由区民政局提供，人口密度按户籍人口计算

表 32

农林牧渔业总产值情况表

指标名称	单位	2023 年	比上年增减（%）
合计	万元	640489	−1.4
1. 农业	万元	202092	−3.2
2. 林业	万元	782	−6.7
3. 畜牧业	万元	24406	−29.1
4. 渔业	万元	339401	0.3
5. 农林牧渔服务业	万元	73807	9.8

注：增长速度按可比性价格计算

主要农作物面积、产量情况表

表 33

单位：亩、千克、吨

指标名称	2023 年			比上年增减		
	面积	亩产	总产	面积	亩产	总产（%）
农作物播种面积	211154			-7850		
一、粮食作物	5060	258	1304	447	-324	-51.4
其中:稻谷	2352	226	532	320	-46	-3.8
1. 早造	1439	238	342	168	-28	1.2
2. 晚造	913	208	190	152	-74	-11.7
二、经济作物	87670			-3490		
其中:花生	143	365	52	89	-5	161.5
果蔗	93	6075	565	-31	108	-23.6
三、其他作物	118423			-4807		
其中:蔬菜	117841	1476	173944	-4910	-3	-4.2
另:水果	5086	1736	8827	267	78	10.5
其中,香大蕉	772	2047	1580	77	-319	-3.9

工业总产值情况表

（现行价）

表 34

指标名称	单位	2023 年	比上年增减（%）
总计	万元	33474159	11.4
其中:私营个体	万元	10498173	3.3
一、规模以上	万元	29628729	12.9
1. 按生产性分组			
轻工业	万元	7008592	-0.9
重工业	万元	22620137	17.9
2. 按登记注册类型分组			
内资	万元	22189999	21.3
私营有限责任公司	万元	5563907	-1.6
其他有限责任公司	万元	8693629	49.3
其他股份有限责任公司	万元	6264734	37.6
港澳台商投资	万元	2731718	2.2
外商投资	万元	4707012	-11.1
二、规模以下	万元	3845430	0.1

注：工业总产值增速按可比价计算，缩减指数为 98.28（下同）

表 35

外经、外贸进出口情况表

指标名称	单位	2023 年	比上年增减（%）
一、外贸进出口总值	亿元	1163.9	6.3
1. 进口总值	亿元	451.2	-4.1
2. 出口总值	亿元	712.8	-7.6
二、外贸进出口总值	亿美元	165.5	-11.1
1. 进口总值	亿美元	64.2	-8.8
2. 出口总值	亿美元	101.3	-12.4
三、“三资”企业新批项目	个	484	44.0
四、实际利用外资	万美元	29634	-53.5
五、合同利用外资	万美元	64994	-45.7

表 36

财政收入与支出情况表

指标名称	单位	2023 年	比上年增减（%）
一、财政收入	万元	2100038	18.5
（一）一般公共预算收入	万元	1184020	13.6
1. 税收收入	万元	819217	13.7
2. 非税收入	万元	364803	13.4
（二）政府性基金收入	万元	901695	27.5
（三）国有资本经营收入	万元	14323	-36.3
二、财政支出	万元	3031455	20.1
（一）一般公共预算支出	万元	1910381	14.0
（二）政府性基金支出	万元	1120861	33.1
（三）国有资本经营支出	万元	213	-96.6

表 37

邮政业情况表

指标名称	单位	2023 年	比上年增减（%）
一、邮政局所总数	处	26	平
1. 邮政局	处	1	平
2. 邮政支局	处	23	4.5
3. 邮政代办所	处	3	−25.0
二、邮政业务营业收入	万元	22212	20.4
三、邮政工作量			
1. 函件	万件	531	33.1
其中：出口	万件	31	−10.3
进口	万件	501	37.2
2. 包件	万件	3518	−9.9
3. 特快专递	万件	967	22.8
4. 汇票	万件	0.2	−45.9
5. 订销报纸	万份	1089	5.2
6. 订销杂志	万份	49	−10.6
7. 集邮业务	万枚	43	−2.7
8. 邮政储蓄期末余额	万元	780418	14.3

注：本表数据由邮政局提供

表 38

金融机构存贷款与城乡储蓄表

指标名称	单位	2023 年	比上年增减（%）
一、全区存款合计	万元	5267488	12.4
其中，国有银行存款	万元	30341124	19.0
其他金融机构存款	万元	22286364	4.4
二、储蓄存款余额	万元	30896107	13.3
年末平均每人	元	109749	13.2
三、全区贷款合计	万元	34961280	4.4
1. 国有银行	万元	22294725	10.9
2. 其他金融机构	万元	12666555	−5.4

注：城乡储蓄余额年末平均每人按常住人口计算

表 39

批发零售贸易业商品销售总额表

单位：万元

项目	2023 年	比上年增减（%）
一、商业销售总额	35668218	9.4
批发业	29152174	11.2
零售业	6516044	1.9
二、限额以上企业商品销售总额	30169662	9.2
批发业	25562362	10.9
零售业	4042442	−1.6

表 40

社会消费品零售总额情况表

指标名称	单位	2023 年	比上年增减（%）
社会零售总额	万元	13179109	4.3
一、批发业	万元	471719	−2.3
二、零售业	万元	9913254	0.8
三、住宿业	万元	187140	29.4
四、餐饮业	万元	2606995	19.8

表 41

交通运输量情况表

指标名称	单位	2023 年	比上年增减（%）
一、货运量	万吨	1726	25.1
货物周转量	万吨千米	192919	18.0
二、客运量	万人次	12623	1.2
旅客周转量	万人千米	120741	9.9
三、港口吞吐量	万吨	1708	15.0

表 42

交通设施情况表

指标名称	单位	2023 年	比上年增减（%）
一、公路通车里程	千米	474.82	−0.6
其中：高速公路	千米	100.79	−1.5
一级公路	千米	171.87	20.9
二级公路	千米	74.03	−23.4
三级公路	千米	90.17	−8.4
四级公路	千米	37.95	平
二、养护路里程	千米	474.82	−0.6
三、公路桥梁	座	284	11.8
其中：大型以上桥梁	座	154	37.5

注：本表数据由区交通运输局提供

表 43

电力设备与消耗情况表

指标名称	单位	2023 年	比上年增减（%）
一、供电量	万千瓦时	1425092	8.0
二、地方供电最高负荷	万千瓦	287	1.9
三、全社会用电量	万千瓦时	1512900	8.0
其中：工业用电	万千瓦时	472455	4.7
农业用电	万千瓦时	14917	9.2
城乡居民生活用电	万千瓦时	401382	5.5
四、人平均用电	千瓦时	5374	8.0

注：1. 人平均用电按常住人口计算

表 44

电信业情况表

指标名称	单位	2023 年	比上年增减（%）
一、电信业务收入（含电信、移动公司）	万元	347468	3.8
二、程控电话交换机容量	门	145616	-16.4
其中：实占	门	24698	-66.6
三、程控电话用户线对	对	132164	-22.9
其中：实占	对	23648	-57.2
四、普通程控电话中继电路	路	254	-47.3
终端复用设备	个 2Mbps	62	-23.5
五、程控电话用户	户	24698	-66.6
其中：住宅	户	8056	-52.8
六、移动电话用户（含电信、移动公司）	万户	349	48
七、宽带业务网端口	个	1122466	3.7
八、互联网宽带用户	户	893760	3.7

表 45

环境质量情况表

指标名称	单位	2023 年	比上年增减（%）
一、可吸入颗粒物年日平均值	微克 / 立方米	42	10.5
二、二氧化硫年日平均值	微克 / 立方米	6	-14.3
三、二氧化氮年日平均值	微克 / 立方米	30	-3.2
四、区域环境噪声平均值	dB (A)	55.0	0.7
五、交通干线噪声平均值	dB (A)	69.5	0.1
六、空气质量优良天数	天	318	6.7
空气质量达标率	%	87.1	上升 5.5 个百分点
七、$PM_{2.5}$ 年均值	微克 / 立方米	22	4.8

表 46

社会治安情况表

指标名称	单位	2023 年	比上年增减（%）
一、交通事故	起	701	56.8
死亡人数	人	74	32.1
受伤人数	人	599	68.3
经济损失	万元	183	47.6
二、火灾事故	起	1242	7.5
死亡人数	人	5	150.0
受伤人数	人	15	25.0
经济损失	万元	1078	56.7
三、公安刑事案件立案数	件	14549	16.4
破案数	件	5308	20.4
犯罪人数	人	2026	0.6

注：1. 犯罪人数是由区人民法院提供，消防数据由市消防支队番禺区大队提供，公安数据由区公安分局提供；
2. 消防统计数据口径从实际成灾调整为实际成灾 + 未成灾数据；
3. 消防事故统计口径改为火灾事故统计口径

表 47

旅游业情况表

指标名称	单位	2023 年	比上年增减（%）
一、接待过夜游客人数	万人次	687.41	153.8
（一）入境过夜游客	万人次	35.6	2257.6
1. 外国人	万人次	11.65	2673.8
2. 中国港澳台同胞	万人次	23.95	2097.2
（二）中国大陆过夜游客	万人次	651.81	142.0
二、旅客人均消费	元	958	15.1
三、旅业客房数	间	32763	3.3
四、主要宾馆酒店开房率	%	60.75	上升 23.13 个百分点
五、旅游总收入	亿元	521.13	121.5
六、旅游接待总人数	万人次	5435.84	92.1

表 48

教育事业情况表

指标名称	单位	2023 年	比上年增减（%）
一、普通中、小学校	间	225	1.8
其中：高中	间	15	7.1
初中	间	67	3.1
小学	间	143	0.7
二、普通中、小学校在校学生人数	人	271223	6.5
其中：高中	人	25790	4.7
初中	人	60747	4.3
小学	人	184686	7.4
三、普通中、小学校当年招生人数	人	69564	16.6
其中：高中	人	9237	7.2
初中	人	21688	5.9
小学	人	38639	26.5
四、职业中学	间	3	平
在校学生数	人	10834	−5.1
当年入学数	人	3613	−22.7
五、特殊教育学校	间	1	平
在校学生数	人	589	0.5
当年入学数	人	139	−6.7
六、幼儿园	间	362	平
在校学生数	人	91317	−9.9
当年招生数	人	26882	−3.0
七、小学儿童入学率	%	100	平
八、教职工人数	人	44661	17.9
其中：普通中学	人	12282	37.2
职业中学	人	636	4.1
小学	人	15028	35.6
幼儿园	人	16467	−3.1
特殊教育	人	248	4.6
九、专任老师	人	29911	20.6
其中：普通中学	人	9652	44.3
职业中学	人	557	5.3
小学	人	12088	24.7
幼儿园	人	7426	−3.8
特殊教育	人	188	8.0

表 49

卫生事业情况表

指标名称	单位	2023 年	比上年增减（%）
一、卫生机构数	间	883	5.5
（一）卫生部门	间	88	1.1
1. 医院	间	19	平
(1) 区及区以上医院	间	7	平
(2) 镇（街道）综合医院	间	10	平
(3) 公共卫生专业机构	间	2	平
2. 卫生系统所属医院、所、站及门诊部	间	16	6.7
3. 社区中心（站）	间	48	-2.0
4. 妇幼计生服务机构	间	1	平
（二）其他部门	间	69	3.0
1. 医院	间	4	平
2. 其他机构	间	14	平
3. 厂、企、学校医务室	间	51	4.1
（三）民营	间	765	12.0
1. 医院	间	15	25.0
2. 门诊（诊所）	间	691	18.7
3. 社区中心（站）	间	59	-3.3
二、床位数	张	7453	13.8
（一）公立医疗机构	张	5764	9.7
（二）民营医院	张	1689	30.2
三、全区卫生人员数	人	18489	6.3
执业（助理）医师	人	6197	7.4
注册护士	人	7128	7.4
药师（士）	人	912	12.5
技师（士）	人	972	10.0
其他卫生技术人员	人	519	-8.5
管理人员	人	838	19.7
其他人员	人	1923	-4.8
（一）医院	人	12355	3.2
执业（助理）医师	人	3752	3.6
注册护士	人	4898	2.9
药师（士）	人	577	5.1
技师（士）	人	794	6.7
其他卫生技术人员	人	372	-8.1
管理人员	人	619	21.4
其他人员	人	1343	-2.8

续表 49

指标名称	单位	2023 年	比上年增减（%）
（二）社区	人	1955	10.5
执业（助理）医师	人	792	12.7
注册护士	人	660	7.3
药师（士）	人	209	13.6
技师（士）	人	83	31.7
其他卫生技术人员	人	45	2.3
管理人员	人	34	−10.5
其他人员	人	132	7.3
（三）门诊部	人	2632	13.4
执业（助理）医师	人	1094	18.0
注册护士	人	1097	20.9
药师（士）	人	63	40.0
技师（士）	人	19	−5.0
其他卫生技术人员	人	27	−40.0
其他人员	人	332	−12.2
（四）诊所、卫生所、医务室	人	1191	29.2
执业（助理）医师	人	530	7.1
注册护士	人	443	35.1
药师（士）	人	61	103.3
技师（士）	人	9	350.0
其他卫生技术人员	人	39	178.6
其他人员	人	109	105.7
（五）其他卫生机构	人	356	−12.1
执业（助理）医师	人	29	20.8
注册护士	人	30	11.1
药师（士）	人	2	−33.3
技师（士）	人	67	21.8
其他卫生技术人员	人	36	−39.0
管理人员	人	55	7.8
其他人员	人	137	−26.3

2024 年政府工作报告

——在广州市番禺区第十八届人民代表大会第四次会议上

（2024 年 2 月 28 日）

广州市番禺区人民政府区长 叶珊瑚

一、2023 年工作回顾

2023 年是全面贯彻党的二十大精神的开局之年，在开启强国建设、民族复兴新征程的关键时刻，习近平总书记亲临广州，深入番禺企业车间一线，就坚持对外开放、重视实体经济、实现高水平科技自立自强等方面作出重要指示，为我们推进现代化建设进一步指明了前进方向、提供了根本遵循。一年来，我们牢记嘱托、感恩奋进，深入学习贯彻党的二十大精神和总书记视察广东重要讲话重要指示精神，在市委、市政府和区委的坚强领导下，锚定“智造创新城”定位，较好完成了区十八届人大三次会议确定的任务目标，全力推动经济社会发展取得新成效。

（一）主要经济指标实现稳步增长。全年实现地区生产总值 2866.95 亿元，增长 4.6%，总量全市第四。规上工业总产值 2937.4 亿元，增长 12%；规上工业增加值 623.55 亿元，增长 11.7%；限上商业额 3016.97 亿元，增长 9.2%；社会消费品零售总额 1317.91 亿元，增长 4.3%。固定资产投资 811.69 亿元，增长 10.1%，其中工业投资 128.92 亿元，增长 32.4%。地方一般公共预算收入 118.4 亿元，增长 13.56%。城镇新增就业 3.28 万人，广州南站到发旅客峰值、工商业用电量超过历史最高峰值。

（二）重点功能片区扩面提质。南大干线经济带加速成型。番禺经济技术开发区完成扩区，区域配套设施进一步完善；长隆万博商务区获评全市首个“广州软件名园”称号，华润万象、新世界 K11 等重点商业项目成功落地，新增甲级写字楼数量、总面积全市第一；广州南站 TOD、中铁建华南区域总部等项目建设顺利推进；广州人工智能与数字经济试验区（大学城片区）建设提速增效，国家未来产业科技园落地运营。亚运大道经济带三大组团建设全面提速，智造创新园累计完成土地整备 3816 亩，专精特新企业集聚区实现 100% 企业进驻。国家级沿海渔港经济区建设稳步推进。

（三）现代化产业体系加快形成。工业实现较快增长。荣获“全省工业稳增长评估优秀区”称号。全年实现汽车产量 82.26 万台、增长 55%，完成汽车工业产值 1315.37 亿元、增长 33.3%，超进度完成汽车产业“三年翻番”计划第二年目标。因湃电池、锐湃电驱、中航光电（一期）、青蓝半导体等项目建成投产，广汽埃安入选全球新能源汽车灯塔工厂。持续推动服装、珠宝、装备制造等 13 条重点产业链集聚发展，灯光音响产业集群入选国家级中小企业特色产业集群。服务业全面复苏。全区文体娱乐业增长约 1.7 倍，接待游客数量、旅游总收入分别增长 92.1%、121.5%，全年住宿业、餐饮业营业额分别增长 19.8%、11%。创新动能持续提升。R&D 占比 3.4%，创历史新高。全年新增上市企业 4 家、新增国家级专精特新企业 12 家、高新技术企业 737 家，总量均居全市前三。广汽埃安、希音、小鹏汇天、探迹科技入选全球独角兽企业榜单，入选数量占全市 18.2%，企业估值占全市三分之二以上。积极支持企业研发创新，2686 家企业享受研发费用加计扣除优惠 107 亿元，同比增长 21%。全面实施“番禺人才生态 30 条”，累计安排人才补贴超 7 亿元，扶持 7955 个创新创业团队和个人。质量强区建设再上新台阶，连续六年获评全市质量工作考核第一名，新增 4 家单位获省政府质量奖、5 家企业获市长质量奖。

（四）产业空间拓展成效显著。高质量完成《番禺区国土空间总体规划（2021—2035 年）》编制。土地整备高效推进。全年完成土地整备 3400 亩，供应产业用地 28 宗 1522 亩，超额、超预期完成全年土地整备和供应目标。成功争取市对广汽埃安广州三工厂项目 110 公顷建设用地规模支持。存量工业用地提容取得突破性进展。全年批复项目 22 个，总面积 1316 亩，预计新增投资 59.65 亿元、产业空间 210 万平方米。村镇工业集聚区改造加快推进。新增沙头街汀根村 237 亩纳入改造试点，全区试点面积达 1658 亩。有力开展用地领域问题整治。完成违法用地图斑整改 1241.89 亩，处置批而未供土地 765 亩。

（五）营商环境持续优化。改革开放深入推进。有力落实《番禺区支持广州南沙深化面向世界的粤港澳全面合作的行动方案》，番禺建设粤港澳优质生活圈示范区纳入中央大湾区建设年度重点工作安排，广佛全域同城化高质量发展合作区加快建设。重点领域改革持续深化，“公共场所卫生许可行政审批告知承诺闭环管理”获评全国信用承诺优秀案例，“政务服务事项标准化及其应用试点”获评省级优秀试点项目。企业建设服务水平持续提升，产业项目从交地到工程竣工的建设时间平均压减约 100 天。新注册外资项目 484 个、增长 44.05%，合同利用外资额 45.97 亿元。知识产权保护全面加强。获批国家知识产权强县建设示范县，新获发明专利授权 4064 件、增长 39.5%。成功注册首个国家地理标志证明商标“沙湾墨兰”，累计获评中国驰名商标 22 件、集体商标 11 件，排名全市第一。市场活力不断迸发。全区实有市场主体 40.24 万户、增长 12.07%，新登记市场主体 7.22 万户、增长 41.16%，企业迁移户数顺差全市第一。招商引资重点发力，全年签约项目、注册项目、落地项目达近年新高。

（六）城乡功能品质不断提升。枢纽功能持续强化。历经数届班子谋划部署、市区部门共同努力、全区上下尤其是北部六镇街攻坚克难，终于实现南大干线全线通车。地铁 7 号线二期开通运营。新（改）建非机动车道 48 千米，海珠湾隧道征拆顺利完成，广明高速公路辅道完成扩建，广汽中路延长线、金荷一路延长线相继开通。东晓南路—广州南站连接线工程、广州大道快捷化改造一期等项目建设快速推进。完成 23 个交通拥堵点治理，全区拥堵指数降至 1.29，降幅 5.84%。优化调整公交线路 34 条次，优化迁改公交站点 16 个。“百千万工程”迈开步伐。“一镇一业”建设、“1+5”典型镇村培育工作有力推进，新增区级以上农业龙头企业 14 家。莲花山中心渔港获评“全国文明渔港”称号。沙湾“古韵叠境”新乡村示范带基本建成，169 条行政村达到省定美丽宜居村标准。石楼镇获评省级乡村治理示范镇，15 条村获评省级乡村治理示范村。农村居民人均可支配收入连续 5 年位居全省第一。扎实做好东西部协作和对口帮扶、支援、合作等工作，拨付帮扶资金 1.5 亿元，实施帮扶项目 146 个。严格落实耕地保护，全年恢复耕地约 3000 亩，石楼镇海心村、沙南村现有耕地提质改造项目获评省垦造水田典型案例。全年治理违法建设 222.18 万平方米。城市更新有序实施。里仁洞村、罗边村、南浦村等城中村改造项目稳步推进，市桥街西城社区等 5 个老旧小区改造项目顺利完工，钟村街怡乐园等 5 个老旧小区改造项目正式动工。

（七）社会民生保障更加有力。十件民生实事如期兑现。教育事业稳步发展。新开办公办中小学 2 所、公办幼儿园 8 所，改扩建公办中小学

110所，新增公办学位约1.6万个。扎实推进“双减”工作，为17万学生提供校内课后服务。卫健水平持续提升。新增国家级胸痛中心2家、总数达11家，位居全市第一。家庭医生重点人群签约率超80%，职业健康监管工作连续三年全市第一。积极创建全国基层中医药工作示范区，区中医院入选广州市“西学中”培训基地。民生保障精准有效。发放就业补助资金2.29亿元，开展就业技能培训166场次、培训超1.7万人次。建成家庭养老床位2012张，实现颐康服务站村居全覆盖。退役军人服务、未成年人关爱保护、特殊群体救助福利发放工作稳步落实，养老金、医保、低保、最低工资等民生保障覆盖面持续扩大，失业、工伤等阶段性降费累计减负3.4亿元，发放各项社保待遇47.42亿元、各类救助资金3930.74万元、残疾人补贴3275.23万元。住房保障更加完善。新增筹集保障性租赁住房1.98万套，落实人才公寓804套，筹建公租房1022套，完成旧楼加装电梯161台。文体事业蓬勃发展。区图书馆新馆全年入馆163万人次，居全市区级图书馆前列。举办大型文化惠民活动224场次，受惠群众超84.7万人。余荫山房、西坊大院分别成功创建国家AAAA、AAA级旅游景区。顺利承办“市长杯”羽毛球赛、乒乓球赛，“番禺区村级男子篮球赛”获评省体育产业示范项目。

（八）绿美番禺生态建设成效初显。科学精准扩绿增绿。全面落实林长制，新增城市绿地1003亩、口袋公园5个，新种树木9.3万株，新建、提升绿道30千米，石楼镇获评全市首个“省森林城镇”称号。强力推进治水攻坚。全年完成投资38.05亿元，203宗水利工程竣工验收。新建公共管网166千米、村居管网699千米，完成合流渠箱分流改造50条、排水单元达标299个，治理内涝风险点37个，建设海绵城市14.68平方千米。完成1338千米管网清疏、1151个河涌水质问题整改。桥南、中部、创新城、广州南站4座净水厂项目开工建设，全区污水处理能力提升至101.2万吨/天。三个国考断面水质全面达标。城乡环境更加宜居。挥发性有机物综合治理、扬尘和移动源污染防控取得新成效，全区环境空气质量综合指数同比改善1.5%。稳妥推进碳达峰碳中和，加快发展方式绿色低碳转型。全年建成市垃圾分类样板村14条、星级生活垃圾分类投放点56个、“两网融合”点70个。

（九）城市安全韧性不断增强。有效防控重点领域风险。坚决扛起粮食安全责任，粮食播种面积和产量实现“五连增”，储备粮规模达11万吨，创历史新高。食品安全考核连续九年获评全市优秀，药品安全考核连续三年获评A级。持续强化能源安全保障，有效防范经济金融风险。社会环境平安有序。常态化开展扫黑除恶斗争，严厉打击电信网络诈骗犯罪，实施夏季治安打击整治、涉赌博游戏机打击整治等专项行动，刑事、治安警情分别下降10.9%、7.8%。开展海防联防综合演练，全区涉走私警情下降91.4%。安全生产常抓不懈。扎实推进重大事故隐患、自建房和城中村出租屋安全隐患专项排查，完成安全生产领域255个重大事故隐患整治、2036栋自建房隐患整治、8.69万宗城中村出租屋隐患整改。开展交通秩序大整治，查处交通违法行为74.54万宗。改造提升村（社区）微型消防站51个，成功创建22个全国综合减灾示范社区。基层治理效能稳步提升。深化党建引领城中村治理，16个镇街和100个城中村综治中心完成规范化达标改造。持续擦亮“五社联动”品牌，推动社会矛盾源头化解。全年办理12345热线工单36.03万宗。

（十）政府自身建设持续加强。政府系统党的领导和党的建设全面加强，扎实开展主题教育，推动以学铸魂、以学增智、以学正风、以学促干取得实效。深入推进法治政府建设，自觉接受人大依法监督和政协民主监督，办理各级人大代表建议210件、政协委员提案172件，区政府获评广州市政协提案先进承办单位。区领导出庭应诉案件获评全国百优庭审案例，区大调解中心、“禺城解纷队”揭牌成立。严格履行党风廉政建设“一岗双责”，锲而不舍落实中央八项规定及其实施细则精神，持续纠“四风”树新风，一体推进“三不腐”。坚持常态化过紧日子，不断加强审计监督、统计监督和财会监督。政府作风持续改进。

此外，国防动员、军民融合、双拥、保密、档案、贸促、供销、民族宗教、对台、侨务、气象、工会、青少年、妇女儿童、慈善、红十字会等工作取得新进展。

各位代表！过去一年，我们接续奋斗、砥砺前行，取得了来之不易的成绩。这是习近平总书记作为党中央的核心、全党的核心领航掌舵的结果，是习近平新时代中国特色社会主义思想科学指引的结果，是全区上下在市委市政府和区委正确领导下团结奋斗的结果，是人大、政协和社会各界监督支持的结果。在此，我代表区人民政府，向在各个岗位上辛勤工作、无私奉献的番禺人民，向给予政府工作大力支持的人大代表、政协委员，向各民主党派、各人民团体和社会各界人士，向驻地官兵、离退休老同志，向关心和支持番禺现代化建设的港澳台同胞、海外侨胞、国际友人，致以诚挚的敬意，表示衷心的感谢！

在看到成绩的同时，我们也清醒认识到，对标高质量发展的目标要求和人民群众对美好生活的新期待，我区经济社会发展还存在一些短板和弱项：一是经济结构转型任重道远，创新引领新旧动能转换尚未完成。房地产依存度过高，科技成果转化能力不强，大学城创新策源地作用尚未充分发挥；部分中小微企业经营仍然困难，用地、用工、融资等难题仍未有效解决。二是城市基础设施和精细化管理水平有待提升。治水攻坚成果不够稳固，城市内涝、交通拥堵、基础设施老化、停车难、违法建设等问题制约了高质量发展。三是公共服务还有欠缺。基础教育、医疗、养老等社会民生方面与人民群众的期待和诉求还有差距。四是一些领域的矛盾风险上升。涉住宅小区和物业管理矛盾纠纷多发，生产安全、消防安全、城中村改造和治理、用地领域历史遗留问题处置等面临较大压力，留用地闲置等问题制约了农业农村发展。五是履职能力有待提升，作风建设仍需加强。个别干部缺乏担当精神，能力本领不强，敢为人先的锐气减弱，形式主义、官僚主义现象在某些领域仍比较突出。六是外部环境的复杂性、不确定性上升。国际分工体系面临重构，对进出口和产业链供应链造成较大影响。这些问题和挑战既有主观也有客观，既有外部也有内部，既有长期也有短期。我们要辩证看待问题与不足，追根溯源、精准识别、对症施策，深刻认识到这些问题短板也是发展的潜力板，进一步坚定高质量发展的信心决心。

二、2024 年工作安排

今年是新中国成立 75 周年，是实现“十四五”规划任务目标的关键一年，做好政府工作意义重大、责任重大。今年政府工作的总体要求是：以习近平新时代中国特色社会主义思想为指导，全面贯彻落实党的二十大、二十届二中全会和中央经济工作会议精神，深入贯彻落实习近平总书记视察广东重要讲话重要指示精神，细化落实省委“1310”具体部署、市委“1312”思路举措和区委“十二个方面走在前列、争当示范”重点任务，对标“排头兵、领头羊、火车头”标高追求，锚定“智造创新城”战略定位，坚持稳中求进工作总基调，完整、准确、全面贯彻新发展理念，服务和融入新发展格局，着力推动高质量发展，全面深化改革开放，推动高水平科技自立自强，统筹扩大内需和深化供给侧结构性改革，统筹新型城镇化和乡村全面振兴，统筹高质量发展和高水平安全，持续推动经济实现质的有效提升和量的合理增长，增进民生福祉，保持社会稳定，努力在广州加快实现老城市新活力、“四个出新出彩”，继续在高质量发展方面发挥领头羊和火车头作用中展现番禺担当、作出番禺贡献！

今年全区经济社会发展主要预期目标是：地区生产总值增长 5% 以上，规上工业总产值和规上工业增加值分别增长 8% 以上；固定资产投资增长 8% 左右，其中工业投资增长 20% 以上；社会消费品零售总额增长 5% 左右；地方一般公共预算收入和城乡居民收入增长与经济增长基本同步；单位地区生产总值能耗稳步下降。

做好今年工作，要深刻把握推进中国式现代化这个最大的政治，把坚持高质量发展作为新时代的硬道理，稳中求进、以进促稳、先立后破，不断解放思想、提升能力、转变作风、狠抓落实，以“万亩千亿”攻坚行动为抓手，“智造 + 智核”双轮驱动，为建设“智造创新城”再造新优势、催生新动能、开创新局面。重点做好以下工作：

(一)深入推进湾区建设，加快形成狮子洋增长极

全面融入粤港澳大湾区建设，主动对接《南沙方案》，围绕“两带一轴”加快南大干线经济带、亚运大道经济带、广州活力创新轴（粤港澳大湾区科技创新轴）番禺段等重点功能片区建设，进一步拓展高质量融合发展空间，努力成为广州狮子洋增长极的主力军。

1. 推动南大干线经济带建设提质增效。加快长隆万博和广州南站商务区东西对进、融合发展。市区联动推动谢村组团优化提升；加快长隆二期、三期规划建设；谋划打造汉溪大道特色商业街区；围绕新经济新业态，大力发展“楼宇经济”，做好商圈培育和招商工作；强化交通要素支撑，开展周边交通路网优化；服务和保障华润万象、新世界K11、中铁建华南区域总部、里仁洞村城中村改造、广州环球贸易广场、广州足球公园、南站地下空间等重点项目加快建设进度；全面迈开世界级“欢乐舞台”建设新步伐。促进大学城—创新城融合发展。推动人工智能与数字经济试验区（大学城片区）创新创业集聚发展；聚焦南北岸互联互通，加快路网建设；充分发挥大学城“智核”功能，高水平谋划东西庄科技创新产业集聚平台建设。加快番禺经开区提质升级。积极推进国家级经开区申报工作；加快国家新型工业化产业示范基地和智能网联与新能源汽车产业创新基地建设；加大土地整备和项目招商力度；全力服务和保障因湃电池二期、锐湃电驱二期等项目顺利建设；持续提升园区内交通、管廊、水电、商业等基础设施配套水平；市区合力高标准启动莲花湾展贸城片区规划建设。

2. 推动亚运大道经济带建设全面提速。聚焦重点抓好市桥大龙组团、番禺智造创新园组团、亚运城组团建设。启动番禺广场地下空间和地面广场优化提升，加快旧水坑村镇工业集聚区更新改造，推动石岗东村工业区、清河市场片区规划调整和功能升级；加大智造创新园招商出让和低涌地块土地整备力度，加强市政路网和水电气等要素保障支撑；衔接国家级沿海渔港经济区，拓展产业发展承载空间。

3. 高起点开展广州活力创新轴番禺段谋划。主动对接广州“三脉”“三轴”“三核”“四极”战略谋划，开展广州活力创新轴番禺段研究，努力在广州“两洋南拓”“两江东进”的新征程中发挥主力军作用。

(二)坚持科技自立自强，以科技创新引领现代化产业体系建设

坚持实体经济为本、制造业当家，坚决落实“产业第一、制造业立市”部署，全力推进新型工业化，统筹发展传统产业、新兴产业和未来产业，以科技创新引领现代化产业体系建设，加快形成新质生产力。

1. 全面完成汽车产业“三年翻番”计划。继续推动汽车产业产量和产值稳步增长，争取广汽埃安广州三工厂尽快落地建设。继续引进一大批核心零部件项目，持续提升近地化配套水平。服务和保障广汽荻原二期、中航光电二期、鞍钢二期、依工（中国）、纳诺电池、沃美诺、硕贝德、苏州智华、广东富强等一批新项目开工建设和竣工投产，为番禺制造业发展注入新动能。

2. 加快优势产业发展壮大。以13条重点产业链为依托，推动优势产业集群集聚发展。进一步培育壮大高端装备、通用设备、灯光音响、快时尚等产业集群；大力发展文商旅体、检验检测、创意设计、管理咨询等现代服务业；支持互联网软信和数字经济龙头企业做强做大。大力发展园区经济，提升服务保障水平和产出效能。依托优势产业和优势企业，通过品牌化、数字化、平台化提升和集聚发展，培育第二个千亿级支柱产业，加快形成新的经济增长点。

3. 创新培育新兴产业和未来产业集聚成长。充分发挥广州大学城“智核”功能，加快培育“创新策源—孵化转化—产业应用”创新生态。深刻认识和把握全球新一轮科技革命和产业变革的趋势和方向，精选细分赛道，着力培育人工智能和数字经济、新能源、低空经济、生命科学等战略性新兴产业和未来产业。强化企业创新主体地位，吸引和培育一批国家级、省级专精特新企业，支持一批高成长性企业发展成为头部科技企业、独角兽企业和上市企业。年内新增认定高新技术企业580

家以上，推动科技型中小企业评价入库 2700 家以上。进一步提升人才引进和服务保障水平。

4. 着力培育海洋产业。做优做强海工装备、临港工业、水产种业等临海产业。精细化利用海洋发展空间，做好重点项目自然资源要素用海保障。联动周边保护海洋，开展海岸线整治修复，强化红树林等海洋生态系统保护，营造优美滨海河口海岸景观。

（三）强化高水平规划引领，优化生产生活生态空间

1. 以高水平规划引领高质量发展。主动对接广州新中轴南延段和广州活力创新轴规划，高标准推进番禺城市总体发展战略、总体城市设计和生态廊道优化提升规划编制，高品质推动番禺粤港澳大湾区优质生活圈示范区建设，高起点谋划组织东西庄科技创新产业集聚区城市设计国际竞赛，高质量完成番禺智造创新园、清河市场片区、大象岗森林公园等重点项目规划设计。

2. 大力推进土地收储与出让工作。进一步加大土地整备力度，全年完成不少于 4000 亩土地收储。以挂牌成交为标准，全年完成不少于 2000 亩土地出让。全力保障和拓展重点产业、重点企业、重点项目的发展空间。

3. 持续推进存量工业用地提容增效。进一步发动企业主体参与，加快和优化审批流程，全年新增完成不少于 1000 亩存量工业用地提容项目。推动已批复提容项目尽快动工建设，加强建筑形态和产业业态监管，做好服务保障和招商引资工作。

4. 加快推进村镇工业集聚区改造。推动旧水坑村、桥山村、汀根村 3 个试点项目加快实施进度，争取更多项目纳入试点范围，为制造业提供更多高品质发展空间。

5. 严格落实耕地保护责任制。实施“万亩耕地开垦计划”，以国土变更调查为基准，每年新增和复垦不少于 2000 亩耕地。全面推行田长制，落实最严格的耕地保护制度，健全土地执法长效机制，持续开展耕地“零弃耕”和“撂荒耕地”整治，完成高标准农田建设任务和“农占耕”整治试点工作。推动全域土地综合整治取得实质性进展。

6. 加大力度解决用地领域历史遗留问题。按时按质完成违法用地问题整改，深入开展批而未供和闲置土地处置，推动批而未供项目快启动、快推进、快见效。

（四）深化重点领域改革，增强经济发展内生动力

1. 全力扩投资、促消费、稳外贸。扩大有效投资，优化投资结构，多渠道筹集资金，逐步提升产业投资和交通市政、生态水务、社会民生领域投资比例，支持社会资本参与新型基础设施等领域建设。狠抓重点产业招商，积极开展链主招商、以商引商。持续推进国际消费中心城市建设，以长隆万博、广州南站、祈福缤纷世界、市桥北片、番禺广场等地标商圈和特色商圈为依托，以广州国际美食节、国际珠宝首饰流行趋势发布会等重要节点活动为契机，促进消费复苏和增长。积极培育外贸新动能，继续打好“五外联动”组合拳，助力珠宝首饰、纺织服装、汽车等行业重点企业开拓国际市场。

2. 积极推进营商环境改革。加快建设企业友好型城区。多措并举助企纾困，以区领导挂点联系重点项目、重点企业机制为抓手，加大暖企稳企力度，切实帮助企业解决用地、用工、融资等难题。打造企业全生命周期优质高效服务链条，围绕企业降本增效、产业生态优化、政务服务能力提升等推出一批改革措施。落实好结构性减税降费政策，重点支持科技创新和制造业发展。深化国家知识产权强县示范县建设，推动全区知识产权全链条保护。实施新业态新行业包容审慎监管，着力营造“无事不扰、有求必应”的营商环境常态。

3. 进一步激发各类市场主体活力。坚持“两个毫不动摇”，充分激发各类市场主体的内生动力和创新活力，持续优化民营经济发展环境，一视同仁支持各类企业发展，保障权益、落实政策、精准服务，着力解决中小企业困难和需求。深化国资国企改革，优化国有资本布局，提升区属国企市场竞争力。完善企业主体梯次培育体系，持续推动“个转企、小升规、规改股、股上市”。

（五）加快基础设施建设，进一步提升城市

功能品质

1. 大力发展交通基础设施。确保金光东隧道、景观大道、亚运大道跨砺江河大桥年内建成通车。启动新光隧道扩建、大学城—创新城第二过江隧道和智造创新园、专精特新企业集聚区等园区道路规划建设。开展汉溪大道—南大干线纵线道路、长堤东路（大龙—石碁段）前期研究。加快滨河路（金光西大道—金光东大道段）、南大干线—市新路节点工程、亚运大道快捷化改造工程等市政道路建设进度。全力保障海珠湾隧道、东晓南路—广州南站连接线建设。市区联动争取东部干线和沙鱼洲隧道、化龙—开发区过江通道和莲花山过江通道等东部三通道尽快启动实施，争取莲花山过江通道对我区最有利的规划设计方案。加快畅通区内交通微循环。实施“十大堵点”治理三年攻坚计划，全力缓解交通拥堵问题；实施停车场建设三年攻坚计划，未来三年新增3万个以上公共停车位，全力纾解停车难问题。服务保障3号线东延段、广佛环城际（广州南—白云机场段）、穗莞深城际琶洲支线、佛莞城际、广州站至广州南站联络线等轨道项目建设，积极争取我区更多线路纳入市第四期城市轨道交通建设规划。

2. 不断提升要素支撑保障水平。靠前谋划建设产业园区基础设施配套，提前落实水、电、路、网等要素保障，综合统筹施工便道、水电输送、土地平整、综合管廊配套基础设施和要素保障。持续推动5G基站建设，提升千兆光网覆盖率，新增建设一批充电桩和智慧灯杆。推动交通物流融合发展，促进物流降本增效提质，提升现代物流服务支撑产业链供应链能力。

3. 以绣花功夫做好城市精细化管理。持续加强城市管理，落实落细执法监管工作机制，重点打击货物乱堆、车辆乱停、污水乱排等乱象。严查严控违法建设，持续开展房屋天面及占用物业公用部位违法建设行为专项排查整治，以“亮剑”拆违系列行动为抓手，集中整治重点区域、主干道及高快速路沿线、住宅小区违法建设，完成220万平方米违法建设治理任务。深入开展镇街全域服务治理，实施城市品质提升行动，持续改善人居环境。

（六）全力实施“百千万工程”，促进城乡协调发展

1. 推动“百千万工程”任务落地。聚焦“一镇一业”抓产业谋划，推进美丽圩镇“七个一”建设，集中资源培育“1+5”典型镇村。高标准建设莲花山国家级沿海渔港经济区，形成以现代渔业、特色旅游、绿色智造、时尚创意为支柱的产业生态。把推进新型城镇化和乡村全面振兴有机结合起来，促进各类要素双向流动。深入推进“粤强种芯”工程，完成“菜篮子”考核任务。巩固拓展新乡村示范带建设，实施“五个美丽”专项行动，深入推进村庄清洁行动和“省定美丽宜居村”创建工作，推动农村人居环境全面提升，加强农村公路养护和安全管理。

2. 扎实稳妥推进城市更新。加快里仁洞村、罗边村等4个城中村改造项目建设进度，争取“净地出让”新模式下更多项目纳入改造计划，积极有序推动新旧政策衔接。以“绣花”功夫推进老旧城区有机更新，推动市桥街沙园社区等5个老旧小区微改造项目完工，启动大龙街城市花园等新一批改造项目建设。

3. 争取留用地开发政策突破。加强农村留用地的统筹规划和开发力度，千方百计推动农村留用地的收储、推介和盘活，灵活探索留用地项目多种开发方式，保障农村集体利益。

4. 推动成果共享促进农民富裕。持续优化“三资”监管，完善农村集体资产交易平台。深化“三农”金融服务，支持农民就业创业。健全农村产业服务体系，培育壮大精品民宿、休闲农业等新业态，进一步拓宽农民增收渠道。高标准完成东西部协作毕节赫章、威宁、金沙，对口支援新疆疏附、西藏波密，对口帮扶协作梅州五华、蕉岭，对口产业协作肇庆封开，结对合作福建上杭，以及驻镇帮镇扶村等中央和省市交给番禺的任务。

（七）用心用情办好民生实事，持续增进民生福祉

1. 办好人民满意的教育。积极创建国家义务教育优质均衡发展区、省基础教育高质量发展示范区，重点推动罗边村旧改项目配套小学、番禺中学附属学校二期、利凯新城配建学校等项目建

设，全年新增公办学位不少于2000个。深化“双减”工作，提升学校教学质量和课后服务水平。加快创建国家学前教育普及普惠区和全国完善普惠性学前教育保障机制试验区，新增不少于6个中小学学前教育集团（联盟）。开展3岁以下婴幼儿照护服务体系建设三年行动，支持鼓励更多幼儿园延伸提供托育服务。

2. 加速发展医疗卫生事业。启动实施“卫健50”计划，未来3年投入不少于50亿元资金，建设一批重点医疗卫生项目，推动全区卫生健康系统基础设施建设水平迈上新台阶。加快推进广州医科大学附属番禺中心医院和区公共卫生服务中心等医联体项目建设。提升基层卫生健康服务能力，深入推广家庭医生服务。落实三孩生育政策配套措施，发展银发经济。持续加强心理健康服务和重点人群健康服务。深入开展爱国卫生运动，巩固国家卫生城市成果。

3. 完善住房保障体系。推进房地产优化措施落地见效，支持刚性和改善性住房需求，促进房地产行业平稳健康发展。加快推进保障性住房、“平急两用”公共基础设施、城中村改造“三大工程”。统筹解决城市户籍人口和引进人才住房问题，加大保障性租赁住房筹集和建设力度。

4. 强化民生保障兜底能力。全力办好十件民生实事。更加突出就业优先导向，持续拓宽就业渠道，保障企业用工，组织补贴性技能培训1万人次以上。开展儿童友好型、青年发展型城市建设。提升社保覆盖面和待遇水平，用心保障特殊困难群体的基本生活和健康安全。做好退役军人服务。健全居家社区养老服务网络，促进村居颐康服务站优化提升。

5. 激发广府文化时代活力。深化国家全域旅游示范区建设，促进文商旅产业融合发展，打造大湾区世界级旅游目的地。加快番禺工人文化宫等重点项目建设。进一步做好历史文化保护利用，打造“珠水金声粤韵乐乡”广东音乐文化品牌，推进市桥渔帆历史文化风貌街区等修缮工程。配合做好第十五届全运会和残特奥会筹备工作。承办好“市长杯”羽毛球赛、乒乓球赛，举办村级篮球赛等各类体育赛事活动。充分发挥国家文化出口基地作用，积极开展对外文化合作交流。

（八）突出绿美番禺生态建设，打造美丽宜居番禺

1. 科学实施城乡绿化美化。实施“番禺绿芯”建设计划，启动“城园融合”工作，串连大象岗、大夫山、滴水岩三大森林公园，年内启动张和岗—大象岗—飘峰山段规划建设。全面落实林长制，持续推动绿美广东示范点建设，新种不少于9万株树木，完成1000亩以上森林质量优化提升，严格保护古树名木及后续资源。新建5个以上口袋公园，完成18千米以上碧道建设任务。稳妥推进碳达峰碳中和工作，积极协助重点企业完成绿色低碳认证。

2. 深入开展水环境治理三年攻坚行动。全年新增投入资金33亿元，全力推进52宗治水攻坚项目建设，完成14宗排水单元配套管网工程、121条村居雨污分流改造和203个住宅小区（散区）排水单元达标创建，完成4座净水厂和9宗污水主干管网建设，推动区应急备用水源工程年内开工。巩固中央生态环保督察反馈问题整改成效，强化河湖长制，狠抓国考断面水质达标，推动河湖长治久清。动真碰硬抓好“散乱污”场所整治，按照“遏制增量、清理存量”原则常态化推进河湖“清四乱”，年内完成不少于30万平方米涉水建(构)筑物整治。提升城市防洪排涝能力，完成13个内涝风险点治理、11.5平方千米海绵城市建设。

3. 系统推进生态环境治理。以$PM_{2.5}$控制为主线，强化多污染物协同控制，持续加强固定源、移动源监管和扬尘管控，开展涉挥发性有机物和氮氧化物重点行业企业排查整治。深化土壤污染防治与管控修复，保障重点建设用地安全利用。深入推进“无废城市”试点建设，加强工业固体废物污染防治和专项执法。开展重点行业生活垃圾源头减量行动，完成第四批投放点优化提升和市级样板村创建工作。

（九）更好统筹发展和安全，全力维护社会大局和谐稳定

1. 保障重点领域安全。落实粮食安全责任制，确保粮食播种面积“只增不减”。全力保障能源安全，推进番南输变电工程、楚庭第二通道工程、番南智能装备电力产业园等重点电力项目建设。强化政府性债务管理，加强金融风险预警监测防控，确保不发生系统性风险。

2. 守牢公共安全底线。落实安全生产“国家15条”“省65条”“市35条”等措施，推动治理模式向事前预防转型，深化自建房、建筑工程、道路交通、城镇燃气、有限空间等重点领域安全防范工作，坚决防范遏制重特大事故发生。推进国家食品安全城市创建，持续加强药品安全监管。压实消防安全责任，推动镇街、村居微型消防站全覆盖。加强综合防灾减灾救灾能力体系建设，提高网络与数据安全风险应对水平。

3. 提升社会治理效能。深化党建引领城中村治理。坚持和发展新时代“枫桥经验”，优化城乡社区议事协商联动、多方参与监督执行、基层群众自治等机制。推进“和谐共融”家园建设，增强来穗人员归属感。深化平安番禺建设，常态化开展扫黑除恶斗争，严厉打击电信网络诈骗、涉赌博游戏机、涉网黑恶犯罪等突出违法犯罪。深化“智慧边海防”建设。狠抓交通秩序治理，推进电动自行车、共享单车专项整治。纵深推进“五社联动”，强化网格化管理和最小应急单元建设，着力提升社会治理水平。

（十）贯彻全面从严治党要求，持续加强政府自身建设

1. 把政治建设摆在首位。始终把党的全面领导贯穿政府工作全过程各方面，巩固拓展主题教育成果，坚持不懈用习近平新时代中国特色社会主义思想武装头脑、指导实践、推动工作。严明政治纪律和政治规矩，严肃党内政治生活，胸怀“两个大局”、牢记“国之大者”，确保政府工作始终沿着习近平总书记指引的方向奋勇前行，以实际行动坚定拥护“两个确立”、坚决做到“两个维护”。

2. 把法治建设推向纵深。践行习近平法治思想，落实全过程人民民主，自觉接受人大依法监督、政协民主监督、纪检监察专责监督和社会舆论监督，主动听取民主党派、工商联、无党派人士和各人民团体意见，提高人大代表建议、政协委员提案办理质量和效率，全面推进政务公开。深入推进法治番禺建设，全面落实重大行政决策程序制度，努力让法治成为社会共识和基本准则。依法规范抓实抓细第五次全国经济普查工作，摸清摸准番禺经济家底。

3. 把效能建设抓紧抓实。主动更新知识观念，加强专业能力训练，不断增强推动高质量发展本领、服务群众本领、防范化解风险本领。推动智慧城市和数字政府建设，全面提升政务服务能力，围绕“高效办成一件事”，落实“一网通办”、线下通办，推广“一码办事”“免证办事”。强化整体政府意识，提高政府执行力和公信力。践行以人民为中心的发展思想，注重可感可知，多为企业和市民办实事、解难题、优服务。提高12345热线工单、信访件办理质效和市民满意度，推动高频、共性问题标本兼治，解决好人民群众最关心、最直接、最现实的利益问题。

4. 把正风肃纪反腐贯穿始终。严格执行中央八项规定及其实施细则精神，持续纠治“四风”，突出整治“文山会海”，推动作风建设常态化长效化。牢固树立和践行正确政绩观，坚持干在实处、务求实效，振奋干事创业的精气神，坚决当好贯彻党中央决策部署的执行者、行动派、实干家。坚持“过紧日子”，尊重和用好纳税人的每一分钱，今年公务用车购置和运行维护费、公务接待费、政府购买服务支出压减5%以上，由财政资金支出的展会、论坛费用压减50%以上，项目支出严格按照“优安全、促发展、保续建、慎新开”的原则铺排。坚持一体推进“三不腐”，营造风清气正的政治环境。持续抓好巡视、巡察、审计等发现问题整改，高质量推进审计监督全覆盖，完善廉政风险防控机制，以零容忍态度惩治腐败，坚定不移把政府党风廉政建设向纵深推进。

各位代表，人民政府为人民。我们将牢记政府前面的“人民”二字，以更加朴实的作风和更加贴心的方式服务百姓，惠及民生！始终把为民造福作为政府工作的出发点和归宿，无愧苍生，不负斯民！

各位代表！让我们更加紧密地团结在以习近平同志为核心的党中央周围，在市委、市政府和区委的正确领导下，坚定信心、开拓进取，埋头苦干、踏实前行，二次创业再出发，努力在广州加快实现老城市新活力、“四个出新出彩”，继续在高质量发展方面发挥领头羊和火车头作用中展现番禺担当、作出番禺贡献！

名词解释：

1. 专精特新：指具有“专业化、精细化、特色化、新颖化”特征的中小企业。

2. 汽车产业“三年翻番”计划：为落实市委、市政府“产业第一、制造业立市”决策部署，市政府常务会议审议通过《广州市支持番禺区建设智能网联与新能源汽车产业创新基地的实施方案》，要求番禺区充分把握汽车产业新旧能源转换、技术变革的阶段性机会，力争到“十四五”期末实现汽车产业产量、销量、产值比 2021 年翻一番。

3. 灯塔工厂：由达沃斯世界经济论坛与管理咨询公司麦肯锡合作开展遴选，被誉为“世界上最先进的工厂”，具有榜样意义的“数字化制造”和“全球化 4.0”示范者，代表当今全球制造业领域智能制造和数字化最高水平。

4.R&D：指研究与试验发展。

5. 独角兽企业：指成立时间不超过 10 年、估值超过 10 亿美元的未上市创业公司。

6. 百千万工程：广东省委十三届二次全会审议通过《关于实施“百县千镇万村高质量发展工程”促进城乡区域协调发展的决定》，提出以全省 122 个县（市、区）、1609 个乡镇（街道）、2.65 万个行政村（社区）为主体，全面实施“百县千镇万村高质量发展工程”，旨在以推动高质量发展为主题，以乡村振兴战略、区域协调发展战略、主体功能区战略、新型城镇化战略为牵引，以城乡融合发展为主要途径，以构建城乡区域协调发展新格局为目标，壮大县域综合实力，全面推进乡村振兴，持续用力、久久为功，把县镇村发展的短板转化为广东高质量发展的潜力板。

7. “一镇一业”建设：在一定区域范围内，以镇为基本单位，以市场为导向，充分发挥本地资源优势，通过大力推进规模化、标准化、品牌化和市场化建设，使一个镇拥有一个（或几个）市场潜力大、区域特色明显、附加值高的主导产品和产业。

8. “1+5”典型镇村：省“百千万工程”首批典型县镇村名单中，番禺区共有 1 个镇、5 条村入选。1 个典型镇是石楼镇，5 条典型村分别是石楼镇大岭村、石碁镇桥山村、大龙街旧水坑村和新水坑村、沙湾街沙湾北村。

9. 五社联动：指社区与社会组织、社会工作者、社区志愿者、社会慈善资源之间的联动。

10. “两带一轴”：指南大干线经济带、亚运大道经济带、广州活力创新轴番禺段。

11. “三脉”“三轴”“三核”“四极”：“三脉”“三轴”“三核”指广州市委十二届六次全会报告提出的，优化城市发展战略空间格局，推动城市老中轴、新中轴、活力创新轴融合互动。实现老城区“历史文化核”、东部中心“现代活力核”、南沙“未来发展核”联动发展，促进广州千年城脉、文脉、商脉传承发展。“四极”指北部增长极、狮子洋增长极、国家知识中心城、从化绿色发展示范区。

12. 广州“两洋南拓”“两江东进”：“两洋南拓”指聚“狮子洋—伶仃洋”南拓，引领黄金内湾区域发展；“两江东进”指拥“珠江—东江”东进，推动广佛莞一体化。

13. 广州新中轴南延段：广州市新中轴北起燕岭公园，南至汉溪大道，总长度 18 千米。其中南延段北起海心沙，南至汉溪大道，总长度 12 千米。

14. 万亩耕地开垦计划：本届党委、政府任期内，以国土变更调查为基准，每年新增和复垦不少于 2000 亩耕地。

15. “农占耕”：指农村乱占耕地建房非住宅类房屋专项整治。

16. “五外联动”：广东省委十三届二次全会报告指出，优化对外开放布局，打好外贸、外资、外包、外经、外智“五外联动”组合拳，稳步扩大制度型开放，为现代化建设释放充沛活力、注入强劲动力。

17. “十大堵点”治理三年攻坚计划：通过工

程建设、改造和治理等措施，聚焦 10 个“最拥堵”的交通拥堵点综合治理，优化路网通行效率。

18. 停车场建设三年攻坚计划：本届党委、政府任期内，新增不少于 30000 个公共停车泊位，推动缓解群众“停车难”问题。

19.“粤强种芯”工程：《广东省推进农业农村现代化“十四五”规划》提出实施“粤强种芯”工程，加强种质资源保护利用，加大种源“卡脖子”核心技术攻关，培育突破性新品种，提升种业科研创新水平，做大做强优势特色种业企业，高标准建设现代种业基地，推动广东省现代种业高质量发展走在全国前列。

20. 净地出让：指拟供应宗地必须是土地权利清晰、规划条件明确、安置补偿落实到位、没有法律经济纠纷、具备动工开发所必需的基本条件的“净地”。

21.“卫健 50”计划：本届党委、政府任期内，投入不少于 50 亿元资金，建设一批重点医疗卫生项目，推动全区卫生健康系统基础设施迈上新台阶。“卫健 50”计划是近年来番禺区卫生健康系统最大规模的一次全方位、立体式的基建投入，对全区卫生健康事业的发展具有基础性和关键性作用。该计划共包含 34 个子项目，涉及 25 间公立医疗卫生机构，资金投入超过 50 亿元。

22. 水环境治理三年攻坚行动：全称为“番禺区水环境治理三年攻坚行动计划（2022—2024 年）”，围绕“污染控源减量”“污水收集处理补齐短板”和“强化排水管理”三大核心内容，持续推进排水单元达标、合流渠箱雨污分流、污水处理联调联控，加强水生态、水环境、水资源等流域要素协同治理，按照“规划引领、建管并重、先急后缓”原则，以河涌流域为单位，坚持“污涝同治”，分步实施番禺区水环境治理攻坚工作，全力建设单元达标、厂网一体、安全高效的污水治理网。

23. 无废城市：以创新、协调、绿色、开放、共享的新发展理念为引领，通过推动形成绿色发展方式和生活方式，持续推进固体废物源头减量和资源化利用，最大限度减少填埋量，将固体废物环境影响降至最低的城市发展模式。

24.“国家 15 条”“省 65 条”“市 35 条”：即国务院安全生产工作“15 条”硬措施，广东安全生产“65 条”硬措施，广州市《关于推动高水平安全生产服务城市高质量发展的若干措施》35 条具体措施。

表 50　　2023 年十件民生实事完成情况表

2023 年民生实事	完成情况
（一）进一步提升青少年心理健康水平	1. 建立青少年多元化心理健康服务体系。全区 16 个镇（街道）社区卫生服务中心 100% 开设精神（心理）科门诊。开展各类心理健康教育及家庭教育培训 1085 场次。组建家庭教育指导讲师团成员 130 人，开展全区中小学班主任家校共育专题全员培训。全区建有中小学校心理辅导室 226 个，开展青少年心理健康排查和心理健康辅导工作 2. 建设“1+16”家庭教育指导服务中心（站）。其中，区广播电视大学、区新儿童活动中心、区星海青少年宫、区民心家庭教育服务中心共设立 4 个区家庭教育指导服务中心。全区 16 个镇（街道）挂牌成立镇（街道）家庭教育指导服务站，开展常态化家庭教育服务。选拔 40 名幼儿园骨干教师成为番禺区第一批幼儿园家庭教育指导讲师，开展线上和线下家庭教育专家讲座。区家庭教育指导服务中心相关站点围绕品德教育、家庭教育、心理健康开展线上线下公益活动
（二）建设公共停车场，优化完善非机动车道	1. 新增停车位方面。完成洛浦街道珠江花园停车场、猛涌村停车场、解放二路停车场扩建、雅居乐博厚隧道附近新建停车场工程，总计建成 562 个停车泊位（不包含路内停车位） 2. 优化非机动车道方面。完成西环路与禺山西路交叉口、兴业大道（暨南大学南校区东田径场—永兴路）、北环路（康宁路—如意路）等 17 条既有道路非机动车道优化改造，总长度达 28.8 千米
（三）增加公办义务教育学位	广州市番禺区隽新学校、广州市番禺区华南理工大学广州国际校区附属小学共 2 所公办中小学开办招生，大学城新建配套学校（广大附小南校区）、亚运城新建配套中学（广铁一中天峯校区）等校舍装修投入使用，共增加公办中小学学位 4440 个
（四）推进水浸点整治	1. 全面落实管理措施。对钟创路、雄峰商城东门 2 个片区的公共管网和排水单元错混接情况进行摸查，发现雄峰商城 32 家排水户、钟创路 8 家排水户存在错混接，均已完成整改。已完成防暴雨内涝预案编制，根据气象部门预警信号落实执行 2. 有效落实工程措施。钟创路雨水管及强排泵站已于 2023 年 5 月完成建设和安装调试并投入运行；新光快速路金山湖北行路段工程已于 2023 年 12 月初完工通水并投入运行 3. 持续提升工程效果。2023 年度钟创路、雄峰商城东门片区在 5 年一遇的降雨情况下，水浸点范围积水深度不超过 15 厘米，在 100 年一遇的降雨情况下，居民住宅和工商业建筑物的底层无进水、道路积水深度不超过 40 厘米，达到绩效目标

续表 50

2023 年民生实事	完成情况
（五）增加体育锻炼场所，组织体育赛事活动	1. 全区 16 个镇（街道）完成 23 个活动场地共 29 项公共体育设施建设与验收，各镇(街道)均增设1个以上的公共体育设施活动场地，已全部对市民群众开放使用，完成年度目标任务 2. 成功举办番禺区青少年系列锦标赛、8 月 8 日全民健身日系列活动等 12 项赛事活动。承办 2023 年广州市第十四届“市长杯”乒乓球百姓系列和谐赛番禺分区赛、2023 年第十六届“市长杯”香港赛马会羽毛球系列大赛（番禺赛区）2 项赛事
（六）整治非机动车交通乱象	1. 全年已开展 48 次电动自行车逆行、闯红灯、未走非机动车道、乱停乱放等交通乱象专项整治行动，共查处电动自行车违法 11.3 万宗，达全年目标（6 万宗）的 188% 2. 全区各镇（街道）在地铁口、商圈等人流密集处共计增设 12 个以上共享单车停放点，总面积超 6400 平方米，已完成年度目标任务
（七）推行第四期“舒适午休”项目	全区已开展校内课后服务学校 202 所，参与在校午托学生约 10.63 万人，已 100% 开展“平躺睡”服务；其中躺床睡学生 4.39 万人，占在校午托学生比例为 41.3%，达到预期目标。全区完成 16 个学校午休场地改造项目，增配午休场室空调 1025 台，新增睡床 21980 张（提供床位总计 25270 个）、储物柜 3995 个，为平躺睡创造更多场地条件
（八）开展老年人居家适老化改造	针对番禺区户籍 60 周岁以上的老年人家庭，划分三类资助对象，将失能、半失能、失智或重度残疾老年人低保家庭及低保边缘家庭，计划生育特殊困难的老年人，分散供养的特困老年人等政府兜底保障对象纳入重点改造范围。明确三档资助标准，按照 1000 ～ 3000 元 / 户标准，由市、区两级财政纳入年度预算安排总金额 35 万元。全年已完成居家适老化改造 89 人次，任务完成率 104.71%
（九）开展“有路无灯”整治	实施路灯安装路段共计 18 千米，涉及城区大道、政泰路、前锋南路等 15 条群众反映较为集中的路段，共安装路灯 913 盏。上述 15 个路段新建路灯已全部亮灯，城市道路照明品质进一步提升，确保了市民出行便利性和安全性
（十）加强农产品快检服务	番禺区开展食用农产品快速检测的农贸市场和大型超市共 65 家，已完成主要食用农产品农兽药残留快检 20.65 万批次，年度任务完成率 114.72%。检测合格率 98.87%，不合格的问题食用农产品均已依法处置

表 51

2024 年十件民生实事一览表

序号	类别	项目	具体内容
1	公共交通	大力推动公共停车场建设，缓解老城区停车难问题	1. 利用闲置边角地、闲置物业、工业园区改造、自有建设用地开发等，年内建成不少于 3500 个停车位 2. 重点推进群众关注度高的医院、学校、交通站场及其他重要公共设施等区域的停车场建设
2	环境治理	推进水浸点整治，解决群众关心关切的水浸街问题	对水浸点区域的雨水系统进行整体性分析，通过新建雨水管渠，现状管道清查修，完成大石街道 105 国道南大路口、富山北路水浸点整治；利用村居雨污分流改造，完成 50 处以上村居水浸点的整治工作
3	公共交通	整治电动自行车交通乱象	以主要干道、旅客集散地、城市道路为重点，大力整治电动自行车逆行、闯红灯、未走非机动车道、乱停乱放等交通违法行为，依法严厉查处电动自行车各类交通违法行为
4	公共交通	优化完善路网结构，缓解群众出行难题	加快推进兴业大道与江南工业园一区一横路路口改造项目、新造镇兴业大道与谷围新村东门交叉口改造工程、东涌路与长堤西路 T 字路口改造工程 3 个项目建设工作，缓解交通压力，助力群众出行
5	社会治安	打击犯罪活动，加强社区治安管理	加强城中村的治安巡查，加大安全设备投入，严厉打击偷窃抢劫活动，实现入室盗窃案破案率达到 80% 的目标，进一步提升市民群众的安全感、满意度

续表 51

序号	类别	项目	具体内容
6	环境治理	“有路无灯”整治，解决出行照明难题	对 18 条“有路无灯”的道路开展整治工作
7	社会治安	深入开展反诈宣传，打击网络诈骗	深入农村和城中村开展电信网络诈骗、养老诈骗宣传不少于 2000 次，提高公众防骗意识，打击网络诈骗、电话骚扰、传销等违法犯罪活动
8	医疗卫生	番禺区儿童脊柱侧弯筛查项目	在全区 2023—2024 学年小学（含民办学校）一至六年级学生开展脊柱侧弯筛查工作，及时掌握小学生脊柱侧弯分布特征及变化趋势，提高学校、家长及儿童对预防脊柱侧弯知识的知晓率和行为指导能力，提出干预建议和措施，筛查工作辐射人数不少于 15 万人
9	公共交通	优化调整区内公交线路，便捷群众出行	结合群众实际需求、道路实际现状及区内地铁站点、大型社区等布局，在 2024 年优化调整公交线路 15 条次，方便群众出行
10	社会保障	养老机构认知障碍照护床位建设	促进机构养老提质增效，大力发展认知障碍照护床位建设，2024 年底前在具备条件的养老机构内设置专区，建设不少于 200 张

广州市番禺区2023年国民经济和社会发展计划执行情况与2024年计划草案的报告

——2024年2月28日在广州市番禺区第十八届人民代表大会第四次会议上

广州市番禺区发展和改革局局长　林高翔

第一部分 2023年国民经济和社会发展计划执行情况

2023年，我区坚持以习近平新时代中国特色社会主义思想为指导，深入贯彻落实党的二十大精神和习近平总书记视察广东重要讲话重要指示精神，坚持稳中求进工作总基调，完整、准确、全面贯彻新发展理念，服务和融入新发展格局，认真落实省委“1310”具体部署、市委“1312”思路举措、区委“十二个走在前列、争当示范”重点任务及高质量发展大会精神，锚定“智造创新城”战略定位，坚定不移推动产业第一、制造业立区，“百千万工程”迈开步伐，凝心聚力擘画发展新蓝图，实现经济发展稳中有进，改革开放纵深推进，文化综合实力出新出彩，绿美番禺取得新成效，民生福祉不断增强，协调发展走向深化，城市治理提质增效。

一、经济运行持续恢复向好，高质量发展稳步推进

（一）经济呈现回升向好态势。2023年以来，全区顶住复杂外部经济环境压力与风险，统筹抓好经济调度与细化落实，精准开展暖企服务，全年实现地区生产总值2867亿元、增长4.6%[1]，增速由一季度的0.3%持续回稳提升。财税收支稳步增长，就业、市场主体平稳有序。全区实现税收收入415.9亿元（不含海关代征），增长23%；一般公共预算收入118.4亿元，增长13.6%；一般公共预算支出191亿元，增长14%。实有市场主体40.24万户，增长12.1%，市场主体活跃度增长9.5%。

（二）有效投资量质齐升。着力推动重点领域重大项目加快开工建设，全年实现固定资产投资完成811.69亿元、增长10.1%。重点项目建设稳步推进，191个市“攻城拔寨”项目完成投资441.3亿元，年度投资完成率121%，246个区重点建设项目完成投资731.31亿元，年度投资完成率109.3%。中航光电华南产业基地一期工程、广汽自主电池项目、广汽自主电驱项目、青蓝半导体IGBT项目、番禺工业经济总部园区信息产业中心、卓远VR产业项目等一批重大建设项目年内竣工。重大项目融资对接机制有效落实，全区累计申报专项债券项目22个，成功获批专项债券发行资格78.44亿元。

（三）消费活力复苏释放。时尚经济引领型国际消费区建设取得新成效。依托番禺大道、长隆万博商圈商业载体，全力打造“番禺大道汽车消费体验带”，成功举办汽车消费节、国际珠宝首饰流行趋势发布会、国际美食节等活动，接触性消费明显复苏。长隆万博商圈重点项目建设有序推进，成功引入华润万象商业综合体、新世界K11两个超百亿级高端商贸项目落户，区域商业、消费能级增强。全年实现社会消费品零售总额1317.91亿元，增长4.3%；限上商业额3016.97亿元，增长9.2%。文旅消费强势复苏，以长隆旅游度假区为代表带动全域旅游倍增恢复。全区接待游客5435.84万人次，旅游总收入521.13亿元，分别增长92.1%、121.5%。

二、科技创新驱动产业动能，现代化产业体系加快构建

（一）科技创新动能进一步增强。高标准建强科技平台。大湾区首个国家未来产业科技园正式开园运营，已进驻智能驾驶关键技术研发等4个优质项目，储备一批优质项目。精心培育创新主体，实施广州企业上市“领头羊”行动计划“番禺行动”，全区新增上市企业4家、总数增至29家。建立企业梯度培育体系，高新技术企业超1900家，全市第三，省级以上专精特新企业近700家，科技型中小企业评价入库2676家，全市第三。体制机制创新实施。优化实施“番禺人才生态30条”，扶持7955个创新创业团队、个人，发放人才绿卡231张。深化校地企协同创新，建立健全“项目产业化高校行”工作机制，累计孵化和引入企业83家、申请专利74项。打造人才特色活动品牌。成功举办第六届广州大学城（小谷围）国际产业人才大会，统筹办好校地人才科技成果交流对接会、青蓝大赛项目对接会等人才需求对接活动，成立广州首个高质量发展科技成果转化“金谷联盟”，全力构建番禺人才品牌活动矩阵。创新成果不断涌现，番禺区正式获批为国家知识产权强县建设示范县，全区新增发明专利授权4064件，增长39.5%。

（二）现代化产业集群集聚取得新突破。高标准规划编制《番禺区产业规划（2022—2035年）》，以“产业＋空间”统筹角度为全区产业向高质量发展指明方向。印发实施《广州市番禺区汽车产业高质量发展布局规划》，聚焦汽车产业构建“一基地一带两园”的产业布局体系。汽车产业“三年翻番”计划全速推进，全年实现汽车制造业产值1315.37亿元，增长33.3%；销售额1193.99亿元，增长34.6%；带动全区规上工业、批发业分别增长12%、11.2%。广汽埃安获评全球首个新能源汽车灯塔工厂。舞台灯光音响产业集群逐步形成“1+3+N”空间布局，灯光音响产业集群获评国家中小企业特色产业集群。产业发展载体稳步提升，华创产业园、巨大产业园、番山E谷等12家重点园区入选广州市提质增效园区试点，总数全市第二。

（三）产业动能接续质效提升。印发《番禺区开展全球招商工作方案》，区领导挂帅开启全球招商之旅。推动汽车产业全链条发展，新增储备一大批汽车项目，重点洽谈上海依工、武汉光庭、纳诺等项目。加强专精特新等链条培育，不断扩充储能、高端装备等产业在番禺的覆盖领域。全区洽谈重点项目516个，签约项目258个，注册项目217个，注册项目协议投资总额1017亿元，注册项目协议达产年产值1788亿元。已落地工业用地和商业用地产业项目30个，总用地面积合计约1227.53亩，总投资合计约421.88亿元，预计达产年产值约280.26亿元。

三、规划引领空间利用效率提升，城区发展格局持续优化

（一）城乡规划体系科学完善。推进《番禺区国土空间总体规划（2021—2035年）》编制报批工作，启动面向2049城市发展战略规划系列研究。粤港澳大湾区科技创新轴（广州活力创新轴）番禺段谋划深入推进。以绣花功夫、工匠精神稳步推进番禺智造创新园、广州南站、莲花湾片区、南大干线经济带、番禺珠江沿岸地区、番禺国家级沿海渔港经济区等重点区域的规划。在全市率先指导镇街开展江鸥、沙南、紫坭等20条行政村新一轮村庄规划编制工作。加快土规调整，高效落实预留建设用地规模217.29公顷，有力保障近期急需推进的重大产业、交通水利、教育医疗等项目建设。

（二）产业空间高质量拓展。锚定2000亩土地整备、1500亩产业用地出让、经营性用地出让翻番的工作目标，高质高效推动土地储备、供应、管理工作，印发《广州市番禺区产业用地土地出让流程指南》《关于加快2023年产业用地供应工作方案》指导具体工作，全年完成3400亩土地整备，完成产业用地供应28宗，总用地面积约1522亩；宗数、面积分别增长100%、263%，超预期、超额完成全年工作目标。存量国有普通工业用地提容全年批复项目22个，总面积1316亩，预计总投资59.65亿元、新增产业空间210万平方米。城市更新项目有序实施。实现城市更新项目投资128.2亿元。罗边村、里仁洞村等4个旧

村改造项目加快实施；市桥街桥东社区、钟村街顺景苑小区等 5 个微改造续建项目顺利完工，惠及居民约 5590 户。沙头街汀根村顺利纳入市村镇工业集聚区更新改造试点。

（三）重点功能片区扩面提质。南大干线经济带加速成型，区域连片融合发展步伐加快。长隆万博商务区发展为千亿级产业平台，成功获评全市首个广州软件名园，甲级、甲级（预）写字楼获评数量和面积位居全市第一。里仁洞旧村改造、中国铁建华南区域总部、新世界—广州地铁汉溪发展等重点项目加快建设，地下环路主环部分已通车。广州南站铁路枢纽功能全面恢复，总到发旅客超 1.82 亿人次，日均到发旅客 49.9 万人次、增长 94.3%；广州南站 TOD 项目、陈头岗停车场场站综合体等重点项目有序推进。顺利完成广州番禺经济技术开发区扩区申报工作。成功争取市对广汽埃安三工厂规模指标支持，汽车零部件近地化项目进一步集聚。亚运大道经济带谋划建设加速推进，石碁番禺智造创新园组团累计完成土地整备 3816 亩，新导入项目 11 个。番禺专精特新企业集聚区一、二期共进驻企业 21 家，完成原计划进驻率 100%。石楼亚运城产城融合组团和番禺国家级沿海渔港经济区组团加快建设，智慧渔港系统开发基本完成。

四、粤港澳大湾区建设纵深推进，改革开放持续深化

（一）粤港澳大湾区建设出新出彩。广州番禺粤港澳大湾区优质生活圈示范区建设纳入中央推进粤港澳大湾区建设 2023 年度重点工作安排。联合市大湾区办、国家级智库高标准编制《广州番禺粤港澳大湾区优质生活圈示范区建设总体方案》，全力争取打造成为国家级大湾区建设平台。高标准谋划建设广州大学城粤港澳大湾区创新创业集聚区，举办广州大学城“创二代”工程暨粤港澳大湾区创新创业集聚区建设启动大会，力争打造全球科技创新高地和新兴产业重要策源地。争做对接支持服务南沙排头兵，与南沙共同制定实施《番禺区与南沙区深化战略合作 2023 年工作要点》，区域合作不断走深走实。

（二）市场环境日益完善。营商环境持续优化，深入推进区 5.0 改革举措清单落实落地，制定区 6.0 改革方案。选取东环街为区第一批开展营商环境创新试点街镇（园区）。推进社会信用体系建设，“打造全方位‘信用＋珠宝政务服务’体系”被授予 2023 年市信用创新应用案例。以“三化”[2]为突破口提升政务服务水平。持续推进“一件事一次办”改革，发布 101 个一件事联办套餐和 48 个一件事导办服务。告知承诺制审批、容缺容错受理事项扩容增效，全区 693 项政务服务事项实行告知承诺制审批，505 项 800 多份材料可实施容缺容错受理，通过告知承诺制审批办理业务超 8 万宗。创新使用 5G 消息 +IVR 热线模式，为群众提供政务服务热线 7×24 小时不间断在线应答咨询服务。番禺区“政务服务事项标准化及其应用试点”项目被评为省级优秀试点项目。持续提升开办企业和申请涉企许可事项证照联办效率，办理行政许可（备案）业务 31.41 万宗、增长 24.4%，办理企业一网通办审批业务 12.99 万宗、增长 33.3%，精减材料比率达到 83.6%、同比提高 18 个百分点。

（三）高水平开放提质增效。2023 年，全区实现商品进出口总值 1163.9 亿元，新设外资项目 484 个，实际利用外资 2.96 亿美元。通过实地走访、座谈交流等方式，共调研外贸进出口重点企业 300 家次，协助区内超 400 家次企业积极申报上级稳外贸扶持资金，降低外贸成本。聚焦税收优惠、外贸政策、通关便利等企业诉求，专题宣讲惠及辖区企业 800 余家次。设立沙湾珠宝产业园海关监管场所，积极协调并打通港珠澳大桥进出口新通道，保障珠宝物流供应链稳定畅通。推进莲花山港卡口升级改造，提升智能化水平实施“7×24 小时”验放，叠加“抵港直装、船边直停”，大幅压缩货物“到港提离”时长至 20 分钟。

五、“百千万工程”走深走实，绿美番禺建设成效初显

（一）“百千万工程”高标准开局。召开落实“百县千镇万村高质量发展工程”动员部署大会，印发《番禺区贯彻落实省、市关于实施“百县千镇万村高质量发展工程”促进城乡区域协调发展的实施方案》，扎实部署落实“百千万工程”具体

工作任务。引导化龙、石楼、南村、新造、石碁错位发展[3]，激活做强镇域经济功能。全面推进乡村振兴战略重点工作落实落细。成功举办首届珠水家畔渔港文化嘉年华系列活动、番禺区2023年中国农民丰收节系列活动。全力推进番禺国家级沿海渔港经济区项目建设，沙湾“古韵叠境”新乡村示范带基本建成，169条行政村达到省定美丽宜居村标准，15条村获评省乡村治理示范村。扎实做好东西部协作和对口帮扶、支援、合作等工作，拨付帮扶资金1.5亿元，实施帮扶项目146个。

（二）交通基础设施网络逐渐完善。南大干线、沙溪大桥全线开通运行，广明高速公路辅道扩建工程基本完工并开通。地铁7号线二期开通初期运营，3号线东延段、广佛环城际广州南至白云机场段车站均已封顶，佛莞城际、广佛环城际佛山西至广州南段全线基本建成，穗深城际琶洲支线全线隧道洞通。海珠湾隧道征拆工作顺利完成，S296（海鸥公路）加快开展征地拆迁和用地报批。番禺智造创新园、大学城科技成果转换园、广汽埃安三工厂等产业园区配套道路的建设计划编制已完成，积极开展金新大道过江隧道、新光隧道扩建工程、广州国际创新城第二跨江隧道前期方案研究。加快推进公共交通治理工作，完成23个交通拥堵点治理。持续畅通城市道路交通微循环，优化调整公交线路34条次。

（三）生态环境质量全面提升。印发《关于高质量推进生态文明建设促进人与自然和谐共生现代化建设的实施方案》，全面构建现代化环境治理体系。污染防治攻坚战取得攻坚成效。建成全市首个区级移动源综合管控平台，持续完善环境监测网络。全区环境空气质量综合指数3.36，提高1.5%。空气质量达标天数比例87.1%、增加5.5个百分点。根据市要求完成50条合流渠箱清污分流评定任务。推动城镇污水处理厂氨氮削减量约4947吨；地表水环境水质指数3.96、全市排名第四，三个国考断面平均水质均达到考核要求。沙湾水道饮用水水源地水质100%达标。持续擦亮绿美广州“番禺名片”，建成口袋公园5个，完成新增城市绿地超1000亩，完成立体绿化建设约5600平方米，多途径拓展城市绿地空间。

六、筑牢筑稳风险防患，民生福祉稳步提高

（一）多层次民生保障体系聚焦发力。社会保障兜底功能持续做强，全区参加养老、失业、工伤保险分别为92.76万人、85.32万人、93.48万人，发放各项社保待遇合计47.42亿元。新建成就业驿站16个，努力打通群众就业服务“最后一公里”，城镇新增就业人数3.28万人，超额完成全年任务。用足用好各类就业补助补贴政策，认定就业困难人员5003人，推动就业困难人员再就业4876人。全年共审核各级就业补助资金2.29亿元，惠及2.01万家次企业、群众21.33万人次。完善居家养老服务体系，建成村居颐康服务站262个、家庭养老床位2012张，开展助餐配餐服务69.05万人次。加大住房保障力度，新增筹集保障性租赁住房1.98万套，落实人才公寓804套，筹建公租房1022套。

（二）文教体卫社会事业建设笃实有力。公共文化服务体系不断完善，区图书馆新馆开馆运营，新增注册读者量、文献借阅量位居全市前列。成功举办各类大型文化惠民活动224场次，受惠群众超84.7万次。成功举办系列音乐会、音乐大赏等20多项活动，打造“珠水金声 粤韵乐乡”广东音乐文化品牌。组织开展多形式体育赛事活动，累计惠民开放4.83万小时，进场锻炼97.35万人次。教育综合实力进一步提升，我区被立项为广东省基础教育高质量发展示范区以及全省唯一的全国普惠性学前教育保障机制实验区，广东番禺中学附属学校入选全国义务教育教学改革实验校。新开办2所公办中小学和8所公办幼儿园，改扩建110所公办中小学校，新增公办学位约1.6万个。学前教育更加优质普惠，公办幼儿园在园人数占比59.7%，普惠性幼儿园在园人数占比90.6%，公益普惠学前教育占比已达“5585”目标。义务教育更加优质均衡，新成立14个中小学教育集团和1个九年制学校实验教育联盟，学生入读公办义务教育学位占比超过95%。医疗综合实力稳步提升。基层服务能力持续优化，支持在现有区级医院医疗集团的基础上扩展二级医院和社区卫生服务中心，打造“小病在社区，大病在辖

区，康复回社区”的科学就医模式。多学科专家团队重症救治机制持续完善，新增国家级胸痛中心 2 家、总数达 11 家，位居全市第一。新增 1 家综合防治卒中中心，累计拥有 10 家卒中中心。番禺区中医院园区新大楼投入使用，区妇幼保健院、区健康管理中心、区公共卫生服务中心等重点项目加快建设。

（三）公共安全防线牢牢守住。坚决保护人民群众生命财产安全和社会稳定，聚焦燃气安全、消防、建筑施工、道路交通、危化品等各重点行业领域隐患排查治理，区应急系统共执法检查企业 15.1 万家次。印发区党政领导干部安全生产“两个清单”，明确电动自行车、村级工业园等重点行业领域安全监管责任。实现村居防灾减灾“十个有”建设全覆盖。坚守人民群众食品药品监管底线，食品抽样检验合格率 99.1%，检查零售药店覆盖率 100%。金融风险可防可控，扎实开展重点领域涉众金融风险专项整治行动，联合处置涉嫌非法集资线索 15 条，无区域性重大金融风险事件发生。强化线上线下危安因素管控，全区重特大个人极端案事件和重大公共安全事故“零发生”，全区 110 案件类警情压减同环比“双下降”。严打黑恶势力、严重暴力犯罪、电信网络诈骗、黄赌毒及盗抢骗违法犯罪，侦破电诈案件 2193 宗，打掉电诈团伙 39 个，查处吸毒人员 214 人。严打偷渡走私违法犯罪，打掉涉走私犯罪团伙 4 个。涉赌博游戏机打击整治专项及出租屋清查整治成效显著，清查出租屋 420.15 万间次，处罚出租屋 2991 宗，专项行动以来，接报涉赌博游戏机警情同比下降 20%。

虽然我区经济社会发展稳中向好，但仍存在不少困难和挑战。一是部分指标完成情况不及预期。受外部环境复杂严峻、国内外需求总体不足等因素综合影响，地区生产总值、消费、外贸等经济指标增速与年度预期目标存在一定差距，内外需尚未充分释放，经济恢复态势仍不稳固。二是产业发展结构不均衡。工业对汽车产业依赖度过高，缺乏新的面向“千亿级”壮大的新兴产业集群，制造业产业结构“单链拉动明显”。三是民生安全等领域短板还需加力弥补。城市内涝、交通拥堵、停车难等城市治理问题以及教育、医疗、住房保障等民生服务供给仍有提升空间，安全生产和绿色生态建设任务依然艰巨。

第二部分 2024 年国民经济和社会发展计划草案

2024 年是中华人民共和国成立 75 周年，是深入贯彻落实党的二十大精神的重要一年，是决胜“十四五”规划的关键之年，做好经济社会发展工作意义重大、责任重大。2024 年全区经济社会发展思路是：以习近平新时代中国特色社会主义思想为指导，全面贯彻落实党的二十大和二十届二中全会及中央经济工作会议精神，深入贯彻习近平总书记视察广东重要讲话、重要指示精神，扎实落实省委“1310”具体部署、市委“1312”思路举措和省、市高质量发展大会精神，制定番禺高质量发展目标。积极推进区委“十二个走在前列、争当示范”重点任务，坚持稳中求进工作总基调，完整、准确、全面贯彻新发展理念，更好服务和融入新发展格局，着力推动高质量发展，全面深化改革开放，纵深推进新阶段粤港澳大湾区建设，推动高水平科技自立自强，统筹扩大内需和深化供给侧结构性改革，全力实施“百千万工程”，加快实施“万亩千亿”攻坚行动，持续打造绿美番禺，统筹高质量发展和高水平安全，切实增强经济活力、防范化解风险、改善社会预期，巩固和增强经济回升向好态势，持续推动经济实现质的有效提升和量的合理增长，增进民生福祉，保持社会稳定。全区上下锚定“排头兵、领头羊、火车头”标高追求，坚持制造业当家，发展新质生产力，燃起“二次创业”的奋斗激情，奋发有为开创番禺高质量发展新局面，为广州在全省“走在前列、当好示范”扛起番禺担当、作出番禺贡献。

根据以上思路，综合分析经济发展基础和潜力，加强与“十四五”规划目标相衔接，提出我区 2024 年经济社会发展主要预期目标，编制我区 2024 年国民经济和社会发展计划草案，包括经济社会发展主要指标预期目标、重点建设项目计划（附后）。

为实现各项发展目标，建议重点做好以下工作：

一、夯实“智造创新城”战略定位，聚力做强现代产业能级

一是打好汽车产业“三年翻番”“收官战”。立足“一基地一带两园”空间布局体系，加快推动市区共建番禺智能网联与新能源汽车产业创新基地。持续推动智能网联与新能源汽车全产业补产延展，推动广汽埃安三工厂落地，加快依工、纳诺、沃美诺、硕贝德等一批汽车零部件项目开工建设，促进中航光电二期建成投产，汽车产业规模体量向2000亿级靠拢。二是主动谋划打造第二支柱产业。聚焦高端智能装备制造业、数字经济、新型储能、时尚经济等产业领域、经济业态，统筹加快实施重点产业“链长制”，加大产业补链强链力度，持续推动重点行业链主企业和龙头企业发展壮大，完善相关配套产业，提高产业集聚度，提升应对风险能力。分步、组团、有序推动建设第二个千亿级产业集群。三是完善“招商—落地—投产—达产”闭环机制。积极开展全球招商活动，吸引更多外资企业和机构来番禺投资兴业，聚焦智能网联与新能源汽车等重点产业链、专精特新企业集聚区等产业园区，提高产业链完整性、稳定性，补齐产业链短板，实施精准靶向招商，着力推动重点在谈项目落户落地。坚持开展“叩门问需”，前置项目筹建服务，推动企业筹建服务与项目招商引资同频共振，力促实现“引进即筹建、交地即开工”，确保招商项目落快落稳。四是打造一流营商环境。深化国家营商环境创新试点城市建设，推动我区营商环境改革，在市场、政务、要素、法治领域进一步研提更多降低综合成本、完善产业生态的改革举措。全面落实国家市场准入负面清单制度，推动我区市场准入效能水平整体优化提升。加强社会信用体系建设，推广应用“信用番禺综合信用服务平台”，开展信用街镇（园区）建设试点，做好“双公示”信息归集，加大广州“信易贷”平台推广。统筹实施全区各类人才入户政策，用好区紧缺急需人才入户指标，助力本土企业留住人才。

二、聚焦粤港澳大湾区建设，奋力激活区域内生动能

一是纵深推进粤港澳大湾区建设。全力争取将广州番禺粤港澳大湾区优质生活圈示范区打造成为国家级大湾区建设重大平台，率先推动在教育、医疗、文化、青年创新创业、交流交往等领域形成一批亮点工作成效，谋划举办高规格的示范区系列宣传推介活动，进一步提升影响力和吸引力。携手佛山三龙湾、荔湾共建广佛全域同城化高质量发展合作区先导区，提前谋划落实合作区建设方案具体举措，吸引更多优质企业、项目进驻南站地区。制定番禺与顺德、南海区域合作2024年工作要点。加快建设广州大学城粤港澳大湾区创新创业集聚区，积极推动升级成为省级大湾区建设重点平台。谋划打造广州（沙湾）粤港澳珠宝文商旅融合发展先导区等特色平台载体。全力对接支持服务南沙、前海、横琴、河套等重大平台建设，加强学习借鉴。深化与港澳和大湾区其他地区交流合作。二是推动科技创新策源就地转化。发挥大学城“华南智核”优势，全面融入广深港澳科技创新走廊和广州活力创新轴，推进人工智能与数字经济试验区（大学城片区）、广州（国际）科技成果转化大学城基地、广州大学城青创汇项目、国家未来科技产业园、国际科创谷建设，积极加强优质项目导入与带动区内产业链迭代升级。强化产学研深度融合，打通高校人才成果与企业发展需求“双向流动道”，促进高校科技成果就地转化。三是深入推进人才战略。落细落实人才政策，用好“番禺人才生态30条”政策、新设人才会客厅等平台阵地强化企业人才对接合作。搭建产教融合人才对接平台，组织省市技工院校与区内重点企业成立区产业技工产教供需联盟，推动成立产业就业培训基地，创新复合型高技能人才培养机制。深化大学城人才科创优势，办好广州大学城（小谷围）国际产业人才大会、“青蓝大赛”等各类创新创业活动、赛事，营造良好的人才发展环境。四是智慧赋能政务服务体系建设。统一新型智慧政务服务理念，建立健全云诉求处办机制，设立“办不成事”反映“云窗口”。完善建设政务地图、数字化VR智能导办系统，探索更多政务事项实现足不出户“云上办”。持续推进24小时智慧政务大厅建设规范省级地方标准研制工作，为全省24小时智慧政务大厅

建设提供“番禺样板”。加快推进实现同一个政务服务事项线下多渠道多点通办，推进区级高频事项在镇街通办、镇街高频事项在各镇街间通办。

三、着力扩大内需稳定外需，积极融入开放协同发展新格局

一是持续推进国际消费中心城市建设。全力打造世界级地标商圈，拓展万博商圈辐射带动能力，全面串联提升长隆万博片区商业发展水平及商业氛围。加大力度释放文旅消费潜力，推动长隆旅游度假区等重点项目建设，构建南站高铁辐射的半小时旅游目的地集群，打造大湾区世界级旅游目的地。积极筹办各类促消费活动，营造全区浓郁消费氛围。以节兴商聚势，筹备办好广州国际美食节、珠宝节、购物节、夜间消费节等节庆活动，推动消费氛围持续回暖，持续擦亮“食在广州、味在番禺”品牌，开展跨界多行业多领域结合的促消费活动，支持区域消费能级不断提升。二是全力推动重点项目建设。着力推动产业、基础设施、社会民生、房地产和城市更新等领域的 2024 年度重大投资项目建设。全年安排攻城拔寨项目 135 个、年度计划投资 377 亿元，力争固定资产投资增长 8%。加强产业项目谋划，工业领域谋划重点项目 83 个、年度计划投资 115 亿元。加快推动交通、医疗、生态等基础设施投资项目建设，谋划基础设施项目 59 个、年度计划投资 128 亿元。多渠道筹集项目建设资金，积极谋划做好专项债项目的储备、申报工作，争取更多项目获得中央预算内资金、地方政府专项债券、特别国债等资金支持。三是进一步强化服务保障促进外贸回暖。落实落细上级稳外贸政策，切实降低外贸企业成本。支持企业积极参展广交会和各类国际展会，动员企业抱团参展，充分利用展会平台开拓国际市场，全力支撑全区商品进出口总值增长 2%。支持国家文化出口基地、国家外贸转型升级基地（珠宝首饰）、广东省外贸转型升级基地（灯光音响）做大做强，着力推动珠宝首饰、灯光音响、动漫游艺等产业发展和外贸进出口额提升。引导企业充分利用 RCEP 各项贸易便利化规则，积极拓展与 RCEP 协定成员国的进出口规模，全力开拓新兴市场。

四、提升城市规划建设水平，优化土地资源配置效率

一是加快重点功能片区建设。推动长隆万博商务区与南站地区连片融合发展，继续推进里仁洞村旧改项目复建安置房及公配设施建设，推动石壁（一二三四村）项目完成方案审批。提速长隆汉溪大道北侧地块开发和中国铁建华南区域总部、华润万象商业综合体、新世界 K11 等项目建设。力促万博地下空间完工。推进长隆二期、三期地块规划建设。推动广州国际科技创新城南北互联互通。支持广州番禺经济技术开发区提质升级，全力推进国家级经开区申报工作，加大园区工业用地储备和出让力度，持续提升区内交通、管廊、水电、商业等基础设施配套水平。高起点开展广州活力创新轴（番禺段）发展规划及石化公路制造业创新走廊提升规划，梳理番禺莲花湾片区内国际科创谷、未来产业园启动区、数产融合未来产业区、渔港经济区等重点平台发展思路。二是有力有效有序推进城市更新。积极稳步推进城中村改造。加快推动里仁洞村、罗边村、南浦村、东郊村 4 个旧村改造项目建设。下足“绣花”功夫推进老旧城区有机更新，推动钟村街怡乐园、大石街怡居新村一期、市桥街禺秀禺华园社区、沙园社区、怡乐北丽园等 5 个项目加快建设，谋划实施大龙街城市花园等 9 宗老旧小区改造项目。推动村级工业园及村镇工业集聚区更新改造，加快沙坑村级工业园项目建设，推动桥山村、旧水坑村、汀根村 3 个村镇工业集聚区更新改造试点项目加快实施，同步争取更多项目纳入试点。三是提高土地利用效率。紧盯 2024 年完成土地收储约 4000 亩、土地出让约 2000 亩的目标，重点加快推进广汽埃安三工厂、低涌地块等项目地块土地征收工作。继续发动存量国有工业用地提容增效，全年完成不少于 1000 亩工业用地提容，推动已批复提容项目尽快动工。按时按质完成违法用地问题整改目标，深入开展批而未供和闲置土地处置，推动批而未供项目快启动、快推进、快见效。抓好永久基本农田核实处置工作，确保 100% 完成“农占耕”整治试点工作。编制土地征收成片开发方案，注重保护耕地和维护农民合法权益。

五、深入推进“百千万工程”建设，全面打造绿美番禺

一是“百千万工程”持续推进。锚定“排头兵、领头羊、火车头”标高追求，全面推进“百千万工程”做深做实。聚焦打造产城融合发展标杆区，着力强区促镇带村。全力推进番禺国家级沿海渔港经济区项目建设，培育打造渔业高质量发展增长极。全力谋划推动“百千万工程”紫坭岛项目，打造全市一二三产业融合发展和全域治理样板标杆项目。全面开展圩镇人居环境品质提升行动，全面提升镇域和农村基础设施完备度、人居环境舒适度。推进沙湾街、石楼镇新乡村示范带建设工作。持续推进农村自来水提质增效工程建设，推进洛溪岛水环境系统化治理和南浦岛排水系统提质增效。大力发展都市现代农业，强化农产品稳产保供，继续落实各项强农惠农政策措施。二是强化基础设施支撑。争取更多线路纳入市第四期城市轨道交通建设规划。加快推进海珠湾隧道、东晓南至广州南站联络线、广南联络线等市建重点项目建设。研究启动东部干线、东部三通道、金光大道等项目，加快推动金新大道过江隧道工程，积极争取莲花山过江通道等省市重点项目对我区最有利的规划建设方案。谋划一批重点道路，加快三园区（1234 地块、8847 地块、专精特新企业集聚区）道路、广州国际创新城第二跨江隧道工程、长堤东路等项目建设。三是深入推进绿美番禺生态建设。高品质建设森林城区，深化以大夫山榕树公园为核心的华南国家植物园南部迁地保护示范区建设，继续推进大夫山森林公园、滴水岩森林公园、沙头街孖岗片区示范点建设。加快创建国家生态文明建设示范区，加强各项建设指标达标情况自查及更新。以 $PM_{2.5}$ 控制为主线，强化多污染物协同控制，大力推进 VOCs 和氮氧化物减排，协同控制 $PM_{2.5}$ 和臭氧污染，持续改善大气环境质量。强化水污染防治，持续推进国考断面水质达标攻坚，补齐水环境治理设施短板。深入推进“无废城市”建设试点工作，以“无废细胞”重点项目为亮点，多渠道多形式宣传“无废”理念。

六、坚持统筹发展和安全，切实保障和改善民生

一是有效防范化解重点领域风险。健全地方金融风险预警监测防控平台，提升金融风险线索预警处置能力，立体开展金融消费者、投资者宣传教育，构筑地方金融风险防控屏障。全力做好“保交楼”，做好房地产市场运行情况监测，强化房地产市场监管，加强研判个别房地产企业的债务风险，守住不发生系统性风险底线。切实防范财政运行风险，积极申报 2024 年地方政府新增债券与再融资债券，优化存量地方政府债务。坚决守住粮食安全底线，严格落实粮食安全党政同责，全面强化耕地保护和粮食安全责任考核。二是坚决筑牢社会安全屏障。创新发展新时代“枫桥经验”“浦江经验”，践行“四下基层”工作方法工作制度，推动矛盾纠纷有效化解。构建圈层查控更严密、单元防控更牢固、要素管控更扎实、基础工程更完备、防控机制更完善的立体化、信息化治安防控体系，重拳打击黄赌毒、暴力犯罪、电信诈骗等重点领域突出问题，确保社会面和谐稳定。加强道路交通、建筑施工、城镇燃气、危化品等重点行业领域安全监管，切实防范遏制重特大生产安全事故发生。做好应急防汛物资、应急救援各项准备，广泛开展防灾减灾宣传教育，构筑抵御自然灾害防线。三是全面提升法治水平。加强依法行政，加快建立广州行政争议调解中心番禺工作站，修订《番禺区行政规范性文件管理办法》。全面落实优化普法工作。全面推动落实行政执法“三项制度”，严格落实行政执法全过程记录清单、重大行政执法决定法制审核清单公示，完善事前公示，行政执法结果公开及时率达 90% 以上。加大“粤执法”平台推广应用，探索建立健全“审管执信”管理协调联动机制。四是用心用情保障改善民生。实施就业优先战略，大规模、多层次、高质量开展职业技能培训。启动实施“卫健 50”计划，实现卫生健康系统基础建设面貌的全面更新。探索区级医院与社区卫生服务机构一体化管理等多种形式，探索实施医保医联体总额付费方式。重点推动罗边村旧改项目配套小学、番禺中学附属学校二期、利凯新城配建学校等项目建设，全年新增公办学位不少于 2000

个。积极创建省基础教育高质量发展示范区、全国学前教育普及普惠区和全国完善普惠性学前教育保障机制实验区。深化集团化办学，新增中小学教育集团（联盟）不少于 4 个、学前教育集团不少于 2 个。深化“双减”工作，提升课堂教学质量和校内课后服务水平。优化城乡公共文化产品和服务供给，加快推进番禺区工人文化宫、区文化馆美术功能区建设。持续扩大参保覆盖面，推进“第三支柱”个人养老金先行实施，持续做好退役军人服务、居家养老服务、未成年人保护、残疾人保障等方面工作。

名词解释：

1. 如无特殊说明，均为同比增长，下同。

2. 政务服务全程标准化、政务服务全域规范化、政务服务全时便利化。

3. 推动化龙镇以汽车产业为核心打造中心镇；依托千亿企业海大集团打造石楼镇为中心镇暨千亿产业后备镇；围绕时尚创意产业打造南村镇、新造镇为创新创意类特色镇；集聚专精特新产业打造石碁镇为工业专业镇。

表 52　**2023 年番禺区经济社会发展主要指标完成情况表**

指标项目	2023 年预期目标	2023 年完成	
		总量	增速
地区生产总值	6.5% 以上	2866.9 亿元	4.6%
规模以上工业总产值	10%	2937.4 亿元	12%
固定资产投资	10% 以上	811.69 亿元	10.1%
社会消费品零售总额	6% 左右	1317.91 亿元	4.3%
商品进出口总值	2% 左右	1163.9 亿元	-6.3%
一般公共预算收入	3.6%	118.4 亿元	13.6%
单位地区生产总值能耗降低	完成市下达目标	力争完成市下达目标	
城镇居民人均可支配收入增速（%）	与经济增长基本同步	5.7%	
农村居民人均可支配收入增速（%）		5.9%	
城镇新增就业人数	完成市下达目标	3.28 万人，超额完成市下达目标	

说明：1. 考虑到 2023 年拟定各指标预期目标时参考总量均使用上一年预计数为基期进行计算，建议指标完成情况表中 2023 年预期目标不列明参考总量，仅列增速；

2. 除特指，增长均为同比增长；居民收入增速为预计名义增长速度；

3. 单位地区生产总值能耗降低暂无全年核定数据。

广州市番禺区 2023 年预算执行情况和 2024 年预算草案的报告

——2024 年 2 月 28 日在广州市番禺区第十八届人民代表大会第四次会议上

广州市番禺区政协副主席、财政局局长　卢永青

一、2023 年预算执行情况

2023 年是贯彻落实党的二十大精神的开局之年，是开启强国建设、民族复兴新征程的关键时刻，我区坚持以习近平新时代中国特色社会主义思想为指导，全面贯彻落实党的二十大精神和总书记视察广东重要讲话重要指示精神，落实省市高质量发展大会要求和市委市政府、区委区政府的部署要求，坚持稳中求进工作总基调，贯彻新发展理念，积极财政政策加力提效，持续改善民生，保持社会大局稳定，推动经济高质量发展。区第十八届人大第三次会议审议通过的预算和第十八届人大常委会第二十一次、十八届人大常委会第二十四次审议通过的预算调整方案执行情况良好。具体执行情况如下：

（一）一般公共预算执行情况

1. 收入执行情况

2023 年全区一般公共预算收入 1184020 万元，完成年度预算的 101.56%，比 2022 年增收 141395 万元，增长 13.56%。其中：税收收入 819217 万元，同比增收 98415 万元，增长 13.65%；非税收入 364803 万元，同比增收 42980 万元，增长 13.36%。加上上级补助收入 593294 万元、动用预算稳定调节基金 21666 万元、调入资金 371774 万元、上年结转 73598 万元、一般债务转贷收入 44073 万元后，2023 年一般公共预算总收入 2288425 万元。

主要收入项目执行情况，税收收入方面：增值税收入 344148 万元，企业所得税收入 184052 万元，城市维护建设税收入 100595 万元，房产税收入 103785 万元，印花税收入 44410 万元，城镇土地使用税收入 10748 万元，车船税收入 22752 万元，环境保护税收入 940 万元，耕地占用税收入 7793 万元，资源税 1 万元，其他税收收入 -7 万元。非税收入方面：专项收入 172706 万元，行政事业性收费收入 18145 万元，罚没收入 27905 万元，国有资源（资产）有偿使用收入 80432 万元，政府住房基金收入 4336 万元，捐赠收入 5 万元，其他收入 61274 万元。

2. 支出执行情况

2023 年全区一般公共预算支出 1910381 万元，比 2022 年增支 234800 万元，增长 14.01%。加上上解支出 279909 万元、补充预算稳定调节基金 39012 万元、债务还本支出 44075 万元、区域间转移性支出 4009 万元后，2023 年一般公共预算总支出 2277386 万元。年终结转 11039 万元。

3. 转移支付支出执行情况

2023 年我区收到上级一般公共预算补助收入 593294 万元，其中：税收返还收入 250790 万元，一般性转移支付收入 231444 万元，专项转移支付收入 111059 万元。

2023 年区本级一般公共预算补助镇级支出 299877 万元，其中：税收返还支出 156781 万元，一般性转移支付支出 71882 万元，专项转移支付支出 71214 万元。

4. 预算稳定调节基金、上年结转资金及预备费执行情况

截至 2023 年底，2022 年结转的区本级预算稳定调节基金 21666 万元已全部动用，区级一般公共预算上年结转资金 73598 万元基本支出完毕。2023 年初区本级安排预备费 20827 万元，年中无动用。上述资金年度完整执行情况将在 2023 年决算报告中反映。

（二）政府性基金预算执行情况

2023 年全区政府性基金收入 901695 万元，完成年度预算的 87.22%，比 2022 年增收 194376 万元，增长 27.48%。其中国有土地使用权出让收入 712591 万元、彩票公益金收入 3301 万元、城市基础设施配套费收入 98910 万元、国有土地收益基金收入 6937 万元、污水处理费收入 33895 万元、专项债券对应项目专项收入 46061 万元。加上上级补助收入 49206 万元、专项债务转贷收入 773839 万元、上年结余 17426 元后，2023 年政府性基金预算总收入 1742166 万元。

全年政府性基金支出 1120861 万元，比 2022 年增支 278990 万元，增长 33.14%；其中国有土地使用权出让支出 500717 万元，同比增支 144003 万元，增长 40.37%。加上调出资金 346226 万元、上解支出 426 万元、专项债务还本支出 260964 万元后，政府性基金预算总支出 1728477 万元。年终结转 13689 万元。

（三）国有资本经营预算执行情况

2023 年全区国有资本经营预算收入 14323 万元，完成年度预算的 104.92%，比 2022 年减收 8157 万元，下降 36.29%；全部为区属国有企业上缴利润 14323 万元。加上上年结余 1 万元，上级补助收入 54 万元后，全区国有资本经营预算总收入为 14378 万元。

2023 年全区国有资本经营预算支出 213 万元，比 2022 年减支 6097 万元，下降 96.63%。加上调出资金 14165 万元后，全区国有资本经营预算总支出 14378 万元。年终结转 0 万元。

（四）财政专户管理资金预算执行情况

2023 年区本级财政专户管理资金收入 9035 万元，全部为教育行政事业性收费收入，同比减收 5492 万元，下降 37.81%；加上上年结余 6095 万元后，财政专户管理资金总收入为 15130 万元。

区本级财政专户管理资金支出 11727 万元，同比减支 3450 万元，下降 22.73%；年终结转 3403 万元。

（五）政府性债务管理情况

我区高度重视地方政府债务管理工作，严肃财经纪律，适应统筹兼顾发展与安全的新要求，坚决贯彻落实地方政府隐性债务风险防范长效机制，将债务风险管理作为全区防范化解经济领域重大风险工作方案的重要内容，严防隐性债务“死灰复燃”。同时，抢抓窗口期将新增专项债作为贯彻积极财政政策的重要抓手，积极申报债券大力保障重点基础设施建设项目，有效促进带动扩大有效投资、稳定宏观经济。

1. 债务限额余额情况

截至 2023 年底，全区地方政府债务余额为 3099115 万元，其中：一般债务 453458 万元、专项债务 2645657 万元。截至本次报告日，市财政局尚未正式下达我区 2023 年地方政府债务限额，我区 2022 年地方政府债务限额 2675322 万元（其中：一般债务 487313 万元、专项债务 2188009 万元），结合 2023 年市财政局新转贷我区地方政府新增专项债券资金 512900 万元，预计我区 2023 年债务限额为 3188222 万元（其中：一般债务 487313 万元、专项债务 2700909 万元）。最终限额以市分配额度为准，届时将按照相关程序报区政府批准后向社会公开。

2. 新增债券情况

2023 年市转贷下达我区地方政府新增专项债券 512900 万元，具体安排项目为：轨道交通二十二号线工程（番禺区）52400 万元、轨道交通三号线东延段工程（番禺区）40800 万元、轨道交通十八号线工程（番禺区）26100 万元、轨道交通十二号线工程（番禺区）18900 万元、轨道交通七号线二期工程（番禺区）12400 万元、番禺区区域水环境综合治理工程 169500 万元、粤港澳大湾区广州国际科技创新城智慧园区配套设施品质提升工程 41700 万元、广州番禺上市企业工业扩产产业园配套设施工程 39800 万元、广州番禺国家级沿海渔港经济区建设及配套项目 36000 万元、广州市番禺区智慧城市和数字政府建设项目 21900 万元、广州市番禺总部经济集聚区基础设施及周边配套建设项目 13300 万元、广州市番禺智能制造产业园基础设施及周边配套建设项目 12300 万元、番禺区现代教育基础设施提升工程项目 8900 万元、何贤纪念医院旧建筑改造工程 5000 万元、广州番禺广汽基地园区配套设施工程 4800 万元、番禺区中心医院医联体医疗基础设施建设项目 4700 万元、广州市番禺区“十四五”期间老旧小区改造项目 3100 万元、广州人工智能与数字经济试验区核心区（广州大学城）基础设施及配套建设项目 1300 万元，按规定报经区十八届人大常委会第二十四次会议审议通过。

3. 债务还本付息情况

2023 年区本级财政共统筹安排地方政府债券还本付息 410347 万元，其中：还本支出 316298 万元、付息支出 94049 万元。资金来源包括：一般公共预算支出 15581 万元、政府性基金支出 78495 万元、再融资债券 316271 万元。

（六）直达资金使用情况

我区认真贯彻落实上级部署和要求，不断完善常态化财政资金直达机制，确保直达资金项目实现全链条全过程监控，将与上级直达资金对应安排的区级财政资金同步纳入直达范围，更好地发挥直达资金保障基层平稳运行和落实惠企利民政策的效用。

2023 年，我区分配下达财政直达资金指标 169971 万元，实际支出 169602 万元，支出进度 99.78%。资金注重聚焦于基本公共卫生服务、城乡义务教育、医疗服务和保障、住房保障等重点民生领域，推动民生事业可持续发展，及时发挥直达资金惠企利民的作用。

（七）重大政策和重点项目支出成效

2023 年，我区坚持统筹好发展和安全，积极的财政政策加力提效，围绕广州市委“1312”思路举措和区委“十二个走在前列、争当示范”重点任务，不折不扣落实各级稳经济政策措施，加强财政资源统筹，不断优化支出结构，加强对重大战略任务的财力保障，为社会经济高质量发展提供有力支持。

1. 加强功能片区建设，拓展产业融合发展空间

2023 年，区财政安排广州大学城（广工）科技成果转化基地经费 193 万，促进高校科技成果高效转移转化和产学研深度融合。安排广州南站管养维护运行经费 6683 万元，发挥综合交通功能，构建粤港澳大湾区文商旅产业融合发展平台。投入南大干线（东新高速至莲花大道）土地整治工程和 PPP 项目服务费 90347 万元、广汽中路延长线工程 2910 万元、广汽生活区西侧市政道路工程 1088 万元、广汽新能源产业园周边道路设施工程 3948 万元、各类路桥等基本建设工程 42025 万元，提升我区通行能力和城市间协同发展，促进货物资源和劳动力流动，推动经济高质量发展。

2. 支持企业自主创新，增强经济发展新活力

2023 年区财政安排人才引进、产业发展扶持支出 13141 万元，企业创新能力建设和科技项目管理等经费 4339 万元，推动企业转型升级和广汽乘用车产能扩建。安排产业人才发展专项资金 9105 万元，强化创新资源和人才资源的开发利用，优化创新创业载体建设。安排广汽电池和电驱等项目建设财政配套资金 18195 万元，电动汽车充电基础设施奖补 1525 万元，助推产业提质升级。安排促进小微工业企业上规模发展奖补资金 3690 万元，推动小微企业上规模并稳定发展。安排支持整车企业扩生产促消费资金 5000 万元，激发居民消费潜力，促进汽车生产消费平稳健康发展。投入“数字政府”建设专项资金 22484 万元，不断优化营商能力，推动政府治理能力现代化建设。

3. 推动绿美番禺生态建设，全面推进“百千万工程”

（1）推动城乡绿色发展。2023 年区财政安排充电设施建设奖励和技术研究 1288 万元、新能源公交车推广应用财政补贴 9935 万元，完善我区新能源汽车充电设施，推动我区公交迈入绿色低碳的电动化时代。投入雨污分流改造工程支出 88043 万元、黑臭水体治理工程支出 12439 万元、污水处理和管网建设工程支出 58148 万元、河涌整治和管理完善工程支出 9922 万元，全力推进水环境治理三年攻坚行动计划，提升污水收集处理能力，保障水安全改善水环境。安排市政环卫

保洁、公园绿化支出 22876 万元、垃圾分类工作经费 4656 万元，提升人居环境和城市形象，为高质量发展营造干净、整洁、有序的城市环境。安排生态公益林补偿和管护费补贴 120 万元，确保完成公益林管护任务。

（2）加快推进“百千万工程”建设。2023 年区财政安排公交行业财政补贴及成效评估审计费用 30647 万元、市政设施、交通设施检修管养经费 10399 万元，促进城乡公共交通及相关设施健康发展安全运行。安排高标准农田建设项目资金 506 万元、基本农田保护和建设资金 2103 万元，提升水土资源利用效率，增强农田防灾抗灾减灾能力。安排渔业发展资金 15443 万元、成品油价格调整对渔业补助支出 2971 万元、渔港建设及配套项目支出 36318 万元，推动现代渔业高质量发展，推进国家级沿海渔港经济区高标准建设。安排美丽乡村建设项目资金 3206 万元、社会主义新农村建设资金 421 万，促进新农村建设和农业农村现代化发展。安排乡村振兴帮扶资金等扶贫项目支出 10280 万元，巩固拓展脱贫攻坚成果与乡村振兴有效衔接。

4. 用心办好民生实事，提高人民生活质量

（1）兜牢兜实民生底线。2023 年区财政安排各类就业补助 30759 万元，帮助退役军人、高校毕业生、脱贫人员等解决就业困难问题；安排长者长寿金 4384 万元、老年人配餐补贴 541 万元，推动养老服务全面优化；安排优抚对象、特困人员、残疾人等生活补贴 11764 万元，保障困难群众基本生活和福利待遇；安排机关事业单位养老保险和职业年金缴费共 10189 万元，构建多层次保障方式的养老保险体系；安排城镇保障性安居工程补助资金 8313 万元、老旧小区改造项目 1190 万元，持续改善城镇人居环境，加快建立多主体供给、多渠道保障的住房制度。

（2）提高医疗服务质量。2023 年区财政投入 239921 万元用于建立健全医疗服务体系，夯实公共卫生服务能力。包括安排二类疫苗、新冠疫苗购置和接种经费 12816 万元、专业设备、材料和药品卫生耗材费 10542 万元，筑牢免疫屏障，提高医疗卫生服务能力；结算新冠疫情防控、核酸检测费等 54360 万元、安排基本公共卫生服务经费 25285 万元、传染病防控经费 6498 万元，加强传染病防控，做实做细老人、小孩、慢性病患者等重点人群健康管理服务；安排公立医院改革补助 9041 万元、何贤医院改造、第五人民医院易地新建等医院建设项目 9750 万元，着力提升公立医院诊疗能力，缓解群众看病难问题；安排社区卫生服务中心人员和公用经费 26599 万元、行事单位医疗经费 20408 万元，推进区公共卫生服务中心建设，充实基层卫生人才队伍。

（3）大力发展教育事业。2023 年区财政投入 621176 万元深入推进教育事业优质均衡发展。包括安排教师工资、补贴等共 355156 万元、临聘教师、后勤人员经费支出 43849 万元、各类公用经费 23786 万元，有效加强教师队伍建设，保障学校人员稳定、运作正常；安排国家助学金、贫困家庭高中学生免学杂费资助等资助资金 6284 万元，基本解决家庭经济困难学生的就学问题；安排学前三年行动计划经费 30395 万元、学前教育专项经费 12755 万元，丰富学前教育资源，提高学前教育质量；安排城乡义务教育经费 36062 万元，区内义务教育均衡发展水平不断提高；各类职业教育资金共 2926 万元，为职业教育提质培优提供坚实保障；硬件建设项目基建及设备采购等支出 5314 万元、学校安全设施、消防工程、校舍扩建等学校建设项目共 4632 万元、校园安保经费 3229 万元，我区教育基础设施建设不断完善，教育事业快速健康发展。

（八）预算绩效管理工作情况

贯彻落实党的二十大和中央经济工作会议精神，推动省委“1310”部署、市委“1312”思想举措落地落实，持续深入推进我区预算绩效管理工作，树牢过“紧日子”思想，提高财政资金使用效益。2023 年主要工作包括：

1. 深化预算绩效改革

一是强化绩效目标管理。持续深入推进我区预算绩效管理工作。要求预算单位编制 2023 年度预算时，对预算申报金额 200 万元及以上的新增项目开展绩效目标审核，并以此作为申请预算必备条件，实现绩效目标与预算编制同步布置、

同步申报、同步批复、同步公开。

二是实施预算绩效评审。抽取7个项目进行项目预算绩效评审，涉及目标申报金额3705.81万元，核减资金425.20万元，综合核减率为11.47%，实现事前绩效评估把关。选取区科工商信局开展部门整体预算绩效评审对象。以事前绩效评估为抓手，在前端实现预算支出结构优化、项目投入成本量化。

三是开展绩效运行监控。采用部门自行监控与财政重点监控双结合的方式，健全以部门整体监控为基础、紧盯重点项目的绩效监控机制。在各部门开展绩效自行监控基础上，对56个2023年度科技经费项目、2023年度区十件民生实事项目、2023年度预算绩效评审结果为低的项目及其他重点关注项目绩效运行情况纳入本年度重点监控项目范围。对区科工商信局、区文广旅体局、区土地开发中心、区残联四个部门实施整体绩效运行监控，要求相关部门报送部门、项目2023年上半年工作进度、预算执行进度和绩效目标完成情况，及时发现存在问题并纠正偏差，促进绩效目标的顺利实现。

四是开展支出绩效评价。根据“全面自评、部分复核、重点评价”原则，组织区属部门、镇街对2022年度所有支出项目（包括本级和上级财政资金）开展部门整体及项目绩效自评，并选取68个项目、2个政策、4个部门开展重点绩效评价，涉及2022年度区财政资金14.96亿元，覆盖39个部门，55个项目单位。

2. 强化绩效结果应用

一是加强绩效评估结果应用。绩效目标审核结果是预算执行过程中绩效运行监控的主要内容，也是预算执行结束后绩效评价实施的重要依据；预算绩效评审结果直接应用于预算编审，有效节约了财政资金，使预算安排更加科学和合理。

二是完善人大监督机制。重点绩效第三方评价结束后，将评价总体情况按程序报区政府审批后向区人大常委会报告，接受同级人大监督。

三是强化评价整改。评价结束后组织各预算部门，针对绩效评价报告中专家提出的存在问题及改进措施开展整改工作，落实整改措施，据此进一步加强项目管理，不断提高财政资金使用效益。

3. 确保绩效信息公开

部门预算公开时，各部门、镇（街）按照我区部门预算公开范本的格式和内容，公开部门整体及主要工作任务、经财政批复的项目绩效目标；部门决算公开时，各部门、镇（街）也按照规范要求公开预算绩效管理情况，以增强财政资金使用绩效的透明度；部门决算公开的同时，在区政府门户网站和区财政局专属网页一并公开73个重点项目（政策、部门整体）评价及绩效自评复核简要报告。以全面实施预算绩效管理为关键点，推动财政资金聚力增效，提高公共服务供给质量，增强政府公信力和执行力。

二、2024年预算草案

（一）财政收支形势分析

1. 财政收入形势。2023年是全面贯彻党的二十大精神的开局之年，是疫情防控平稳转段后经济恢复发展的一年，面对经济恢复波浪式发展、曲折式前进的新形势，我区不折不扣落实一系列稳增长政策，特别是习近平总书记亲临番禺，视察广汽埃安新能源汽车股份有限公司、广汽研究院，为我区推进现代化建设进一步指明了前进方向、提供了根本遵循，让全区干部群众倍加感恩、倍感振奋、倍受鼓舞、倍增信心，推动全区经济运行整体好转，一般公共预算收入超额完成预期目标，历史性突破110亿元，收入总量再上新台阶。2024年，围绕推动高质量发展，国家将强化宏观政策逆周期和跨周期调节，继续实施积极的财政政策和稳健的货币政策，推动经济实现质的有效提升和量的合理增长，为我区财政平稳向好提供基础条件，预计2024年我区一般公共预算收入将继续实现增长。

2. 财政支出形势。2024年是深入贯彻落实党的二十大精神的重要一年，是新中国成立75周年，是决胜“十四五”规划的关键之年，落实积极的财政政策要加力提效，保障好国家、省、市、区各项决策部署实施意义重大。一是围绕市委市政府赋予番禺“智造创新城”的战略定位和区委“十二个方面走在前列、争当示范”重点任务，高标准对接《南沙方案》落地落实，持续加大对粤港澳大湾区创新链产业链的财政投入，全力打造粤港澳大湾区高质量增长极；二是聚焦经济高质量发展，把握“产业第一、制造业立市”的战略机遇，坚持实体经济为本、制造业当家，始终把发展经济着力点放在实体经济上，在以新能源汽车集群式突破、力推产业链现代化等方面做好资金保障，增强我区制造业核心竞争力；三是深入推动“百千万工程”落地落实，高质量促进共同富裕，坚持就业优先，做好基本民生保障，提高基本公共服务均等化水平，建设人民满意的教育强区，着力解决发展不平衡不充分和人民群众急难愁盼问题，让改革发展成果更多惠及人民；四是强化规划引领，优化土地资源配置，继续强化城市基础设施建设，全面改善提升城市面貌，大力推进城乡融合发展，拓展高质量融合发展空间，深入推进绿美番禺生态建设，打造和谐共生美丽样板。

（二）2024 年预算编制指导思想及主要原则

1. 预算编制的指导思想

坚持以习近平新时代中国特色社会主义思想为指导，全面贯彻落实党的二十大和二十届二中全会及中央经济工作会议精神，深入贯彻落实习近平总书记视察广东重要讲话重要指示精神，坚持稳中求进、以进促稳、先立后破，完整、准确、全面贯彻新发展理念，围绕高质量发展首要任务和构建新发展格局战略任务，深入贯彻落实省委“1310”具体部署、市委“1312”思路举措和区委“十二个方面走在前列、争当示范”重点任务，全面深化改革开放，着力扩大内需、提振信心，推动积极财政政策适度加力、提质降本增效；兜牢基层“三保”底线；严控一般性支出；党政机关要习惯过紧日子；强化预算约束和绩效管理，加强政府债务管理，积极防范化解地方政府债务风险；加强财政资源统筹，优化支出重点和结构，增强国家、省、市和区重大战略任务财力保障，持续推动经济实现质的有效提升和量的合理增长，努力在广州高质量实现老城市新活力、“四个出新出彩”，继续在高质量发展方面发挥领头羊和火车头作用中展现番禺担当、做出番禺贡献。

2. 预算编制的主要原则

一是坚持以政领财、稳中求进的原则。预算编制聚焦全面贯彻落实党的二十大精神，围绕省委“1310”具体部署、市委“1312”思路举措和区委“十二个方面走在前列、争当示范”重点任务，强化对区委、区政府重大部署、重点工作的保障；财政收入计划与经济发展水平相适宜，财政支出与政策导向相协调，在确保财政收支平衡基础上编制财政预期目标，保持适度财政支出强度，有力支撑我区经济社会高质量发展。

二是坚持规范统筹、量入为出的原则。多渠道筹集资金，深化税源培植、巩固联动机制，充分挖掘各种政府资源潜力；加强三本预算统筹，国有资本经营预算调入提高到 40%，积极盘活行事单位资源资产。加强对部门非财政拨款收入、存量资源资产和财政结转资金的统筹。坚持尽力而为、量力而行，争取更多上级财政资金、债券资金支持，有效减轻财政负担；同时，扭转“基数 + 增长”陈旧观念，树立“零基预算”“滚动预算”的预算理念，严禁出台溯及以前年度的增支政策，新的增支政策原则上通过以后年度预算安排支出。

三是坚持绩效导向、均衡持续的原则。全面推行预算绩效管理，提高资金支出进度和使用效益，将绩效管理理念贯穿预算编制、执行、监督全过程。统筹兼顾“稳增长”与“惠民生”的关系，合理确定财政支出政策和标准，强化中长期财政运行风险防控，严格按预算额度推进项目实施，坚持“三保”支出在财政支出中的优先顺序；树立系统观点，持续深化预算管理改革，提升财政政策与经济、社会等政策合力。

（三）一般公共预算草案

1. 一般公共预算收支计划

（1）收入方面。2024 年全区一般公共预算收入为 1243221 万元，较去年实绩增长 5%。结构如下：（1）税收收入 860185 万元，占收入总额 69.19%。其中：增值税 361355 万元、企业所得税 193255 万元；（2）非税收入 383036 万元，占收入总额的 30.81%。

按现行财政体制计算，全区一般公共预算收入 1243221 万元，加上上级转移性收入 551373 万元、调入资金674052万元，动用预算稳定调节金39012万元、上年结余4971万元（全部为专项结转），减去上解支出439616万元，区域间转移性支出8150万元、一般债务还本支出18151万元后，区级一般公共预算可支配财力为2046712万元。

（2）支出方面。按照收支平衡的原则，全区一般公共预算支出2046712万元，其中区本级支出（含街道）1851971万元，返还各镇财力支出194741万元。

区本级支出具体安排情况：人员经费支出669815万元，占区本级支出的36.17%；公用经费支出37382万元，占区级支出的2.02%；专项经费支出1144774万元，占区级支出的61.81%。预计区本级民生支出1495133万元，占一般公共预算支出80.73%；

在区本级1144774万元专项经费支出中，各街道安排的专项经费为222313万元，其他区级部门专项经费为922461万元。剔除市级提前下达转移性支付列入本级预算支出部分100030万元以及区本级上年专项结转4971万元后，区本级（不含街道）全年实际可统筹安排的专项支出为817460万元，占区级专项支出的71.41%。

（3）区级一般公共预算支出2046712万元主要安排如下：

一般公共服务支出242413万元，教育支出553609万元，科技支出29590万元，文化体育与传媒支出21966万元，社会保障和就业支出205158万元，卫生健康支出237153万元，节能环保支出3377万元，城乡社区支出129467万元，农林水事务支出63306万元，交通运输支出17104万元，资源勘探信息等支出37141万元，商业服务业等支出3818万元，自然资源海洋气象等支出4111万元，住房保障支出38172万元，灾害防治及应急管理支出14841万元，预备费20827万元，其他支出7940万元、一般债券付息和发行费用支出15012万元以及对镇的转移支付支出194741万元等。

2024年区本级严格按照中央、省定标准足额保障“三保”支出，不留硬缺口。预计2024年“三保”支出需求786187万元（其中：保工资669094万元、保运转21485万元、保基本民生95608万元），目前已上报上级财政部门审核待批复。

（四）政府性基金预算草案

1. 政府性基金预算收入计划

2024年政府性基金预算收入计划为1898959万元，主要包括土地出让分成收入1762459万元、基础设施配套费99000万元、污水处理费收入35000万元、彩票公益金收入2500万元等。比上年实绩增收997264万元，增长110.6%，增收的主要原因：考虑到2023年已收储的成熟地块可在2024年出让，预测2024年度土地出让分成收入比去年实绩增长130.21%。

按现行财政体制计算，全区基金预算收入1898959万元，加上上年结余9990万元、上级补助37361万元，减去上解支出95843万元、调出资金666126万元、地方政府专项债务还本支出37510万元后，预计当年可支配财力为1146831万元。

2. 政府性基金预算支出计划

按照“以收定支”的原则，2024年全区基金预算支出1146831万元建议安排如下：

国有土地使用权出让收入安排的支出974739万元，农业土地开发资金安排的支出231万元，城市基础设施配套费支出71573万元，污水处理费收入安排的支出7503万元，彩票公益金支出4139万元，债务付息以及发行费支出88646万元。

（五）国有资本经营预算草案

1. 国有资本经营预算收入计划

2024年，预测全区国有资本经营预算收入为15039万元，比2023年实绩增长717万元，增长5.01%。

2. 国有资本经营预算支出计划

按规定将7926万元调入一般公共预算后，2024年区级国有资本经营预算支出7113万元。主要用于总部经济发展奖励补贴专项经费3294万元、区创业投资引导基金财政出资款3000万元、广州市番禺城市管理有限公司注资款700万元等。

（六）财政专户预算草案

1. 区本级财政专户预算收入计划

2024年财政专户资金预算总收入为10082万元，主要是教育收费收入。

2. 区本级财政专户预算支出计划

按照“专款专用”的原则，全年财政专户资金支出预算拟安排 10082 万元，其中公用经费 7711 万元、运行经费 1204 万元、教育补助经费等 1167 万元。

（七）重大政策和重点项目资金安排情况

2024 年是新中国成立 75 周年，是决胜“十四五”规划的关键之年，我区将深入贯彻习近平总书记视察广东重要讲话、重要指示精神，围绕高质量发展首要任务和构建新发展格局战略任务，认真落实省委“1310”具体部署、市委“1312”思路举措和区委“十二个方面走在前列、争当示范”重点任务，奋力夯实市委市政府赋予番禺“智造创新城”的战略定位，全力以赴做好促进高质量发展的头号工程—“百千万工程”的财政保障工作，高水平推进城乡区域协调发展，厚植发展新动能新优势，全力支撑我区经济社会高质量发展，努力在广州实现老城市新活力、“四个出新出彩”，继续在高质量发展方面发挥领头羊和火车头作用中展现番禺担当、作出番禺贡献。

1. 主动对接重大战略，大力支持重点功能片区建设

按照“智造创新城”的战略定位，积极投身粤港澳大湾区建设，主动对接《南沙方案》，全力支持南大干线经济带、粤港澳大湾区科技创新轴（广州活力创新轴）番禺段等重点功能片区加快建设。支持南大干线经济带建设提质增效，安排南大干线（东新高速至莲花大道）土地整治 PPP 项目服务费 79805 万元、南大干线（东新高速至莲花大道）土地整治工程 27532 万元、南大干线（市新路至莲花大道）缆线型综合管廊工程、降噪工程 2809 万元等；支持广州大学城粤港澳大湾区创新创业聚集区高质量发展，安排大学城中关村青创汇项目以及粤澳青创产业加速器项目经费 953 万元、广州大学城（广工）科技成果转化基地经费 465 万元、粤港澳大湾区（番禺）海创人才科创中心经费 438 万元、粤港澳台大学生创新创业大赛工作经费 324 万元以及大学城绿化养护经费 1686 万元、广州大学城公共雨水管网日常养护经费 1362 万元；支持长隆万博商务区和广州南站地区连片融合发展，安排万博商务区及周边基础设施建设 5955 万元、广州南站地区建设及维护管养经费 6879 万元、广州南站地区安保服务经费 3154 万元等。

2. 坚持科技创新引领，强化经济高质量发展动能

坚持实体经济为本、制造业当家，着力提振市场主体信心、激发市场主体活力、积极培育创新主体。支持以科技创新引领现代化产业体系建设，安排产业扶持资金 31988 万元、企业创新能力建设专项 15000 万元、产业人才发展专项资金 12112 万元、总部经济发展奖励补贴 3294 万元、安排创业投资引导基金 3000 万元；支持番禺智能网联与新能源汽车产业创新基地建设，安排广汽新能源汽车产业园园西大道等道路工程 5232 万元、番禺广汽生活区项目建设 2000 万元、广汽中路延长线工程 728 万元、广汽基地成品车物流通道桥工程 370 万元等；支持扩投资、促消费、稳外贸，安排政府投资重点项目南浦三桥工程 15918 万元、广东仲元中学第二校区工程 5060 万元、番禺区工人文化宫（地下部分）工程 5014 万元等，积极发挥好政府投资的带动放大效应；安排整车企业扩生产促消费第一批资金（区级配套资金）5000 万元、促进外贸稳定增长等专项资金 2270 万元、全域旅游发展专项经费以及奖励资金 1128 万元、广州国际美食节专项经费 1039 万元、国际珠宝首饰流行趋势发布会 300 万元等，促进消费复苏和增长、培育外贸新动能。

3. 推进绿美番禺建设，全力保障“百千万工程”实施

（1）强化水污染防治和生态环境治理，安排污水处理运营服务费和一体化污水处理设施运行维护费 88000 万元，排水设施运行维修养护经费 20927 万元，污水、排水管网工程、维修费用以及农村生活污水治理 8940 万元、黑臭水体治理工程 2245 万元、雨污分流改造工程 425 万元；安排市政环卫、保洁、公园、绿化养护等费用共 57781 万元；安排垃圾分类经费 5771 万元；安排生态公益林补偿经费以及大学城水生态示范区建设共计 577 万元等。

（2）积极稳步推进城市更新，深入实施城乡融合发展，安排高标准农田建设、基本农田保护资金以及永久基本农田易地代保费8328万元；安排市桥街东郊村及周边成片更新改造项目（北基大街安置区项目）6460万元；安排美丽乡村建设资金4022万元、社会主义新农村建设资金1092万元；安排渔业发展补助资金等4400万元、农村公路养护费2186万元、农村最低生活保障财政补贴项目1314万元、农业机械购置和农业设施财政补贴560万元等。

（3）持续支持做好新疆疏附、西藏波密对口支援，深化毕节赫章、威宁、金沙东西部协作，加强梅州五华、蕉岭对口帮扶协作，肇庆封开对口产业协作及梅州五华驻镇帮镇扶村工作，做好与福建上杭结对合作，2024年安排巩固脱贫攻坚成果衔接乡村振兴支出资金16824万元、安排县级对口帮扶协作提标资金8700万元、上解乡村振兴驻镇帮镇扶村财政帮扶资金9011万元、上解对口支援新疆、西藏专项资金5495万元以及龙岩帮扶资金500万元等。

4. 用心办好民生实事，推进和谐美丽幸福番禺建设

坚持尽力而为，量力而行，补齐基本公共服务短板，让人民群众获得感更有成色，幸福感更可持续，安全感更有保障。

（1）支持强化民生保障兜底能力。安排就业和再就业补助资金26835万元，做好毕业生、退役军人、残疾人等重点群体就业；安排22000万元，落实对退役士兵、低保、优抚、特困、残疾、长者老人等群体补助；安排机关事业单位基本养老保险缴费6279万元、机关事业单位职业年金缴费3140万等。

（2）支持健康番禺建设水平不断提升。2024年区级财政安排235210万元支持通过新建、改扩建及升级改造等方式，实现全区卫生健康系统基础建设面貌的全面更新。主要包括：安排区卫健局和各镇街社区卫生服务中心专用设备、卫生耗材等购置30649万元，各社区卫生服务中心人员和公用经费42303万元，行政事业单位医疗经费41000万元，新型冠状病毒防控以及检测相关结算款24787万元，医院补助经费及公立医院改革财政补助经费21602万元，基本公共卫生经费20526万元等。

（3）支持建设人民满意的教育强区。2024年区级财政共安排588502万元发展教育事业，主要包括：教育方面的人员及公用经费315877万元、临聘教师61973万元、学校后勤人员以及管理服务经费5458万元；学前三年行动计划及学前教育经费69008万元、城乡义务教育公用经费和课本费21096万元、学校生均公用经费11982万元、进城务工人员随迁子女学位补助18000万元、购买民办义务教育学校学位服务经费以及民办教育发展专项资金9803万元；学校硬件建设项目基建及设备采购6929万元、仲元中学第二校区工程5060万元、镇街学校建设补助5000万元、中小学增班补助4240万元、职业教育补助2863万元、新造职业技术学校扩建工程2000万元、校园安保1000万元等。

5. 坚持统筹安全发展，坚决防范债务风险

2024年区级财政安排地方政府债务还本付息资金159319万元，其中：偿还本金55661万元，支付利息及发行服务费103658万元。资金来源：一般公共预算33163万元，政府性基金预算126156万元。

需要说明的是，根据《中华人民共和国预算法》有关规定，在预算年度开始后，区人民代表大会批准前，区财政根据实际工作需要，拨付本年度维持行政运行必须的支出、政府工程项目工人工资以及部分上一年度结转支出等。

表 53

2023 年中共广州市番禺区委员会重要文件选目一览表

文件号	文件名称
番发〔2023〕8 号	中共广州市番禺区委关于印发《番禺区深入贯彻落实〈广州市贯彻落实《中共广东省委关于实施“百县千镇万村高质量发展工程”促进城乡区域协调发展的决定》的行动方案〉的实施方案》的通知
番办发〔2023〕1 号	中共广州市番禺区委办公室　广州市番禺区人民政府办公室关于印发《广州市番禺区农村“两委”干部报酬待遇指导意见》的通知
番办发〔2023〕2 号	中共广州市番禺区委办公室　广州市番禺区人民政府办公室关于印发《番禺区属一级国有企业领导干部管理规定》的通知
番办发〔2023〕3 号	中共广州市番禺区委办公室　广州市番禺区人民政府办公室印发《广州市番禺区关于进一步加强农村高质量发展干部队伍管理的实施意见》的通知
番办发〔2023〕4 号	中共广州市番禺区委办公室　广州市番禺区人民政府办公室印发《广州市番禺区关于进一步加强农村党务村务财务高质量管理工作的实施意见》的通知

表 54

2023 年广州市番禺区人民政府重要文件选目一览表

文件号	文件名称
番府规〔2023〕1 号	广州市番禺区人民政府关于番禺区中部净水厂二期工程建设的通告
番府规〔2023〕2 号	广州市番禺区人民政府关于番禺区创新城净水厂工程建设的通告
番府规〔2023〕3 号	关于番禺国家级沿海渔港经济区上下涌避风锚地工程建设的通告
番府规〔2023〕4 号	关于广州南站地区净水厂首期工程建设的通告
番府规〔2023〕5 号	广州市番禺区人民政府关于实施涉赌博游戏机违法犯罪线索举报奖励的通告
番府规〔2023〕6 号	广州市番禺区人民政府关于划定森林防火区的通告
番府规〔2023〕7 号	广州市番禺区人民政府关于划定番禺区禁止和限制燃放烟花爆竹区域的通告
番府规〔2023〕8 号	广州市番禺区人民政府关于印发番禺区行政规范性文件管理办法的通知
番府〔2023〕8 号	广州市番禺区人民政府关于印发番禺区征兵工作奖励措施若干意见的通知
番府〔2023〕17 号	广州市番禺区人民政府关于公布番禺区行政许可事项清单的通知

续表 54

文件号	文件名称
番府〔2023〕23 号	广州市番禺区人民政府转发关于开展第五次全国经济普查的通知
番府〔2023〕85 号	广州市番禺区人民政府关于公布番禺区第三批传统风貌建筑保护名录的通知
番府办〔2023〕11 号	广州市番禺区人民政府办公室关于印发《番禺区 2022—2023 年持续提升人居环境质量方案——城乡植树绿化》的通知
番府办〔2023〕12 号	广州市番禺区人民政府办公室关于印发广州市番禺区人民政府 2023 年度重大行政决策事项目录和听证事项目录的通知
番府办〔2023〕15 号	广州市番禺区人民政府办公室关于印发番禺区卫生健康事业发展“十四五”规划的通知
番府办〔2023〕16 号	广州市番禺区人民政府办公室关于印发番禺区气象灾害应急预案的通知
番府办〔2023〕22 号	广州市番禺区人民政府办公室关于转发区教育局等部门番禺区特殊教育三年提升行动计划（2023—2025 年）的通知
番府办〔2023〕23 号	广州市番禺区人民政府办公室关于成立番禺区第五次全国经济普查领导小组的通知

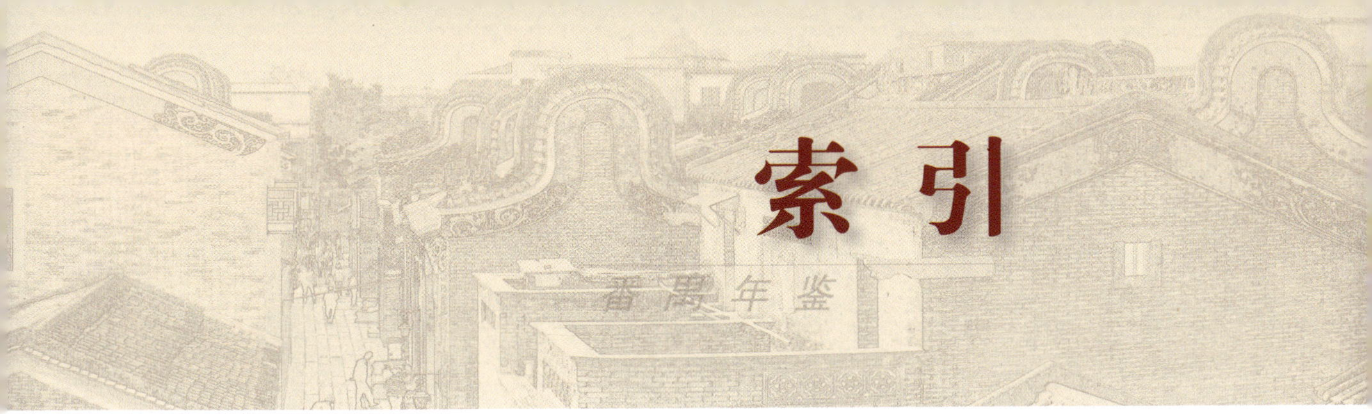

索引

说 明

1. 本索引采用主题分析方法，款目按汉语拼音顺序排列。

2. 书中的类目题、分目题、次分目题用黑体字标明，其余用宋体字排印。

3. 索引款目后的数字表示内容所在页码，数字后的拉丁字母（a、b、c）表示该页自左至右的栏别。

4. 本索引对《年度关注》《大事记》《人物·荣誉》《经济社会统计资料》《文献选录》等类目不作内容主题分析。

条目索引

数字

A

B

C

T

W

表格索引

随文图片索引